JN214298

民衆運動からみる幕末維新

谷山正道

清文堂

民衆運動からみる幕末維新

目次

民衆運動からみる幕末維新

はじめに――本書の課題と構成

私は、大和を主な研究フィールドとして、近世から近代にかけての地域社会史の研究に、四十余年にわたって取り組み、その成果を順次発表してきた。本書は、それらのうち、一九九六年から二〇一六年にかけて執筆した、民衆運動や地域リーダーの活動に関わる論稿をもとにまとめたもので、一九九四年に刊行した『近世民衆運動の展開』（高科書店）の続編にあたるものである。

もう二十余年も前になるが、前著では、幕藩体制が動揺期に入って以降の、享保改革期から幕末維新期にかけての民衆運動を分析対象とし、その展開過程を時期区分しつつ段階的に跡づけながら、それらの史的意義を究明することを課題とした。そのうち、「地域社会の変容と国訴」と題する第二部では、村役人層を推進主体として展開された国訴をはじめとする広域訴願に光をあて、公儀への触流し要求の展開や、政策内容の具体的提示と公儀の法への反映という事実の存在に着目して、村役人層の政策主体としての成長を見出すとともに、彼等の地域運営主体としての成長を評価して、そこから近代の地方民会（地域運営＝政策決議機関）の形成に至る道筋を示そうとした（併せて、村役人層を推進主体とするこれらの運動は、地域の百姓全体の利害を代弁する側面を有する一方、小前層の動向を抑圧しようとする側面も有しており、近世後期の地域社会においては、その内部に階層間の緊張関係も孕みながら、近代を準備する動きが進むようになっていた、という点についても指摘した）。

また、一九六〇年代後半に提起され、七〇年代には学界を風靡するようになっていた佐々木潤之介氏の豪農論（「世直し状況」論）――近世後期の村役人層を豪農層として把握し、彼等の対極に形成される半プロ層こそが維新変革における変革主体であり、豪農＝村役人層はそれに「決定的」に「対立・反逆」する存在であったとして、その反動性を強調する見解（『幕末社会論』（塙書房、一九六九年）など）――についても論及し、「彼等村役人層が、村方小前層との対立を深めながらも幕藩領主権力と対抗する側面を有し、改良主義的・漸進主義的性質を有しつつも変革主体の一翼を構成していた点を正当に評価すべきである」という見解を提示した。

私が前著を刊行したのと相前後して、藪田貫氏は『国訴と百姓一揆の研究』（校倉書房、一九九二年）、平川新氏は『紛争と世論』（東京大学出版会、一九九六年）をそれぞれ世に問われ、久留島浩氏は少し遅れて、二〇〇二年に『近世幕領の行政と組合村』（東京大学出版会）を出版された。これらは、一九八〇年代に入って以降、新たな展開を見せるようになっていた、近世後期の地域社会史研究の代表的成果であり、「（自主的な）地域管理制」「代議制の前期的形態」（藪田氏）・「地域的公共圏」（平川氏）・「惣代庄屋制的自治」（久留島氏）といった言葉に象徴されるように、近世後期の地域社会における自治的運営能力（その担い手である村役人層の行政能力）の高まりに着目し、そこから近代社会の形成を展望しようとするものであった。

平川氏によって「地域運営論」と命名されるようになったこれらの研究は、近世後期から近代にかけてのその後の研究に大きな影響を与える一方、様々な批判を浴びることにもなった。分析方法をめぐっては、佐々木氏の豪農論のリメーク版とも言うべき「社会的権力論」を提唱されるようになった吉田伸之氏らから、「社会構造分析ぬきの地域社会論である」などといった批判が行なわれるようになり（吉田他編『近世の社会的権力』（山川出版社、一九九六年）など）、これをふまえて、地域社会の内部構造分析が進展することになった（町田哲『近世和泉の地域社会構造』（山川出版社、二〇〇四年）など）。

しかし、当該研究の多くは、精緻ではあるが、村社会内部の静態的な分析に止まっており、また社会構造分析を国訴などの運動とリンクさせようとする姿勢も希薄で、地域全体がどのように動きつつあるのかが見えにくい、という問題点を孕んでいた。そうしたなか、特色ある地域を選定して共同研究を重ね、『近世地域社会論』（岩田書院、一九九九年）をはじめとする編著を次々と世に問われてきた渡辺尚志氏は、二〇〇八年に「地域社会のダイナミックな展開を描くこと」が大切であると述べられるに至っているが（『百姓の力』〈柏書房〉）、私もこれに同感である。

本書の序章でも指摘しているように、「近世後期の地域社会史研究を活性化させるためには、地域社会の内部構造分析をふまえた、動的な地域社会史の構築が必要であり、そのためには民衆運動史、さらには政治史との連接をはかり、近代への展開を見据えつつ研究を進めていくことが肝要」であると、私は考えている。そうした思いのもとに、前著の刊行以降、近世後期から近代にかけての地域社会史の研究を進めてきた。本書では、当該期に展開された民衆運動にスポットをあてているが、これは、「民衆運動史は地域社会史と政治史とを架橋するものである」という認識にもとづくものである。また、前著と比べて、本書には、近世から近代への移行期（変革期）に生を享け、時代の荒波に揉まれながら、それぞれの立場で真摯な活動を展開した人物とその人的ネットワークに光をあてた論稿もかなり含まれているが（「落合平助」「村島氏一族」「谷三山」「中村直三」をそれぞれ取り上げた、第二章・第五章・第六章・第一〇章など）、「動的な地域社会史を構築するためには、地域リーダーの活動に焦点をあてながら分析することも有効である」という考えにもとづくものであることを、指摘しておきたい。

本書（『民衆運動からみる幕末維新』）では、幕末維新期を中心に、近世から近代への移行期に展開された民衆運動と地域リーダーの活動を主な分析対象とし、その展開過程を段階的に跡づけながら、それぞれの史的意義を究明するとともに、地域民衆の視座から、近代への移行のあり方を探ることを課題とした。主な研究フィールドは、前著に引き続いて大和であり、分析対象とした期間は、幕末維新期を挟んで、寛政改革前夜から明治二十年代にかけての約一世紀に及んでいる。

そうした本書において、前著をふまえて心がけ、目指そうとしたのは、以下の三点である。

第一は、各時期の民衆運動について、社会経済情勢や諸階層の動向、公儀の行政（寛政改革や天保改革など）との密接な関連のもとに分析を行なうということである。

第二は、維新変革への動きを見据えながら、幕末維新期の民衆運動や地域リーダーの活動のあり方について検討を加えるということである。

第三は、近代に入ってからの地域運営体制や地域リーダーの活動、民衆運動の展開のあり方についても分析の対象とするということである。

第一の点は、前著においても意識して心がけたことであり、第二と第三の点は、前著においてはほとんど果たすことができなかった課題である（なお、「地域運営論」では、幕末維新期の分析が弱く、近代社会の形成についても「展望」する域に止まっていた。第二と第三の課題設定の背景には、そうした問題にアプローチする必要があるという思いが存在したことを、付言しておきたい）。

本書は、序章と終章も含めて、全一四章からなっており、基本的には（序章と終章を除いて）対象とした時期の順に配列した。内容からは、前著の第二部の延長線上に位置し、国訴をはじめとする広域訴願や献策活動を主な対象とした第一群（序章から第四章まで）、上記の第二と第三の課題にそれぞれアプローチした第二群（第五章から第一〇章まで）と第三群（第一一章から終章まで）、の三つに大別することができる。以下、群ごとに、分析内容の概要について、記しておくことにしたい。

第一群の序章では、寛政改革期から開国前夜までの時期を対象に、従来の研究成果をふまえて、大坂周辺地域で展開された国訴をはじめとする広域訴願（その基盤ともなった郡中議定）について包括的に論じ、当該期の百姓一揆のあり方や、「民衆運動における暴力と非暴力」という問題についても言及した。第一章・第三章・第四章では、それぞれ寛政改革期・文政期・天保期に展開された国訴などの広域訴願に光をあて、上述した第一の点に留意しながら、詳細な分析を行なった。このうち、第一章では、寛政改革政権成立期の天明八年（一七八八）に摂津・河内および和泉で展開された国訴に注目して、当該期に国訴・広域訴願史上の重要な画期が存在したことを指摘し、第三章・第四章では、一九世紀に入って以降、大和で多く見られるようになった全幕領連合訴願に注目して、幕領の惣代らが、当国内で唯一の幕府代官所であった五條代官所へ歎願に及び、同代官の力を活用して要求の実現をはかろうとする動きを見せるようになっていたことを指摘した。このほか、第二章では、村役人をへて丸岡藩士となり、再び村人になった後、晩年に「御国益」策を提言するに至った、葛上郡東佐味村の落合平助の活動について分析し、第一章では、寛政改革期に再度にわたって江戸に下り、松平定信に対して数々の政策の提言を行なった、河内国渋川郡荒川村三ノ瀬の又右衛門の注目すべき活動ぶりについても紹介した。

第二群は、幕末維新期における大和の豪商・知識人・老農の活動にそれぞれ光をあてた第五章・第六章・第一〇章と、旗本領民の動向について分析した第七章・第八章・第九章とに、分けられる。前者のうち、第五章では、大和高田の豪商村島氏一族と長州藩との物産交易について考察し、関係史料にもとづいて、村島氏一族は長州藩の「従属商人」になったとする井上勝生氏の評価を覆し、彼らが自立的かつ主体的に活動していたことを明らかにしており、第六章では、幕末大和の碩儒谷三山の活動と言説のあり方（その特質と変化）について、国内外の情勢の変化を見据えながら分析した。そのなかで、彼を中心に、身分や職業という枠組や、地域を超えた学びの場が形成されていたことに注目したが、こうしたネットワークの形成は、幕末期にあっては、他の分野においても見られるようになっており、第一〇章では、農事改良のリーダーであり、後に「明治三老農」の一人に数えられるまでになった山辺郡永原村の老農中村直三の活動のあり方について、これを支えた人々のネットワークの存在に着目しながら分析した。

第七章から第九章にかけては、私の地元である奈良県生駒市域に存在した旗本領を対象としたもので、私もメンバーの一員になっている生駒市の「古文書調査」を進める過程で見つかった史料をもとに、順次稿を重ねていったものである。幕末の政治・社会・経済情勢のなかで、当地の領民たちがどのような状況に置かれ、維新期にかけてどのような動きを示すに至ったのかを考察したもので、外圧の高まりと幕末の動乱による領主側の出費の増大に伴って、夥しい負担増を強いられるなかで、彼らが領主（陣屋役人）への不満と不信感を募らせ、雄藩（長州藩や薩摩藩）に接近するようになっていく様相を、旗本松平氏領で起きた「矢野騒動」（平群郡小瀬村の中川与兵衛や添下郡北田原村の今井六右衛門らをリーダーとする）や、堀田氏領の豪農中谷吉兵衛による薩摩藩との物産交易の展開などに注目しながら、具体的にあとづけた。

第三群は、明治初期の奈良県における地域運営体制について、区戸長層に焦点をあてる形で検討した第一一章と、堺県への合併編入に伴って奈良県がいったん消滅し、さらに大阪府に編入された後、「大和国人」によって展開されるようになった奈良県再設置運動について分析した第一二章、併せて地価修正（地租軽減）運動についても考察した終章の、三章からなっている。第一一章では、区戸長層（旧村役人層）が地域運営の支柱をなす存在として位置づけられ、県政もそうした彼らに下支えされながら行なわれるようになっていた様子を明らかにし、また、会議所に止まらず県会まで開かれるようになり、彼らの「国」→県レベルまでの政治参加の制度化がはかられるようになった（下からの「国益」策の提示に示されたような、彼らの能動性が組み込まれるようになった）という事実についても指摘した（周知のように、維新政府が推進した開化政策は、民衆の暴力的抵抗＝「新政反対一揆」を惹き起こすことになったが、全国的に見れば、奈良県のケースのように、開化政策が比較的スムーズにランディングしていった地域も少なくなかった（高久嶺之介『近代日本の地域社会と名望家』〈柏書房、一九九七年〉参照）。また、第一〇章で取り上げた中村直三のように、新政の展開を見据えながら、これに呼応して積極的な活動を展開し、地域社会の発展と「国益」の増進のために尽そうとした人々も少なからず存在したことについても、留意しておく必要がある）。奈良県再設置運動や地価修正（地租軽減）運動を分析対象とした第一二章と終章では、「近代に入って国訴はどこへ行ったのか」という問いかけのもと、国訴との比較検討を行ない、これらは近代的な原理にのっとった運動で（この点で、「民衆的な伝統原理」にもとづく「近代的な原理」への対抗という形で起きた、同時期の関東での負債返弁騒擾〈鶴巻孝雄『近代化と伝統的民衆世界』〈東京大学出版会、一九九二年〉など参照〉とは対照的である）、国訴との相異点が少なからず存するが、運動の推進主体や組織結成の方法、運動の展開方法などにおいては、国訴からの継承面を確かに見出すことができる、と指摘した。さらに、終章では、藤田貞一郎氏らによる「国益」論（『近世経済思想の研究』〈吉川弘文館、一九六六年〉など）を念頭に置きながら、近世から近代への移行を考えるうえでのキーワードの一つである「国益」についての考察も行なった。

本書は、特定の地域（大坂周辺の非領国地域、主として大和）を対象としたものであり、「国」レベルの地域の視座から近代への「移行」のあり方を問題にしたが、論を進めるうえで、外圧という国際的環境のもとで断行された「維新変革」という重要なファクターを、十分に組み込むことができていない。また、民衆諸階層の運動のうち、村役人層を代表もしくは推進主体として展開された国訴をはじめとする訴願運動――当該地域のそれを特徴づけ代表するものではあるが――を主な分析対象としており、「底辺民衆」の運動そのものについては、独自の分析をなしえていない。このように、多くの課題を残しているが、大方の御叱正をえて、さらに前へ進みたく思っている。

本書を構成する各章のもとになった論稿は、以下のとおりである。

序　章　「近世後期の民衆運動」（『岩波講座日本歴史　第14巻　近世5』所収、岩波書店、二〇一五年）

第一章　「寛政改革政権の成立と畿内民衆―天明八年広域訴願をめぐって―」（『近江歴史・考古論集』所収、畑中誠治教授退官記念会、一九九六年）、「寛政の改革政策と西国民衆の動向に関する研究―畿内幕領を主なフィールドとして―」（『平成八年度～十年度科学研究費補助金〔一般研究(C)(2)〕研究成果報告書』、二〇〇〇年）、「転換期の民政と民衆運動」（『近世史サマーフォーラム二〇〇三の記録』、近世史サマーフォーラム二〇〇三実行委員会、二〇〇三年）

第二章　「大和国の元村役人・落合平助と『御国益』」（佐々木克編『それぞれの明治維新』所収、吉川弘文館、二〇〇〇年）

第三章　「近世後期大和における広域訴願の一形態―全幕領連合訴願の展開と五條代官所―」（『日本文化史研究』四一号、二〇一〇年）

第四章　「近世後期における広域訴願の展開と地域社会―大和国を対象に―」（『日本史研究』五六四号、二〇〇九年）

第五章　「幕末大和の豪商と雄藩―高田の豪商村島氏一族と長州藩との物産交易をめぐって―」（佐々木克編『明治維新期の政治文化』所収、思文閣出版、二〇〇五年）

第六章　「幕末の社会情勢と地域知識人―大和の碩儒谷三山の言説と門人たち―」（明治維新史学会編『講座明治維新　第10巻　思想・社会』所収、二〇一六年）

第七章　「『矢野騒動』研究序説」（『ふるさと生駒　20周年記念誌』所収、生駒民俗会、一九九九年）

第八章　「幕末維新期の領主と領民—旗本松平氏領と堀田氏領の動向—」（『ふるさと生駒　30周年記念誌』、生駒民俗会、二〇〇九年）
第九章　「幕末・維新期における旗本松平氏領の動向と山口家文書」（『生駒市古文書調査報告書』Ⅳ所収、生駒市教育委員会、二〇一一年）
第一〇章「『御一新』と地域リーダー—大和の老農中村直三の活動を中心に—」（平川新・谷山正道編『近世地域史フォーラム3　地域社会とリーダーたち』所収、吉川弘文館、二〇〇六年）、「老農中村直三とその活動を支えた人々」（天理大学文学部編『山辺の歴史と文化』所収、奈良新聞社、二〇〇六年）
第一一章「明治八年の『奈良県会議則』と『大区会議章程』」（『奈良歴史研究』四八号、一九九八年）
第一二章「奈良県再設置運動研究序説」（『日本文化史研究』二五号、一九九六年）
終　章　「近世近代移行期の『国益』と民衆運動」（『ヒストリア』一五八号、一九九八年）

これらを本書へ収載するにあたっては、形式上の統一をはかるとともに、補訂を施した。なかには、かなり加筆した章もあるが、論旨そのものには変更を加えていない（なお、重複部分については、可能なかぎりなくすように努めたが、論の展開上、一部存在していることを、御断りしておきたい）。

序章　近世後期の民衆運動

はじめに

日本近世の大部分を占める江戸時代は、「徳川の平和」と呼ばれるように、対外戦争や内戦がほとんどなかった、世界史上でも稀な時代であり、兵農分離制（身分制）・石高制（村請制）・鎖国制を国家の基本的枠組としていた。そうした体制のもとで生きた民衆は、生産や生活を守るために、地域に根ざしてどのような運動を展開したのか。それはどのような特質を有し、近世後期にはどのような様相を呈するようになったのか。

「近世後期の民衆運動」と題する本書の序章では、久留島浩氏「百姓一揆と都市騒擾」（『岩波講座日本歴史第13巻　近世4』所収）のあとをうけて、一八世紀末から一九世紀前半期の民衆運動を扱う。寛政改革期から開国前夜までの時期にあたるが、そのなかには、明治維新に向けての大きな画期としてかねてより注目され、かつて遠山茂樹氏によって、「この時期には、明治維新政治史に登場する、もろもろの社会的政治的諸勢力が、ほぼ出そろったところにその意義があるのである」[1]と評された、天保期も含まれている。

そうした天保期を含む「この時期の百姓一揆と、国訴などの広域訴願（その基盤としての郡中議定）について、地域的特質に注目しつつ論じよ」というのが、私に与えられた課題である。前者の「百姓一揆」や打ちこわしに関しては、「遠山氏の提言を論証し、民衆のたたかいの立場から政治史的次元に接近すること」を課題として展開された、青木美智男氏による優れた包括的な研究(2)があり、近年の成果としては、研究の退潮が指摘されるなか、須田努氏によって提起されるようになった「悪党」論(3)が注目される。ここでは、そうした「百姓一揆」の展開のあり方についても言及するが、後者の「国訴などの広域訴願（その基盤としての郡中議定）」を主要な分析対象とし、前者についてはこれに関連づけて最後に論じるというスタイルで叙述することにしたい。

私は、近世の民衆運動史の研究を前進させるためには、百姓一揆のような非合法的な運動だけではなく、合法的な運動についても注目し、研究を深めることが大切であると考えている。近世の民衆運動のなかでの合法的訴願の構成的比重は、百姓一揆（戦後の地方史研究の進展に伴って、各地で掘り起こしが進められてきた）をはるかに凌いでおり、内容や成果の面でも注目される訴願が少なからず見出されるからである。

合法的訴願のうち、大坂周辺地域で展開された広域訴願である国訴に関しては、一九五〇年代前半に津田秀夫氏によって発見され、「摂津型」地域における「農民闘争の一類型」として紹介されて以降、数多くの研究が積み重ねられてきた。六〇年代までは、階級闘争史・商品流通史的視角にもとづく研究が主流であったが、研究が再燃するようになった八〇年代以降には、近代社会の形成を視野に入れ、運動構造論また地域社会論として研究が深められるようになった(4)。

九〇年代にかけての藪田貫氏らの国訴・地域社会論(5)は、七〇年代に学界を風靡していた佐々木潤之介氏の豪農論（「世直し状況」論(6)）に対するアンチ・テーゼとして、久留島浩氏によって提起されるようになっていた「惣代庄屋制的自治」論(7)とともに、平川新氏によって「地域運営論」と命名されることになったが(8)、佐々木豪農論を継承する立場から、吉田伸之氏によって「社会的権力論」が提起され(9)、「地域運営論」に対する批判が展開されるようになった。国訴研究に対しても、「社会構造分析ぬきの地域社会論」であるという批判がなされ、[10]それ以降地域社会の内部構造分析が進展するようになった。しかし、精緻ではあるが地域社会内部の局地（「分節」）の静態的な分析に止まるケースが多く、[11]地域全体がどのように動きつつあるのかが見えにくい状況にある。また、社会構造分析を国訴などの民衆運動とリンクさせようとする姿勢も希薄である。近世後期の地域社会史研究を活性化させるためには、地域社会の内部構造分析をふまえた、動的な地域社会史の構築が必要であり、そのためには民衆運動史、さらには政治史との連接をはかり、次代への展開を見据えつつ研究を進めていくことが肝要であろう。[12]

以上のような研究動向[13]を念頭に置いて、ここでは、「近世後期の民衆運動」のうち、「国訴などの広域訴願（その基盤としての郡中議定）」を主要な分析対象とし、これまでの研究の成果（到達点）を示しながら、国訴の中心舞台となった大坂周辺地域のケースに即して、その展開のあり方と特質について論じることにしたい（他地域のケースについては、行論中で言及することにしたい）。民衆運動史は地域社会史と政治史とを架橋するものであり、対象地域の「地域的特質」に注目しながら、近世後期における社会経済情勢や諸階層の動向、公儀の行政との関連のもとに分析を行なうことに心がけたい。

一　近世後期の地域社会

(1)　近世大坂周辺地域の地域的特色

本論に入る前に、この序章では、主要な対象地域とする大坂周辺地域の地域的特色について、二点指摘しておくことにしたい。

その第一は、所領構成と支配体制のあり方に関してで、いわゆる非領国地域に属し、複雑な入組支配のもとに置かれていたという点である。これについて、大和国のケースに即して見ておくと、元禄十五年（一七〇二）当時の総石高は約五〇万石で、そのうち二〇万近くが幕領、一九万石余が藩領、七万石余が旗本領、四万石近くが寺社領などとなっており、領主の総数は百数十に達する有様であった[14]。その後、若干の変動は見られたが、幕領の比重の大きさ、郡山藩領と小藩領の存在、多数の旗本領と寺社領の存在という所領構成のあり方は、近世後期においても基本的に変わることがなかった。当国のケースのように、多くの所領が入り組んだ形で存在するという状況は、幕領・藩領・旗本領・寺社領など、各所領の比率には相異が見られたものの、摂津・河内・和泉・播磨などの場合にも共通するものであった。

摂津・河内・和泉・播磨の四か国に、大和・山城・近江・丹波の四か国を加えた八か国は、「上方八か国」と称され、享保七年（一七二二）の国分け以降には、前者は大坂町奉行所、後者は京都町奉行所の「支配国」となっていた。また、この両奉行所に加えて、大和には奈良奉行所、和泉には堺奉行所が設けられ、大和一国、和泉一国をそれぞれの「支配国」としていた。これらの奉行所は、「公儀」の奉行所として、「支配国」を範囲とする広域行政や、所領間の「出入」の裁許にあたっていたのである。なお、大和は京都町奉行所の「支配国」でもあったため、当国内で起きた所領間の争論のうち、地論・水論等については京都町奉行所の裁判管轄となっており、これと同様に、堺奉行所と大坂町奉行所との間でも、管掌事項の棲み分けが行なわれていた。後述する国訴などの広域訴願は、以上のような支配の枠組[15]に規定される形で展開されたのである。

近世の大坂周辺地域の第二の特色としてあげられるは、農業生産力が高く、「天下の台所」となった大坂の周辺に位置するという市場的な優位性に支えられて、早くから綿作や菜種作を中心とした商業的農業が進展したという点である。なかでも綿は、民衆衣料としての木綿の需要の高まりに対応して「第一之売物」となり、当地の人々の大きな収入源となっていた。西国幕領巡見の途上、延享元年（一七四四）に当地域を視察した勘定奉行の神尾春央は、「関東辺とは違って格別土地柄が宜しく、耕地もよく開かれている。二毛作が普及しているうえに、綿をはじめ宜しき産物も多く、百姓たちは『大分之作徳』を得ている」と、その印象を述べている。[16]

(2)　商品生産の展開と村方小前層の動向

近世後期になると、大坂周辺地域を含む畿内からの技術の伝播を伴いながら、関東などの地域においても商品生産が進展するようになり、畿内と対抗する有力な産地も出現するようになった。「畿内の経済的地位の相対的低下」と呼ばれる現象が、見られるようになったのである。[17]

このことは、綿作の動向からもよくうかがえる。一八世紀の後半になると、大坂周辺地域の「第一之売物」となっていた綿の売れゆきが悪化するようになり、田方での綿作地を減らす村方も少なからず見られるようになった。それまで綿の購入地であった関東などで綿作が進展するようになったことや、東海地方や中国地方などの新開砂畑（適地）での綿作におされるようになったことが、その主な要因であった。また、他地域における商業的農業の進展、金肥の需要の増大に伴って、肥料価格が高騰するようになり、多肥を要する綿作経営がこの面から圧迫されるようになったことも影響していた。当地の綿作は「各地の綿作によってその発展を阻止された」のであり、「広汎な各地域の商品生産の力強い前進の一つの現れ」としてこの現象を捉えることができるのである。[18] このような経緯により、大坂周辺地域の綿作は一八世紀の後半には行き詰まりを見せるようになり、綿作を農業経営の支柱にしていた百姓たちは、試練の時を迎えることになったのである。

これにかかわって、是非とも指摘しておかなければならないのは、綿作の不振とは裏腹に、綿加工業の部門においては、大きな進展が見られるようになったという点である。その具体的様相については、「河内木綿」や「播州織」、有名な泉郡宇多大津村をはじめとする和泉の事例からもうかがえるが、ここでは大和のケース[19]に即して、注目される点を指摘しておくことにしたい。

当国では、一八世紀の後半以降、商品生産としての木綿織生産が、奈良盆地の中南部を中心に進展するようになった。一九世紀の初頭には、「織女数多召抱、数機相立、木綿稼専ニ仕候もの」が多く存在するようになり、さらに開港前には、年間の織出高が一万五〇〇〇反にも及ぶ、あるいは一〇〇機もの織機を有する大きな織屋すら出現するに至っている。こうした木綿織生産の発展は、製織方法の工夫（「大和絣」の考案など）と織機の改良（「いざり機」から「高機」への転換）を伴うものであり、後者によって綿織生産力が大きく高まるとともに、これに刺激されて紡糸生産も発展するようになったことが注目される。

この大和のケースのように、大坂周辺地域では、一八世紀の後半以降、特に一九世紀に入ってから綿加工業が大きく発展するようになった。これは社会的分業の進展（織布と紡糸の工程分化と各生産の発展）を伴うものであり[20]、これに対応して「農業之働」を止め、「糸紡」や「木綿織仕挊」に従事する者が増加するようになった。また、綿加工業に止まらず農業外の他の稼業も進展するようになり、これに生計の活路を見出そうとする者も多く見られるようになったのである。

天保改革期に清水領知で実施された「家業」調査によれば、奈良盆地の六か村では、全戸数のうち全く農業を行なわない家が平均二〇・六パーセント、同じく作付面積が三反以下（零細規模）の家が「無作」も含めて四〇・四パーセントにものぼっており、そのうちかなりの家では農業外の稼業を生計の支えとしていた[21]。また、和泉の場合にも、天保改革期を中心とする時期に、村により数値の差は見られたが、南・大鳥・泉郡内の一一か村の平均では、全く農業を行なわない家が二一・五パーセント、作付面積が三反以下の家が「無作」を含めて五〇・五パーセントにものぼっていたことが判明する。[22]なかでも、泉郡宇多大津村の場合には、「無作」の比率が三二・六パーセント、三反以下の比率は七〇・三パーセントにも達しており、綿加工業を中心とした商工業村落としての様相を呈するようになっていた。[23]

以上の事例から、大坂周辺地域では、綿加工業をはじめとする農業外の稼業が進展するようになり、村方小前層の脱農化の進行に伴って、農村内部に「買喰層」（農業経営規模を縮小し、農業外の稼業に従事して収入を得、米穀を購入して生活する人々）が広汎に形成されるようになっていた様子がよくうかがえる。こうした小前層の動向にいかに対処するのかが、幕藩領主のみならず、当地域の村役人層にとっても、大きな課題となったのである。

二　地域集会の開催とその発展

(1)　地域社会の内外から発生するようになった問題

大坂周辺地域では、近世後期にかけて、商品経済の展開などを背景に、個別の村や所領だけでは対処しきれない様々な問題が浮上するようになってきた。実際にどのような問題が発生するようになったのか、項目に分けて述べておこう。

第一は、前述した村方小前層の動向にかかわる問題である。彼らの「外業」への進出＝脱農化は、村方の「田畑手余り」という状況をもたらす要因となっただけではなく、農業労賃の高騰をもたらして、富農経営的性格を有した村役人層の手作経営を圧迫し、また小作人による小作料引き下げ要求の高まりと相まって、宛作経営を不安定な状況に追いこむ要因ともなっていた。[24] 村の「成立」に責任を負う立場にあった村役人層にとっては、由々しき事態であり、自らの階層的利害からも、農業外の諸稼や農業労賃をはじめ雇用労働をめぐる問題などへの対処に迫られるようになったのである。また、「買喰層」の広汎な形成は、飯米消費市場の拡大[25]を意味するものであり、凶作に際してその影響を深刻化させ、騒動を惹起させる要因となるものであった。「郡中議定」で有名な出羽国村山郡のケース[26]と同様に、凶作・飢饉に際して、飯米をいかに確保し住民の生命維持をはかるのか、また騒動の発生をいかに回避し安寧秩序を保つのかが、重大な課題となったのである。

第二は、商品流通をめぐる問題である。当地の百姓たちは、表作の綿と裏作の菜種を主要な商品作物とし、干鰯や油粕といった金肥を多投する形で商業的な農業経営を営んでいたが、近世中期以降には商品作物の販売、肥料の購入という両面で、問題が生じるようになった。前者の最大の問題は、田沼期に実施された幕府の株仲間政策により、それまでは「手広」であった商品作物の販売先が限定されることになり、さらに株仲間加入者による買いたたきもあって、「事実正当之相庭」では売れなくなるという事態が生じるようになったことであった。また、後者については、肥料価格の高騰と、肥料商人による不正（交ぜ物など）が、主な問題であった。この他、大和川の剣先船のケースのように、商品の輸送（運賃）をめぐっても、問題が生じるようになった。

第三は、廻在者や他の身分集団にかかわる問題である。近世中期以降には、勧化といって、各地の寺社から寄付を募りに廻ってくる人々や、虚無僧などが来訪するケースが増えるようになり、寄付金や止宿などをめぐるトラブルが少なからず発生するようになった。寺社勧化の増加は、財政難に陥った幕府が「公儀御修復」を限定し、寺社の維持・再生産を寺社自身の手に委ねようとするようになったことを背景としており、寺社名目銀の貸付の盛行と軌を一にするものであった。[27] このほか、座頭や非人番をめぐるトラブルも発生するようになり、これらの問題にどう対処するのかを個別の村や所領の枠をこえて協議し、対処する必要が生じるようになったのである。

(2)　広域集会の開催とその性格

河内国渋川郡荒川村三ノ瀬の又右衛門（百姓代藤兵衛の父）は、寛政二年（一七九〇）十一月に江戸に下って、老中松平定信のもとへ駕籠訴に及び、その十日後に、定信の指示に応じて作成した全三一か条にわたる上書（献策書）を差し出し、翌年十一月にも、定信が「賢キ願書」と評した一八か条からなる上書を提出している(28)。これは、定信が中心となって幕政改革を推し進めていた最中の出来事であり、又右衛門の献策活動は、改革を行なうに際して民情の把握につとめようとし、「要望があれば遠慮なく申し上げるように」と指示した、幕府（定信）の政治姿勢に勇気づけられたものであった。

又右衛門は、双方の上書のなかで、年貢や肥料に関する問題をはじめ、当時地域社会で生起していた様々な問題を取り上げ、入手した情報を活かしながら、それぞれの対策についての私見を提示している。村政を担う立場にあった庄屋に関しては、世襲制を痛烈に批判して、惣百姓による入札をふまえた独自な選出方法を披露しており、その他の問題についてもユニークな提言を行なっている。彼の献策は、村のレベルに止まらず、地域管理の問題にまで及んでいた。前者の上書において、彼は、「一万石ほどの規模で、幕領・藩領・寺社領といった所領の枠を越えた形で『組村』を設定し、二～三名の『組村惣代』を選出して、『郡中諸入用・村方諸入用』などのチェックや、管内の取り締りにあたらせるようにする」ことを提案しており、「組村惣代」については、管内村々の「年行司」（百姓代）のなかから惣百姓の入札によって選ぶとしている。惣代庄屋らによるのではなく、「組村惣代」を中心とした地域管理制を構想し、その実現を求めている点が注目される。

又右衛門がこうした提言を行なった頃、非領国地域であった大坂周辺地域では、前述したように、個別の村や所領の枠内だけでは対処しきれない問題が多発するようになっており、村を代表する立場にあった庄屋や、組合村々を代表する立場にあった惣代庄屋らも、それぞれの背後にいる百姓らの視線を感じながら[29]、これらの問題を解決するために力を注ぐようになっていた。彼らは、所領内の集会に止まらず、以下に紹介するように、支配領域の枠を越えた郡レベルの集会や国レベルの集会なども適宜開催するようになっており、それらの集会のなかには、定例化するケースも見られるようになっていた。

〔和泉〕 和泉では、「四郡参会」[30]と呼ばれる国集会が開かれるようになっていた。当国は、大鳥・泉・南・日根の四郡からなっていたが、この集会はそうした各郡の代表者による集会ではなく、国内の各所領の惣代による集会であり、参会者のほとんどは庄屋であった。一九世紀の初頭には、「先年より四郡御相談も毎々有之候」とあるように、しばしばこの集会が催されるようになっており、さらに嘉永二年(一八四九)閏四月の集会では、翌年からは毎年二月に定期的に開催することが申し合わされている。集会の場でしばしば取り上げられたのは、商品流通をめぐる問題であり、雇用労働や廻在者、倹約や習俗をめぐる問題などもここで議論された。ちなみに、天明八年(一七八八)には、商品流通や廻在者をめぐる問題などが議題となり、協議の結果、①諸国鰯網の増加と干鰯商人等の不正の禁止、②両種物の手広売買の認可、③堺繰綿延売買会所の廃止、④虚無僧の不行跡の取り締まり、⑤秤改めの廃止という五項目にわたる訴状を、堺奉行所へ提出するに至っている[31]。

このように、「四郡参会」は、国訴の推進母体となっており、堺奉行所からの下問に対する回答を協議する場ともなっていた[32]。また、文化九年(一八一二)や嘉永元年・同二年の事例のように、協議をふまえて、国議定が制定されるケースも見られるようになっていた。ちなみに、文化九年には、「浪人」「番非人」「門立之者」「秤座」「枡改」「大津表綿市場」などについての協議が行なわれ、そのうち「浪人」をはじめとする廻在者への対応に関しては、同年四月付で国議定が作成され、国内の各村へ廻されるに至っている[33]。

〔播磨〕　播磨でも、和泉と同様の集会がもたれるようになっていた。まず、文政十年（一八二七）四月に、播磨一国の各所領惣代集会が開催され（ただし、姫路藩領・明石藩領の代表はこれに参加していない）、①所領間の諸出入の内済方、②勧化等へ対処方法、③非人番の他行取締りの三点についての申し合わせが行なわれた（その内容は、「播州郡中取締書」として成文化され、関係各村に廻された）。また、その場で、播磨は「大国」であるため「一同」での「取締方」が行き届き兼ねるので、今後は国内を東・中・西の三つのグループに分け、「毎年三月十日」に「参会」することが決定された。これをうけて、加古川筋の多可・加西・加東・美嚢・印南の東播五郡では、「其後東播五郡年々三月中惣代集会いたし、諸事相談之上取締致来候」（天保十三年）とあるように、毎年三月に定期的に集会が開かれるようになったことが知られる。その参会者のほとんどは、各所領を代表する庄屋であり、彼らによって折にふれて議定が制定され、関係各村へ廻された。また、対外的な交渉を要する問題が生じた場合には、「東播五郡惣代庄屋中」としてこれにあたっていたことも確認される。彼らの活動内容については、かつて検討したことがあるが[34]、①商品流通をめぐる特権的問屋との交渉、②盛行するようになっていた長機木綿織稼や雇用労働に関する規制、③廻在者（勧化等）に対する取り締まり、の三つに集約することができる。その後、事例の発掘が進められ、東播五郡として惣代を立て、天王寺村牛問屋による市場口銭徴収の阻止、在方絞油屋による油稼株申請の阻止、近郷における干鰯買い占めの阻止などを求めて、大坂町奉行所へしばしば訴願に及んでいた事実も、明らかにされるに至っている[35]。

〔摂津・河内〕　和泉や播磨のケースのような、各所領惣代による郡レベルをこえる広域集会が定期的に開かれていたわけではないが、主要な商品作物であった綿・菜種の販売や、肥料の購入をめぐる問題など、所領の枠をこえて対処しなければならない問題が生じた場合には、各所領や郡から選出された惣代らが会同し、対策を協議するようになっていた。これをふまえて、しばしば国訴が展開されるようになっていたことは、周知の事実に属する。また、摂津国八部郡・菟原郡や河内国交野郡・古市郡のケースのような、庄屋らによる「郡中寄合」も、折にふれて開催されるようになっており、国訴の組織的基盤の一つとなるとともに、「郡中議定」の制定の場ともなっていた。ちなみに、古市郡では、安永二年（一七七三）から天保六年（一八三五）までの間に、①綿や菜種の販売、②肥料の価格、③倹約、④奉公人や日雇の賃銀、⑤座頭や勧化などをめぐって、「郡中寄合」が計一四回開催され、うち①・②に関しては訴願（国訴）、③・④・⑤に関しては申し合わせ（議定）が行なわれていることが知られる[36]。

〔大和〕　摂津や河内のケースと同様に、各所領惣代による広域集会が定期的に開催されていたわけではないが、所領の枠をこえた「国難」が生じた場合には、各所領の惣代が参会し、対応するようになっていた。これをふまえて、当地の主要な商品作物であった綿・菜種の販売や、大坂から金肥を運んで来ていた剣先船をめぐる国訴が展開されたが、一九世紀に入る頃からは、大和の全幕領が連合し、他の所領の意向も代弁する形で、一国にかかわる問題について、奈良奉行所に出願するケースがかなり見られるようになった[37]。また、商品流通面に止まらず、農業外の稼業や雇用労働、名目銀の貸付、さらには座頭の祝銭や習俗をめぐる問題なども取り上げられるようになった。ちなみに、私領方の意向もふまえて、文化三年（一八〇六）に展開された全幕領連合訴願では、①諸株・諸組合の全廃、②専業的木綿織稼の禁止、③他国への出稼ぎの禁止、④名目銀の貸付規制、⑤華美風俗取締令の触流しなど、九項目にわたる要求が出されている[38]。こうした訴願を展開するに際して、惣代庄屋らによる集会が開かれ、また集会の場で「取締書」（議定）が作成されるケースも見られたのである。

以上のように、近世後期の大坂周辺地域では、個別の村や所領の枠内だけでは対処しきれない様々な問題が発生するようになり、その対策を協議するために、郡レベルの集会や、国レベルの集会が開かれるようになっていた。これらの問題の解決方法には、①「郡中議定」や「国議定」を制定して郡内や国内で遵守させる、②問題を惹き起している相手と直接に交渉する、③公儀の奉行所などへ訴え出るという三通りがあり、いずれの方法によるかは、問題の性格に応じて、集会の場で決定されていた。

このうち①は、「議定の世界」が村や所領のレベルをこえて拡大するようになり、新たな政治的・公共的領域が形成されるようになったことを示すものであり、②とともに、惣代庄屋―村役人ラインによる「自主的」「自律的」な地域管理への動きとして注目されるものである（しかし、すべての問題を「自律的」に処理できたわけではなく、自分たちだけでは解決できないと判断される問題については、③の方法を選択し、公儀を活用することによって解決しようとしていた）。こうした汎領域的で広域的な地域管理への試みは、近世後期に他の地域でも見られるようになっていたが、関東における改革組合村の結成（文政十年）や、勘定奉行曲淵景漸の指示にもとづく中国地方山間部での「盗賊防方等御料私領申合」（寛政五年）、塙代官寺西封元の呼びかけによる陸奥国での「御料私領民風改正」会議の開催（文化年間）など[39]は、治安維持を主な目的として幕府（役人）の主導のもとで行なわれたものであり、大坂周辺の当ケースとは、性格を異にするものであった。

以上のような特色を帯びた、大坂周辺地域の惣代庄屋や庄屋らの活動の性格に関しては、つぎの点に注目しておきたい。

第一は、農本主義の立場にもとづいて、農業経営に悪影響を及ぼすような「外業」の進展や、村方小前層の動向（脱農化）については、これを抑止しようとし、雇用労働についても規制しようとする動きを見せていたという点である。そこには、彼らの階層的な利害が強く反映されており、抑商政策を推進していた幕藩領主の利害との接点が見られた。また、地域の「百姓一体」の利益を守るために、外部からやってくる廻在者だけではなく、地域内部の他の身分（社会）集団の動きに規制を加えようとする動きも見せていた。

第二は、彼ら自身がなお小商品生産者としての性格を有しており、商品の流通をめぐっては、地域の「百姓一体」の利害を代表し、幕府の株仲間政策や特権的な問屋の策動に対抗する動きを見せていたという点である。周知のように、国訴は幕府が編成した特権的商品流通統制機構を突き崩していく上で大きな役割を果したが、彼らが参加した広域集会は、そうした国訴の推進母体ともなっていた。また、後述するように、大和では、天保の凶作・飢饉に際して、幕領の惣代らが、他の所領の意向も代弁する形で、国内に飯米を確保し、「国中」住民の生命を守ろうとする運動を展開していたことが確認され、注目される。

非領国地域であった当地域において、彼らが所領の枠を越えて広域的な結集をとげ、地域社会内部での階層間矛盾を背景とした、前者のような動きを見せる一方で、地域のリーダーとして、「郡中」や「国中之為方」、「国益」を標榜しつつ[40]、後者のような活動を展開していたという点に、注目しておきたい。

三　広域訴願の多発とその発展

(1)　合法的訴願の展開と要求の正当性

近世後期の大坂周辺地域の動向に関して、もう一つ注目されるのは、「広域訴願の多発とその発展」ということである。以下、これについて論じていくが、その前提として、「訴の時代」と称される近世における合法的訴願の展開のあり方について、述べておくことにしたい。

兵農分離制のもと、都市を拠点とした幕藩領主は、農村支配にあたって、百姓たちの共同組織であった村の組織を活用し、村役人を介して支配するというシステムを採用するとともに、「文書」を用いて上意を下達していた。一方、訴願制度に問題を孕みながらも、[41]村方からの「文書」による下意上申のルートも設定しており、これを活用して、正規の手順にのっとった訴願が活発に展開されていった。訴状は、奉行所や代官所の近くに所在した「公事宿」（「郷宿」「百姓宿」）に依頼するケース以外は、村方で作成されたが、その担当者であった村役人、特に庄屋には、確かな文章表現力と、「道理」を含む筋の通った訴状を認める能力が必要とされていた。これに関して、大和国十市郡山之坊村の吉川勇次郎（津藩領の無足人で同村の庄屋）は、享和元年（一八〇一）に「願書入念道理を含み相認差上可申儀是又専要也、兼而目安文言稽古可致候」と、後継者となる予定の息子に書き残している。[42]

こうした訴状の作成にあたり、合法的な訴願を展開した村役人の力量がよくうかがえる注目すべきケースとして、近世後期の大和の事例を二例紹介しておこう。

第一は、寛政改革期に高取藩預所添上郡森本村ほか八か村によって展開された訴願[43]である。この訴願では、寛政改革の主導者であった老中松平定信の「存寄書」（所信表明文）を添付し、その中で定信が「下々之痛」をもたらすような苛酷な支配をしてはならないと述べているにもかかわらず、地方役所はこれを遵守していないとして、現実の支配のあり方を痛烈に批判し、その変更を求めている。政権担当者の民政方針を鋭敏にキャッチし、これを論拠にして要求を提示している点が注目される。

第二は、文化五年（一八〇八）に吉野郡田原村によって展開された訴願[44]である。この訴願では、訴状とともに、当村が幕領となった延宝七年（一六七九）以降一二九年にわたる年貢高の推移を示した「御免状写帳」と、前年の一軒ごとの経営収支を示した「去卯年出来作物書上帳」などを添付し、「御手当定免」の実施などを求めている。訴願を行なうに際して、庄屋の手元で大切に保存してきた文書を有効に活用し、また村内各家の経営収支に関する詳細な調査を実施するなど、裏付けとなる具体的なデータを提示して、訴願に及んでいるとこ

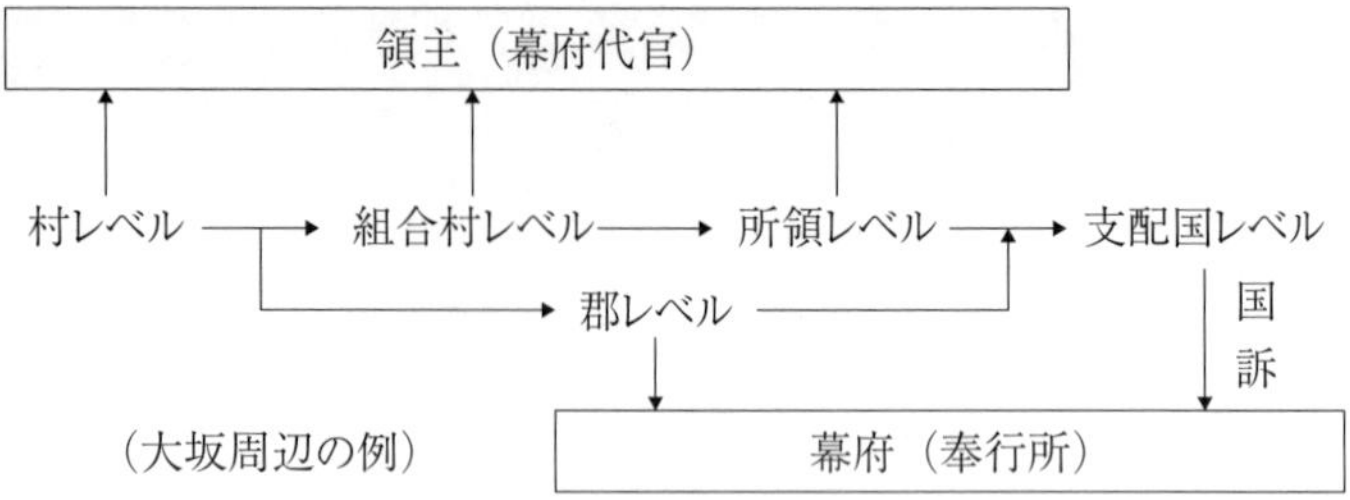

図1　訴願のレベル

ろが注目される。

ところで、合法的な形で訴願を行なう場合、その成功のために、要求する側にはどのような条件が必要とされただろうか。

その第一は、言うまでもなく要求内容の正当性である。村方から提出された要求の基調には、「御百姓」の「成立」「相続」があり、それが叶うように領主側に「仁政」の実施を求めるというのが訴願の基本パターンであった。近世幕藩制社会固有の価値規範であった「百姓成立（相続）」[45]が、要求正当化の論拠の支柱となっており、これに加えて、具体的な要求内容が「道理」を含むものであるのか否かが、問われたのである。

第二は、多数派の形成である。すなわち、問題の性質によってスケールは異なるが（図参照）、問題のレベルに応じて、「これが関係する大多数の村々の願いである」という形で要求を提示できるか否かが、訴願の成否を左右する重要な要件の一つになっていたのである（もちろんこれは必要条件であって、十分条件であったわけではない）。このことは、明和の油方仕法の改正後、安永六年（一七七七）に、摂津国武庫・川辺両郡一二三か村が「菜種を絞油屋（株仲間）以外の者へも手広に販売することを認めてほしい」と願い出た際に、大坂町奉行所が「これは『五畿内村々一同』にかかわる『定法』であるから、この程度の村々の請願を取り上げるわけにはいかない」として願い下げを命じた事例[46]などからよくうかがえる。訴願を行なう側にとっては、問題のレベルに応じて、「いかに運動の輪を拡げ参加村の拡大をはかるのか」が重要な課題となっていたのである。

(2) 訴願の広域化とその工夫

近世後期になると、合法的訴願が活発に展開されるようになり、次代につながる新たな動きも見られるようになった。以下、これに関して注目される点を指摘していきたい。

第一は、村々の連合にもとづく広域訴願の多発である。訴願を行なうに際し、それぞれの問題レベルに応じて、参加村の拡大（「多数派の形成」）がはかられるようになったのである（その背景には、問題のレベルに応じた地域集会の開催があった）。広域訴願は、各所領において数多く行なわれるようになったが、大坂周辺地域では、これに止まらず、「支配国」を範囲として、広汎な村々が所領の枠組や郡域を乗り越えて結集し、惣代を立てて所管の幕府奉行所へ出願する、国訴と呼ばれる広域訴願も、しばしば展開されるようになった。国訴は、百姓一揆とは異なって、合法的な形で展開されたところにその特徴があったが、参加村の拡大をはかり要求を実現させるために、その準備過程においては、努力と工夫が重ねられていた。ここでは、有名な文政六年（一八二三）の国訴のケース(47)について、まず紹介しておこう。

この年、大坂の三所綿問屋（株仲間）の策動によって、作綿の販売先が手狭となったため、大坂上本町の郷宿で、摂津・河内両国の惣代らによる集会が行なわれることになった。この集会には、五〇人ほどが出席したが、綿の流通にはあまり利害関係がない地域の惣代も来ており、そうした地域では、絞油屋（株仲間）以外への菜種の手広販売などを求める声が強くあがっていた。これをふまえて、協議の結果、双方の問題に取り組むことになり、綿の流通をめぐる国訴と菜種・油の流通をめぐるそれとを連動させ、前者のみに利害関係を有する村であっても後者にも加談するという形で、相互に協力しあうことが申し合わされた。そうすることで、運動の輪を「摂河両国一統」にまで拡げようとしたのである。そこには、「公儀御益ニ拘リ候儀故、半々ニ而ハ無頓着、夫故摂河両国一円ニ致度候」とあるような、幕府の対応方針を見据えた惣代らの政治的な判断が働いていた。

この集会をふまえて、摂・河両国では、同年五月に綿の流通をめぐる国訴、六月に菜種・油の流通をめぐる国訴が展開された。前者は一〇〇七か村、後者は一一〇七か村と、ともに一〇〇〇か村を超える規模（全体の七割前後）の村々の参加のもとに行なわれたものであり、前者については大坂町奉行所によって要求が認められ、百姓らの作綿販売の自由が公認されるに至っている（後者については、翌年には和泉の村々も加わって参加村は一三〇七か村となり、国訴史上最大規模に達したにもかかわらず、前者とは対照的な結果となっている）。[48]

ところで、この文政六年の国訴では、二つの課題が併行して取り上げられ、相互に協力しあうことを通して双方の国訴への参加村の拡大がはかられたが、他のケースでは、訴状に複数の要求を列挙して出願するという方式も活用された。菜種（含油）・綿・肥料問題を取り上げた安政二年（一八五五）の国訴（「三種歎願」）と、菜種・油・肥料問題を取り上げた慶応元年（一八六五）の国訴がその代表例であり、参加村数は前者では一〇八六か村、後者では摂・河両国で最大規模の一二六二か村を数えた。一〇〇〇か村をこえる村々の大連合を実現する上で、複数問題の抱き合わせがキーポイントの一つになっていたと言うことができよう。

摂・河両国の場合、そうした形の国訴の嚆矢となったのは、天明八年（一七八八）の訴願であった。この訴願で取り上げられたのは、①魚肥、②絞粕、③菜種の販売、④古金古道具屋仲間、⑤質屋株、⑥竹の入札をめぐる問題であり、訴状の冒頭部分の記述から、当時生じていた問題を抱き合わせ列挙することによって参加村の拡大がはかられようとしたことがうかがえる。そうすることにより、なお一〇〇〇か村には及ばなかったものの、八三六か村という、両国ではじめて半数をこえ六割近くに及ぶ、多数の村々の参加が実現するようになったのである。

従来、摂・河両国の国訴については、文政六年訴願の画期性が注目されてきた。これを特に強調したのは、国訴研究の草分けであった津田秀夫氏で、文字どおり国訴として把握できるのは、当年のそれが最初であり、それまでの「郡単位ぐらいの数十か村、あるいは、数百か村の農民が連合して、特権商人の市場独占に対抗して争われた法廷闘争」は「前国訴」として位置づけるべきであると主張した(49)。文政六年訴願の戦術・規模・成果上の画期性、および「国訴」という歴史概念の出現に着目した見解である。

しかし、それに先立って行なわれた天明八年の国訴も、規模こそ文政六年のそれには及ばなかったものの、複数要求の提示という方式がはじめて採用されるようになり、また要求に応じて国触が発令され、これが後の国訴において先例とされるようになったという点において、注目されるケースであった。この国訴は、寛政改革政権の成立（政権の交代）と、新政権の政治姿勢（民情の把握につとめようとしていた）を見すえて、好機は今とばかりに展開されたものであり、訴願主体の政治的視力の高さがうかがえる。これと歩調を合わせるように、和泉でも国訴が展開されており、先述した五項目にわたる要求が提示されていた。その結果、堺に設けられていた繰綿延売買会所が廃止されるとともに、肥料の交ぜ物・買占め等の禁止を内容とする国触が和泉国中へ発せられることになった(50)。このような大きな成果をあげた和泉の国訴は、「四郡村々」（一国全村）の連合のもとに展開されたものであり、「一国御願一件」と称されていた(51)。「国訴」という二文字で表現されてはいないが、実態としては国訴そのものであった。

こうした「泉州四郡村々」による訴願の事例は、寛保三年（一七四三）まで遡るものであり、また大和では田沼期に幕府の株仲間政策に抗して大規模な国訴が展開されるようになっていた。なかでも、絞油屋（株仲間）の策動に反対し、菜種販売の自由などを要求して天明元年（一七八一）に展開された国訴は、一〇〇〇か村余の参加のもとに行なわれたものであり、安永期の綿国訴とともに成果の面でも注目されるケースであった。(52)先に紹介した津田説は、摂・河両国の事例にもとづくもので、和泉や大和の場合には、そのままあてはまらない。また、摂・河のケースについては、文政六年国訴の画期性を強調しすぎており、これに先行する天明八年国訴の意義にも注目すべきであろう。

(3) 国訴の組織構造と運動構造

近世後期に大坂周辺地域で展開された広域訴願に関して、第二に注目されるのは、国訴を行なうに際して、「頼み証文」を媒介にして、加談した各所領の惣代とその代表に選ばれた出訴惣代との間で、委任関係が結ばれるケースが見られるようになったことである。これに関する大和の事例を、以下に紹介しておきたい。

天保十一年（一八四〇）に、大坂から大和川を遡り、大和へ金肥などを運んでいた剣先船をめぐる問題が発生した。剣先船仲間が荷揚地の変更を要求し、これを拒否されると、途中で刎荷して荷揚地（亀の瀬）まで積み上るという挙に出たのである。これに対して、大和国内の主だった所領の惣代が何度も対策会議を行ない、相手方との交渉が失敗に終わった後、奈良奉行所の添簡を携えて、翌年八月に剣先船を管轄していた大坂町奉行所に出訴するに至った。(53)これに先立って、加談した各所領の惣代（一七所領二四名）は、大坂に赴くことになった五名の「国惣代」に対して、「剣先一件御訴訟御任一札之事」と題する証文を差し入れており、(54)そのなかには、「今般国惣代不残罷出候ハ、多人中(数)ニ付、諸雑費等相嵩国難弥増ニ相成、歎ヶ敷存候間、其許五人国惣代として先例も有之候間、御訴訟被下度依頼申入候」という一文が見られる。

これを、奈良県再設置運動（大阪府からの分置県を求める運動）(55)に際して作成された「委任状」と比較しておこう。内務省への請願に先立って、明治十五年（一八八二）十一月付で、各郡の人民惣代から二名の請願委員へ差し入れられた「委任状」[56]の文言は、「今般大和国置県請願ニ付出頭可致之処、多人数ニシテ徒ラニ多額ノ費ヲ要スヘキニ付、貴殿ニ対シ請願ニ係ル百般ノ事件御委嘱申候也」となっており、先に紹介した「御任一札」と比べて、依頼する主体は「所領物代」から「郡物代」へと変化しているものの、内容には何ら変わりがないことがわかる[57]。

この大和のケースのように、国訴の運動過程においては、参加した各所領の惣代と実際に出訴に及ぶ惣代との間で、近代の「委任状」に相当する「頼み証文」を媒介とした委任関係が結ばれるようになっていた。摂・河の事例をもとに、いち早くこの事実に着目した藪田貫氏は、「代議制の一形態」としてこれを把握しようとし、「一個の市民を起点とする」制度化された近代のそれに比べると、その「前期性」は明らかであるが、「ここからも日本近代の代議制が展望される」と指摘している[58]。村政をめぐる村のレベルの委任関係（村民と村役人間のそれ）は近世初期から存在しており、近世後期になると村民が村役人を「入札」で選出するケースも少なからず見られるようになっていたが、国訴のような支配領域の枠をこえた広域訴願が展開されるなかで、より高次のレベルの委任関係が形成されるようになったことは注目に値しよう。

つぎに、先に紹介した剣先船をめぐる国訴の事例をもとに、国訴の組織構造についても言及しておきたい。国訴の組織原理には、領主制原理と地域性原理とがあったことが指摘されているが[59]、この国訴では、大和の主だった所領を中心に組織結成がはかられ、その他の小さな所領に対しては会合に出席した「最寄」の所領惣代から参加を呼びかけるという形で運動の輪の拡大がはかられていった。本国訴をリードしたのは、当国内の所領構成において大きな比重を占めていた幕領の惣代庄屋らであり、彼らは組合村を構成する村々の庄屋によって選出され、役給も「村費」（組合村入用）から支給される、「惣代性」を強く帯びた存在であった。一方、藩領の場合には、大庄屋自身が惣代となるケースも見られたが、郡山藩領と津藩領の場合には、大庄屋は表に出ず、終始庄屋が惣代として出てきていた。両藩の大庄屋は、村民（惣百姓）の代表である庄屋の惣代という性格が濃厚であった幕領の惣代庄屋とは異なって、代官の推挙によって選出される在地役人ともいうべき存在であり、役給も藩から支給され、宗門改帳も庄屋以下の村民とは別帳であった（津藩領の場合には、無足人でなければ大庄屋にはなれなかった）。それ故に、「大和国中御料私領」の「百姓一同」としてその「相続」（成立）を求める運動の場に、彼ら自身は姿を見せず、これに代わって庄屋（役給は「村費」から支給されていた）が領民の代表として出ていくことになったものと思われる。しかし、彼らは、農地を有するとともに、領民の「成立」に責任を負うべき立場にあり、国訴の準備集会に出席した所領惣代からの報告を受け、支配役所に報告して指示を仰ぐとともに、領内の庄屋らを招集して対策会議を開くなど、領分としての意思を決定する上で大きな役割を果たしていた(60)。

ところで、幕領の組合村や惣代庄屋制についての研究は、一九八〇年代に入って以降、大きく前進するようになり、これを牽引した久留島浩氏によって、「惣代庄屋制的自治」論が提起されるに至ったことは、よく知られた事実である。この論に対しては、幕領の事例のみに立脚したもので、即一般化できないという点が指摘され、志村洋氏らによって藩領の大庄屋制についての事例分析が進められるようになった(61)。その結果、幕領の惣代庄屋制との相違点がクローズアップされることになり、久留島氏自身も「大庄屋は村役人一般ではなく、むしろ代官的な機能を果たすものととらえるべきである」と述べるに至っている(62)。

このように、所領によって中間支配機構のあり方に相異が見られたことは確かであるが、紹介した剣先船をめぐる事例からうかがえるように、国訴においては、そうした相違を乗り越え、所領の枠組を乗り越えて、広汎な村々の連帯が実現されていたのである。国訴という運動の組織構造の特色を示すものとして、この事実に注目しておきたい。

(4)「触流し」要求の展開

近世後期に展開された国訴などの広域訴願に関して、第三に注目されるのは、公儀の役所に対して触の発令が要求され、これに応じて管内への触流しが行なわれるケースも見られるようになったことである。こうした触流し要求は、地域住民の側から行政当局に対して条例の制定を請求する運動の先駆けをなすものとして、注目されるものである。近世において、支配役所から出された触書のなかに、住民からの出願にもとづく「願触」が存在したことは、朝尾直弘氏による京都町触を対象とした先駆的研究以来よく知られるようになったが[63]、ここでは、町触といったレベルをこえて、国触というスケールで触の発令が求められ、これが実現されるケースが少なからず見られるようになった点に注目したいのである。

摂・河両国の場合、訴願に応じて大坂町奉行所から市中へ町触が発せられたケースは、寛保三年（一七四三）の摂津三〇九か村による肥料訴願にまで遡るが、国訴の要求にもとづいて国触が作成され、両国内への触流しが行なわれるようになったのは、先に紹介した天明八年（一七八八）のケースが最初であった。この時、摂・河八三六か村からの要求に応じて、肥料の交ぜ物・買占め等の禁止を内容とする国触が発令されたが、その後両国で展開された肥料訴願において、このケースが先例として持ち出され、国触の発令が要求（→実現）されるに至っている点が注目される[64]。和泉の場合には、先述した天明八年のケースに加えて、天保六年（一八三五）にも、国訴の要求にもとづいて、堺奉行所から国触が発令されていることが確認される。また、大和の場合には、広域訴願に対応して奈良奉行所から国触が発令されたケースは正徳四年（一七一四）にまで遡るが、国訴のなかで触流し要求が明確に出され、これに対応する形で国触が発令されるようになったのは、天明九年のケースが最初であったと思われる。その後、しばしば展開された全幕領連合訴願においても、国触の発令が求められており、これが実現されているケースが確認される。[65]

国訴などにおける、こうした触流し要求の展開は、公儀への依存と言うよりはむしろ、公儀を活用しようとする動きと言えるものであった。要求内容（実現をめざそうとする事項）は、公儀の奉行所を経由し、触として発令されることによって、公法性を帯びることになり、管内の住民全体への拘束力を発揮することになったのである。

以上のように、国訴をはじめとする近世後期の広域訴願では、公儀に対して触の発令を求めるというケースが、少なからず見られるようになっていた。[66] そうしたなかで、触書の条文そのものや政策内容を具体的に提示し、これを触流してほしいと出願するケースすら見られるようになった点に、注目しておかなければならない。その典型的な事例として、天保十三年の大和の幕領のケースを、[67] 以下に紹介しておきたい。

天保改革期に、幕府は、質素倹約の励行を命じ、農村人口の増加をはかるとともに、抑商の方針にもとづく農村政策を推進し、とりわけ小前層の「外業」への進出（脱農化）を制止しようとした。これに呼応して、大和の全幕領村々は連合し、同十三年三月に、「御料所四分物代」が「大和国中惣百姓」の意向を代弁する形で、五條代官所を経て奈良奉行所へ訴願に及んだ。要求内容は、①堕胎禁止の触流し、②専業的木綿織稼禁止の触流し、③「分限」に応じた座頭への祝銭額の公定、④諸商人の取引価格や諸職人の賃銭に関する触流し、という四項目であったが、このうち①と②については、九月二十五日付で、奈良奉行が幕府法令（九月九日付「村々風俗其外之儀ニ付御触書」）に文章を書き添える形で対応し、大和国中への触流しが行なわれるはこびとなった。その一か月余の後、当国の「御料所四分」の惣代らは会同し、十一月三日付で、①専業的木綿織稼の禁止、②出機の禁止、③堕胎の禁止、④農業奉公人給銀等雇用に関する取締り、という四項目からなる「御料所御四分取締書」を作成した。これは、当国の全幕領において遵守すべき事項を申し合わせたものであるが、注目されるのは、その末尾に、「この条文を触書として管内へ流してもらうよう、各支配役所へ出願することにする」と記されていることである。これは実行に移され、高取藩預所の場合には翌年の一月、大津代官所の場合には同三月に、「取締書」の四か条の文面と全く同内容の触書が出され、これに対する請印が「小前末々迄」取られるに至っていることが判明する。

このケースでは、このような趣旨の触書を出してほしいと要求するというレベルに止まらず、条文そのものを作成し提示したうえで、これを触流してほしいと出願するレベルにまで達しており、注目される。このようなケースはなお稀であったが、政策内容を具体的に提示し、支配役所にその実施を求めるというケースは、少なからず見られるようになっていた。その一例として、同じく天保改革期の播磨の清水領知のケース(68)を紹介しておこう。

天保十二年十一月、加東・加西両郡の取締役一同は、清水氏の大坂川口役所へ「伺書」を提出した。これは、全二二か条からなる詳細な内容で、農業外の諸商・諸職の取締りに関する具体策を提示したものであった。本史料に関してまず注目されるのは、「今般之御趣意同役并村役人共ニおいてハ至極之大はまり」という一文が見られ、「農本主義にもとづく改革政策を、取締役や村役人としては、大いに歓迎している」と述べられていることである。内容面で注目されるのは、様々な稼業を、①これまで運上・冥加銀を上納し、あるいは相当の作付けをしているため許可するもの、②今後相当の作付けをすれば許可してもよいもの、③禁止すべきもの、という三つに大別した上で、個々の対応策について記されている点である。①と②では「相当の作付け」が許可の条件とされており、取締りの主眼が小前層の脱農化の制止にあったことがうかがえる。また他所への出稼ぎについては基本的に禁止するとしていることから、地域内での農業労働力の確保が企図されていたことがうかがえる。そこには、本案の作成にあたった取締役や村役人らの階層的利害を見出すことができよう。この政策案は、川口役所でほぼそのままの形で採用され、翌月に「仰渡書」として管下の村々へ触れ下されるに至っている。

今紹介した二つの事例は、公儀の法（政策）の形成に積極的にかかわっていこうとする動きとして評価できるものである。近世社会において、村方には、公儀の法に抵触しない限りにおいて自治権が認められ、村の掟というべき「村議定」も折にふれて制定されていた。一方、公儀の法（政策）は士分の役人によって策定され、この分野においても兵農分離がはかられていたが、近世後期になると、その境界線を乗り越えて、公儀の法（政策）の形成に関与・参加していこうとする動きが、先述した「議定の世界」の拡大と併行して、進むようになったのである。これらの事例（とりわけ大和幕領のケース）は、その最先端を行くもので、所領を代表する立場にあった惣代庄屋（幕領）や取締役（清水領知）を中心的担い手とするものであった（その背後には各村の村役人が存在した）。訴願や「伺」のあり方を通して、彼らの政策立案能力の成長、政策主体としての成長を見てとることができよう。

近世後期には、これと表裏をなす動きとして、幕府の寛政改革を主導した松平定信がそうであったように、政策を実施しようとするに際して、幕藩領主の側から領民に意見を求めるケースも、各地で見られるようになっていた。社会が大きく変貌するなか、村（町）や地域の成り立ちに腐心していた人々の知恵と能力を、積極的に活用しようとしたのである。これと併行して、先に紹介した河内の又右衛門のように、個人として献策を行なう人々も出現するようになり、なかには能力を認められて、政策を立案・遂行するポストに登用される人物も見られるようになった。献策と人材登用の時代が訪れるようになったのである。[69]

ここでは、近世後期に大坂周辺地域で見られた、公儀の行政に積極的に関与していこうとする惣代庄屋らの動きに注目したが、領国型の藩領では、こうした「運動」のレベルを超えて、領内からの政策の提言が藩の政策決定に至る一過程として「制度」化されるケースも見られるようになっていた。近年脚光を浴びている熊本藩の事例がそうであり、当藩では宝暦改革によって惣庄屋―手永制が改編され、これに伴って、「惣庄屋によって統轄され、百姓出身の会所スタッフによって実務運営される手永が、地域社会諸階層の利害を調整して共通利益を実現するための公共的事業を立案し、それを藩庁に申請し、それが稟議制を通じて藩の地方政策となって実施される行政制度が確立」するようになっていた。その実態については、「近代社会形成の起点」という副題が付された吉村豊雄氏らによる共同研究(70)によって明らかにされ、これを口火としてさらに研究が進められている(71)。

こうした熊本藩領のケースに止まらず、他の所領の事例についても分析を進め(72)、近世後期の地域社会と民衆運動と行政をめぐる問題について、次代への展開を見すえつつ、さらに議論を深めていく必要があろう。

おわりに――民衆運動における暴力と非暴力

以上、ここでは、近世後期の民衆運動のうち、国訴などの広域訴願（および運動の推進母体となった広域集会や広域議定）を主な分析対象とし、大坂周辺地域のケースにもとづいて、その展開のあり方と特質について論じてきた。ここで全体の内容をまとめ直すことはしないが、近代への移行という問題を見据えて、論証した諸点のうち、①国訴の運動過程における「頼み証文」を媒介とする「委任」関係（「代議制の前期的形態」）の形成、②公儀への触流し要求の展開や政策内容の具体的提示と公儀の法への反映（訴願主体となった惣代庄屋らの政策主体としての成長）、③運動の基盤をなす地域社会における「自主的」な「地域管理制」の形成（惣代庄屋や庄屋らの地域運営主体としての成長）という三点(73)に、改めて注目しておきたい。

ここでもっぱら光をあてたのは、近世後期に大坂周辺地域で展開された国訴をはじめとする合法的訴願であるが、その一方では非合法な闘争も展開されており、天保期には、百姓一揆・打ちこわしの発生件数が、幕末の慶応期につぐ第二のピークを示すようになっていた。

この時期の百姓一揆・打ちこわしは、飢饉や政治改革と深くかかわって起きており、幕政や藩政の展開にも大きな影響を及ぼすものであった。「内憂」と「外患」の進行に強烈な危機意識を抱くようになった徳川斉昭（水戸藩）は、天保九年（一八三八）に長文の意見書（『戊戌封事』）を将軍に提出し、そのなかで、「近年参州・甲州の百姓一揆徒党を結び、又は大坂の奸賊容易ならざる企仕り、猶当年も佐渡一揆御座候は、畢竟下々にて上を怨み候と、上を恐れざるより起り申候」と述べているが、ここに列挙されている「参州」「甲州」「佐渡」の一揆や大塩平八郎の乱などは、幕府に改革の断行を余儀なくさせる主な要因の一つとなるものであった。また、天保改革の開始直前に起きた「三方領知替」反対一揆や、改革期に近江で起きた検地反対一揆は、幕府の政策をそれぞれ挫折に追いこみ、天保十四年に上方の私領で（合法的な形で）展開された「上知令」反対運動は、改革そのものを終焉に追いこむ引き金となるものであった。このほか、藩領でも、長州藩の流通統制政策（産物会所政策）を挫折に追いこみ、天保改革実施の誘引となった天保二年の「防長大一揆」をはじめ、その後の藩政の展開に大きな影響を及ぼす一揆が発生しており、注目される。

天保期に発生した百姓一揆・打ちこわしの多くは、直接的には凶作による米穀の不足と価格の高騰を背景とするものであったが、その発生には市場構造の変容（大坂町奉行であった阿部正蔵が指摘しているような、「諸国相場之元方」であった中央市場大坂の機能低下や、旧来の都市や在方の特権商人を核とした流通体制の動揺など）と、社会構造の変容も大きくかかわっていた。後者は、住民の再生産構造の変化、具体的には、本文中で述べたような、農村内部での「買喰層」の増加を指している。天保期には、大坂周辺地域ほどではなくても、主穀を購入に頼る農民たちが各地で増えるようになってきており、このことが、労賃の実質水準が低落傾向を示すようになったことと相まって、凶作に際してその影響を深刻化させ、騒動を惹起させる要因となっていたのである。

こうした状況下で、天保期には、他地域への米穀の流出を防止しようとする穀留などの動きも絡まって、凶作年を中心に、「買喰層」を主体とする一揆・打ちこわしが、地域的な米穀市場圏を範囲に波及的に発生するようになったが、それまでのケースと比べて注目されるのは、①「買喰」という共通項を媒介にして、下層の農民と都市民との連繋が見られるようになった、②自分たちの行動を正当化するために、「天狗世直し」と記した幟を掲げたり、「世直し神」を持ち出したりするケースが見られるようになった[74]、③同七年（一八三六）の甲州騒動のように、従来の一揆の「作法」[75]を捨て去り、武器を携行・使用して、盗みや放火を行なうケースも見られるようになった、という三点である。

このうち、①と②、特に②については、「世直し」一揆（騒動）の様相を示すものとして、かねてより注目されていたが[76]、③の点は、近年に、須田努氏によって光があてられるようになったものである。史料に登場する「悪党」という用語に着目して、百姓一揆の「作法」が崩壊していく過程を跡づけようとしてきた須田氏は、甲州騒動の画期性に注目し、「天保七年の甲州騒動は、一九世紀の社会に大きな影響を与えた。幕藩領主の飢饉への消極的な対応、幕藩領主への人びとの恩頼感の低下を背景として、要求を持たない、打ちこわしを目的とする騒動が大規模に展開したのであった。ここに結集した無宿・百姓たちは、「異形の姿」に変身し、武器を携行使用し、盗み、家屋への放火を行なっていった。百姓一揆の作法はここに崩壊した。そして、幕藩領主は「悪党」の殺害を村々に命じていったのである。（中略）甲州騒動を一つのきっかけとして、一九世紀の社会は暴力と混乱の〝万人の戦争状態〟に入っていく」と述べている[77]。

須田氏が指摘するように、甲州騒動において、従来の一揆の「作法」を捨て去るような「無宿・百姓たち」

の行動が見られたことは確かである。また、幕末にかけての展開を、「暴力」を切り口として描こうとすることも、一つのアプローチの仕方としては理解できるものである。しかし、甲州騒動は天保期に発生した一揆のなかでも突出した事例であり、須田氏自身も断っているように、この段階で一揆の「作法」が直ちに崩れ去ってしまったわけではなく、社会全体が「暴力」にまみれるようになったわけでもなかった[78]。また、公儀への「恩頼感」を低下させ、「暴力」に訴えて自らの窮状を打開しようとするようになった人々だけではなく、窮民に救恤の手を指しのばすとともに、訴願などを通して、地域の百姓の生産や生活、生命を守ろうと奔走していた人々の動向にも目を向ける必要があろう。

甲斐のケースについては、今のところ、そうした人々の一揆発生前後の活動のあり方を跡づけることはできていないが、大部分が幕領であった当国では、一八世紀の後半以降、郡中物代らによる一国規模の広域訴願が数多く展開されており、米穀とともに人の生存に不可欠な食品であった塩の流通をめぐっては、騒動の翌年にも、購入ルートの自由化などを要求して、五一〇か村（甲府・石和代官所と田安・清水領知の村々）による訴願が展開されていたことが知られる[79]。また、大和の場合には、天保の凶作・飢饉に際して、窮民が増加し「国中騒動」も発生しかねない不穏な状況に陥るなか、天保四年の十月に、全幕領が連合して、他の所領の意向も代弁する形で、奈良奉行所へ大和米の「他国売」の「差留」を出願したのをはじめ、同九年の十〜十一月には、酒の「過造」取締りと「他国出し」の制止を求めるなど、国内に飯米を確保し、「国中」住民の生命を守るとともに、安寧秩序を守ろうとする運動を活発に展開していたことが確認され[80]、注目される。

この後、小前層とりわけ「買喰層」の窮迫は、開港を契機にいっそう進行するようになり[81]、彼らを主体とする闘争は、幕末にかけてさらに高まるようになっていった。それは、直接行動によって「世直り」を実現しようとするものであり、「暴力」を伴うケースも増加するようになっていった。その一方で、注目しておかなければならないのは、彼らの闘争を下から激しく受けながら、惣代庄屋や庄屋らも広域訴願をさらに活発に展開するようになっていったという事実である[82]。

古くてなお新しい問題であるが、前者に止まらず、後者の動きもしっかりと見据えて、「維新変革と民衆」についての議論をさらに深めるとともに、近代への移行の道筋を解き明かしていく必要があろう。

〔註〕

（1）遠山茂樹『明治維新』（岩波書店、一九五一年）二一～二二頁。

（2）青木美智男『天保騒動記』（三省堂、一九七九年）、同『百姓一揆の時代』（校倉書房、一九九九年）第四章・第五章。

（3）須田努『「悪党」の一九世紀』（青木書店、二〇〇二年）、同『幕末の世直し　万人の戦争状態』（吉川弘文館、二〇一〇年）など。

（4）谷山正道『近世民衆運動の展開』（高科書店、一九九四年）第二部補論参照。

（5）藪田貫『国訴と百姓一揆の研究』（校倉書房、一九九二年　新版・清文堂出版、二〇一六年）、平川新『紛争と世論』（東京大学出版会、一九九六年）にそれぞれ収録。渡辺尚志編『近世地域社会論』（岩田書院、一九九九年）、大塚英二『日本近世地域研究序説』（清文堂出版、二〇〇八年）、谷山前掲註（4）書も参照。

（6）佐々木潤之介『幕末社会論』（塙書房、一九六九年）、同『世直し』（岩波書店、一九七九年）など。

（7）久留島浩『近世幕領の行政と組合村』（東京大学出版会、二〇〇二年）に収録された一連の研究。幕領を対象とした関係文献に、山崎圭『近世幕領地域社会の研究』（校倉書房、二〇〇五年）、山本太郎『近世幕府領支配と地域社会構造』（清文堂出版、二〇一〇年）などがある。

（8）平川新「なにが変わったのか／九〇年代の近世史」（『歴史評論』六一八号、二〇〇一年）。

（9）吉田伸之「社会的権力論ノート」（久留島・吉田編『近世の社会的権力』所収、山川出版社、一九九六年）。

（10）吉田前掲註（9）文献。渡辺編前掲註（5）書、志村洋「地域社会論における政治と経済の問題」（『歴史学研究』七四八号、二〇〇一年）にも関連する指摘が見られる。
(11) 町田哲『近世和泉の地域社会構造』（山川出版社、二〇〇四年）など。
(12) 渡辺尚志『百姓の力』（柏書房、二〇〇八年）第八章、同「近世村落史研究の課題を考える」（『歴史評論』七三一号、二〇一一年）、青木美智男「幕末・維新期の民衆運動研究の再検討」（『明治維新史研究』一一号、二〇一四年）にも共通する指摘がある。
(13) 関連文献に、藪田貫「近世の地域社会と国家をどうとらえるか」（『歴史の理論と教育』一〇五号、一九九九年）、平川新「転換する近世史のパラダイム」（『九州史学』一二三号、一九九九年）、深谷克己「民衆運動史研究の今後」（同編『民衆運動史　近世から近代へ5　世界史のなかの民衆運動』所収、青木書店、二〇〇〇年）、須田努「民衆史・運動史の解体？」（『歴史評論』六六七号、二〇〇五年）、「特集／「藩」からみた日本近世」（『歴史評論』六七六号、二〇〇六年）、大島真理夫「近世地域社会論の成果と課題」（『日本史研究』五六四号、二〇〇九年）、「特集／近世村落史研究の現在」（『歴史評論』七三一号、二〇一一年）などがある。また、「近世畿内村落史研究の現状と課題」については、渡辺尚志氏の稿（同編『畿内の豪農経営と地域社会』（思文閣出版、二〇〇八年）序章）を参照されたい。
(14) 『奈良県史1　地理』（名著出版、一九八五年）二七〇～二七九頁。
(15) 近世上方の支配構造に関しては、岩城卓二『近世畿内・近国支配の構造』（柏書房、二〇〇六年）、同「畿内近国論」（『岩波講座日本歴史11　近世2』所収、二〇一四年）、小倉宗『江戸幕府上方支配機構の研究』（塙書房、二〇一一年）、菅良樹『近世京都・大坂の幕府支配機構』（清文堂出版、二〇一四年）、および岩城文献で紹介・検討されている各文献を参照。
(16) 谷山前掲註(4)書第一部第一章・第二章。
(17) 佐々木前掲註(6)『幕末社会論』など。
(18) 安岡重明『日本封建経済政策史論〔増補版〕』（晃洋書房、一九八五年）八～一六頁。浮田典良「江戸時代綿作の分布と立地に関する歴史地理学的考察」（『人文地理』七巻四号、一九五六年）も参照。
(19) 谷山正道「近世大和における綿作・綿加工業の展開」（『広島大学文学部紀要』四三巻、一九八三年）。

（20）播磨の多可郡のように、綿作が盛んではなかった地域で、綛糸を他地域（紀伊や淡路など）から買い入れる形で木綿織生産が進展するようになったケースもあり、地域的な分業の進展も見られた。
（21）谷山正道「近世後期における広域訴願の展開と地域社会」（『日本史研究』五六四号、二〇〇九年）《本書第四章》。
（22）中村哲『明治維新の基礎構造』（未来社、一九六八年）七七頁掲載の表2―20参照。
（23）中村前掲註（22）書、津田秀夫『幕末社会の研究』（柏書房、一九七七年）など。
（24）谷山前掲註（4）書第二部第一章。
（25）本城正徳『幕藩制社会の展開と米穀市場』（大阪大学出版会、一九九四年）。
（26）青木美智男『近世非領国地域の民衆運動と郡中議定』（ゆまに書房、二〇〇四年）、平川新「『郡中』公共圏の形成」（『日本史研究』五一一号、二〇〇五年）など。
（27）倉地克直「『勧化制』をめぐって」（『論集近世史研究』所収、京都大学近世史研究会、一九七六年）、三浦俊明『近世寺社名目金の史的研究』（吉川弘文館、一九八三年）。
（28）竹安繁治『近世畿内農業の構造』（御茶の水書房、一九六九年）第八章、谷山正道「転換期の民政と民衆運動」（『近世史サマーフォーラム二〇〇三の記録』、二〇〇三年）など《本書第一章》。
（29）村や組合村々の「為方」を考えて行動しなければ、リコール運動を展開されるような状況になっていた。
（30）岡田光代「和泉における農民の訴願運動」（『大阪府立大学経済研究』三五巻二号、一九九〇年）、藪田前掲註（5）書前篇第二章など。
（31）天明八年五月「泉州四郡一統願書一件控」（『堺市史続編』第四巻三一九～三四二頁所収、一九七三年）。
（32）岡田前掲註（30）論文。
（33）文化九年三月「泉州一国申合書物」（『堺市史続編』第四巻一一六七～一一七一頁所収、一九七三年）。
（34）谷山前掲註（4）書第二部第四章。文政十年（一八二七）の播磨国集会についても論究している。
（35）山﨑善弘『近世後期の領主支配と地域社会』（清文堂出版、二〇〇七年）第七章第一節、同「国訴と大坂町奉行所・支配国」（『日本史研究』五六四号、二〇〇九年）。

(36) 藪田前掲註(5)書前篇第四章など。
(37) 谷山前掲註(21)論文、同「近世後期における広域訴願の一形態」(『日本文化史研究』四一号、二〇一〇年)《本書第三章》。
(38) 谷山正道「文化三年の大和の『国訴』について」(『ビブリア』八八号、一九八七年)。
(39) 森安彦『幕藩制国家の基礎構造』(吉川弘文館、一九八一年)第二編第三章、「寛政五丑年盗賊防方等御料私領申合書類」(津山郷土博物館所蔵美作国勝南郡行延村矢吹家資料)、誉田宏『寺西封元』(福島人物の歴史第五巻、歴史春秋社、一九七九年)など。
(40) 谷山正道「近世近代移行期の「国益」と民衆運動」(『ヒストリア』一五八号、一九九八年)《本書終章》、藪田貫『近世大坂地域の史的研究』(清文堂出版、二〇〇五年)第一部5など。
(41) 上訴制度の不備や行政訴訟制度の不備など。大平祐一「近世の合法的『訴訟』と非合法的『訴訟』」(藪田貫編『民衆運動史　近世から近代へ3　社会と秩序』所収、青木書店、二〇〇〇年)参照。
(42) 廣吉壽彦編『甚太郎一代記』(清文堂出版、一九九四年)七八頁。八鍬友弘「訴の時代」(『歴史評論』六八八号、二〇〇七年)も参照。
(43) 寛政二年「御江戸御歎組合九ケ村・当村限願書一件」(『改訂天理市史』史料編第三巻一三六～一四七頁所収、一九七七年)。谷山前掲註(4)書第一部第五章も参照。
(44) 文化五年「田原村高免困窮に付減免願一件控」(『新訂大宇陀町史』史料編第二巻二七二～三一二頁所収、一九九六年)。木下光生「『貧しさ』への接近」(平川新編『通説を見直す　16～19世紀の日本』所収、清文堂出版、二〇一五年)も参照。
(45) 宮城公子「変革期の思想」(『日本史研究』一一一号、一九七〇年)、深谷克己『百姓成立』(塙書房、一九九三年)など。
(46) 津田秀夫『封建経済政策の展開と市場構造』(御茶の水書房、一九六一年)六一頁。
(47) 津田秀夫『近世民衆運動の研究』(三省堂、一九七九年)二九九～三〇八頁。
(48) そこには、他地域への影響も視野に入れた公儀としての判断が存在した。平川前掲註(5)書第四章参照。

(49) 津田前掲註(47)書二九七〜二九八頁。
(50) 岡田前掲註(30)論文。なお、両種物の手広販売に関する要求は、大坂町奉行所の管轄事項ということで沙汰外とされたものの、他の要求についても、それなりの対応がなされた。
(51) 『高石市史』第三巻（一九八四年）一七五〜一八五頁所収。
(52) 奥田修三「大和における国訴」（『立命館経済学』八巻四号、一九五九年）、谷山正道「安永期大和の綿国訴をめぐって」（『奈良学研究』一五号、二〇一三年）など。
(53) 詳しくは、谷山前掲註(4)書第二部第三章を参照。
(54) 橿原市新賀町・森村家文書。
(55) 谷山正道「奈良県再設置運動研究序説」（『日本文化史研究』二五号、一九九六年）《本書第一二章》参照。
(56) 奈良市西千代ヶ丘町・恒岡家文書。
(57) 請願に赴く惣代は、「談合」によってではなく「選挙」によって選出されるように変化している。
(58) 藪田前掲註(5)書九四頁。白川部達夫『日本近世の自立と連帯』（東京大学出版会、二〇一〇年）も参照。
(59) 藪田前掲註(5)書前篇第二章。
(60) 谷山前掲註(21)論文。
(61) 「近世後期の地域社会と大庄屋支配」（『歴史学研究』七二九号、一九九九年）をはじめとする志村洋氏の一連の研究、羽田真也「播州姫路藩の大庄屋制と支役庄屋」（『ヒストリア』一八六号、二〇〇三年）など。
(62) 久留島前掲註(7)書二八七頁。
(63) 横田冬彦「近世村落における法と掟」（『文化学年報』五号、一九八六年）。本論文の一八八頁で、朝尾氏の研究報告についても紹介されている。
(64) 寛政六年（一七九四）や嘉永二年（一八四九）のケースなど。
(65) 谷山前掲註(21)論文。
(66) 寛政改革期の関東での広域訴願↓触流しの事例も確認される（「保鑑」『幸手市史』近世資料編Ⅰの八〇一〜八三五頁所収など）。

(67) 谷山前掲註(21)論文。
(68) 天保十二年十一月「奉差上御伺書」(小野市立好古館所蔵・三枝家文書)、山﨑前掲註(35)書第五章参照。
(69) 平川前掲註(5)書第七章。朝尾直弘「一八世紀の社会変動と身分的中間層」(辻達也編『日本の近世10 近代への胎動』所収、中央公論社、一九九三年)、大平祐一『目安箱の研究』(創文社、二〇〇三年)も参照。
(70) 吉村豊雄・三澤純・稲葉継陽編『熊本藩の地域社会と行政』(思文閣出版、二〇〇九年)。
(71) 吉村豊雄『日本近世の行政と地域社会』(校倉書房、二〇一三年)、稲葉継陽・花岡興史・三澤純編『中近世の領主支配と民間社会』(熊本出版文化会館、二〇一四年)、稲葉継陽・今村直樹編『日本近世の領国地域社会』(吉川弘文館、二〇一五年)など。
(72) 近年、秋田・米沢・仙台・松代・尾張・岡山・徳島・佐賀など、藩領の研究も進んできている。
(73) 維新変革の問題を組み込む必要があり、これらは近代の地方民会にストレートにはつながらないが、その受け皿を形成する動きとして注目したい。
(74) 前者は天保四年(一八三三)の播磨加古川筋、後者は同七年の三河加茂郡のケースである。
(75) 保坂智『百姓一揆とその作法』(吉川弘文館、二〇〇二年)、同『百姓一揆と義民の研究』(吉川弘文館、二〇〇六年)第一部、藪田前掲註(5)書後篇など。
(76) 深谷克己『増補改訂版　百姓一揆の歴史的構造』(校倉書房、一九八六年)第一部第一章など、青木前掲註(2)『百姓一揆の時代』第五章など。なお、佐々木潤之介氏は、天保—開港期を「世直し状況」の「歴史的前提後期」として位置づけている(佐々木前掲註(6)『世直し』)。
(77) 須田前掲註(3)『幕末の世直し　万人の戦争状態』八一頁。
(78) 保坂智氏による須田説批判(「百姓一揆と暴力」〈『歴史評論』六八八号、二〇〇七年〉)も参照。
(79) 安藤正人「甲州天保一揆の展開と背景」(『天保期の人民闘争と社会変革・上』所収、校倉書房、一九八〇年)、稲垣令子「甲州における塩流通と郡中惣代」(『史観』一一六輯、一九八七年)など。
(80) 谷山前掲註(21)論文。
(81) 米穀をはじめとする猛烈な物価騰貴と、外来綿製品の大量流入に伴う在来綿業への打撃(大坂周辺地域の場合）を主要因とする。

（82）谷山前掲註（4）書第二部第五章。久留島浩「移行期の民衆運動」（『日本史講座』第七巻所収、東京大学出版会、二〇〇五年）も参照。

第一章　寛政の幕政改革と畿内民衆

はじめに

江戸幕府が実施した三大改革の一つに数えられる寛政改革に関する研究は、享保および天保のそれに比べて立ち遅れていたが、一九六〇年代に入って以降に前進をとげ、寛政改革を封建的危機の深化に対する対応策として捉え、農村政策や市場政策を中心に改革政策について論じた津田秀夫氏の研究(1)や、改革前夜に起きた江戸での打ちこわし、改革期における勘定所御用達の成立とその役割、公金貸付政策などについて論じた竹内誠氏の一連の研究(2)などが発表されるようになり、一九八〇年代以降にはさらに都市政策や対外関係・朝幕関係、白河藩政との相互関係といった側面からの研究も進展するようになってきている(3)。

改革農政に関しても、古くから寺西封元や竹垣直温・岸本就美・岡田恕・早川正紀ら「名代官」の施政に関する研究(4)があり、一九八五年にはこの分野のはじめてのまとまった成果といえる柏村哲博氏の『寛政改革と代官行政』（国書刊行会）が刊行されるに至った。しかし、本書で主に分析対象とされているのは、東国幕領に対する改革農政＝「名代官」による農村復興のための諸政策であり、西国幕領に対するそれについてはなお視野の片隅に追いやられたままである（かつて寛政改革を東北諸藩的とする主張がなされたこともあったが(5)、柏村氏の場合も「寛政の改革農政のなかでとくに重視されたのは、生産力が低く都市市場と疎遠で飢饉の影響を最も強く受けた地域であった」[6]、「改革農政は東北・関東幕領農村の再生産基盤回復にその重点を置き、勧農・教諭・間引きの防止・小児養育・入百姓・町場稼人等他出者の引戻し・手余り荒地の起返しなどを柱に各代官の裁量によって展開されてゆく」[7]と述べられている)。

しかし、当然のことながら、改革農政の推進者は、畿内をはじめとする西国幕領の動向にも深い関心を払っていた。従来、西国幕領をフィールドに「寛政の改革政策と民衆の動向」というテーマに正面から取り組んだ先行研究は乏しく、管見のかぎりでは、河内の幕領をフィールドとした竹安繁治氏の研究[8]があるぐらいではないかと思われる。

以上のような研究状況をふまえて、本章では、西国幕領のうち畿内幕領を対象とし、大和と河内のケースを中心に、収集した関係史料を活用して、竹安氏の研究成果にも学びながら、①寛政改革政権成立期の畿内幕領の状況と民衆の動向、②畿内幕領に対する改革政策の特質とこれに対する民衆の動向、という二点について、主に分析することにしたい。

こうした作業を通して、幕府寛政改革を見つめなおすとともに、寛政改革期（その前夜も含めて）の歴史的位置についても論究することにしたい。

一　寛政改革政権の成立と畿内民衆

(1)　寛政改革政権の成立

幕府寛政改革の主導者となった松平定信は、天明七年（一七八七）六月に老中首座の地位に就き、翌八年三月には将軍補佐兼役を命じられ幕閣の大権を掌握するようになった。寛政改革政権の成立である。

周知のように、松平定信政権は難産の末に誕生した。天明六年（一七八六）六月に発令された全国の百姓・町人・寺社山伏に対する御用金令への各方面からの反発と、将軍家治の急逝とが引き金となって、それまで絶大な権勢を誇っていた老中田沼意次が同年八月に失脚した後、松平定信が老中に就任するまでに、実に約十か月もの月日を要したのである（表１参照）。この間、政治の刷新をねらって、一橋治済（新将軍家斉の実父）と御三家を中心に、田沼にかわる老中として定信を就任させようとする運動が展開されたが、なお幕閣の中枢は田沼派の面々によって占められており、定信の老中就任の件は、いったんは頓挫を余儀なくされた[9]。

こうした情勢が急転したのは、天明七年（一七八七）の五月下旬のことであり、その直接的な契機となったのは、江戸での大規模な打ちこわしであった。この辺の事情については、竹内誠氏らの研究に詳しいが[10]、将軍の御膝下の地での大騒動の発生にかかわって、その責任をとらされる形で、田沼派の牙城と目された御用申次横田準松らが解任されるに至り、定信の老中就任への道がようやく開けるようになったのである。ちなみに、杉田玄白の『後見草』には、「若此度の騒動なくば、御政治は改るまじきなど申人も侍りき」という著名な記事[11]が存在する。

表1　田沼意次の失脚から松平定信の老中就任まで

年・月／日	動　　　　　向
天明6・6／29 (1786)	(全国の百姓・町人・寺社山伏に対する御用金令発布)
8下旬	(実紀では9／8)将軍家治逝去
8／23	田沼意次、病と称して出仕をやめる
8／24	(上記の御用金令撤回)
8／27	田沼意次、老中を解任される
10／24	一橋治済、水戸治保宛書簡にて、実直にして才力ある者を老中に推せんしたき意を表す
閏10／6	一橋治済、尾張宗睦・水戸治保宛書簡にて、松平定信を老中に推せんする
12／15	御三家より大老井伊直幸らに対し、定信老中推せんの意見書を提出する
天明7・2／1 (1787)	大奥老女大崎、江戸尾張邸訪問の際、内々に定信老中の件拒絶の趣を伝える
2／28	御三家登城の節、老中より正式に定信老中の件拒絶の回答あり
※ 5／24	御用申次本郷泰行解任される
※ 5／28	御用申次田沼意致病気にて免職となる
※ 5／29	御用申次横田準松解任される
6／9	大奥老女大崎、尾張宗睦宛書簡にて、定信の老中就任承諾の趣を内報する
6／19	定信、老中首座に就任する

松平定信政権誕生の直接的な引き金となったのは、江戸での大規模な打ちこわしであったが、それは、天明三年（一七八三）以降の凶作・飢饉の状況下、各地域民衆の動向にも影響されながら発生したものであり[12]、また全国各地における民衆蜂起の頂点に位置するものであった[13]。定信政権は、まさにそうした全国的な民衆闘争の高揚に直面するなかで産声をあげたのであり、それ故に、定信をはじめ改革政権に参画するようになった当路者の危機意識には強烈なものがあったといえよう[14]。

(2)　「下情」把握の姿勢と訴願の噴出

松平定信を中心とする成立期の寛政改革政権は、改革農政を本格的に実施しようとするにあたって、支配機構の整備をはかるとともに[15]、「下情」＝民意の把握に努めようとした[16]。これに関しては、まず、天明七年（一七八七）八月に、各郡代・代官に対して、「百姓は国之元ニ而候」とし、「百姓之辛苦相察し、飢寒無之様ニ心を尽し可申事」と指示したあとで、「願訴訟等も、上江出し不申様押へ置候儀を而已心懸候様相成候間、下情も難達候間、少事も後々ニは事もつれ候ニ付、其節ニ至り、下よりも不得止事強訴ニ及ひ、或は江戸表へも罷出候様相成候間、村中入用も自然に相重、下々及難儀候様ニ成候事、甚以不可然候」と令達していることが注目されるが、そうした「下情」を把握するうえで大きな役割を担ったのが、全国各地への巡見使の派遣であった[17]。

幕府の巡見使派遣は、当初の予定より遅れて、天明八年（一七八八）の四月に入ってから実施されたが、同年一月付の御料巡見使派遣の「先触」[18]に、「今度国々御料所村々巡見被差遣候ニ付、右之面々相通り候節於村々相尋候儀者有躰ニ可申達旨、御代官所中大小之百姓共江可被申聞候、勿論百姓共訴訟事も候ハヽ、少も不差控訴状を以右面々江申出候様、是又可被申付候」「百姓等訴訟ニ不出様差押候者有之候ハヽ、後日ニ咎可被仰付候」云々とあるように、その主な目的は、改革政策を推し進めようとするに際しての民情の調査にあり[19]、飛騨国での事例[20]のように、巡見使が宿泊場へ周辺村々の村役人らを召喚し訴願を奨励したようなこともあって、廻村の先々で訴願が相次いで展開された。

畿内幕領の巡見が行なわれたのは、同年の六月から七月にかけてであったが、この時、御料巡見使に対して数多くの訴願が行なわれたことが判明する。河内の幕領村々からの訴願事例については、すでに竹安繁治氏が紹介され、それぞれの内容について検討を加えられているが[21]、大和の幕領についても、何件かの事例を確認することができる。双方の事例を表2に示したが、たとえば「大和国宇陀郡御巡見諸控」と題する一史料[22]に、御料巡見使が七月七日に同郡松山町で宿泊した際に、宿泊先へ吉野郡の幕領村々から数多くの訴状が提出された、と記されているように、実際の件数はこれをはるかに上回るものであった。

畿内幕領村々からの訴願事例のうち、現在把握できているのは氷山の一角と言わざるをえないが、表示した河内の事例については、年貢・諸負担の軽減と肥料問題（買占めや交ぜ物に関する対策）が要求の中心をなしていたことが判明する。前者に関しては、享保改革後期の延享元年（一七四四）に、「胡麻の油と百姓は絞れば絞るほど出るものなり」という放言で有名な、辣腕の勘定奉行神尾春央[23]が当地域における商業的農業発展の成果を強奪するために導入した「田方木綿勝手作仕法」（田方木綿作については、凶作であっても検見引は行なわず、「稲毛上毛並」に年貢を賦課するという方法）の撤回要求が出されていることが注目される。また、大和の事例に関しては、やはり年貢・諸役の負担軽減が要求の中心をなしており、年預役をめぐる問題も俎上に上っていることが判明する。

以上が、この時に御料巡見使に提出された訴状（判明分）に記された要求内容の概要であるが、以下大和の事例のうち二例を取り上げ、具体的な訴願の様子や内容について記しておきたい。

最初に紹介するのは、宇陀郡馬取柿村の庄屋又次郎が、村民を代表して単身近江国坂田郡春照村まで赴き、

表２　天明８年　御料巡見使への訴願事例（判明分）

	出願村々	要求内容
河内	小堀数馬・角倉与一代官所河内・高安・志紀・丹北・渋川・若江郡85か村	①近年肥類格別高値→「諸国浦々鰯猟相増并肥類買〆不申候様」諸国へ触流し要求 ②年貢米の納入先の変更要求（京二条御蔵納→大坂御蔵納）③御免勧化は代官所で一括してとりはからってくれるよう要求
	同上両代官所若江・渋川郡38か村	延享元年以降の田方木綿勝手作仕法の撤回（田方木綿作検見）要求
	小堀代官所若江郡八尾村々（９か村）	①肥類の買占めや交ぜ物をせぬよう対策要求 ②高持百姓困窮・田地手余り→百姓相続できるよう対策要求
	同代官所渋川郡荒川村三ノ瀬分	田畑の石盛の不同の是正を要求
	角倉代官所若江郡西郡村・小坂合村	夫代米免除要求
	河内郡松原宿助郷５か村	助郷の差替えまたは差加えを要求（幕領については高掛物三役の免除）
大和	高取藩預所添上郡９か村	二割半無地増高の毛付高入れ赦免もしくは新検地の実施を要求（天明８年６月中旬、奈良城戸町秋田屋にて滞在中の老中松平定信へ願書を提出、寛政元年３月７日勘定奉行へ駈込訴、等）
	同預所添上郡森本村	困窮百姓相続願
	同預所平群郡12か村	①南都御番所渡米の負担方法の是正を要求 ②「水田」＝悪米場の年貢減免（悪米値段での年貢上納）を要求 ③木綿勝手作仕法に対する批判（綿不作時の減免要求）④（皆）御普請の実施要求 ⑤年預役の当分休役を要求
	同預所平群郡五百井村	興留出作方年貢率引下げ要求
	芝村藩預所宇陀郡馬取柿村	百姓困窮→元禄８年から天明７年までの年貢高平均にて「永御定免」を要求
	（吉野郡村々）	※「大和国宇陀郡御巡見諸控」には、御料巡見使の宿泊先（宇陀郡松山町）へ吉野郡の村々から数多くの歎願書が提出された、と記されている

御料巡見使へ歎願に及んだ一件[24]である。御料巡見使の一行は、同年七月七日に馬取柿村に程近い宇陀郡松山町に宿泊したにもかかわらず、その後又次郎がはるか近江にまで赴いて訴願に及んだ事情ははっきりしないが、彼が携えた七月十六日付の歎願書[25]には以下の事情が記されていた。

当村は、農業生産の条件に恵まれない山寄りの村方であるが、「別紙帳面」に示したように、年貢が次第に高くなって、村民一同が困窮するようになり、このままでは「亡所」になってしまうのではないかと懸念している。近年は不作続きで潰百姓が続出するようになり、二十年以前までは一四、五軒ほどあった家数が、現在では七、八軒にまで減少し、人手不足によって御田地手余りの状態になっている。年貢の方は、これまで他借するなどして何とか皆済してきたが、高利の借財が嵩み、このままでは「百姓取続」ができない状況に陥っているので、当村が幕領となった元禄八年（一六九五）から天明七年（一七八七）までの年貢高を平均し、「永御定免」となるように執り成していただきたい。

この歎願書の文面に「別紙帳面」とあるのは、当村の年々の本年貢高を調べて書き留めた「元禄八亥年より天明七未年迄九拾三ヶ年之間御免札写帳[26]」のことである。これによれば、同村の本年貢高は、元文〜明和期に高水準を保った後、代官所支配下にあった明和末年頃にいったん低落したが、それ以降回復傾向を見せ、天明四年（一七八四）に芝村藩が預り支配するようになった後、同七年には延享元年（一七四四）[27]とほぼ同水準に達するようになったことが判明する（グラフ参照）。こうした年貢面での圧迫と凶作が続くなか、同村では、表3に示した戸口の推移からも明瞭にうかがえるように、村民の窮乏が進行しており、御料巡見使の派遣に際して、庄屋又次郎が村民を代表して歎願を決行するに至ったのである。

さて、歎願に至るまでの又次郎の足跡は、以下のようであった。

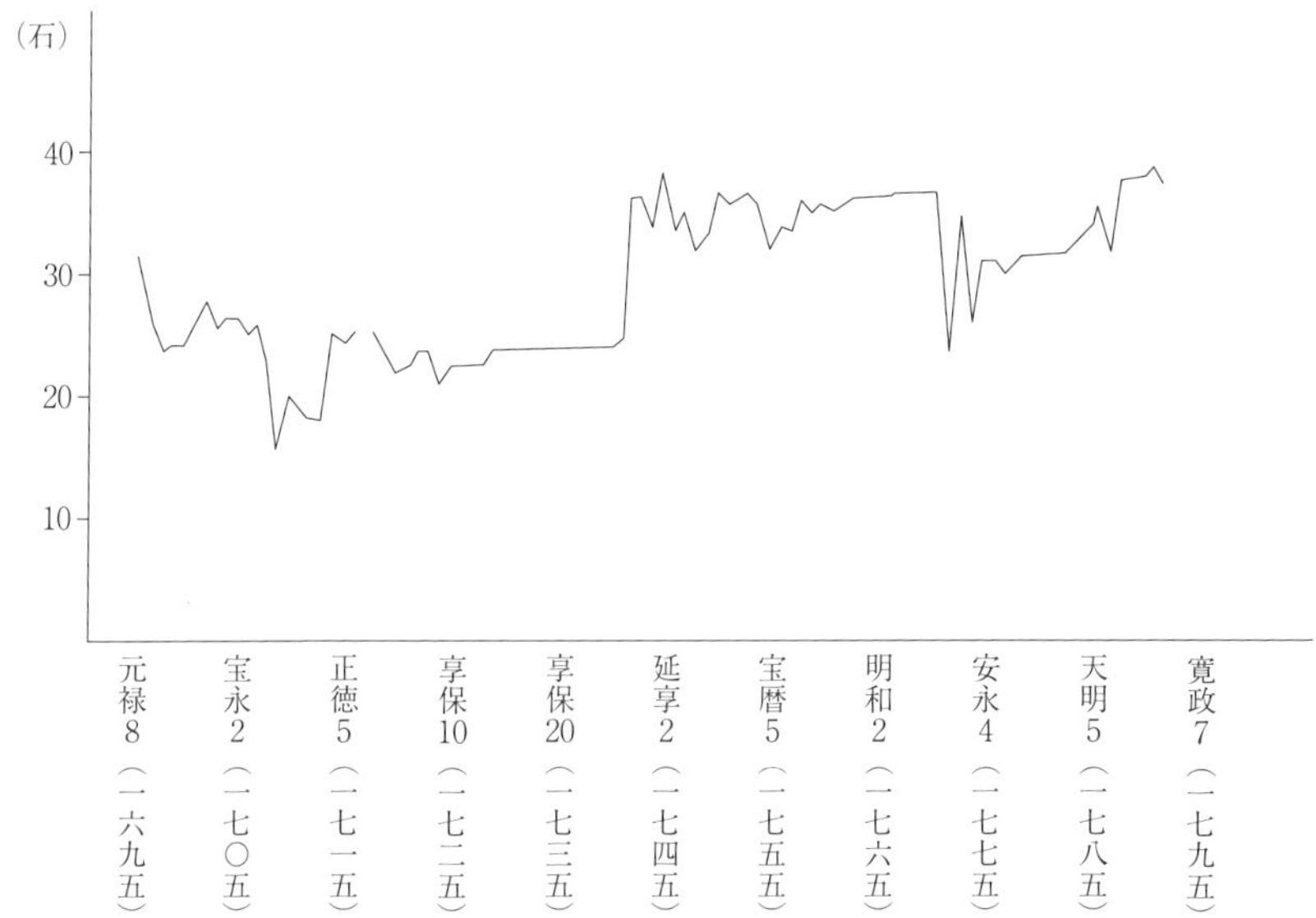

グラフ　馬取柿村本年貢高の推移

表3　馬取柿村戸口の推移

年　　度	家　数	人　数	内訳 男	内訳 女
	軒	人	人	人
明和4(1764)	14	52	24	25
6(1769)	11	51	26	25
安永4(1775)		36	21	25
天明3(1783)	9	38		
5(1785)	9	36	20	16
6(1786)	9	35	19	16
寛政2(1790)	8	29	16	13
3(1791)	8	29	16	13
5(1793)	8	34	18	16

註　各年度宗門改帳類(宇陀市大宇陀馬取柿・松尾家文書)から作成。

〔七月十三日〕　馬取柿村を出立、奈良の「目安筆工」平井徳兵衛に訴状の清書を依頼、奈良道具屋清九郎方泊。
〔七月十四日〕　奈良を出立し草津へ（一五里八町）、草津八幡屋庄兵衛方泊。
〔七月十五日〕　草津を出立し松本・武佐・高宮・米原・長浜経由で曽根へ（一六里）、曽根安右衛門方泊。
〔七月十六日〕　曽根を出立し春照へ（四里）。

この日、又次郎は、当所に滞在していた御料巡見使（三名）のもとへ訴願に及んだ。この時、巡見使は、又次郎が差し出した訴状および九三年間にわたる「御免札御取米写帳」を写しとり、宿願を果たせた（と思った）又次郎は、「三公の跡をしとうやおひの身の　実にありがたき初秋の今日」という歌を詠んでいる。

歎願を終えた又次郎は、その夜のうちに春照を出立し、夜通し歩いて大津まで引き返し、十七日に当地で宿泊した後、十八日には京都で参詣、夜船で淀川を下って翌日午前には大坂に到着したが、連日のハードスケジュールがたたったのか、体調をくずし、馬取柿村へ辿り着いたのは二十一日のことであった。

こうして、又次郎は歎願をし終えて帰村したが、それから十日あまり経った八月二日、芝村役所から「馬取柿村の庄屋・年寄は明日巳刻に出頭せよ」との通達があり、又次郎はその翌日組頭の卯八（年寄の代理）とともに芝村役所へ出向いた。そこで待ちうけていたのは、御料巡見使に対する歎願一件に対する尋問であり、これを担当した奉行は、又次郎を宿預けにし、卯八には村方へ引き返し又次郎が巡見使へ提出した書類を持参するように命じた。これをうけて、卯八は四日の未刻頃に芝村役所へ提出し、その二日後の六日の同刻頃には、又次郎・卯八の両名が、芝村役所へ何の断りもなく御料巡見使へ歎願に及んだことについての詫状を提出させられるに至っている。

とはいえ、寛政改革がまさに始まろうとしていた政治の転換期に、はるばる近江にまで赴いて幕府が派遣した御料巡見使に村方の窮状を訴え、「永定免」の実施による年貢負担の軽減を求めた庄屋又次郎の行動は、注目されてよいだろう。

続いてもう一例、当時高取藩の預所支配下にあった添上郡森本村を中心とする組合九か村の動向[28]について紹介しておこう。これらの村々の惣代らが、郡山城下の柳町太田又左衛門方で宿泊中の御料巡見使のもとに訴願に及んだのは、天明八年（一七八八）七月九日のことであり、要求の主旨は、「当村々は『畝歩詰』で、（享保改革後期に）神尾春央によって『二割半無地増高』が毛付高に組み入れられて以来困窮が増し、戸口が減少するようになった。このままでは『村々退転』にも及ぶような状況なので、『二割半無地増高』を毛付高から除外してほしい。もしそれができないのなら、新検地を実施してほしい」というものであった。また、この時、森本村の惣代は、一村限りの歎願書も提出しており、村況について以下のように述べている。

当村は「元来山寄之地」にあって、「御田地も山田同然」で「小畝町田地」が多く、農業をするにも、他村と違って「至極手間」を要する土地柄であり、豊作の年でも作物の「出来」が揃ってよいといったことはない。そのうえ、元文五年（一七四〇）より「弐割半増高」が「本高」（毛付高）に組み入れられ、さらに延享年中より「他郷他村と違百石余も御高免」となったため、潰百姓が続出するようになり、家数・人数が大いに減少して、「御田地手余り」の状況となっている。このままでは、「行々村方亡所」になってしまうのではないかと、嘆かわしく思っている

そして、享保十八年（一七三三）から寛保二年（一七四二）までの十か年分（本年貢高の平均は二六九・三四九石）と天明七年（本年貢高は三九九・九八二石）の年貢免状の写[29]を差し出し、百姓がつつがなく相続できるようにと願い出ている。この時、巡見使は、「成程御免相進候、併我等事巡見御用之儀故、右願書持帰り、具ニ致

披露可遣候」と約束したという。

添上郡九か村および森本村から御料巡見使へ訴願に及んだ折の様子や要求内容の概要は以上のようであったが、これらの村々の動向に関して注目されるのは、政権の交代を見据え、新政権の政治姿勢を鋭敏にキャッチし、これに反応して、好機は今とばかりに歎願に及んでいることである。[30]

(3) 国訴・広域訴願の展開

御料巡見使への訴願が相次いで行なわれていたのと同時期に、畿内では国訴をはじめとする広域訴願も展開されていた。国訴とは、「支配国を範囲に所領関係や郡域を越えて関係する大多数の村々の連合のもとに展開された広域的訴願[31]」のことであり、天明八年（一七八八）には国訴史上注目すべき訴願が展開された。

まず、摂津・河内のケースについて述べておこう。この年の訴願は、二月二十五日に行なわれた摂津国武庫・川辺・豊島郡一六一か村による単独の肥料訴願からスタートしたが、程なく「此度肥し物高直ニ付、直下ケ之御願、摂河一統ニ御番所へ罷出度[32]」ということで、運動の輪の拡大が画策され、四月になると、肥料問題に加えて菜種売捌問題や道具屋仲間問題等が併せて取り上げられるようになった。ここでいったん出訴の後、さらに問題が付加されて参加村の拡大がはかられ、摂津国豊島郡など七郡と河内国志紀郡など一五郡の、計八三六か村による訴願が行なわれるはこびとなったのである。

大坂町奉行所の裁許の後、七月二十七日付で惣代らが同奉行所へ提出した請書[33]によれば、同訴願で取り上げられたのは、①魚肥問題、②絞粕問題、③菜種売捌問題、④古金・古道具屋仲間問題、⑤質屋株問題、⑥竹の入札問題、の六項目（六か条）にわたっていたことが判明する。注目されるのは、一か条目の冒頭部分に、「私共儀兼て之組合又は向寄之申合惣代ニて少々宛振合違、或は村方より不申立ケ条も御座候得とも」云々とあることで、そうしたなか、当時生じていた問題を抱き合わせ列挙することを通して参加村の拡大がはかられていったことが、その記述から想定されるのである。摂・河においては、この方式を採用することを通して、なお一〇〇〇か村には及ばなかったものの、八三六か村という、両国でははじめて半数を超える（参加村率は五七パーセント余に及ぶ）、多数の村々の参加が実現するようになった点が注目される。摂・河の場合、文政六年（一八二三）の国訴[34]の前提をなす画期をここに見出すことができよう。

同年五月には、和泉国でも同様に、注目すべき内容の訴願が行なわれた。五月七日付の訴状[35]によれば、要求項目は、①諸国鰯網の増加と干鰯商人等の不正の禁止（→干鰯値段の引き下げ）、②両種物（菜種・綿実）の手広売買の認可、③堺繰綿延売買会所の廃止、④虚無僧の不行跡の取り締まり、⑤秤改めの廃止、の五か条にわたっており、「泉州四郡村々惣代[36]」から和泉一国を支配国としていた堺奉行所へ提出されたことが判明する。「泉州四郡村々」からの出願事例は、管見の限りでは寛保三年（一七四三）まで遡るが、摂・河の場合と同じく、複数の要求を列挙する形の訴願は、同国の国訴史上これが最初であり[37]、しかも摂・河のそれと時を接して行なわれている点に注目しておきたい。なお、この訴願は「一国御願一件」と称されており[38]、「国訴」という二文字は登場しないが、実態としては国訴そのものであった。

さらに、大和国に目をやると、国訴の事例ではないが、同年六月に注目すべき内容を有する広域訴願が少なくとも計画されていたことが判明する[39]。これは、葛上・葛下・高市・式上・式下・添上・添下・平群の八郡にわたる広汎な幕領村々が連合して行なおうとした訴願で、幕府の巡見使に対して、当地域の農民経営が悪化している現状を述べたうえで、「百姓方不益」の要因として以下の「七ヶ条」を列挙し、農本主義の立場から、その打開を要求しようとしたものである。

一　綿作肥不足仕候而不熟仕候事
一　先規より用水場御普請銀古来被下候銀高相減候事
一　農家商家を羨候故、自然と農人減商人相増候而、御田地作毛不熟仕候事
一　油絞り株立候事
一　繰綿売買問屋株立候事
一　都而御田地肥類商人心儘ニ高直仕、其上油粕ニ者米糠を交、干鰯類ニ而泥砂を交、不仁之義仕候ニ付、
利目薄ク立毛不熟仕候間、正路ニ仕候様被為成下度事
一　当国三十年以来相極候諸運上之事

要求の内容や性格は、九か条にわたる要求を列挙して行なわれた文化三年（一八〇六）の全幕領連合訴願(40)――大和の「御料所四分」（小堀・池田・木村の三代官所と高取藩預所）の惣代らが、私領方の意向も代弁し、「一国百姓共」の要求を提示するという形で奈良奉行所へ訴願に及んだもので、複数の要求を列挙する形の訴願事例として、従来注目されてきた――のそれに通じるものであり、実際に訴願に及んだとすれば、その先駆けをなす訴願として注目されよう(41)。

以上、天明八年（一七八八）という年に照準を定め、摂・河および和泉では実行に移され、大和でもその計画が確認される国訴・広域訴願の事例に着目し、それぞれの概要について述べてきた。それらの全体を通して、第一に注目されるのは、いずれも五か条以上にわたる複数の要求を訴状に列挙するという形をとっているという点であり、第二に注目されるのは、隣接するこれらの国々において、わずか数か月の間に、時期を接して、訴願が計画・展開されているという事実である。第一の点に関しては、かつて平川新氏が「地域の抱える諸問

題がいっきに噴出した感をもつ[42]」との印象を述べられたことがあったが、なぜそうした「噴出」がこの時期に連鎖的に起きることになったのだろうか。それは、御料巡見使への幕領村々からの訴願の「噴出」と同様の事情によるものであった。すなわち、これらの国訴・広域訴願は、田沼政権から寛政改革政権への政権交代を見据え、新政権が改革政策を推し進めるに際して「下情」の把握を行なおうと動き出した、そうした政治の流れを見据えて、好機は今とばかりに展開されるに至ったものであり、訴願を推進した当該地域の惣代らは、こうした絶好の機会をとらえて、「地域の抱える諸問題」を一挙に提示し、参加村の拡大（→多数派の形成）をはかりながら、諸要求の実現をはかろうとしたのである。

二　寛政改革政策の展開と畿内民衆

(1)　天明八年訴願への対応

前述したように、成立期の寛政改革政権は「下情」の把握に努めた。しかし、このことは、その後の改革政策が民意に沿う形で展開されていったことを必ずしも意味するものではなかった。ここではまず、活発に展開された天明八年（一七八八）の国訴・広域訴願や御料巡見使に対する幕府側の対応のあり方について検討することにしたい。

最初に、国訴・広域訴願への対応について、摂・河のケースから見ておこう。先述したように、八三六か村から大坂町奉行所へ提示された要求は、①魚肥に関して、交ぜ物・俵直しの禁止(A)と百姓直買の認可(B)、②絞粕類に関して、交ぜ物・買占め等の禁止(A)と他所他国売の禁止(B)、百姓直買の認可(C)、③菜種の手広売買の認可、④古金・古道具屋仲間の廃止と身代限の際の家財の手広売買の認可、⑤質屋株加入者以外の者への「一村限」での質入れの認可、⑥竹の入札・販売に際しての「高直之札人」(竹屋)への販売の実現、の六項目にわたっていた。[43]その大部分は、聞き届けられるところとはならなかったが、①の(A)と②の(A)に関しては、要求をふまえて、摂・河両国へ次のような国触[44]が発令されるに至っている点が注目される。

近年肥類高直ニ相成候上、別而干鰯抔者国々より積登候儘ニ而者不売払、土砂或者諸品之骨・籾空等を粉ニはたき取交、水を打、目方重ク成候様色々と仕成し、并油糟も籾空はたき、粉ハ木之葉を粉ニいたし交売出し、且又干鰯都而肥類・干糟・醤油糟等之類迄買〆・囲持、直段高直を考売出し候者等有之、令難儀候旨、摂・河両国村々之内より願出候、右体致交物売出候段、不直之仕形、殊ニ一己之徳用を見込、諸人之不顧難儀を、買〆・囲持等者致間敷儀ニ而、於相違者不埒之事故、其分難差置候間、向後交物等者急度相止メ、怔合善悪ニ不拘、国々より着之儘ニ而売出、勿論直段不引合歟、無拠子細相有之、売方廻行者格別、買〆・囲持者不致様相慎、可成丈下直ニ可売出候、若此上非分之取扱いたし候者有之、於相顕者吟味之上急度可令沙汰候

申七月

右之趣為触知候間、村々庄屋・年寄・寺社家承知之段、肩書令印形、郡切村次順々無遅滞相廻し、触留り村より石見守番所へ可持来者也

天明戊申七月

石　見　印

土　佐　印

村々
庄屋
年寄
寺社家

勿論、これと同内容の触書は、大坂市中へも廻達されている。

次に、和泉の国訴への対応について見ておこう。五月七日付の訴状で、「泉州四郡村々」から堺奉行所へ提示された要求は、前にも述べたように、①諸国鰯網の増加(A)と干鰯商人等の不正の禁止(B)（→干鰯値段の引き下げ）、②両種物（菜種・綿実）の手広売買の認可、③堺繰綿延売買会所の廃止、④虚無僧の不行跡の取り締まり、⑤秤改めの廃止、の五項目にわたっていた。このうち、②については、大坂町奉行所の管轄事項ということで沙汰外とされ、①の(A)についても、再出願（九月七日）の後、当奉行所では取り計らい難いということで差し戻しになったが（但し、寛政二年〔一七九〇〕二月の幕府法令[45]に、「近来浦々不猟続、干鰯・魚糟払底故、直段高直ニて田畑肥養届兼候趣相聞候付、猟場取扱伊奈摂津守江被仰付、追々潰網取立等取計有之」云々とあるように、数年の時を経て、幕府の政策に反映された可能性もある）、他の項目については、その後の交渉の末、次のような形で一件落着となった[46]。

①の(B)　再出願の後、十一月になって、前述の摂・河のケースと同様に、肥料の交ぜ物・買占め等の禁止を内容とする国触[47]が和泉国内へ発せられた。

③　再出願の後、九月二十五日になって、宝暦九年（一七五九）以降存続してきた堺の繰綿延売買会所が、要求どおりに廃止された。

④　再出願の後、十一月になって、虚無僧の不行跡を取り締まるようにと、本寺役僧への申し渡しが行なわ

れた。

⑤ 秤改めの廃止要求は却下されたが、再々出願の後、翌年四月になって、秤改めの際に秤座の役人が不法をはたらかぬよう注意するようにと、神善四郎への申し渡しが行なわれた。

右のうち、特に注目されるのは③の成果で、前年十二月に実施された大坂および摂津平野郷の繰綿延売買会所の廃止を見据え、これを引き合いに出しての運動が、功を奏したと言うことができよう。

以上、摂・河および和泉の、双方の国訴の結果について述べたが（大和の広域訴願については、実行されたかどうかが判明しないので、結果については記せない）、成果に関しては、堺の繰綿延売買会所の廃止という顕著な成果が和泉の場合にあがっていることに加えて、両者ともに、訴願をうけて、肥料の交ぜ物・買占め等の禁止を内容とする国触が、それぞれの管轄奉行所から発令されるに至っている点に注目したい。これがそうした最初のケースというわけではないが[48]、この後の国訴・広域訴願において、天明八年（一七八八）のケースが先例として持ち出され、国触の請求がしばしば行なわれるようになっていく[49]、その起点としての位置を占める点に注目したいのである。

一方、株仲間にかかわる要求は、いずれも実現していない。摂・河の村々からの菜種の手広売買の認可要求に対して、幕府―大坂町奉行所が、「菜種之儀は水油一躰ニ付、（中略）何へ成とも勝手ニ払候儀は難相成、其上菜種取入頃相場下直いたし候等之儀も無拠事[50]」として、これを却下した事実からもうかがえるように、寛政改革政権は、田沼政権下で打ち出された株仲間組織を介して商品流通統制（↓価格統制）を図ろうとする方針については、これを基本的に継承しようとしたのである（大坂の炭問屋株や舂米屋株など、寛政改革期に入って廃止された株仲間もあったが、それは田沼期に公認された株仲間のごく一部に止まるものであり、大坂周辺の農民たちの商品生産・流通にかかわる株仲間はそのまま存続した）。株仲間をめぐる問題は、なお大きな課題として残され、この後の国訴における主要な争点となるに至るのである。

次に、御料巡見使への訴願に対する幕府側の対応のあり方について見ておこう。まず、河内のケースに関しては、小堀数馬・角倉与一代官所管下の河内郡他五郡の八五か村からの訴願（前掲表2の一番目の事例）および若江・渋川郡の三八か村からのそれ（同じく二番目の事例）に対する幕府側の対応を、具体的に知ることができる[51]。

この二件の訴願は、ともに天明八年（一七八八）六月に実行されたが、その後一年半余を経過して、（幕府の指示をうけて）京都の小堀代官所で吟味が行なわれ、結局双方ともに要求が聞き届けられず（なお、前者の肥料問題に関する要求の一部は、大坂町奉行所からの国触の内容に反映されていると言えるが、国触の発令自体は摂・河八三六か村からの訴願に対応したものであった）、幕領の惣代らが「去々申年御巡見様へ差上候願書之趣」の願い下げをさせられるに至っていることが判明する。特に、当該地域における商業的農業進展の成果を強奪するために、享保改革後期の延享元年（一七四四）以降採用されていた「田方木綿勝手作仕法」の撤回についての後者の要求が、「御定法相立候以来年々右之通ニテ相続候義を、今更申立候迚も御取用難被成筋ニ候」とあるように、却下されるに至っている点が注目されよう。

大和のケースについては、先に紹介した宇陀郡馬取柿村の訴願と、添上郡森本村を中心とする組合九か村の訴願に関するそれぞれの結果が判明する。前者においては、年貢の減免、具体的には元禄八年（一六九五）から天明七年（一七八七）までの平均年貢高（二九石三斗余）での「永御定免」の実施が求められていたが、天明八年（一七八八）から寛政三年（一七九一）にかけての同村の本年貢高は、いずれも三八石以上で、提示された「永御定免」の水準を大きく上回っており、同村の要求は聞き届けられるところとはならなかった[52]。また、後者においては、「二割半無地増高」の毛付高入れの赦免もしくは新検地の実施が求められていたが、これまた聞き届けられるには至っていない。

以上、限られた事例からではあるが、寛政改革政権成立当初に幕府は巡見使を派遣して「下情」を把握しようとする姿勢を示したものの、年貢等の負担軽減を求める畿内幕領の民の声には容易に応じようとしなかった事実が判明するのである。

(2) 「白川」訴願と又右衛門上書

この後、寛政改革政策が本格的に展開されていくことになるが、そのなかでの畿内の百姓らの動向について、注目される事例を二例紹介しておきたい。

その第一は、高取藩の預り支配下にあった、大和国添上郡森本村など組合九か村の動きである。これらの村々が展開した訴願については、「白川」訴願と名付けてかつて検討したことがあるが[53]、前述した要求を掲げて、御料巡見使へ訴願に及んだ後にも、惣代両名が江戸に下って、寛政元年(一七八九)七月三日に勘定奉行所へ駆込訴を行なったのをはじめ、機会を捉えてねばり強く運動を展開していることが知られる(表4参照)。

そのなかで注目されるのは、同二年六月二十五日に、土砂留状況を調査するために江戸から派遣された幕府勘定所の役人秋月元三郎が、巡見の途上、運動の主導者の一人であった森本村の村井彦四郎宅で宿泊した際の、両者のやりとりである。その折の様子について、彦四郎は次のように書き留めている[54]。

不寄存元三郎様御旅館被仰付、御大切成重御役人様御膝元迄被召寄、役中之儀勿論村方困窮之訳合不洩言上致し候儀、誠に難有事ニ御座候、元三郎様此節御咄ニ被遊候ニ者、支配役所添簡出し不申候得者、此上者駕訴より外ハなしと被仰下候ニ付、駕訴之儀者甚六ヶ敷様ニ乍恐奉存候と申上候処、決而六ヶ敷事者無

表4　「白川」訴願の展開

年月日	動　　向
寛政元年2月9日	高取藩役所へ、江戸表へ歎願に赴きたいので暇を下されたい、また困窮の村方であるのでその路金14～15両を貸していただきたい、と願い出る（これに対して同藩は、「路用金之儀者不相成、下り申儀者勝手次第」と返答）。
2月15日	北之庄村庄屋新七・森本村年寄弥四郎の両名が惣代となり江戸へ向けて出立する
2月17日	高取藩役所へ関係村々の庄屋が召喚され、江戸へ惣代を送り出したことを厳しく責められる。
3月7日	惣代、勘定奉行久世広民のもとへ駈込訴に及ぶ（「二割半無地増高」そのものの赦免＝「元高」への復帰もしくは新検地の実施を要求）。
3月10日	惣代の両名、国元支配役所である高取藩の添簡のない願いであるから取り上げられぬと久世より言い渡され、江戸表の高取藩役所に引き渡される。
3月12日	惣代、同役所へ「此上国元へ罷帰り候而も、親妻子之扶助難相成、田畑仕付候手段も無御座、村々退転仕候様相成、何共歎ヶ敷」と記した歎願書を提出する。
4月4日	帰国した惣代、高取藩役所へ添簡願に出向く（同藩これを却下し、江戸への歎願を越訴と見なし、惣代を郷宿預けにして色々と吟味し、さらに関係村々の庄屋も残らず召し出して、吟味の上7月下旬まで引き留める。その後、江戸へ歎願に赴いた惣代は「村預け」とされ、他の村々庄屋共は「他参留」を言い渡される。これに対し、村方よりたびたび詫びを入れたが、江戸表から下知がないとのことでなかなか赦免されず、翌年2月にまで及ぶ。そのため「一統百姓大困窮ニ而、相続難相成」と記される状況に立ち至る）。
寛政2年2月21日	組合9か村、大和国「土砂御廻村」にて添上郡神殿村嘉右衛門方で宿泊中の田村七郎次のもとへ歎願に及び、「往古より之成行之次第当時之形まで有躰」に申し上げ、「御料之百姓前々立直り、百姓相続仕候様」また「他参留村預ケ御赦免被成下候様」幕府勘定所へよろしく取次下されたいと願い出る（田村は、「二割半無地増高」の経緯や関係村々の増高状況などを聞き糺し、江戸表へ歎願に及んだ折の願

	書と同内容の文書を持ち帰り、これまでたびたび提出した願書の内容も聞書にて持ち帰る)。この日、森本村からも一村限で田村へ歎願に及ぶ(田村は、天明8年に同村が御料巡見使に差し出したのと同内容の願書ならびに年貢免状の写を残らず筆写する)。
2月23日	田村、差紙を森本村に出して、享保18年より前5か年分、寛保2年より後5か年分、天明7年より前5か年分と天明8年の検見帳を早々持参するように命じる。同村の弥四郎と彦四郎、各年の検見帳を田村の休泊場である添上郡大慈仙村まで持参する。田村、各年の検見帳に目を通した上、その奥書と計26年分の年貢免状を写し取る。
2月25日	江戸出願関係者、ようやく罪を解かれる。
3月27日	森本村庄屋彦四郎、高取藩役所へ召し出され、何の吟味もなく役儀召し上げを言い渡される(この件について、彦四郎は、「此度組合江戸歎願ニ付、役儀御取上之儀、扨々心外千万、弐拾ヶ年来役中村方取計何之故障も無之ニ、無御吟味役儀被召上候儀、偏ニ御無成敗と存候」と心境を記している)。
6月25日	土砂留に関する命をうけて大和の「山々御巡見」を行なっていた秋月元三郎(「支配勘定格御普請役元〆」)が、森本村彦四郎宅で休泊する。元三郎への面談が叶い、彦四郎は「役中之儀勿論、村方困窮之訳合不洩」言上する。元三郎は、その内容を残らず横帳に写し取り、その委細を詳しく吟味する。
6月26日	組合9か村、25日付で訴状を作成し、山村庄屋文次郎・神殿村庄屋嘉右衛門・北之庄村年寄小十郎が惣代となって、山辺郡布留村で休泊中の元三郎のもとへ提出、「御江戸表へ御願ニ罷出候力も無御座」として、何卒百姓相続できるよう江戸表へ仰せ上げられたいと願い出る。
6月27日	元三郎、式上郡三輪村で休泊中に惣代の者を呼び寄せて、願書を残らず写し取り、彼らからこのたび願書を提出するにあたっての誤りの一札を取り、持ち帰る。

之、即御江戸表ニ而殿方ニ而も、御老中様之御門前ニ而御登城之刻限ニ願書を割竹ニはさみ慎而下座致し居候得者、取次之者右之願書を取、御駕之内へ入候事なり、決而〳〵六ヶ敷事ニ者無之と、誠ニ箸を以小児ニ食をあたへ候様ニ被仰下候、扨々御懇之御意共中々難尽筆紙御事也

ここには、（幕府勘定所役人の来宅を、運動の活路を開く絶好の機会と考えた）彦四郎が、「村方困窮之訳合」やそれまでの運動の経緯などを秋月に漏れなく言上し、これに対して秋月が、決して難しいことではないので駕籠訴を行なってみてはと提案し[55]、その方法を彦四郎に懇切丁寧に伝授したということが、記されている。この後、彦四郎が、秋月の示唆に基づいて実際に駕籠訴を決行するに至ったのかどうかは、史料の制約もあって現在のところ不明であるが[56]、大変興味深い事実として注目されよう。

さらに注目されるのは、この「白川」訴願が、改革政権の民政方針を敏感にキャッチして行なわれたという点である。村井彦四郎は、「白川」（正しくは白河）と題する松平定信の「存寄書」[57]を、寛政二年九月付「御江戸御歎組合九ヶ村・当村限願書一件」、天明八年二月付「御巡見様江差上候御免定之写」（森本村）[58]とともに一綴にして残している。これは幕政改革に着手しようとするにあたっての、定信の所信表明文と言うべきものであり、そこには、享保改革後期に勘定奉行神尾春央らが推し進めた年貢増徴政策を痛烈に批判した、「享保之頃、神尾若狭守・細田丹波守一ときの者甚御政道ニ預り、御倹約と申事を表ニ致、天領へなわを入、天民を困窮せしめ、御領を虐、下々之痛をかゑりミす、是を御為と心得候不調法の至ニ候」という一文が見られる。また、「御代官人をゑらミて、聊私欲有人を不召抱候様、下々之痛ニ不相成候様」という、代官に関する記述も見られる。

村井彦四郎は、こうした定信の所信の内容を把握していたのであり、これに照らして実際の高取藩の預所支

配のあり方を批判し、「此書附之義者、奥州白川（河）之城主松平越中之守之御存寄之御書附之写也、此書附御覧之上、拙者共御江戸願之義御推量被成可被下候、乍然御預所御役人様方之御心不叶」と記しているのである。

以上のように、「白川」訴願は、寛政改革の主導者であった松平定信の民政方針を鋭敏にキャッチし、所信表明文の内容を要求の論拠として、村井彦四郎らによって推進されていったのであり、その意味で大変注目すべき事例であると思われる。なお、その後の運動の展開状況については不明であるが、前述したように、「二割半無地増高」の毛付高入れの赦免もしくは新検地の実施という要求は、結局聞き届けられるには至らなかった。

次にもう一例、注目すべき事例として、河内国渋川郡荒川村三ノ瀬分の又右衛門の献策活動を取り上げたい。この又右衛門の上書については、一九六〇年代に竹安繁治氏によってはじめて紹介され分析されたことがあったが(59)、それ以降全くと言ってよいほど注目されてこなかったものである。

又右衛門は、当時百姓代をつとめていた藤兵衛の父にあたるが、武士の家に生まれながら当家へ養子に出された人物であり、その経緯について、寛政二年（一七九〇）十一月の口上書(60)のなかで、以下のように記している。

私出生之義ハ、大坂御金御組内小野八郎右衛門弟ニ而、亡父小野茂久太夫と申者之末子ニ而御座候、延享元年子十月十七日夜実父義ハ御城内御金蔵御泊り番ニ而、出生之節母即死仕候ニ付甚騒候得共、実父義者御城内ニ而致方も無之、隣近辺之せわニ而親類集候内、伯父八（郎）右衛門参り候而親子共相果候哉と相改候処、虫の息キ計りニ而有之趣兼而申聞候、早夜も明候得ハ謹而実父も下り弔等漸々仕、其後私義四人〆末之子故何方成共養子ニ可遣候旨ニ而、所々遣候而催夜泣キヲ致候由を言ゝ立ニ而戻し候事度々故、母死去之趣

ヲ聞依之の事故と申ニ付、無キ母之死ヲ隠シ遠方江遣可申迚而、依之当村百姓養子ニ相成申候

このように又右衛門は、延享元年（一七四四）に小野茂久太夫（「大坂御金組」の役人）の末子として生まれたが、母親が難産により命を落としたという事情もあって、生後すぐに養子に出され、百姓として生きていくことになった。養子先で、彼は養母に大切に育てられ、手習いなどにも行くことができた。その後、十五歳の時に、実父に会う機会があり、自分も武士としての道を歩みたいと願ったが、これに対する父の返答は、「汝甚心得違成（也）、我等明ケ暮之御奉公も汝か耕作仕候も、御奉公ニハ相替事無之」というものであり、「御百姓」としての「御奉公」＝農業に出精するようにと諭された。この後、彼は実父の教えを守って農業に励み、その甲斐あって、経営が悪化するようになっていた養子先の家は、天明・寛政の頃には先祖の持高に復するまでになった(61)。

又右衛門は、実父から「若御奉公ニも相成候儀、又者世上之為ニも相成候事も候ハ、申立候様ニ(62)」という教えも受けており、天明八年（一七八八）の御料巡見使の派遣に際して、初めて訴願を実行するに至っている。その引き金となったのは、先述したように、巡見使派遣の「先触」の文面に、「訴えたいことがあれば少しも差し控えず願い出るように」と書かれていたことであり、これに触発されてのことであったと彼は記している(63)。

それから二年半近くを経て、又右衛門は江戸に下り、寛政二年（一七九〇）十一月三日に駕籠訴に及んだ。その当時、松平定信が中心になって幕政改革を推し進めていた最中のことであり、訴願の相手は定信その人であった。その翌日には、定信から「此外存寄候筋も有之候ハ、書上可申」という指示があり、これに応じて又右衛門は全三一か条にわたる上書(64)を作成し、十一月十三日付で定信に提出した。そのなかで彼は、当時地域社会で生起していた様々な問題を取り上げ、それぞれについての私見を提示している。それらのうち、主要な問題に関する

彼の提言や要望の内容を、以下に紹介しておくことにしたい(65)。

①年貢に関しては、立地条件が同じような地域での「免合」（年貢率）の「高下」（不均衡）を是正してほしいと主張している。また、「定免」についても、適正に実施し、「三分以下之凶作」の年にも「作柄相応之御用捨」を加えていただきたいと述べている。さらに、延享元年（一七四四）に採用された「田方木綿勝手作仕法」にもとづいて、凶作であっても検見引は行なわれず、「稲毛上毛並」に年貢が賦課されるようになっていた田方綿作も含めて、凶作時の検見による適正な減免措置の実施を求めている。

②大坂周辺地域で進展していた地主小作関係にかかわっては、農業の安定をはかるためには、小作人の経営を安定させることが不可欠である、そのためには年貢減免による恩恵が小作人にも行き渡るように取り計らうべきであり、小作人による年貢の直納を行なう必要がある、また小作料の公定を是非実施していただきたい、と主張している。

③「作方第一之手当」である肥料に関しては、干鰯などが「近年大高直」となり大いに難渋していると指摘し、その実態調査を願うとともに、関東で鰯網の網元を是非とも取り立ててほしいと要望している。また、肥料に用いている大坂市中の「下屎小便」についても、高値になっていると指摘し、値段を協定し引き上げをはかっている市中の「二便之商人」を「差留メ」てほしい（周辺の村々で分担して汲み取るようにしたい）と述べている。

④村政に関しては、「村々困窮・不困窮者村役人之勤方ニ寄候」という触書の趣旨に言及したうえで、庄屋・年寄の選出方法について述べ、惣百姓による入札により選出すべきであると主張している（なお、同数の場合には、石高の多い方に決定するとしている）。また、百姓惣代については、五人組頭のうち二人宛が「年行司」として担当し、年中諸入用をチェックするようにしたいと述べている。

⑤　非領国地域であった大坂周辺地域の管理に関しては、一万石程度の規模で支配領域を越える形で「組村」を設定し、二〜三名の「組村惣代」によって管理させるようにしたいと述べている。「組村惣代」については、「村々頭百姓年行司」のなかから惣百姓の入札によって選出するとしており、大庄屋や惣代庄屋らによるのではなく、「組村惣代」を中心とした地域管理体制を構想し、その実現を求めている点が注目される。

以上のほか、この上書には、「大困窮」期における「有徳之者共」による利銀取り立ての用捨、大坂市中「川さらへ冥加金」の赦免、大川筋の洪水・用水問題への対策、煮売り商人の差し止め、子おろし薬販売人の取り締まり、等々についての提言や要望が記されている。

又右衛門は、この上書を提出してから一年後に再び江戸に下り、寛政三年（一七九一）十一月十七日に一八か条にわたる上書[66]を松平定信に提出している。この上書は、定信によって「賢キ願書」と評され、評定所で協議のうえ、その取り扱いについては、勘定所で吟味されることになった。この上書でも、様々な問題に言及されているが、それらのうち、主要な問題に関する彼の提言や要望の内容を、以下に紹介しておくことにしたい。

①　年貢に関しては、出役による見分を行ない、適正な定免を実施してほしいと要望している。また、同じ幕領でありながら新検地を受けている村とそうでない村があり、年貢の不均衡があるので、その「不同」を是正してほしいと要求している。さらに、旗本領については、幕府の主導のもと、一万石を一まとまりとして、統一的な年貢賦課をしてほしいと述べている。

②　地主小作関係に関しては、十年以上継続して小作しているケースについては、永小作として位置づけるとともに、小作人による年貢の直納、小作料の公定を行ない、小作人が耕作にいそしめる状況を作り出すことが必要であると述べている。

③ 地方役人に関しては、代官所の手代の不正をなくすために、交替制を採用することを提案するとともに、代官自身も代官所に赴いて執務に励むことが必要であると述べている。また、勝与八郎が「永荒御見分」のため廻村してきた際の地方役人の不正を暴露するとともに、そうした不正をチェックする方法にも言及している。

④ 庄屋については、代官や手代とは異なって、「御年貢筋」に関して不正をはたらいた際に、きちんとした「御咎メ」がなされてこなかったが、関東（彼自身が実見した下野国芳賀郡）の荒廃農村への「所替」などの処分を下すべきであると述べている。また、庄屋の世襲について批判するとともに、その選出にあたっては、一番石高の多い者を選ばず、二番目から五番目までの者のうち、身持ちのしっかりした人柄のよい人物を選ぶべきであるとしている。そして、入札をして庄屋を選ぶのであれば、一番ではなく、二番目に票が集まった人物を選出すべきであり、そのほうが村方もうまく治まるという、ユニークな提言も行なっている。

このほか、この上書には、寛政改革期に実施されるようになった貯夫食の方法について、現物だと腐ってしまうので、「御地頭様」の「御蔵」へ「代金銭納」したいということなども記されている。

以上、又右衛門が松平定信に提出した二つの上書の内容について紹介したが、これらについてまず注目されるのは、当時百姓代をつとめていた藤兵衛の父という立場を反映した、独自な内容が見られるということである。又右衛門は、地方役人や庄屋の不正に対しては、非常に厳しい視線を投げかけており（金貸しで儲けている「有徳之者共」に対しても同様）、「組村惣代」―百姓惣代というラインでの地域管理体制によって、大庄屋や庄屋の監視も行なおうとしていた。彼が大切にしようとしていたのは、直接生産者の立場であり、その立場の強化を目指そうとしていたのである。

次に注目されるのは、又右衛門が、各地の情報を入手したり、自ら現地へ足を運んだりしたうえで、提言を行なっているという点である。たとえば、関東で鰯網の網元を取り立ててほしいと要望するにあたっても、わざわざ銚子や外川まで赴いて網元の現況を事前に確かめており[67]、彼の行動力の高さがよくうかがえる。

また、又右衛門は、寛政元年（一七八九）五月付の定信の家中への拵書や、天明七年（一七八七）七月付の小普請組植崎小八郎の上書などにも目を通しており[68]、献策活動を展開するに際して、改革の主導者であった松平定信の政治姿勢や、当時の幕政の動向を鋭敏に捉えていた点も注目される。彼の兄八郎右衛門は、寛政元年（一七八九）暮まで「大坂御金方組」の「元〆役」をつとめており、そうした立場にあった兄を介して、又右衛門は幕政にかかわる様々な情報を入手していたのではないかと思われる。

(3)　改革政策の展開と民衆

又右衛門は上書のなかで、様々な問題を取り上げて自らの意見を述べており、そのそれぞれについて幕府がどのように対応したのかという点については、まだ十分に検証できていない。ここでは、年貢に関する彼の見解や要望を念頭に置きながら、改革農政のあり方について検討しておくことにしたい。

寛政改革期の幕府農政を特色づけているのは、農村復興政策の実施であり、幕府は、農村荒廃が進んでいた関東・東北の幕領を重点地域として、その復興のための諸政策を展開していった。旧里帰農奨励令・他国出稼制限令の発布、間引きの防止、小児養育手当の支給、入百姓、荒地起返の奨励、肥代銀・種籾代・夫食米の貸与などがその具体的な内容であり、公金貸付政策を展開してそうした政策を推進していくための資金を捻出しようとした。公金の貸付については、竹内誠氏の先行研究[69]があるが、畿内・中国筋の「私領村方」あるいは「身元宜者」に対して低利で貸し付けられた公金の利子が、関東・東北幕領の荒地の起返や小児の養育費にあてられていたという指摘が注目されよう。幕府は、こうした農村復興政策を推進する一方、幕領村々に対して、凶作・飢饉に備えて備荒貯蓄を行ない、村入用を節減するよう指令するとともに、百姓に対しては、質素倹約につとめ、増稼を行なうように命じている。

如上の農村復興政策は、言うまでもなく、その実現によって、減退していた年貢量の回復をはかることを真の目的として展開されたものであった。そうした幕府のねらいは、改革スタート時の天明八年（一七八八）八月に、「諸国御料所御取箇之儀、近年追々取劣候上、去ル卯年已来別而減少多く、去未年之儀者、国々ニ寄相応之場所も有之候得共、前々ニ見合候而者格別之取劣ニ候、然ル処、当申年之儀ハ諸国共近年ニ無之豊作之趣ニ相聞候間、当検見之節ハ格別出精いたし、右御取箇附之儀近来二十ヶ年之増方のミニ不拘、前々より之割付を以、宝暦年中其外高免之年柄を目当ニいたし、御取箇附吟味可被致候」と代官らに指示していることなどから、よくうかがえよう。[70]

ところで、寛政改革を主導した松平定信は、従来の西高東低の経済状況を是正して、「東西之勢を位よくせん」（『宇下人言』）ことを願い、その実現のために尽力した政治家としてよく知られている。前代の田沼時代に鋳造された南鐐二朱判を「西三拾三ヶ国」＝「銀通用之土地」でも流通させ、その促進をはかることによって、金本位による統一的な貨幣市場を創出しようとしたことや、関東で上酒を試造させたりして江戸地廻り経済の育成に力を注いだことなどはその代表例であり、それまで劣勢であった「東」の地位を高めようとしたものであった。[71]

これとかかわって注目されるのは、農政においても、「西」と「東」の実状をふまえて、双方をにらんだ形で政策が展開されていったことである。その代表例としてあげられるのが、先に紹介した公金貸付政策であり、公金の貸付を媒介として「西」のゆとりを「東」の救済にあてようとする側面を有していた。また、上述したように、改革農政を特徴づけていた農村復興政策は、年貢増徴への志向と裏腹であり、「東」においては前者が、「西」のうち特に改革後期の畿内幕領においては後者が、より強く表に出る形で政策が展開されていった。畿内を中心とした上方の幕領では、改革後期に、年貢増徴を目的とした以下のような政策が実施されていることが知られる。

①　寛政三年（一七九一）夏「御勘定」勝与八郎らに「荒地起返免直」を主眼とした上方幕領の見分を命じる(72)。

②　寛政四年（一七九二）一月　上方筋の代官ら一〇人に対して、同三年の「御取箇付」に問題があるとして、「御取箇帳」を差し戻し、年貢の「増方」を命じる(73)。

③　寛政四年（一七九二）二月「御勘定組頭」勝与八郎らに「上方筋御料所御取締」のため上方幕領の見分を命じる(74)。

これらのうち、①は、「川欠・山崩・石砂入等の損地ニて荒地ニ相成候分」や「取下げ場」「不作一作引等の場」などを見分の対象として、その起返しや免直しを行なわせようとするものであり、幕府勘定所の役人勝与八郎らにその陣頭指揮を命じたものである。

②は、異例の指令であり、計一〇人の代官・預所大名を、それぞれ以下の理由で槍玉にあげている。

○「去亥御取箇附之儀、去々戌年ニ見合多分之減米、其上拾ヶ年之内減米之年柄多有之候」（内藤重三郎・石原清左衛門・小堀縫殿・羽倉権九郎・竹垣三右衛門〔代官〕、加藤作内〔預所大名〕）

○「去亥御取箇附之儀、去々戌年ニ見合候而者相増候得共、拾ヶ年之内減米之年柄多有之候」（角倉与一〔代官〕、植村出羽守・織田丹後守〔預所大名〕）

○「去亥御取箇附之儀、去々戌年並拾ヶ年ニ見合皆減米ニ有之候」（木村宗右衛門〔代官〕）

その上で、「全近来之仕癖ニ而已泥ミ、銘々御取箇附手弱キ場所も有之故之儀ニ相見江、右者主役ニ対し候而者不軽事ニ候」として、「御取箇仕組直し格別ニ増方を加へ可被相伺候」と指令している。

③には、昇格して「御勘定組頭格」となった勝与八郎の名前が再び見られる。この指令は、五畿内に近江・丹波・播磨を加えた上方八か国の幕領に勝与八郎らを派遣して「御取締」を行なわせようとしたものである。その支柱をなしたのが、増米定免法の採用による年貢増徴の推進であり、「当該幕領はとりわけ土地柄がよいにもかかわらず、延享や宝暦の頃と比べると、近年の年貢はよほどの取劣りとなっている。検見取の村方が多くなり、検見に際して不正が行なわれたりしている」という現状を問題視し、「近年取劣之分不残取埋候積を以、精々増米吟味いたし、可成丈定免可被相伺候」と指令したものである（このほか、従来検見取となっていた摂・河両国の畑方綿作についても、なるべく定免に改めるべきことなども指令している）。定免法に関しては、上述したように、河内の渋川郡荒川村三ノ瀬分の又右衛門が、両度にわたって老中松平定信に提出した上書のなかで取り上げ、その適正化と凶作時における「作柄相応之御用捨」の実施を求めていたが、このとき幕府が導入しようとした定免法は、又右衛門の意に反して年貢増徴をねらいとするものであったことに、注視しておく必要があろう。

この指令をうけて、勝与八郎らは「上方筋御料所」の見分を行ない、代官らを督励して上記の趣旨にもとづく増米定免法の実施等を促していった。大和の葛上郡佐田村には、これにかかわる寛政四年（一七九二）閏二月七日付の文書（「荒所御見分被仰渡一件書留」）が残っており[75]、そのなかに次のような記載が見られる。

定免請候へ者人足遣送り等之費用も不相掛、苅入等も勝手ニ成、豊熟之年柄ニも増方無之上、三分以上損毛ニ候得者引方相立候事故、旁々定免者村方勝手ニ相成候義ニ付、延享元子年并前々高免ニも引付増方いたし定免可願出候、乍然格別之損地有之歟、又ハ一ト通り不成困窮之訳有之村方ハ高免ニハ引付がたく候共、廿ヶ年或ハ十七、八年程之取米ニ可成丈増方いたし早々定免可願出候、但子細有之多分之増方難致村々者、其趣を以何程之米辻ニ而定免可請ト申度一々可願出事

冒頭で定免法の利点が述べられているが、ねらいは年貢の「増方」にあり、幕府の年貢収奪のピークであった延享元年（一七四四）や「前々高免」の年の年貢高が、実現すべき第一の目標とされていた。但し、「乍然」以下の後半の文章からうかがえるように、村方からすれば増米の額をめぐって交渉の余地は残されており、代官所（預所）との間でやりとりが行なわれていったのである。(76)

この年、畿内を中心とする上方幕領では、増米定免法の導入によって年貢増徴が行なわれていったが、検見取で年貢が徴収された村方も存在した。注目すべきは、その場合にも代官らに検見を任せず、江戸から派遣された勝与八郎ら幕府勘定所の役人によって「御添御検見」が実施され、(77)その結果にもとづいて年貢増徴がはかられていった事実である。これに関しては、松平定信に上書を提出した又右衛門の居村である荒川村三ノ瀬分の「御取米之控へ」のなかに、「摂・河両国御料御添御検見ニ付、先年より之内高免ニ何れ村方共立帰り申候」という興味深い記事が見られる。(78)

ところで、この年に年貢の増徴が図られたが、どの程度の増徴が実現されたのだろうか。まず、荒川村三ノ瀬分の場合には、同年の本年貢高は九五・九六八石で、明和二年（一七六五）から寛政三年（一七九一）までの平均値（八二・〇六二石）に比べてかなりの増加が見られたが、延享元年（一七四四）の一一四・二四九石と比べるとまだかなりの取劣りの状況であった。(79)このことは、同じく河内国に属した布施市域（現東大阪市域）の村々（近江堂村など八か村）のケースにもあてはまる。(80)大和の平群郡法隆寺村の場合も同様で、寛政四年（一

七九二）の本年貢高は一一〇七・二石、明和六年（一七六九）から寛政三年（一七九一）までの平均値は九八四・三九一石、延享元年（一七四四）の本年貢高は一二八一・二三六石であった。[81]

このように、寛政四年（一七九二）に勝与八郎の陣頭指揮のもと、畿内を中心とした上方幕領を標的として年貢の増徴がはかられたが、達成すべき目標として設定された延享元年（一七四四）や「前々高免」の年の年貢高を達成するまでには至らなかった。[82] そこには、以下に引用するような当該地域幕領の広範な村々百姓らの抵抗[83]があったことを見落してはならない。

乍恐口上

和州葛上郡
惣代

一 此度御定免之儀御書付ヲ以被仰聞奉拝見候処、延享元子年并廿ヶ年或ハ十七、八ヶ年之内先年御高免ニ引付、右之内ニ而増方仕御定免願上候様被仰渡候、依之当国村々得と申聞相糺し候処、元来当郡之義ハ他国ニ相替り、先年弐割半御増高奉請、無地之御高請ニ御取箇被為仰付候ニ付、自然ト御高免ニ相成村々困窮仕候、勿論郡々村々内ニハ新検奉請候村方ハ畝詰りニ御座候、其上高増ニ相成候故、此上増方仕願上候義ハ不得心之旨申立、何分御増高村・新検場共御高免ニ御引付増方仕願上候義ハ所詮不承知之旨申之ニ付、此段奉言上候、尤先年至而御高免之年柄も御座候へ共、年柄ニ依而両作之内損毛之義ハ御見込之上御免定ニも御引方被為成下候処、近年ハ木綿作等格別損毛仕願上候而も御聞届も無之、近来年々御高免ニ被為召上候故、弥増之困窮御座候而、此度被仰渡候御定免願義ハ村々乍恐不得心御座候段、御断奉申上候、以上

寛政四年　広瀬郡薬井村

子閏二月八日　　　助右衛門

（他に葛下郡当麻村安兵衛、葛上郡小殿村弥兵衛、同郡御所町文治郎、宇智郡近内村長兵衛、同郡中村茂一、吉野郡中村九右衛門代甚兵衛、吉野郡中村九右衛門代甚兵衛、同郡中増村新九郎、十市郡葛本村与左衛門、同郡阿部田村権四郎が連名）

内藤重三郎様
御役所

寛政改革の後期に、幕府は、「別而地位も宜候」地域と見なした畿内幕領を中心に、年貢増徴をめざした政策を本格的に推進し、さらにこれを各地にひろめようとする動きも見せるようになっていった。これに対して民衆の反対の声が高まるようになり、「三、四年已前ハ御政事色々被仰出候処、御倹約ハ至て厳く御座候へ共、殊ニ寄御物入にも無御構、寛大の御仁恵も御座候て、下々有がたがり候所、近来ハいづれの事ニても、御取締りと申名目ニても、詰る所ハ上へ御益を付候様成ル御仕法のミ出候由、下々至て服し不申候由」（寛政三年）[84]と、『よしの冊子』に記された状況がさらに進行するようになったのである（後年、幕臣植崎九八郎は、寛政改革を田沼政治にも劣るとして松平定信を痛烈に批判し、「実に越中守言葉とわざと違ひ候事多く、（中略）民へは困窮をくつろげ候程の事も無之、主殿頭仕置は少しの運上體の儀を止め、目立候程の事なく、其跡より却て前々にこへ、諸向取立厳敷候へば、聚斂の意主殿頭に上越候とも、おとるには無之、御簡略細密に鄙吝といふべき程に至り、天下の融通ひしと差支候は、主殿頭取計に幾倍に可有御座哉[85]」、「越中守取計に至り、御代官の不埒を咎め、手代共の賄賂を貪り候をも厳敷穿鑿にて相止、明白の姿に成候得共、豊凶の御物成取立は、以前よりは厳敷御座候に付、先以御料所百姓信服不仕候」と述べている)[86]。

寛政改革を六年間にわたって主導してきた松平定信は、寛政五年(一七九三)七月二十三日に将軍補佐兼役および老中を解任されるに至った。その要因については、尊号一件や大御所問題、政権内部での不和や大奥の反感などが指摘されているが[87]、「下々至て服し不申」「御料所百姓信服不仕」とあるような、民心の離反も大きな要因の一つとして挙げることができよう。

おわりに

最後に、寛政改革期(その前夜も含めて)の歴史的位置について述べ、本章を終えることにしたい。

その第一は、民衆運動史の面からの位置づけである。これに関して、すぐに想起されるのは、「天明六・七年の情勢」は「量的な差異はもちろんではあるが、少なくとも慶応二年の革命情勢の原型の成立をはじめて示すものであった」という、林基氏による寛政改革前夜の社会情勢に関する有名な指摘である[88]。また、天明の凶作・飢饉に際して、同七年(一七八七)に京都で発生した多数の民衆による御所千度参りについて分析された藤田覚氏は、この運動が「朝廷が幕政にはじめて容喙する」(具体的には、窮民救済を行なうよう幕府に申し入れる)という事態を惹き起す引き金となったことに注目されている[89]。

これらに加えて私は、当該期には、国訴・広域訴願史上においても画期をなす動きが見られたことに着目したい。寛政改革政権の成立期にあたる天明八年(一七八八)に展開された和泉および摂津・河内の訴願では、複数の要求を掲げることによって、多数派の形成がはかられ(「一国御願一件」と称された前者の参加村率は一〇〇パーセント、後者のそれは五七パーセントで初めて過半数を超えた)、訴願の結果、前者については堺繰綿延売買会所の廃止という大きな成果をあげ、後者についても（前者と同様に）国触の発令を引き出すことに成功した。従来の国訴研究では、文政六年（一八二三）国訴の画期性が強調されてきたが、これに先行する天明国訴の意義にも注目すべきであろう。

第二は、政治史の面からの位置づけである。これに関して、近世後期の政治史と朝幕関係について精力的に研究を進められてきた藤田覚氏は、寛政期（光格天皇期）を、「対外的危機、国家的危機に直面」するなかで、幕末に「朝廷が明確な政治主体として登場」するに至る、その「直接の前提となった」時期＝朝幕関係の転換期として位置づけられており[90]、その後刊行された『近世の三大改革』においては、さらに踏み込んで、「近代への移行、明治維新の変革を射程に入れて考えると、近世社会の基礎構造の変動、対外的危機の到来、天皇・朝廷の政治的浮上、諸藩の「自立化」などの点から、寛政の改革期は、政治史的には明治維新の起点であり、幕藩制国家と社会の解体の起点として位置づけることができる」と、述べられるに至っている[91]。

こうした指摘もさることながら、当該期は、「政治（幕政）と民衆」という面においても、注目すべき動きが見られた時期であったと、評することができる[92]。周知のように、幕府は、享保改革期に目安箱を設置して下意上申を促そうとし、田沼期にも、株仲間を設立するにあたって関係地域の民衆の意向を確認するといったことも行なっていたが、寛政改革期には、それまでにも増して民意を把握しようとする姿勢を強く打ち出すようになった。また、これに呼応して、地域の民衆の側も、好機は今とばかりに活発に訴願を展開するに至っていることが確認されるのである。

そうしたなかで注目されるのは、公儀の奉行所に対して触流しを要求し、政策の形成に関与・参加していこうとする動きが生じるようになり、これに対応して、当該奉行所から国触が発令されるケースが見られるようになったことである。また、両度にわたって江戸に赴き、老中松平定信へ上書を提出した河内の又右衛門のように、一個人として政策を提言するケースも見られるようになった。彼が上書で取り上げ、提言した様々な問題のうち、定免法をはじめとする年貢問題に関しては、そのほとんどが彼の意に反する結果となったように見うけられるが、こうした個人による公儀への政策提言の動きは、「政治と民衆」の関係の変化を示す事象として、大いに注目されよう。(93)

〔註〕

（1）津田秀夫「寛政改革」（『岩波講座日本歴史』近世4所収、岩波書店、一九六三年）、同『封建社会解体過程研究序説』（塙書房、一九七〇年）など。

（2）竹内誠「寛政改革と『勘定所御用達』の成立」（『日本歴史』一二八・一二九号、一九五九年）、同「寛政改革と米方御用達の成立」（『歴史教育』九巻一〇号、一九六一年）、同「幕府経済の変貌と金融政策の展開」（『日本経済史大系』近世下所収、東京大学出版会、一九六五年）、同「江戸幕府財政金融政策の展開と畿内・中国筋農村」（『ヒストリア』四二号、一九六五年）、同「寛政改革の前提」（『史海』一七・一八号、一九七〇年）、同「天明の江戸打ちこわしの実態」（昭和四十五年度徳川林政史研究所『研究紀要』、一九七一年）、同「寛政改革」（『岩波講座日本歴史』近世4所収、一九七六年）など。これらの成果は、『寛政改革の研究』（吉川弘文館、二〇〇九年）として集大成されるに至っている。

（3）安藤優一郎『寛政改革の都市政策』（校倉書房、二〇〇〇年）、菊池勇夫『幕藩体制と蝦夷地』（雄山閣、一九八四年）、藤田覚『松平定信』（中央公論社、一九九三年）、同『近世政治史と天皇』（吉川弘文館、一九九九年）、同『近世の三大改革』（山川出版社、二〇〇二年）、同編『幕藩制改革の展開』（山川出版社、二〇〇一年）、高澤憲治『松平定信政権と寛政改革』（清文堂出版、二〇〇八年）など。

（4）誉田宏『福島人物の歴史　第五巻　寺西封元』（歴史春秋社、一九七七年）、高橋梵仙「幕府三代官の人口増殖政策」（『大東文化大学文学部紀要』三号、一九六五年）、須永昭「寛政期における幕府代官の地方支配政策」

（『栃木県史研究』一六・一七号、一九七九年）、永山卯三郎『早川代官』（巌南堂書店、一九二九年）など。
（5）奈良本辰也『近世封建社会史論』（要書房、一九五二年）、木村礎『日本封建社会研究史』（文雅堂書店、一九五六年）など。
（6）柏村哲博「寛政の改革で農村復興はどのように行なわれたのか」（『新視点日本の歴史』5所収、新人物往来社、一九九三年）六二頁。
（7）同前六三頁。
（8）竹安繁治『近世畿内農業の構造』（御茶の水書房、一九六九年）第八章「寛政期畿内農村の動向と農民思想」。
（9）竹内前掲註(2)「寛政改革の前提」のほか、菊池謙二郎「松平定信入閣事情」（『史学雑誌』二六編一号、一九一五年）、山田忠雄「田沼意次の失脚と天明末年の政治状況」（『史学』四三巻一・二号、一九七一年）など。
（10）竹内前掲註(2)「天明の江戸打ちこわしの実態」、山田忠雄『一揆打毀しの運動構造』（校倉書房、一九八四年）第四章第二節、片倉比佐子『天明の江戸打ちこわし』（新日本新書、二〇〇一年）、岩田浩太郎『近世都市騒擾の研究』（吉川弘文館、二〇〇四年）第一部など参照。
（11）『日本庶民生活史料集成』第七巻（三一書房、一九七〇年）八四頁。
（12）有名な出羽国村山郡の「郡中議定」において、郡内で米穀をまず確保するために、酒造の禁止や穀留をしばしば申し合わせていることや、幕領において「近来者年々願石代相増」（天明六年十月の幕府法令）と記されるような動きが生じていた事実に注目したい。そうした地域民衆の動向が、（奥羽諸藩による津留政策とともに）江戸への「廻米不足」を惹き起す一因となっていたのである。
（13）山田忠雄氏の集計によれば、天明七年（一七八七）五月には、江戸での大打ちこわしをはじめ、三六件もの打ちこわしが、各地の都市で集中的に発生している（前掲註(10)書二三八頁）。実際の発生件数は、もう少し多かったものと思われる。
（14）天明八年（一七八八）正月二日に、松平定信が江戸本所吉祥院歓喜天に奉納した自筆願文には、「松平越中守義、奉懸一命心願仕候、当年米穀融通宜く、格別之高直無之、下々難義不仕、安堵静謐仕、并ニ金穀御融通宜、御威信御仁恵下々江行届き候様ニ、越中守一命ハ勿論之事、妻子之一命ニも奉懸候而、必死ニ奉心願候事、右条々不相調、下々困窮、御威信御仁徳不行届、人々解体仕候義ニ御座候ハヽ、只今之内ニ私死去仕候様ニ奉願候」云々と記されており（柏村哲博『寛政改革と代官行政』〔国書刊行会、一九八五年〕巻頭写真および八一～八二頁参照）、彼が抱いた危機意識の強さと悲壮な決意がうかがえる。

(15) 幕府勘定所に関しては、不良な役人の処分を行なうとともに、人材の発掘・登用に努め、天明八年（一七八八）三月の「進言封書差出方ノ達」（『徳川禁令考』前集二八六一号）では、同所の役人に対して、「御為筋」になるよい政策があれば遠慮なく上申するようにと促している。また、代官所に関しては、不良な代官を処分し優良な代官の登用に努めるとともに、同一地での任期を長期化し、腰を据えて支配を行なえるようにしたうえで、できるだけ在陣して指揮するようにと命じている。また、不良な手代の放免と手付の設置も行なっている。

(16) その背景には、①「古より憂ふる所は、人君の下民の情を知らざるにあり」（『国本論』）とする、君主（支配者）のあり方に関する彼の持論や、②白河藩において、天明の凶作・飢饉に直面するなかで目安箱を設置し、投書された意見を反映する形で農村復興政策を展開したという自らの体験、③江戸での大規模な打ちこわしをはじめとする民衆闘争の高揚に対する彼自身の強烈な危機意識、が存在していたと考えられる。なお、定信は、天明八年（一七八八）の五月から六月にかけて、（正月に京都で大火が起こり、皇居も焼けたため、その善後策をかねて）京坂方面の巡視を行なっているが、その際大坂において、儒者中井竹山を召喚し、政治に関する意見を聴いている（これが、後に献呈されることになる『草茅危言』と題する書物を生み出す契機となったことは、周知のとおりである）。また、米方年行司に対しても、喫緊の課題であった米価の引き下げについて意見を求めていることが確認される。こうした姿勢を示した定信に対して、道中で日々多数の駕籠訴が行なわれたようで、『よしの冊子』には「右訴状入候長持三棹ニ相成候よし」という記述が見られる（『随筆百花苑』第八巻〔中央公論社、一九八〇年〕一五九頁）。

(17) 『牧民金鑑』上巻（誠文堂新光社、一九三五年）四八～四九頁所掲の幕府法令。

(18) 「覚」（森本育寛編『続今井町近世文書』〔中西文山堂、一九八二年〕一七二～一七三頁所収）。

(19) この点については、これ以前に派遣された巡見使に関してもそう言えるが、天明八年（一七八八）の巡見使派遣に際しては、民情把握の姿勢が以前にも増して強く打ち出された点に注目しておきたい。

(20) 柏村前掲註(14)書九七〜九八頁参照。

(21) 竹安前掲註(8)書第八章第一節「寛政改革と畿内農村の動向」。

(22) 天理図書館近世文書。

(23) 詳しくは、谷山正道『近世民衆運動の展開』(高科書店、一九九四年)第一部第二章を参照されたい。

(24) この一件に関する以下の記述は、天明八年「(馬取柿村より御料巡見使へ歎願一件控)」(『新訂大宇陀町史』史料編第二巻〔一九九六年〕五五五〜五六九頁所収)による。

(25) 註(24)の史料中に収載。

(26) 同前。

(27) 勘定奉行神尾春央による西国幕領巡見が行なわれ、幕府の総年貢収納高が一八〇万石余と最高額に達した年である。

(28) この一件に関する以下の記述は、寛政二年「御江戸御歎組合九ヶ村・当村限願書一件」(『改訂天理市史』史料編第三巻〔一九七七年〕一三六〜一四七頁所収)による。また、谷山前掲註(23)書第一部第五章も参照。

(29) 天明八年二月付「御巡見様江差上候御免定之写」(『改訂天理市史』史料編第三巻一四七〜一五一頁所収)。

(30) 添上郡の森本村など九か村は、御料巡見使への訴願に先立って、同年六月中旬に、(京坂方面の巡視の途上)奈良の城戸町秋田屋に滞在していた老中松平定信のもとへ訴状を提出している。

(31) 国訴の概念と研究史については、谷山前掲註(23)書第二部付論を参照されたい。

(32) 天明八年二月「(肥料高値一件につき古市郡廻状)」(『羽曳野市史』第五巻〔一九八三年〕四六九〜四七〇頁所収)。

(33) 「差上申一札」(『編年百姓一揆史料集成』第六巻〔三一書房、一九八〇年〕三五六〜三五八頁所収)。

(34) 詳しくは、津田秀夫「いわゆる「文政の〈国訴〉」について」(『ヒストリア』五〇号、一九六八年、のち『近世民衆運動の研究』〔三省堂、一九七九年〕に収録)を参照されたい。氏は、訴願の戦術・規模・成果および「国訴」という歴史概念の出現という面から、文政六年(一八二三)国訴の画期性を強調され、文字通り

ている。

(35)「泉州四郡一統願書一件控」(『堺市史続編』第四巻〔一九七三年〕三一九～三四二頁所収)。

(36)「泉州四郡村々惣代」は、同国内に存在した大鳥・泉・南・日根の各郡の惣代ではなく、各所領の惣代であった。

(37) 岡田光代「和泉における農民の訴願運動」(『大阪府立大学経済研究』三五巻二号、一九九〇年)参照。

(38) 天明八年五月「ほしか・菜種綿実・綿会所・はかり改・虚無僧一国御願一件」(『高石市史』第三巻〔一九八四年〕一七五～一八五頁所収)。

(39) 天明八年六月「乍恐奉言上候一書」(安堵町窪田・石田家文書)。惣代として、葛下郡高田村庄屋喜助・高市郡萩之本村庄屋良助・葛上郡今住村庄屋徳兵衛の名前が見え、もう一名平群郡から惣代を出す予定であったことがうかがえる。

(40) 詳しくは、谷山正道「文化三年の大和の「国訴」について」(『ビブリア』八八号、一九八七年)を参照されたい。

(41) このほか大和では、天明八年(一七八八)十月に、「御料私領村々百姓惣代共」から奈良奉行所へ、剣先船運賃引き下げの件を大和国内へ触れ流してくれるよう出願していることが知られる(「奈良奉行所御書上」〔京都大学附属図書館所蔵橋本家記録、奈良県立図書情報館架蔵写真版〕)。

(42) 平川新『紛争と世論』(東京大学出版会、一九九六年)第三章一〇八頁。

(43) 註(33)と同史料。

(44)『河内長野市史』第六巻(一九七七年)六八～六九頁所収。

(45)『御触書天保集成』(岩波書店、一九四一年)六一〇八号。

(46) 註(35)・(38)と同史料。岡田前掲註(37)論文三一～三七頁も参照。

(47)『泉大津市史』第三巻(一九八六年)七一二頁所収。

(48) 寛保三年（一七四三）の肥料訴願に対応して、大坂町奉行所が絞粕類の買占禁令などを発令した例がある（平川前掲註(42)書第三章一〇六頁参照）。
(49) 寛政六年「摂州・河州諸肥類直下願書控」（『羽曳野市史』第五巻四七〇～四七七頁所収）、嘉永二年九月「（大坂町奉行所触）」（『守口市史』史料編第二巻〔一九六六年〕一三三頁所収）の記載などによる。
(50) 註(33)と同史料、三五七頁。
(51) 寛政二年正月「去々申年御料御巡見様江願上候書附之趣此度小堀様御役所ニおゐて御糺之上御取被成候御請書之写」（『八尾市史』史料編〔一九六〇年〕一一～一二頁所収）。
(52) 註(24)と同史料、五六五頁。
(53) 谷山前掲註(23)書第一部第五章。
(54) 註(28)と同史料、一五一～一五二頁。
(55) 保坂智氏は、寛政三年（一七九一）に起きた駕籠訴の処罰に関して、松平定信が「越訴の罪ならば急度叱り程度でよいのではないか」と指摘したことや、勘定奉行根岸肥前守が同九年（一七九七）の越訴の裁決に際して、「右箱訴又は駕籠訴いたし候段は不束迄に御座候」と述べたことを、紹介されている（「百姓一揆―その虚像と実像―」〔『日本の近世』10所収、中央公論社、一九九三年〕一七六～一七七頁）。
(56) 天理市森本町・村井家に残っている三点一綴の文書（「白川」と題する松平定信の「存寄書」、寛政二年九月付「御江戸御歎組合九ヶ村・当村限願書一件」、天明八年二月付「御巡見様江差上候御免定之写」〔森本村〕）は、駕籠訴に及ぶに際して、村井彦四郎が作成した可能性もある。
(57) 『改訂天理市史』史料編第三巻一三二一～一三六頁所収。これと同内容の写は宇陀市榛原石田・笹岡家文書および安芸国安芸郡蒲刈島の庄屋文書中にも見られる。
(58) 註(29)と同史料。
(59) 竹安前掲註(8)書第八章第二節「寛政期河内一農民の農政意見」。
(60) 寛政二年十一月「乍恐口上」（東大阪市三ノ瀬・小倉家文書〔東大阪市史史料室保管〕）。
(61) 天明八年六月「金銀米銭定録之願書」（小倉家文書）。

(62) 寛政三年十一月「差上申一札之事」(小倉家文書)。生駒市生涯学習グループ「古文書を読む会」の会報『いこま』三号(二〇〇五年)四六～四八頁に翻刻・掲載されている。

(63) 註(61)の史料と同。又右衛門は、「白川の流お《(を)》吸は岩清水　にごりによわる魚の悦び」という歌も書き残している。

(64) 小倉家文書。その全文が、会報『いこま』三号(二〇〇五年)一〇～二六頁に翻刻・掲載されている。

(65) それらのうち、「貢租問題」「農業―土地問題」「村政改革」に関する意見については、竹安氏が前掲註(8)書第八章第二節において紹介され、検討されているので、是非参照されたい。

(66) 小倉家文書。その全文が、会報『いこま』三号(二〇〇五年)二七～四六頁に翻刻・掲載されている。竹安前掲註(8)書第八章第二節も併せて参照されたい。

(67) 上書のなかに、「戸《(外)》川・銚子之義者日本第一之猟浜と承り伝へ候故、此度右場所へ参り浜辺小家々に至迄参り、得と相尋候所、今年抔者鰯之義多ク集り候故、鰹に追れ弐、三尺も高く相成り候得共、何分大網無之候故、漸々如《(ケカ)》様成ル手網ニ而透候迄之事故、如斯ニ御座候迚、纔計り干場に広げ罷有り候」という記述が見られる。

(68) 東大阪市三ノ瀬・小倉家文書のなかに、これらの史料が存在している。

(69) 竹内前掲註(2)「幕府経済の変貌と金融政策の展開」および「江戸幕府財政金融政策の展開と畿内・中国筋農村」参照。

(70) 註(17)と同、三八八～三九〇頁所収史料。

(71) 谷山正道「上方経済と江戸地廻り経済」(『日本の近世』17〈中央公論社、一九九四年〉一三三～一三六頁)など参照。

(72) 『八尾市史』史料編三六六～三六七頁所収史料。これと併行して畿内近国における土砂留普請にも力を入れさせようとしている。

(73) 註(17)と同、三九一～三九三頁所収史料。

(74) 註(17)と同、三九三～三九五頁所収史料。

(75) 御所市佐田・永田家文書。

(76)　この年、清水領知においても、幕府の方針にしたがって増米定免法が採用され、大和の山辺郡東井戸堂村の場合には、検見取にて年貢を上納したいという村方の要求にもかかわらず、五回も定免願書を書き直され（本年貢高は一回目三八五石、二回目四七五石、三回目四八〇石、四回目四八三・七四三石、五回目四八五・一四三石）、結局それ以前に比べれば高水準の年貢を出さされるに至っていることが判明する（ちなみに明和六年〔一七六九〕から寛政三年〔一七九一〕までの本年貢高の平均は三九九・八七石であった）。寛政四年八月「御免定願書五通下書」および「御免定写帳」（天理市東井戸堂町有文書）による。

(77)　「寛政四子年従江戸摂河村々御代官様方へ御添御検見ニ付諸事覚書」（大阪市東淀川区江口・田中家文書）。

(78)　「御取米辻之控へ」（東大阪市三ノ瀬・小倉家文書）。

(79)　同前。

(80)　『布施市史』第二巻（布施市役所、一九六七年）二六八頁と二六九頁の間に挟み込まれている第1図「布施地方農村の10ヵ年平均租率の変遷」参照。

(81)　各年度の年貢免状による（斑鳩町役場文書）。ちなみに、清水領知に属していた東井戸堂村の場合、当年の本年貢高は五回も引き上げがかかられた結果四八五・一四三石となったが、それでも延享元年（一七四四）の五六九・五一一石に比べると、まだかなりの開きがあった（註(76)と同史料による）。

(82)　この後、年貢高は減退傾向を示すようになったが、幕府は手をこまねいていたわけではなく、寛政九年（一七九七）に畿内・中国筋へ勝与八郎を派遣して石代銀納仕法の改訂を実施し、石代納を通じての収奪強化を目論むに至っている。これに対して、美作ではその翌年に一国の幕領村々が結集して反対運動を展開したことがよく知られているが、大和でもこの問題への対応をめぐって幕領の惣代らが初瀬で集会を開いたことが判明する（寛政十年二月「覚」〔宇陀市大宇陀田原・片岡家文書〕）。

(83)　天理図書館近世文書。

(84)　『随筆百花苑』第九巻（中央公論社、一九八一年）二九〇頁。

(85)　「楼策雑収」（『日本経済大典』二〇巻〔啓明社、一九二九年〕所収）五一三頁。

(86)　同前五一六頁。

(87) 藤田前掲註(3)『松平定信』、高澤前掲註(3)書第二部第二章など参照。

(88) 林基「宝暦―天明期の社会情勢」(『岩波講座日本歴史』近世4所収、岩波書店、一九六三年)一三九頁。

(89) 藤田前掲註(3)『近世政治史と天皇』第一章・第二章。天明七年(一七八八)の御所千度参りについては、井ヶ田良治「天明七年の御所千度参り」(『同志社法学』四六巻三・四号、一九九四年)、北川一郎「近世後期の民衆と朝廷」(『新しい歴史学のために』二四一号、二〇〇一年)も参照されたい。

(90) 藤田前掲註(3)『近世政治史と天皇』第一章・第三章。

(91) 藤田前掲註(3)『近世の三大改革』三四頁。

(92) 平川新氏は、一八世紀の半ばを境に、政治と民衆との関係に大きな転換があったとされ、経済社会化の進展に対応して、領主の側から領民に政策についての提言を求めるようになったこと、また村役人層ら領民の側も積極的に献策を行なうようになり、そのなかには政策を実行するポストに登用される人物も見られるようになったことなどを指摘されている(前掲註(42)書第七章)。

(93) 松平定信が老中を退いてから数年後にあたる寛政八年(一七九六)に、大和国十市郡の新賀村庄屋佐右衛門・膳夫村庄屋善次郎・内膳村庄屋吉兵衛の三名が、「壱ヶ年宛年番」で「拾三ヶ村惣代」(組合村の惣代庄屋)を勤めるようになった際に提出した請書に、支配代官(京都の角倉与一)からの指示事項の一つとして、「御益筋并国益・為村取締方等之儀、心附候儀者追々書付を以可申上事」という箇条が記されている(「差上申御請証文之事」(橿原市新賀町・森村家文書))。これは、「御益筋」や「国益」、村の「取締」の為になる事柄について、「心附」ことがあれば提言せよ、という内容であり、寛政改革期に強く打ち出されていた民意把握の方針、下意上申を促す方針が、地方支配のレベルにおいて、継承されていることが確認される。

第二章　落合平助と「御国益」

はじめに

明治四十二年（一九〇九）に奈良県が刊行した『大和人物誌』（平安遷都以降明治維新前後にかけての歴史上「功業ありし」大和の人物の「列伝」）には、葛上郡東佐味村の落合平兵衛も取り上げられ、その「事跡」についてつぎのように記されている[1]。

平兵衛は葛上郡東佐美（味）村の農なり。性質篤実にして農事を怠らず、それのみならず、宝暦の頃よりしばしば凶荒打ち続き、土民窮乏しけるに、自ら家財材木を売りてこれを救ひしこと多かりしを以て、幕府これを賞して銀十枚を賜ひ、其の身生涯苗字帯刀を許されたり。平兵衛は植村出羽守御預所東佐美村の組頭にして、その賞をうけし時は天明二年八月、年五十一歳の時なりき。

本章で光をあてようとする人物は、この落合平兵衛の嫡男、平助（もと儀助）である。従来、父のほうがよく知られており、平助については、『大和人物誌』や『奈良県南葛城郡誌』（一九二六年）・『葛上村史』（一九五八年）などにおいては全く触れられるところがなく、かつて黒羽兵治郎氏が昭和十九年（一九四四）刊行の

『野の人町の人』（柳原書店）所収の「大和国御料所の銀札発行計画」と題する小論において、晩年の彼の注目すべき行動と献策の内容（後述）について紹介された程度に止まっていた。[2] そこでスポットがあてられたのは、村役人から丸岡藩士へ、そして再び村人へという、実に興味深い曲折にみちた道を歩んだ彼の半生のうち、ごく限られた局面にすぎない。幸い、御所市東佐味の落合純三家には、文化五年（一八〇八）に平兵衛（当時七十七歳）が「子孫末々之者共江」書き残した「行事教学遺言書」をはじめ、平助の波瀾にとんだ足跡をうかがい知ることができる諸史料が伝存しており、本章では、それらの史料を中心に、他の史料も活用しながら、当時の社会状況を明らかにしつつ、平助の歩んだ道をあとづけることにしたい。[3] また、黒羽氏が紹介された晩年の彼の献策――天保二年（一八三一）には老中への駕籠訴も決行している――に関わって、願書に記された「御国益」という用語に注目し、これについても論及することにしたい。

一　東佐味村と落合父子

落合平助は、平兵衛・ひさ夫婦の嫡子として、宝暦八年（一七五八）に生まれ（月日は不明）、儀助と名付けられた。儀助が生まれた葛上郡東佐味村は、寛文～元禄年間に佐味村から分村して成立し、儀助が生きた時代には幕領に属していた。同村は、御所から五條に至る街道と重阪を経て古瀬に至る道の分岐点＝交通の要所に位置したが、金剛山の東麓、風の森峠南側の台地上にあって（地図参照）、奈良盆地の村々に比べれば農業生産条件において恵まれていなかった。寛保検地後の村高は二七一・六五二石で、同三年（一七四三）の「検地帳」によれば、土地構成は表1のようであった。上田は全耕地面積の四割余あるものの、上々田や上々畑がなく、中ランク以下の田畑がかなり存在すること、この時期の検地にしては石盛が低いこと、を指摘できる。

落合平兵衛が記した「行事教学遺言書」（前述）の記載などによれば、同家の系図は一〇二頁に示したようであり、宝暦十一年（一七六一）に病死した先代の平兵衛は、享保十六年（一七三一）以降村の庄屋役をつとめていた。その先代が隠居した宝暦四年（一七五四）末時点での同家の所持高は一六～一七石で、他に山林が七か所ほどあったが、「家督不相応之大借金凡四拾両余之借財」を抱えており、同家は大きな経営危機に直面していた。儀助が生まれたのは、そのような時期であった。

表１　東佐味村の土地構成

品　目	面　積	耕地中比率	石　盛	石　高
	(畝)(歩)	(%)	(石)	(石)
上　田	812,06	41.5	1.5	121.83
中　田	622,12	31.8	1.3	80.912
下　田	100,18	5.1	1.1	11.066
中　畑	194,09	9.9	1.0	19.43
下　畑	153,15	7.8	0.8	12.28
下々畑	59,03	3.0	0.6	3.546
山　畑	16	0.8	0.4	0.64
屋　敷	182,27		1.2	21.948
合計	2141			271.652

註　寛保３年「大和国葛上郡東佐味村検地帳」（東佐味区有文書）により作成。

儀助の父平兵衛は、十二、三歳の頃から毎年「しんがい」（新開）を行ない、父を助ける傍らその収益を少しずつ貯え、宝暦四年末に二十三歳で家督を継いだ時には貯銀高が六〇〇匁ほどに達していた。しかし、「大借之身上引受申ニ付、右しんかいニ而貯へ候拾両計之与力金も大借之方へ打入無くなり、空敷年月を送り居候」と彼が記しているように、せっかくの貯銀も借銀の返済の方にアッという間に呑込まれてしまった。平兵衛は、隠居した父の名前で庄屋役を代行するとともに、家業の百姓に出精し、倹約にもつとめたが、別隠居（父と継母とその子二人）分の諸事入用も賄わねばならず、借銀は一向に減る気配はなかった。

そこで、平兵衛は「一先逼塞」を決意したが、父の許しをえられず、父の逝去後、親類にも相談のうえこれを実行した。宝暦十二年（一七六二）春のことである。すなわち所持地一

御所市東佐味とその周辺

町一〜二反のうち、三反余の手作地を残してあとは小作に出し、奉公人を召抱えないようにすることによって節減できた飯料の余麦二石ほどと、牛を売払って九〇〇匁余の銀子を捻出し、村方「懇意之方」から借り受けた「寄貸」の「積銀」七〇〇匁ほどとともに、それまでの「大借之方」への返済にあてたのである。それでもなお一貫二〜三〇〇匁の借銀が残ったが、幸いなことに同年の農作は大豊作となり、その黒字分で「大借之方」への返済残銀のみならず「懇意之方」からの新借分も残らず片付けることができたのである。これについて平兵衛は、「借財相片付済候事言語ニ難延《述》不思議之事共也、然者是神仏の妙慮我を加護し救ひ給ふゆへならん、此事我家内妻共に至迄恐悦朝暮限りなし」と記している。

　こうして同家は危機を脱したが、平兵衛は、それまでどおり「仏神の加護」を信じ、家業である百姓に精励するとともに、私益の追求には走らず、「何事ニよらす兎角実儀慈悲を専にするにしくはなしと思ひ」、貧窮人の救済に力を注いだ（なお、庄屋役のほうは、村民の懇望により父の逝去後も一年間つとめたのち退役した）。同家自身が「大借之折柄」、宝暦十一年（一七六一）の年末に「年越物」と号し「村内御年貢未進負人其外至而困窮人」へ都合三石の米を遣したのを皮切りに、以後平兵衛は毎年「年取物」の施行を行ない、天明二年（一七八二）には、自らの山林の一部を売却し、さらに他借までして、村方へ二貫五四四匁もの銀子を供与している。困窮に陥り、潰れかかっていた村内の百姓の未進年貢を弁済し、その「取続助力」を行なうためであり、「今他人之難も我難ニ替事なし、我今他人之難に替り壱人苦労せば多くの人之難を遁れんと、是を見捨ばなんぞ仁義之道ニ背」くという思案にもとづく行為であった。

　村人の反応について、平兵衛は「未進負人者不及申村中一統悦喜限りなし」と記しており、彼の「甚珍敷」行為は、村役人から年預を通して、当時同村を含む大和の幕領を預り支配していた高取藩の役所へ報告され、さらに同役所から幕府へ報告された。その結果、平兵衛は幕府勘定所より賞され、白銀一〇枚を下賜されると

落合家系図

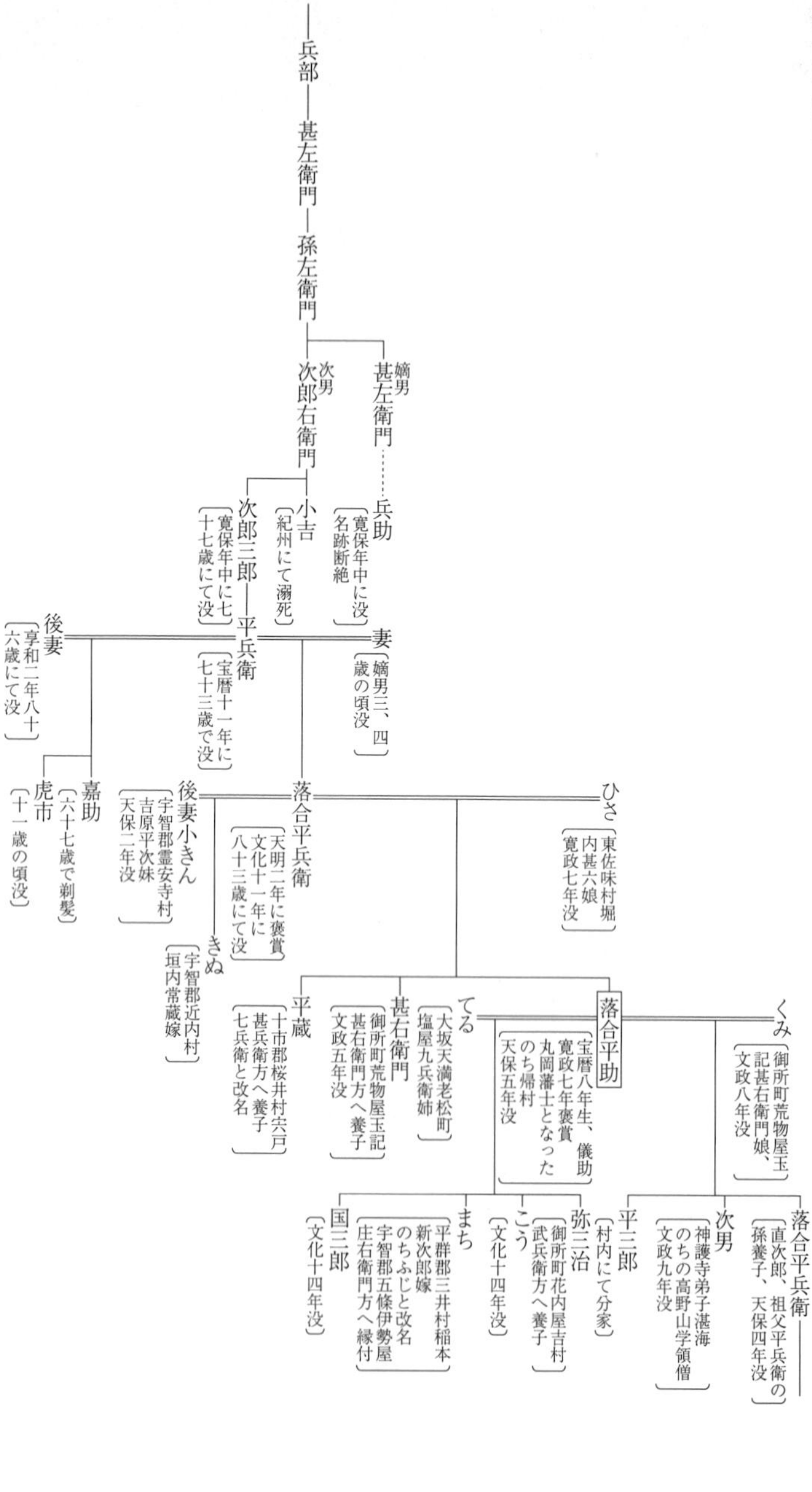

〔備考〕「行事教学遺言書」「落合氏由緒親類廻縁明細記」（落合家文書）により作成。

ともに、「其身一代刀差免并子孫迄苗字名乗」を許されることになった。彼が高取役所へ召し出され褒賞されたのは、同年九月十一日のことであった。

この後、平兵衛の施行活動はさらに活発化した。連年の凶作で「飢饉同様」となった天明四年（一七八四）の春には、自村のみならず、表2に示したように、葛上郡を中心に六十余か村の「極貧人家合凡千弐三拾軒計り」へ合計三四・四四五石もの米を購入のうえ施行しており、三月十八日には、四～五日前から「大還道之端」へ貼紙したうえで、集まってきた「凡人数千人計り」もの「諸牢人・非人・修行者」に対して、合計二石五斗余の白米と銭五貫三〇〇文を施与していることが知られるのである（これらの施行費用は、大坂への実綿販売の利益と「少々之貯」と「少々他借」とによって捻出している。なお、廻在者への施行宿について付言しておくと、「行事教学遺言書」に、「廻国人其外狱《修》行者施行之宿を致候事ハ、去ル宝暦年中より今文化年中至り最早五十年来余にも及、幾何千人共其数不知」という記述を見出せる）。さらに、平兵衛は、同年三月に一反六畝三歩の所持地を「施行田地」として村方へ差し出している。「我なき跡ニ而も永く末世に至迄」、この上田の「定徳米毎年壱石三斗宛」を村方貧窮人への施行にあててもらうためであった。その際に倅儀助と連名で「庄屋年寄村方中」宛に差入れた証文中に、「我等子孫向後如何程之困窮之時節有之、たとへ我家断絶之儀有之候共、右田地我等子孫江差戻す抔と申儀者決而被成被下間敷候」と記している点も注目されよう。

平兵衛の活動に関して、もう一例、寛政三年（一七九一）八月二十日の大風後の罹災者救援活動について触れておこう。この大風で、東佐味村では、五〇軒ほどのうち一三軒の居宅と小屋一〇軒が吹き潰され、かなりの村民が住む場所を失ったが、平兵衛はそのうち「家内弐、三人連之小百姓三、五軒、此人数十五、六人宛」を自宅に一時住まわせて世話するとともに、被害にあった一三軒へ「家普請取付料」として米五石分の代銀を余内として遣し、さらに自分持山の立木は勝手次第に伐取って家普請用材として使ってくれてよいと申し出て

表2　天明4年春　落合平兵衛の施行

郡村名	対象戸数	施米高	世話人	郡村名	対象戸数	施米高	世話人
葛上　南佐味	14軒	0.58石	喜内	楢原	32	0.9	仙潤寺
福西	15	0.6	源蔵	小林	25	0.5	櫛羅村惣右衛門
神通寺	6～7	0.3	久兵衛	(西)御所町	120	1.6	八木屋清兵衛
僧堂	6～7	0.35	伝兵衛	蛇穴	10	0.4	善兵衛
水野	4～5	0.2	平次郎	室	(貧家不決)	1.0	文助・八平
桜井	7～8	0.32	次助	池之内	(貧家不決)	0.9	藤七・九郎兵衛
舟路	10	0.4	幸助	松本(山崎共)	22	0.9	善九郎
朝妻	7～8	0.4	忠治	南十三	6～7	0.3	弥九郎
伏見	11	0.5	平右衛門	茅原	12	0.5	五常院
極楽寺	15	0.5	北窪村かじや文次郎	条	(貧家不決)	0.3	宇兵衛
南郷	16	0.6	伊兵衛	富田	(貧家不決)	0.4	源七
五百家	7～8	0.4	忠兵衛	竹田	4～5	0.2	嘉兵衛
持田	3～4	0.25	鳥井戸村源三郎	本馬	17	0.51	要助
北窪	6～7	0.5	かじや文次郎	寺田	7～8	0.11	瓦屋源六
高天	10	0.5	庄助	玉手	20	0.6	清次郎
林	7～8	0.4	平兵衛	稲宿	20	0.52	喜平次
鳥井戸	12	0.5	源三郎	古瀬(戸毛山・かわい共)	21	0.72	庄兵衛
栗坂	(家数不知)	0.5	小殿村兵助	朝町	22	0.6	善九郎
小殿	14～15	0.5	兵助	新田	1～2	0.1	源次郎
佐田	6～7	0.3	茂平次	柏原・原谷・今住(本郷出屋敷共)	(貧家不決)	2.48	原谷村弥重郎
寺田	15	0.5	薬屋治兵衛	樋野	12	0.52	久兵衛
井戸	10	0.4	惣重郎	戸毛(あげみ・大口共)	25	1.12	清八・幸助
増	15～16	0.6	新六	奉膳(水泥共)	15	0.5	忠次
下茶屋	3～4	0.2	小殿村兵助	重坂	3～4	0.2	善四郎
多田	13	0.5	八兵衛	吉野　薬水	(貧家不決)	0.5	出合長兵衛
名柄	22	0.65	善治郎	吉野　茄原	(貧家不決)	0.05	佐兵衛
関屋	4～5	0.3	源七	宇智　居伝	(記載なし)	0.03	佐兵衛
豊田	10	0.44	又治郎	吉野　今木	(貧家不決)	0.4	伝兵衛
森脇	15～16	0.6	茂重郎	宇智　出屋敷	(貧家不決)	0.26	甚右衛門
鎌田	22	0.5	清助	葛上　東佐味	38	1.035	
櫛羅	25	1.0	惣右衛門				
三室	6	0.45	(記載なし)				
(東)御所町	52	1.0	綿屋伊兵衛				
宮戸	10	0.4	勘六				

他に米1斗5升を自宅にて、東辻・寺崎・持尾・大岩・奉膳・小和の者10人ばかりへ遣す。

註　「行事教学遺言書」(落合家文書)により作成。

いる。これにより、「何れも急に家普請に取掛り、夫々次第に家普請出来致候」と平兵衛が記しているように、罹災者は住処を再び得ることができるようになった。

平兵衛の活動ぶりは以上のようであり、そうした父の生き様を真近で見つめながら、嫡男儀助は成長した。平兵衛が褒賞された時には、儀助はすでに二十代の半ばに達しており、その後、「諸色取計ひ身上向ニ至迄」当主としての仕事も実質的に担うようになった。それからしばらくたった寛政六年（一七九四）には、村方一統からのたっての願いにより庄屋役をつとめるようになった。儀助、三十代半ばのことである。当時、東佐味村では、「離散にも及へき百姓」が少なくなかったが、庄屋となった儀助は、彼等の年貢未進・借銀の解消に奔走するとともに、村方で諸事倹約を申し合せ、村況の改善に力を注いだ。その効果はあったようで、翌七年六月付で、儀助は幕府から以下のように褒賞されるに至っている。

植村出羽守御預所
和州東佐味村　落合儀助

右者村方取締定書等いたし、離散にも及へき百姓を相続為致、其外奇特之取計有之ニ付、為御褒美銀五枚被下置候間、太（田）備中守殿被仰渡候間、其段可被申渡候

卯六月

この功も関わってか、儀助は「隣郷共十箇村之年番役」（年預とも称し惣代庄屋にあたる）も高取役所から仰せつけられ、同七年には高取藩預所葛上・葛下・高市三郡の籾詰蔵（高市郡常門村）の普請仕立方を担当している（この蔵は備荒貯蓄用であり、平兵衛は籾四石買入代銀を寄付している）。また、隣村福西村の年貢未進出入を取り噯い、未進負人が潰れぬよう取り計らうとともに、翌八年には、村領末字舟戸に東佐味村の新溜池を築調

することを計画し、父と相談のうえ池床替りに所持地一反六畝余を提供している。こうして村庄屋としての、また組合村の年番役としての儀助の活動ぶりには、「実儀」「慈悲之志」の大切さを説き実践してきた父平兵衛の影響を見てとることができよう。

二　村役人から丸岡藩士へ

寛政八年（一七九六）春、儀助は年番役を退役し、同年八月には就任後二年にして村の庄屋役も退役した。「行事教学遺言書」には、「少々病身」のためであったと記されている。その一年半後の同十年三月に、儀助は郷里を離れ、親類であった大坂博労町どぶ池筋万代屋平兵衛方へ「名跡人幼少に付後見世話」のために赴くことになった。これが、儀助の人生の一度目の大きな転機となったのである。大坂へ赴いて以降の儀助の動向について、平兵衛はつぎのように記している。

倅義助事寛政十午之三月大坂親類万代屋平兵衛方江後見旁差遣置候処ニ、其後有馬家大坂御蔵屋敷江折々御立入も致候哉之噂、翌年迄久々帰国も不申ニ付、翌年未之三月我等大坂江罷越何角之様子を相尋候処、右御蔵屋敷より此節折々何角御用向も御頼被成候ニ付、夫々御用向相達し候、右ニ付少分之御扶持も被下候故、手透も難得ニ付帰国も得不仕と申ニ付、右様之品も有之は其方より誓書取不申而者暫くにても当所に難差置旨申之

ここに「有馬家」とあるのは越前国丸岡藩（当時の藩主は有馬誉純、五万石）のことで、儀助は縁類であった同藩の大坂御蔵手代田中幸右衛門のもとへ出入するうちに用向を命じられるようになり、「万端出精」により

同藩から扶持を与えられるようになったのである。

十一年三月に出坂した際にこの事実を確認した平兵衛は、「御主君大切ニ相守実儀を以専可励忠勤事」以下五か条にわたる「誓書」を儀助に示し、これに請印させることで大坂での儀助の活動をいったんは認めた。しかし、平兵衛はすでに老齢であり、七十二歳となった享和三年（一八〇三）秋には、再度出坂して丸岡藩大坂蔵屋敷「御留守居御用人」河原半六に面談し、嫡男儀助に家督を相続させたいので当家へ呼び戻すことを認められたいと願い出るに至っている。これに対して河原は、儀助には国元にすでに成人している子息もあるとのこと、家督は同人に継がせてはと述べて、平兵衛の願いには応じず、藩主へも報告したうえで正式に返答すると約束した。

それからしばらくして、当時東佐味村を預り支配していた高取藩の村瀬丈左衛門・林小左衛門宛に丸岡藩の河原と林田半兵衛からの連名の書状（十一月二日付）が届いた。儀助をめぐる今回の経緯について述べたうえで、同藩にとって儀助は手放せない存在であること、家督継承の問題については儀助の嫡男に継がせることでクリアーできるだろうことを指摘し、平兵衛に対する説得を依頼したものである。そのなかで、河原らは儀助の勤務ぶりについてつぎのように記している。

> 義助儀は段々諸向引請実儀に相勤申ニ付、在所表江召下シ、尚又勝手向取締出精相勤候様、毎度主人より直々被申付置、用向専に引請為相勤置候事に御座候

儀助は、藩の「勝手向」に関わる役割を担い、藩主からも目をかけられていたようで、しばらく前には直々に平助と改名するように命じられたという（なお、これ以降は平助と称するようにする）。

さて、書状を受け取った高取藩役人は平兵衛を召喚して説諭し、平兵衛もようやく平助の嫡男直次郎を養子

として名跡を継がせることに意を決した。翌文化元年（一八〇四）三月五日に、平兵衛は丸岡藩の河原宛に書状を認め、その意向を伝えるとともに、平助のことをくれぐれもよろしくと書き送り、同四年には、本家名跡相続人直次郎・大坂堂嶋丸岡屋敷平助・御所町甚右衛門（平兵衛二男）・桜井村松屋七兵衛（同三男）・内後妻小きん宛に「譲り遺状」を書き残すに至っている。

こうして丸岡藩の大坂蔵屋敷に止まることを父から認められた平助は、職務に精励し、文化元年十一月一日には、「大坂御借用方取引心懸能神妙之至ニ候、其上公金物借懸り被仰付置候処、格別出精相勤候」という理由で、一人扶持加増して六人扶持を給されるようになり、「御譜代」としての扱いをうけるようになった。さらに、同十年十月には七人扶持を給されるようになったことが判明する（なお、同年十月十一日改「坂部左忠組人数帳」に、「大坂詰メ　落合平助」とある。坂部は家老の一人である）。この間の平助の活動の詳細については、史料の制約のためによくわからないが、右の引用文からうかがえるように、主に藩の借財関係の交渉にあたっていたようで(4)、年不詳ながら、内藤善左衛門や多賀逸平からの平助宛書状によれば、寛政八年（一七九六）以降同藩の勝手向を引受けていた大坂の豪商加島屋(5)との関係もうかがえる。

さらに、平助の活動に関わって注目したいのは、これまた年不詳ながら、「窮民賑救法」と題するつぎのような史料を彼が書き残していることである。

窮民賑救法《キウミンシンキウホウ》

一　丸岡領分五万石

此村数凡百ヶ村一ヶ村ニ竈戸数凡五十軒見積り

上竈戸十軒壱日ニ米五合集メ　　中竈戸十軒壱日ニ米三合集メ

中下竈戸弐十軒壱日ニ米弐合集〆　　下竈戸拾軒壱日ニ米壱合集〆
〆壱ヶ村ニ一日ニ米壱斗三升
壱ヶ月ニ三石九斗
壱ヶ年ニ四拾六石八斗　　壱ヶ村分
都合百ヶ村惣〆四千六百八拾石也　　積米
此代銀弐百三貫五百八拾目　但国直段四拾三匁五分替へ
壱俵ニ付而ハ弐十目替へ
内
九貫三百六拾目　　国元ニ而其時之米相場より
壱石ニ付銀弐匁宛直段引
但此銀者月々集米之諸入用引去り相残ル銀子ハ
右領分村々之内格別難渋人救之
残銀百九拾四貫弐百弐拾目　　壱ヶ年分集米
代銀如此
右之通三ヶ年之間積米為致候得者、都合銀高五百八拾弐貫六百六拾目ニ相成、右銀子三ヶ年之間御預り被下候而、三ヶ年備候ハヽ、丸壱ヶ年分ニ三朱宛之利足加へ元利共御戻被下候ハヽ、直ニ百姓共江差戻し可遣候
但、三ヶ年を一回りとして、先三ヶ年相勤候ハヽ、又三ヶ年三ヶ年ト都合十ヶ年迄者為積可申候、左候得者中ノ三ヶ年積之内ニ而矢張三朱之利足加へ、半通も百姓共より借り上可申積有之候事

右之通取計候ハヽ、毎年ニ百姓共心掛、自然ト捽方ニ無油断も積置候而、配分之節者一方之防ニも相成、尚又相応之身元之百姓共ハ家ヲ建或者田地を求、扨又百姓共至而虚作ニ合年貢も出来兼候義も有之者、年限不抱右積銀を年貢ニ引直シ候時者上之為ニも相成、尚又銀主方ニも出銀之利足ハ矢張月八朱又者月壱歩も取之候義、右銀子ハ年三朱ニ〆預り候得者相応ニ勝手ニも相成義、然者三方共不悪事と奉存候事

但下方ニて企候時者

窮民賑遁法《キウミンシントンホウ》

落合平助控

平助が「窮民賑遁法」とも名づけているこの仕法は、藩領内の百姓各戸を経済状況によって上・中・中下・下の四ランクにわけ、そのランクに応じて、たとえば上の場合には一日に米五合という形で積米をさせ、これを集め運用する（三か年を「一廻り」とし凶作にあわなければ年三パーセントの利息を加えて各戸へ返す）ことによって、窮民の「賑救」もしくは「賑遁」をはかろうとするものであり、藩領全体を視野に入れたこうした仕法を彼が立案していることに注目したい。

平助が本仕法案の実施を実際に提言したのかどうかもわからないが、その政策立案能力が評価されたのか、文化十年（一八一三）十月に平助は「御在所勝手」役に任じられ、越前国丸岡への引越しを命じられた。平助にとっては光栄な話であり、丸岡藩の国元でその財政的能力を発揮しうる好機会であったが、平助は直ちにこれに応じず、引越しの猶予を同藩の「御用人中并御勝手方」へ内願した。同年夏に父平兵衛が老齢をおして出坂し、彼に語った大和の実家や在所のこと（左掲）が気にかかっていたためである。

家名相続之義も孫嫡子相続之義六ヶ年以前より御役所江相願置候得共、未タ御聞済無之、勿論村方も又々

如以前至而困窮仕、御上様よりも無類之御手当等も被下置候上色々ニ御心配被成下候得共、中々村方立直り不申次第ニ衰微仕、最早当時之姿ニ而者亡所ニも可及様ニ成行有之、然ル処其方義ハ村々取締り村柄も立直り候義ヲ達御上聞御褒美も頂戴仕居候身分、右躰御上様ニも種々御心配之御座候処見捨ニ仕居候而ハ冥加不知者ニ相成申訳も無之、其上大切之家名も潰ス道理ニ相当り候

結局、平助の願い出により、丸岡への引越しはしばらく猶予されることになり、翌年二月には、その期限とされていた同十三日からさらに四五日間の日限の延長が認められるに至った。

そうしたなか、平助の進退を左右することになった重大な事態が発生した。父平兵衛の病気そして死である。先行きに不安を感じたのか、平兵衛は三月二十六日付で丸岡役所へ「暫之所平助帰村」を願い出ていたが、四月二十一日には平助から組頭新名与太夫へ病気の父を介抱するために帰村することと、父全快まで丸岡への引越しの猶予を願い出、二十九日にこれを許されている。それから五か月足らずの介抱の後、落合家を支えていた平兵衛は九月二十一日にこの世を去った。八十三年にわたる立派な生涯であった。

平兵衛の逝去後、家督は予定どおり平助の嫡男直次郎に継承され、高取役所によっても聞き届けられるところとなったが、平助はなおしばらく実家にとどまり、同年十一月に、自村の南禅寺の境内山へ百観世音石仏を建立したいという亡父の宿願達成のこともあるので、今しばらく郷里にとどまることを認めていただきたいと、新名与太夫宛に願い出た。その文面には、在村中は扶持等をいただかなくてもよいから「今暫之所ハ御家来分」にしておいていただきたい、という平助の願いが記されていたが、郷里での滞在延長のことは、丸岡藩側には「自由ケ間敷申分」と受けとめられ、その結果、平助は同藩から「永之御暇」を遣わされることになった。

その「申渡覚」の年月は「文化十二亥十二月」となっているが、一連の経緯からして十一年十二月のことでは

ないかと思われる。こうして平助は、五十代半ばをすぎて人生の二度目の大きな転機をむかえることになったのである。

三 「御国益」策の提言

丸岡藩士から再び村人となった平助は、ほどなく大病を煩ったようで、文化十三年（一八一六）六月に平助の倅平兵衛（直次郎が襲名）と親類惣代甚右衛門とが連名で丸岡藩大坂蔵屋敷三矢弾之丞宛に平助役中の取替銀等の下げ渡しを求めた願書には、「平助義も昨年より追々大病相煩、今以全快不仕候ニ付渡世万端差支、勿論家内共大勢召連罷帰り種々役介ニ相成罷在候」と記されている。

当時、東佐味村は「御預り所村々之内壱番之困窮村」（文化十一年）と称される状況に陥っており、文政七年（一八二四）に至っても、「先年より小前人共多分御年貢不納致し、年中未進負人之絶間無之、（中略）年中御年貢取立ニ打掛罷在、庄屋ハ身上ニ抱申ニ付自然役義相勤候者も無御座」と平兵衛が記す状況にあった。[6] その前年の時点で言えば、六十一年前と比べて家数は三六軒減の四六軒、牛数も三〇疋減の一一〜二疋という有様であり、「東佐味村より持添支配」の内谷村も村高一〇八・九〇一石のうち四一・〇一三石が荒地となっていた。[7]

そうしたなか、平兵衛は「私家督御願済之年より昨年迄十弐ヶ年之間ニ都合米五拾石余・銀壱〆三百目計も助力仕」[8]（文政七年）と記しているように、東佐味村の窮状打開のために尽力しており、病気から回復した平助は、苦闘する倅をサポートしながら、「諸人之助」になるよいことはないものかと思案を重ねていた。

当時、大和国では、程度の差はあれ、東佐味村のような現象が多くの村方で生じていた。[9] その状況と背景について、平助は、「御国益之願書」[10]（天保二年（一八三一））のなかでつぎのように述べている。

大和国中百姓者、都而昔より養水不足之所、木綿作者土地ニ応し、其上直段も高直ニ御座候故、過半木綿作ヲ蒔付、他国江売払、諸国より莫太之金子ヲ取込、百姓相続出来候之処、近年ハ他国ニ木綿多く作仕候故、先年之直段と見合候所、三歩一之直成ニ相成、諸国より取入之金子者夥敷相減、右故年毎ニ国中不融通ニ而、借金之利足も甚以高利ニ相成、勿論御名目金等を高利ニ而拝借仕、利倒ニ而出奔仕、追々百姓人家相減候故御料所田畑之内荒地五、六万石も出来仕候様ニ承り候処、其上年毎ニ衰微、荒多出来仕、右御年貢者百姓弁ニ相成、困窮相重（下略）

ここで平助は、「和州第一之売物」であった綿作経営の不振（←他国綿作の興隆）、高利貸的収奪の農村への浸透、潰百姓の増加、荒地の増加、残った村民への負担の増大、という流れで「荒廃」現象進行の様相を記しているが、そうした窮状を打開する一方策として、彼は、大和国幕領全体の荒地起返および窮民救済計画を思い立つに至ったのである。

その計画については、黒羽兵治郎氏の先行研究があり、詳しくはそれに譲るが、天保二年に平助が認めた「御国益之願書」によれば、幕府発行の銀札一万貫目の貸下げをうけ（「下歩之利足」で「国中質屋株持之者其外金銀貸付身元能者共江一軒ニ五貫目程宛」）、その通用利息一か年分三万両（月一分半として計算、一年で一八〇〇貫目、六〇匁を一両に換算）のうち、五〇〇〇両を「暫之間年々」「大和国中御料所之荒地田畑」の起返費用にあて、二万五〇〇〇両は「毎年大和国中御救」にあててもらう、というものであった。前者によって、大和国幕領全体の荒地五、六万石の起返が実現することになれば、「御上様ニ者弐万五千、三万石も御取箇相増、百姓共ニ者八、九万石も作取、其上下方譲替之代金迄も見積候へ者、四、五倍も御国益ニ相成」わけであり、「上下之徳分都合弐拾万石余之新田出来も同様之御国益ト奉存候」と、平助は述べている。

平助のこの立案に関して第一に注目されるのは、大和国の幕領全体の荒地起返を問題にしていることである。それは、高取藩預所の年預年番役の体験と、さらに丸岡藩士となり領国全体の経済を見つめる機会を得たことをふまえてのことと言うことがきでよう。また後者に関わって、彼が丸岡藩士時代に藩領全体を見すえて構想した「窮民賑救法」とこの計画案との共通性にも着目しておきたい。

第二に注目されるのは、「御国益」の実現という点を標榜しつつ、平助がこの計画案を提示していることである。そこでは、大和国幕領の荒地起返によって生み出される「御公益」と「百姓共作徳」の総計が「御国益」の具体的中味となっており、彼の言う「御国益」とは「御上様」と「百姓共」の双方の「徳分」を含む概念であったことが、「御国益之願書」の文面からうかがえる。当時の大和国では、他国との経済的交渉のなかで、また広域訴願や国訴がくり返し展開されるなかで、個別支配領域をこえた形の、「村々百姓一体之国益」を内実とする「国益」概念が形成されるようになっていたが[11]、平助の場合には、「御国益」という表現からもうかがえるように、「百姓共」の「作徳」のみならず「御上様」の増収もプランニングしている点に特徴がある。また、大和国全体を視野に入れつつも、「御料所」の枠内での立案に止まっている点も特徴として指摘できる。それらの背後に、村役人をへて丸岡藩士となり、所領支配を行なう側にかつて身をおいたことによる影響を見てとることができよう。

平助がこの計画を思いついたのは、文政六年（一八二三）のことであり、早速につながりのあった奈良奉行所の役人に計画案を提示して「内窺」したところ、よい計画であるので早々にしかるべき所へ申し出るようにという返答であった。そこで、その翌年に、東佐味村を預り支配していた高取藩の重役へ「内願」したが、一向に沙汰はなく、放置されたまま年がすぎていった。

平助も半ば諦めの心境であったが、天保元年（一八三〇）九月に国元を出立し、「信州善光寺始日光山」などを順拝する機会があり、これを好機として、意を決して江戸城大下馬にて老中水野忠成へ駕籠訴に及んだ（この時に彼が差し出した願書が、先に内容を紹介した「御国益之願書」である）。同二年正月十二日のことであり、七十三歳という老齢かつ病気をおしての決行であった。このあと平助は、老中館で尋問されたあと勘定奉行所へ引き渡され、十五日に同奉行から、「差越之願」であるので願書は差し戻す、本件については大津代官所へ願い出るように（高取藩にかわって東佐味村を支配するようになったことによるものと思われる）、という指示を受け、帰国の途についた。

帰国後平助は、大和国幕領の惣代らにも本件について相談し、計画案を一部修正のうえ、同年三月に大津代官所へ一件書類（願書）を提出した。その経緯について、つぎのように彼は記している[(12)]。

御国益之義何卒当国御料所一同申合せ御願奉申上度ニ付、御代官様御支配限り惣代共江申談し候処、荒地起返之儀ハ兼而厳重ニ被為仰渡在之候ニ付、於村々ニ平日心掛ケ、可成丈ハ是迄ニ起返し有之、当時相残り候荒地ハ聊之入用銀ニ而ハ容易ニ難起返り、夫より者差当り御料所一同難渋仕居候用水方御普請中絶之場所相仕立不申候而者、荒地起返りハ扨置本田畑追々手余り荒地ニ相成り候間、（中略）第一中絶之御普請相仕立用水沢山ニ相成候ハ者新荒地も出来不申、自然と是迄之荒地も起返り可申候間、此儀御願奉申上候得者必勝之御国益ニ御座候故、和州御料所惣百姓一統同心之旨申之、（下略）

平助は、こうした惣代からの意見を受け入れて、目標を大和国幕領の荒地起返から「中絶之御普請」の実施に転じ、大津代官所へ訴願に及ぶに至ったのである。

この後、平助は、費用の捻出に関わる「銀札仕法書」の改訂案を同三年閏十一月に提出し、子息平兵衛逝去（同四年四月十四日）の悲しみを乗りこえて、同五年七月には本計画の再改訂案を提出するに至ったが、大津代官所から「当御支配所限り御願奉申上候儀は格別、一国御免之儀は不相成」と、却下されてしまった[13]。

そうしたなか、この計画の実現になお思いをはせながら、平助はこの世を去った。天保五年（一八三四）七月十七日のことである。戒名は「理性院実恵覚応居士」。波瀾にとんだ七十六年にわたる生涯であった。なお、晩年に平助が情熱を燃やし続けた「御国益」策は、その後実行に移されることはなかったが、大和国では、彼が逝去した天保期以降、それまで低落していた農村人口が再び増加傾向を示すようになり、彼が懸案としていた荒地（村惣作地）が次第に減少するようになったこと[14]を付言しておきたい。

おわりに

落合平助が生まれたのは、「江戸時代の分水嶺」にあたる十八世紀半ばの宝暦八年（一七五八）のことであった（周知のように、この宝暦から天明にかけての時期は、一九六〇年代に入って、維新変革の起点として脚光を浴びるようになった。林基氏[15]や佐々木潤之介氏[16]らの研究によるものであり、階級闘争の質的変化や、その背景をなす市場構造や社会構造の変化などにスポットがあてられた）。それ以降四分の三世紀にわたる彼の人生のなかで、特に注目されるのは、村役人をへて丸岡藩士になったことと、再び村人となった後、晩年において「御国益」策の提言を行なったことである。

この二点は、彼の人生を大きく特色づけていたが、彼のみに限定される事象ではなかった。一九九三年に、朝尾直弘氏は、「十八世紀の社会変動と身分的中間層」と題する論稿のなかで、「近世社会は十八世紀の半ばを境にして、前期の形成発展段階から後期の解体、そして次の時代をつくり出す動きが表面化する段階へと二つに分かたれる[17]」と指摘したうえで、「幕藩制的な支配身分の下層と被支配身分の上層との融合」＝「身分的中間層」の形成という点に着目され、彼等がこの後「日本の近代化を推進することになった」のであり、「日本における『市民階級』の起源をここに比定することもできるのではなかろうか」という、興味深い見解を示されている[18]、また平川新氏も、「献策と世論」と題する論稿[19]のなかで、経済社会化の進展に対応して、十八世紀の半ば以降藩の側から領民の側に経済政策の展開に際して提言を求めるようになったこと、また村役人層ら領民の側も積極的に献策行為を行なうようになり、さらにそうした政策を実行するポストに登用されるケースも存在したこと、を指摘されている。

落合平助は、こうした支配身分と被支配身分との身分間の「交流」を体現した人物の一人であり、まさに「献策の時代」の到来を、また村役人層の政策主体としての成長[20]を象徴する人物であったということができよう。

〔註〕

（1）『大和人物誌』復刻版（名著出版、一九七四年）五九一～五九二頁。

（2）他に、『御所市史』（御所市役所、一九六五年）で、落合平兵衛とともに平助が取り上げられ、その略歴が紹介されている（二〇二～二〇四頁）。また、安達登妃さんが、私が撮影していた御所市東佐味の落合家文書写真版をもとに、卒業論文「近世後期の大和農村と落合平助の生涯」（一九九五年度、天理大学）をまとめている。

（3）紙数の都合もあり、また繁雑になるので、落合家文書については、史料名の註記は省略したい。なお、以下の叙述にあたって主に依拠した落合平兵衛の「行事教学遺言書」は、大変興味深い内容であり、「大和国落合平兵衛一生記」と題して、『天理大学学報』に全文を翻刻・紹介しているので参照されたい（一九二輯〔一九九九年〕に（上）を、一九五輯〔二〇〇〇年〕に（下）を掲載）。

（4）「落合氏由緒親類廻縁明細記」（落合家文書）には、「大坂蔵屋敷留主居役を相勤」と記されている。

(5)『福井県史』通史編4（近世二）九五頁など参照。
(6) 文政七年「内密御頼愚意書」（御所市鴨神・竹村家文書）。
(7) 文政六年の「東佐味村困窮始り」と題する文書による（同前）。
(8) 註(6)と同史料。
(9) 詳しくは、谷山『近世民衆運動の展開』（高科書店、一九九四年）第二部第一章・第二章を参照されたい。
(10)『桜井市史』史料編上巻一一八〜一二二頁所収。
(11) 詳しくは、谷山「近世近代移行期の「国益」と民衆運動」（『ヒストリア』一五八号、一九九八年）《本書終章》を、また併せて同「『国益』と民益」（『地方史研究』二七八号、一九九九年）を参照されたい。
(12) 天保四年「乍恐御国益奉申上候」（天理図書館近世文書）。
(13) 黒羽兵治郎『野の人町の人』（柳原書店、一九四四年）九二〜九四頁参照。
(14) 註(9)と同。
(15)「宝暦―天明期の社会情勢」（『岩波講座日本歴史』近世4所収、岩波書店、一九六三年）。
(16)『幕末社会編』（塙書房、一九六九年）。
(17)『日本の近世』10（中央公論社、一九九三年）四六頁。
(18) 同右九四頁。
(19)『紛争と世論』（東京大学出版会、一九九六年）第七章。原題は「地域経済の展開」（『岩波講座日本通史』近世5所収、岩波書店、一九九五年）。
(20) 谷山前掲註(9)書第二部第五章参照。

〔付記〕 落合家をはじめて訪れたのは、一九七六年のことであった。それ以来数度にわたって快く史料調査に応じて下さった落合純三・トシ御夫妻をはじめ同家の方々に、この場を借りて心よりお礼を申し上げたい。なお、本稿に関連して、藪田貫氏が論文「『兵』と『農』のあいだ」（『歴史評論』五九三号、一九九九年）を発表され、近世中・後期において「村役人や豪農・商を筆頭」とする「〈農〉・〈商〉から〈兵〉への身分移動が起きた」要因について論及されているので、併せて参照されたい。また、荒武賢一朗氏より、国立史料館所蔵「摂津国大坂加嶋屋長田家文書」のなかに、落合平助が丸岡藩の借財関係の仕事に関っていたことを示す、享和三年から文化九年にかけての文書十数点が存在することを御教示いただいた。

第三章　近世大和における広域訴願の一形態
――全幕領連合訴願の展開と五條代官所――

はじめに

近世中期以降になると、大坂周辺地域では、商品経済の進展を背景とする社会変動に伴って、個別の村や所領だけでは対処しきれない問題がしばしば発生するようになった。これに対応するために、問題のレベルに応じて、村や所領を代表する立場の人々が集まって協議することが多くなり、関係村々が連合してそれぞれの領主や幕府の奉行所へ出訴するケースも増えるようになった。(1)

そうしたなかで、当地域では、「奉行所の管轄区域であった『支配国』を範囲に、(当該問題に関係を有する)大多数の村々が、錯綜した所領関係をこえて連合し、合法的な手続きに則って展開した広域訴願」である国訴も行なわれるようになった。これは、「広域性」(最大規模は千数百か村にも及ぶ)と「合法性」(惣代を立てて公事日に奉行所へ出訴する)とを大きな特色としており、「封建社会崩壊期における農民闘争の一類型」として、一九五〇年代前半に津田秀夫氏によってはじめて紹介され、(2)注目を浴びるようになったものである。同氏の研究を皮切りに、その後数多くの研究が発表され、論争が繰り広げられていくことになったが、それらの詳細については旧稿(3)に譲ることとし、ここでは、国訴に関する研究は、七〇年代の沈滞期をはさんで、六〇年代までの第一期と八〇年代以降の第二期とに大きく区分することができ、前者にあっては階級闘争史・商品流通史的視角にもとづく研究が主流であったが[4]、後者においては運動構造論・地域社会論的視角にもとづく研究が進展するようになった[5]、という点を指摘するに止めたい。

私は、一九七〇年代の後半以降、第一期の研究に学びつつ、大和国を対象として国訴研究に取り組むようになり、第二期の研究動向とクロスさせる形で、その成果を公表してきた[6]。各国訴の研究を行なうにあたっては、当時の社会経済情勢や農村構造（諸階層の動向）、公儀の行政のあり方との密接な関連のもとに分析することに心がけてきたが、その一方で、当国で展開された国訴をはじめとする広域訴願の全体に目を向け、その推移のあり方について検討する必要性を強く意識するようになった。

本書第四章では、この問題についてもアプローチし、作成した年表をもとに、国訴とともに、全幕領連合訴願の展開に着目した。後者は、いくつかの代官所（時期によりその数や場所には変化が見られる）と大名預所（具体的には高取藩預所）に分割して支配されていた当国内の全幕領が連合し、惣代を立てて出願したものので[7]、一九世紀に入って多く見られるようになった。他の所領の意向も代弁する形で、一国にかかわる問題について、奈良奉行所に出願するケースもかなり見られ、それらは国訴を代行する側面を有していた。

本章で分析対象とするのは、そうした全幕領連合訴願であり、そのうち、関係奉行所へ出願するのに先立って、まず五條代官所へ歎願に及んでいるケースである。そこにはどのような背景があり、ねらいがあったのだろうか。本章では、その嚆矢となった文政九年（一八二六）の事例に光をあてて、この問題にアプローチするとともに、広域訴願をめぐる訴願主体と代官所と奉行所との関係について考察することにしたい。

一　五條代官所への出訴

近世後期の大和国の石高合計は約五〇万石で、そのうち一六～一九万石ほどが幕領であった（時期により数値に変動があった）。他に藩領（郡山藩領と他国藩領も含む一〇余の小藩領）や、旗本領・寺社領（それぞれ五〇以上）も存在したが、幕領の構成的比重は大きく、その惣代らは、国訴に際しても主導的な役割を担っていた。

国訴の強みは、合法的な形を取りながらも、支配国内の大多数の村々が、所領の枠を乗り越えて連合し、惣代を立てて、「これが大多数の百姓たちの願いである」という形で要求を提示しえたところにあり、それ故に大きな成果をあげるケースも少なからず見られた。しかし、出訴の体勢を整えるまでが大変で、大和国の場合には、国内に多数存在していた寺社領をはじめとする小規模な所領を陣営に組み込むことが難しく、また足並みが揃わず出訴に至るまでに多くの時間と労力を費やすケースも見られた(8)。

そうした事情もあって、近世後期の大和国では、全幕領が連合し、幕領に関する問題に止まらず、一国にかかわる問題を取り上げ、「一国御支配之御番所」であった奈良奉行所に出願するケースが、かなり見られるようになった。その嚆矢は、大和国「御料所四分」（大和五條・京都二条・京都鞘町の三代官所と高取藩預所）の全村が連合し、惣代らが九項目にわたる要求を掲げて奈良奉行所へ出訴に及んだ、文化三年（一八〇六）のケースである(9)。

さらに、文政九年（一八二六）に「御料所五分」（大和五條・京都二条・京都鞘町・近江信楽の四代官所と高取藩預所）の全村（石高合計一六万五四〇二石余）が連合し、惣代らが五條代官所へまず出訴した後、奈良奉行所へ歎願に及んでからは、意識的にこのルートを活用するケースが見られるようになった。本章では、その端緒となった同年の全幕領連合訴願に光をあてるが、五條代官所へ出願するようになった経緯と要求内容について、まず述べておきたい。

これに関しては、同十一年（一八二八）に大和国幕領「五分惣代共」から提出された訴状[10]に、次のような記載が見られる。


御名目御貸附金銀并諸株組合より貸附候金銀諸品物高利不正之取立仕、国中百姓共大ニ難渋仕、追々家出出奔人等多出来、御田畑耕作手余り、御大切之御年貢御上納差支申ニ付、去ル戌年御料所村々申合、銘々御地頭様江御歎奉申上候処、五條御代官所之義者和州御住居之儀ニ付、右御代官所江可願出旨被為仰渡、夫々御添翰被為下置候ニ付、一同難有仕合ニ奉存、則右御代官所江五分惣代共罷出、御歎奉願上候

文中に「去ル戌年」とあるのは同九年（一八二六）のことで、各支配役所（出願先）からの指示にもとづいて、幕領の惣代らが五條代官所へ最初に歎願に及んだのは十一月末のことであった（その際、同代官所以外の幕領の惣代が各支配役所の「添翰」を携えてきていなかったために、訴状はただちに受理されなかった。これが成就したのは、十二月に入ってからである）。なぜ同代官所へということになったのかと言えば、「小堀様・木村様・多羅尾様御三方者他国御住居、植村様者御預り所之儀ニ付、当国御住居之五條御代官様江御歎申上[11]」とあるように、当時大和国内で唯一の幕府代官所であったからである（同代官所は、芝村藩預所が廃止された翌年、寛政七年（一七九五）に南大和における幕領支配拠点を設けるために開設され、宇智・吉野両郡を中心に、五〜六万石を管轄・支配するようになっていた[12]）。

この訴願は、「国中百姓共」を「難渋」させ、農村「荒廃」（「家出出奔人」の増加→「御田畑耕作手余り」）をもたらす大きな要因となっていた、名目銀などの「高利不正」貸付を問題視したものであった。

名目銀は、由緒ある寺社や宮方・堂上方・御三家などが、幕府の許可を得て、それぞれ「法隆寺薬師燈明銀」「円照寺宮様御納戸銀」といった名目を付して貸し付けるようになったもので、由緒ある寺社が多く存在した大和国では、近世後期にその貸付が盛んに行なわれるようになっていた。実際には、貸付支配人に任じられた「有徳の町人・百姓」がその業務を代行していたが、債権が一般の貸付銀よりも安全であった（幕府から貸付銀返済滞の際の優先訴権や、借主の財産の先取特権を認められていた）ため、本来の資金に自己資金を加えて貸し付けるようになり、『世事見聞録』の筆者が、「実正の本金は纔計りなるに、有徳の町人・百姓の金銀を取籠、貸附、其町人・百姓に利潤を配分する也、（中略）町人・百姓は名目の威勢をかりて、金銀を貸て利を貪る也、（中略）利足などの事は佛神の道に有ましき也、困窮人は補ひ恵みてこそ佛神の心にも叶ふへき也、貸たるものを取返すら神佛の道には逆と成に、剰利足を加へて取る抔は以の外の事なり(13)」と痛烈に非難する有様となっていた。大和国でも、文化三年（一八〇六）に、次のような状況になっていたことが知られる(14)。

金銀貸借之内、諸向名目銀数十口有之、右之内ニ者先利亦者口入料・証文料月踊りニ重、利足等ニ而至而高利ニ相成、勿論名目銀之儀ニ候得者、貸付之節所役人江引合、印形等相改入念貸附可申処、毎々判人不得心所役人共不承知之印形ニ而貸附も有之、相滞候節其段申立候得者本人及難渋、又者右御糺し中入用ニ恐れ、無拠判人又者其所より弁済ニ相成候儀儘有之、誠ニ非道之貸付、困窮ニ迫り候者共当難相遁れ候借用ニ而、元来本意を失ひ候貸し借りニ付相滞、金銀出入多ク相成候様奉存候間、御由緒有之重キ御名目者格別、其余御名目ヲ奉請、自分之金銀差出し貸附候様成分者已来相止メ候様御勘弁奉願上候

これは、同年に「御料所四分」惣代が奈良奉行所へ提出した願書の一節であり、高利不正な名目銀貸付の実態とその弊害について述べ、「自分之金銀差出し貸附候様成分」の差し止めを求めたものである。名目銀を借

り受けたのは、多くの場合下層農民であったが、この一文からもうかがえるように、彼らは「当難」を逃れるために、高利であるにもかかわらずこれに手を出してさらなる窮地に追い込まれ、加判人や村役人にも多大の難儀をかけるようになっていた。「実ニ以其身壱人之難義のミならず、村方一同之難渋」[15]となっていたのである。[16]

名目銀の貸借をめぐる問題は、化政期の当国において大きな社会問題となっており、『奈良県南葛城郡誌』にも、「奸民の資あるもの名を王家に託し、放資して利を射、坐して十倍の利を収め、号して名目銀といへり、愚民知れるものなく、争ひて好餌を食はされ、為めに破産して逃亡するもの勝げて数ふべからず、その禍国中に遍かりき」という記事が見られる。[17]また、諸株組合銀などの高利貸付も盛行するようになっており、村方困窮に拍車をかける要因となっていた。

こうした状況を打開するために、文政九年（一八二六）に五條代官所へ赴いた幕領の惣代らは、以下の二点を要望した。[18]

① 名目銀の貸借に関する要求……貸借に際して、事前に貸付支配人から「村役人其外加判之もの」へ照会させるようにし、村役人がチェックし証文に奥印した上で、村人に借り受けさせるようにしたい。この手続きを踏まないケースについては、返済が滞ったとして貸付支配人が出訴してきても、取り上げないでいただきたい（以上の点を貸付支配人に周知させていただきたい）。

② 諸株組合に関する要求……「至而法外之高利」貸付を行なっているので、「新規諸株之内御運上御冥加銀御公納無之分」については、これを廃止して下さるよう「江戸表」へ上申していただきたい（訴状には、「新規之諸株」[19]として、「俵数株・肥し株」や「紺屋株・鍛冶株・木綿屋株・奉公人口入株・材木屋株・肴屋株等」の名前が挙がっている）。

幕領の惣代らは、「右高利之貸附、此上一両年も相止不申候而者、追々百姓相減、亡所之村方出来候儀眼前ニ御座候」として、両要求の実現を強く求めたのである。

二　五條代官所から奈良奉行所へ

訴願を受けた五條代官所は、本件を「難国一件」として捉え、惣代らの要望に沿う形で、素早い対応を見せた。同年十二月十六日付の「急廻状[20]」の記載によれば、まず京都町奉行所へ「引合」に及び、「和州御料所村々」へ「京都より貸出候名目銀」について取り締まりがなされるよう、強く後押ししたことがうかがえる。

さらに、翌年一月十日には惣代らを召喚してその労をねぎらうとともに、翌十一日には、彼らを前にして、代官自らが、「本件について呼び出しがかかった場合には江戸へも赴くつもりである。また、奈良奉行所への『引合』は、他の支配役所とも連繫のうえ、近々行なう予定である」と、その決意を直々に表明するに至っている[21]。当時の五條代官は、同代官としては五代目にあたる矢島藤蔵[22]であり、この後彼は、奈良奉行所へ「引合」に及ぶとともに、幕領の惣代らの要求が聞き届けられるように、積極的な支援を行なっていった。その様子と訴願の成果について、翌十一年（一八二八）の一史料[23]には、次のような記述が見られる。

夫より南都御番所様江御引合被為成下、段々御取調之上去亥五月五条御代官所より南都表江御出役被為成下、尚又惣代共も罷出、諸株組合之義者多分御差留ニ相成り、且亦御名目御貸付者、向後村役人証印無之分者御貸付無御座筈ニ御取締り被為成下、其上是迄右貸付之分相滞候而御願奉申上候節者、日数三十日之間惣代共願書御下ケ被為成下、惣代共より正不正得と承り届、其段奉言上候得者、正不正之品ニより夫々

御定法之済口被為仰付候積り御取締り被為成下候

これにより、幕領の惣代らが提示していた両要求が、奈良奉行所への出訴後に、ともに聞き届けられるようになったことが知られる。その背景には、同年五月に実行された「南都表」への「出役」に象徴されるような、五條代官所による強い後押しがあったのであり、森田節斎の「三代官伝」にも「君慨然以除之為己任、與書奈良奉行、陳名目銀之害、且曰、僕不忍坐視、将請大府除之、以君宰一方、故先啓焉爾、其辞殊激烈、奉行見之、顔変手顫、即日下廃名目銀之令」という一文が見られる。(24) なお、文中に「君」とあるのは矢島藤蔵のことであり、当時の奈良奉行は井上正章であった。

右に引用した史料には、訴願の経過と結果について簡潔に記されているのみだが、実際には、奈良奉行所との間で細部にわたる折衝が重ねられていた。長文にわたるが、関係史料を以下に引用しておきたい。

乍恐書付ヲ以奉言上候

五分惣代とも

一 此度御取締書之内、諸株組合当時御差留有之分、已来共御差留之積と有之候御ケ條之義、諸株組合口々之内以来御差留ニ相成候分、御問合之上私共江御申聞被成下度奉願上候

一 御料所村々之借用人共追々相調候所、愚昧之もの共多、何之名目銀とも何株何組合とも又ハ証文之文面等も不存候族数多御座候而相分兼、惣代共并村々役人共迄甚以心配仕候付、御料所村々江貸付之分当春貸付人より御番所様へ書上帳面惣代共へ御貸下被成下候様、御懸ケ合奉願上候

一 諸株組合御差留ニ相成候治定并右貸付元調帳、惣代共江御貸下之上下方ニ而一応対談仕度候ニ付、名目銀・諸株取引筋願六ヶ月御浮置被為成下候様、御掛ケ合置奉願上候

一　此度之御取締ニ相洩候義も有之候而、窮民之難渋ニ相成候義御座候節者、五分之内何れ之御支配ニ不限、物代とも罷出御願申上候義御取用被為成下候様、是又御願込置被為成下度奉願上候

一　是迄諸名目并諸株諸組合御料所村々貸付有之分済方之義、右貸方より奉差上候帳面御貸下ケ之上、村々役人より貸主江引合、正不正ニ寄年賦済等借り方之者返済出来候様対談済仕度、其節貸主より強気等申立対談難行届御出訴申上候ハヽ、窮民共立行候様御憐愍之御取計被成下候様、御懸ケ合置被下度奉願上候

一　御役所様へ兼而御聞済ニ相成御座候貸付并組合之分、以来和州御料所五分村人江貸付之節者、借り主之村方庄屋・年寄之内壱人へ申達、承知之分ハ庄屋・年寄両人証文江加印取之貸渡候様、庄屋・年寄加印無之分者貸渡不申様貸元へ被仰付被下候様、御懸ケ合奉願上候、左候得ハ五分村々庄屋・年寄へも其段申置候、右之趣御聞届ケ乍恐南都表へ御出役之上宜敷御掛ケ合被為成下候ハヽ、千万難有仕合ニ奉存候、以上

文政十亥四月十五日

御料所
五分惣代とも　連印

矢嶋藤蔵様
御役所

右之通五条表へ奉願上候所、御聞届之上南都表へ御引合ニ相成、南都答方左ニ

一　向後貸付方之義、借主本人計之村役人加印ニ而、加判人之村役人加印ニハ及不申候

五条より御申立

諸株組合当時御差留有之分何々之組合ニ御座候哉、相残り候分ハ何々ニ御座候哉、承知仕度候

南都より答方

差留之分追而治定之上書認可差遣、不差留分ハ別段御達不申間、下方難渋之義も有之候ハヽ、其節御申立有之候ハヽ、取調之上可及御挨拶ニ候

五条より御申立

諸願筋之義、名目者勿論縦令三商売ニ而も、以来組合頭より不相願村役人奥印之上直々本人より願出候趣之書取とハ相心得候得共、惣代とも江申渡方も御座候間、聢と承知仕度候

南都より答

貸付方之内ニ、摂家宮門跡方・寺社并冥加金銀差出候もの、右類シ候も有之候間、一様ニ庄屋・年寄之内加印いたし候訳ニハ無之、庄屋・年寄加印ハ其余之分ニ有之ニ付、間日願訴訟日（記載なし）

五条より御申上御触書之義

薬種先銀之義、実々作いたし候ものへ、薬種代先銀相渡候類者、実々取計ニ御座候、先銀と名目ヲ付薬種も無之ものへ貸付候分ハ、全不正之筋ニ相当り候間、是迄之分ハ貸主・借り主同支配之分ハ一通り其役所ニ而相糺、実事之取計ニ御座候ハヽ、支配役所添書ヲ以組合頭奥印ニ而御奉行所江差出、先銀ヲ名目ニいたし不正貸付ニ相決候分ハ手限ニ取扱候様仕度、尤他領より其御料所々江貸付有之候分も、御糺之上右躰不正之筋ニ御座候ハヽ、格別御勘弁之御取計被成下候事

右之通五条中沢平馬様南都表へ御出役之上御引合ニ相成候義、相違無御座候、以上

これにより、幕領「五分惣代」からの願いを受けて、五條代官所が役人（中沢平馬）を奈良に派遣し、奉行所との折衝にあたらせるとともに、細部についての問い合わせを行なっていたことや、同代官所による大きな

表1　大和国幕領村々への名目銀貸付状況(文政10年奈良奉行所調査分)

貸付方	口数	貸付銀高
	(口)	(貫)(匁)
(A)貸物方	297	14, 850
在方両替方	71	10, 330
融通方	51	46, 750
利下	25	55, 000
米穀	39	16, 078
木綿屋	172	13, 560
奉公人主家	24	4, 060
魚屋組合	3	420
綿打	4	(銭31貫目)
穢多利下	1	36
石屋組合	5	500
永続組合	(記載なし)	4, 942
(小計)	727	164, 224 (銭31貫目)
(B)金貸附所	184	(529両)
本陣	79	31, 200
銀貸附所	135	70, 000
銭貸附所	47	29, 000
同	79	19, 200
塩問屋	62	14, 100
森岡	2	1, 100
(記載なし)	2	200
綿問屋	13	3, 400
同所	11	14, 700
掛所　新八	20	21, 300
高木　又兵衛	3	4, 200
近衛殿　藤介	11	11, 500
同　善三郎	124	17, 500
三宝院　卯八郎	36	12, 700
同　宇吉	3	500
中宮院　源之介	38	13, 500
同　利兵衛	42	3, 800
同　勘右衛門	40	3, 700
同　仁右衛門	6	1, 700
同　長八	6	1, 000
同　茂兵衛	49	12, 100
法花寺　嘉兵衛	(記載なし)	16, 300
同　助蔵	1	500

貸付方	口数	貸付銀高
	(口)	(貫)(匁)
同　同人	7	1, 700
同　長四郎	1	100
同　善五郎	26	1, 900
青蓮院　源右衛門	83	7, 200
初生寺	27	38, 000
二条殿　六兵衛	8	500
同　休蔵	5	9, 800
大峰山　助蔵	71	4, 500
同　倉之助	146	10, 000
同　源左衛門	107	7, 200
北院　玄蕃	3	4, 000
同　兵庫	18	7, 700
同　甚介	245	21, 800
同　寺介	7	1, 200
同　安右衛門	11	2, 200
薬師寺　周治	5	1, 400
王龍寺　久四郎	64	5, 100
同　吉右衛門	20	20, 300
当麻寺　文五郎	173	18, 900
興福寺　留三郎	5	7, 500
高野山　武右衛門	64	18, 000
崇徳寺　藤九郎	15	5, 530
同　専六	12	1, 300
同　重太郎	3	6, 100
西大寺　六兵衛	4	240
同　喜右衛門	16	2, 300
同　兵太郎	94	13, 500
峯薬師　仁右衛門	49	16, 300
同　伝右衛門	1	200
同　嘉四郎	13	2, 800
同　庄司	34	2, 900
同　伝五郎	16	2, 000
同　政之丞	9	1, 900
春日神薬根　弥兵衛	5	480
在原寺　権左衛門	1	350
同　朝右衛門	4	180
(小計)	2, 440	529, 400 (金529両)

註　文政10年6月「(名目銀・諸株組合銀に付訴願一件写)」(吉野町西谷区有文書)により作成。(A)については「凡口数銀高覚」とのみ記されており、(B)については「名目銀凡元銀御料所貸附高南都御番所ニ而御改」とある。「銀高御番所江書上帳面者国中平シ候ハ、二三分計之様ニ相見へ申候」という注記も見られる。なお、数値などについては原史料に記されているものをそのまま表記した。

バックアップもあって、惣代らの要望に沿う形で事が運んでいたことが、うかがえるのである。なお、「五分惣代」から五條代官所へ提出された願書のなかに、「当春に貸付人から提出された帳面を我々に貸し下げていただけるよう、奈良奉行所にかけあってほしい」という記載が見られるが、そこに記された「御料所村々江貸付之分」（口数・銀高・貸付支配人）は、表1のようであった。また、これとは別に、同年二月から四月にかけて、大和国幕領各村を対象に、名目銀などの人別借り受け状況についての調査が実施されていることも知られる。(25)

三　訴願の成果

本訴願に対して奈良奉行所が下した結論＝具体的な対応については、文政十年（一八二七）閏六月に書き留められた「国中名目幷ニ諸株企一統難渋ニ付御歎書付写」(26)などによってうかがえる。

そのなかで、まず注目されるのは、「諸株組合」のうち表2に示した牛博労組合をはじめとする二一組合が、同年五月に廃止されるようになったことである（これまで気づかなかったことであるが、「五条御役所江御申達シ弐拾壱口之外御差留之分」〔組合〕として、墨屋・酒造屋・煙草屋・味噌醤油屋・酒小売屋・瀬戸物屋・風呂屋・灰藍屋・馬博労・煮売屋・足袋屋・菓子屋・魚屋・青物干物屋〔〆一四口〕の名前も挙がっている）。(27)これは、本訴願の要求を容れたものであり、まことに大きな成果ということができよう。

さらに、名目銀の貸借に関する要求も、聞き届けられるところとなり、五條代官所の管内では、奈良奉行所からの通達をふまえて、次のような内容の請書(28)が、同年六月に各村から提出されたことが知られる。

差上申御請書之事
奈良御奉行所ニおゐて諸貸付方江被仰渡候趣

諸貸付方江

諸貸付方之内ニ者、近頃高利不正之貸付いたし候ものも有之趣ニ而、以来和州御料所村々之もの共江貸付之節者、其村庄屋・年寄之内江申達、承知之分者庄屋・年寄両人証文江加印取之、庄屋無之村方者年寄加印取之貸渡、庄屋・年寄加印無之分者貸渡不申様申付之儀、右御料所五分惣代共より申立有之、右ニ付五條御代官矢嶋藤蔵よりも同様申立有之ニ付、以来御料所村々江貸付之砌者前段之通相心得貸付可致旨、貸付者江井上丹波守申渡候段申越候

右者其方共村々惣代を以名目銀貸方取締之儀相願候ニ付、依之丹波守達書之趣申渡候間、此旨一同相心得候

（中略）

右之通井上丹波守様江御掛合相済候段被仰渡承知奉畏候、依之御請印形差上申処如件

文政十亥年

この前半部には、本訴願を受けた奈良奉行（井上正章）が、「諸貸付方」を召喚して申し渡した内容が記載されているが、それは「名目銀を『和州御料所村々之もの共』へ貸し付ける際には、事前に当該村役人の了解を取り「加印」を得たうえで、当人に貸し渡すようにせよ」というものであり、まさに「五分惣代」および五條代官矢嶋藤蔵の「申立」どおりの内容であった。これまた、大きな成果と言うことができよう。なお、文中の「（中略）」の部分には、薬種屋・合薬屋仲間による「薬種先銀」の貸付に関する通達内容（前節で紹介した

表2　文政10年5月に廃止された組合

牛博労組合	在方両替組合
在方材木屋組合	貸物組合
融通貸付組合	肥し屋組合
木綿屋組合	紺屋組合
奉公人在家組合	利下げ組合
在方懸屋中買組合	荒物屋小間物屋組合
鍛冶屋組合	酒造米踏働人奉公人口入組合
綿打職組合	瓦職石職組合
在方米穀俵物中買組合	永続組合
米穀小売組合	穢多革類組合、同断利下げ組合

註　『田原本町史』史料編第2巻97～102頁所収史料から作成。

史料に記載されているそれとほぼ同じ）が記されている。

名目銀の貸借に関する措置として、もう一つ注目されるのは、「和州御料所村々之もの共」が文政十年（一八二七）五月十日までに借り受けた分について、返済が滞ったとして貸付方から出訴してきた場合には、奉行所での裁許を三十日間日延べしたうえで、「高利不正之貸付」であるか否かを幕領の物代の側でチェックし、「正不正之品」によりそれぞれの決着をはかる、という方法が採られるようになったことである。これにより、幕領の物代らの尽力によって下方での「和融之済方」がはかられるとともに、対談が行届き難い場合や貸付のあり方に問題がある場合には、奉行所での吟味が行なわれることになったのである[29]。なお、この作業は、物代らにとって負担になっていったようで、同十三年（一八三〇）正月には、「最早右貸附之振合も粗相分申ニ付、物代共ニ而相調申ニ不及様ニ奉存候、（中略）何迄も物代共江御下ケ被為成下候而ハ、人足費等余慶ニ相懸り、却而村々難渋之筋も御座候様ニ奉存候」として、これまで我々が行なってきた作業を当該村々で担当するように改めていただきたいと願い出るに至っている（但し、「入縺済口難出来分」については我々が世話するとしている）[30]。

このほか、次に掲げる史料（同十一年（一八二八）二月に高取藩預所が出した触書[31]）に見られるように、管下の民が名目銀や諸株組合銀の貸付に携わり、また「口入世話等」を行なうことを、支配役所が禁止するようなケースも見られた。

此度諸名目并諸株組合江加入之儀、先達而より段々取調之上、致加入居候者とも糺之上差留候、以来右名目銀并諸株組合江加入仕受之儀者勿論、口入世話等決而不相成、尚又他領ニ而名前内分借り受け、夫々組合加入致間敷事

「和州御料所村々」への貸付銀のなかには京都の名目銀もあり、その貸付をめぐる対策も講じられていった(32)。同十一年(一八二八)三月には、「大和国御料所五分御支配村々惣代」が京都一条の小堀主税代官所へ赴いて訴状を提出し、高利不正な名目銀の貸付を取り締まって下さるよう、京都町奉行所へ「御掛合」いただきたいと願い出た模様である(33)。残念ながら、その後の展開については今のところ明らかではないが、これまた当地の代官所を活用して要求を実現しようとしたものとして注目される。

以上、名目銀などの高利不正な貸付を排除し、農村経済の更正をはかるために、大和国内の全幕領村々が連合して展開した訴願に光をあて、五條代官所へ出願するようになった経緯や、同代官所の対応のあり方、奈良奉行所への出訴とその成果、などについて述べてきた。本訴願において提起された名目銀の貸借および諸株組合にかかわる施策は、いずれも奈良奉行所によって採用され実行されるところとなっており、これによって即問題解消というわけにはいかなかったが、訴願そのものは成功裡に終わったということができよう(34)。

もちろん、大和国の全幕領村々の団結と惣代らの活躍があっての成果であるが、五條代官所による強い後押しがあったことも、これに大きく影響していた。本訴願を推進した幕領の惣代らにとって幸いであったのは、「苟利於民、吾家之存亡、非所計也」と述べたとされる矢島藤蔵が、当時の五條代官であったことである。後年に、当地出身の著名な儒者森田節斎は、河尻甚五郎(初代)・竹内平右衛門(四代)とともに「三代官」の一人として彼を取り上げ、「篤信手島氏学、以実践為務、性仁厚」としたうえで、その「政績」を高く評価して

おり、本訴願を受けた彼が「名目銀之害」を記した書状を奈良奉行に送り、その弊害を取り除くように強く進言したことや、「民利」を第一とし奈良奉行との論争も辞さなかったことなどを記している。[35]そうした彼が訴願先の代官であったことが、幕領の惣代らにとって、まさに僥倖であつたと言えるのである。この後、矢島は天保二年（一八三一）に大坂（鈴木町陣屋）代官となり、着任後六年にして当地を離れることになったが、大和国幕領の民の信望は厚く、「矢島大明神」として仰がれ祀られるようになったことが知られる。[36]

おわりに

以上述べてきたように、文政九年（一八二六）の年末から展開された本訴願は、五條代官矢島藤蔵の大きな力添えもあって成功裡に終わった。その後の動向として注目されるのは、本訴願が契機となって、全幕領連合訴願において、関係奉行所へ出願するのに先立って、まず五條代官所へ歎願に及ぶ、というケースが見られるようになったことである。

天保改革期に大和国の全幕領村々が連合し、堕胎の禁止や専業的木綿織稼の禁止などを要求して展開した訴願は、まさにその代表例と言えるものであり、意識的に五條代官所→奈良奉行所という訴願ルートを活用しようとしたものであった。「御料所四分」の惣代らが五條代官所へ訴願に及んだのは、天保十三年（一八四二）三月末のことであったが、その際に彼らは文政期の訴願に言及している。彼らが訴状とともに提出した「別紙」には、次のような記述が見られる。[37]

矢嶋藤蔵様当御陣屋御在役中、文政十亥年御名目銀御貸付并諸株組合より当国中へ不正高利之貸付仕一統難渋仕、御料百姓共一統より不正高利之貸付御差留被成下度段、当御役所より奈良御奉行所へ御掛合被成下、御憐愍を以不正高利之貸付者勿論、百姓共難渋ニ相成候諸株諸組合不残御差留ニ相成、難有相助り今日迄百姓相続仕候義、誠ニ御慈悲御憐愍之程忘却不仕、国中一統御厚恩之程難有奉存罷在候

「御料所四分」物代のなかには、葛上郡西北窪村助左衛門や葛下郡曽根村嘉兵衛のように、文政期の訴願の物代であった人物も含まれており、彼らは成功裡に終わった「先例」をはっきりと意識し行動していたのである（この後、五條代官所からの「掛合」を経て、奈良奉行所で吟味が行なわれ、訴願の趣旨を反映した国触が発令されるに至っている。その後の動きもあり、本訴願についてもかなりの成果があったことが知られる(38)）。

年代が下がるが、嘉永七年（一八五四）の全幕領連合訴願に際しても、五條代官所→奈良奉行所という訴願ルートが活用された。これは、再興された株仲間のうち、薬種屋・合薬屋（「取締」役は奈良北袋町加賀屋助蔵）と質屋・三商売（「取締」役は奈良橋本町森岡庄作）の両仲間に「不束之儀」があるとして、その吟味を求めたもので、「御料所三分」の物代らが、まず五條代官所へ訴願に及んでいることが知られる(39)。奈良奉行所への出訴が行なわれたのは同年七月のことであったが、その後「五條御用達」中屋源兵衛が「取曖」人となって「穏済」に努めるようになり、同年八月に「御料所三分惣代」と双方の仲間の「取締」役との間で、約定書(40)が取り交わされることになった。そこには、今後「物代庄屋」が仲間「年行司」の人事をチェックすること、仲間加入者が「手狭窮屈之儀」「不正之取引」を行なわず「実躰正路」に「渡世」するよう「物代庄屋」より申し聞かすこと、などが条文として記されており、運動の成果として注目される。

最後にもう一例、天保四年（一八三三）に大和国の全幕領が連合し、絞油屋株の増株（人力油屋二〇八株→四〇八株、水車油屋七二株→九二株）の認可を求めて展開した訴願について紹介しておこう(41)。この訴願に際しても、

幕領の惣代らは、奉行所への出願に先立って、当時大和国内で唯一の幕府代官所であった五條代官所へ歎願に及んでいることが知られるが、ここで注目しておきたいのは、彼らが七月五日に「再願」[42]した際に、次のような提言を行なっている事実である。

元来当国者、海者無之川船之通路も稀成国柄ニ付、京都・大坂江牛馬之歩行荷ニ而差送り運送ニ候而者、駄賃多分ニ相懸り稼引合不申、依之国用之外余分油京都・大坂江出し勝手宜敷場所者、是迄之通り差出し、当国東南之方、京都・大坂江道法相隔り候場所、御当地江差出し、夫より吉野川船ニ而紀州若山表江積下し、摂州兵庫津油問屋江差下し候得者、運送之駄賃甚下直ニ相成り、売捌方手広ニ而、何程油株相増候共油売先差支不申、新古油株長久相続可仕と奉存候

これは、彼らが要求していた絞油屋株の増株(→産油の増加)と関連づけた提言であり、大和国東南部の産油を五條から和歌山・兵庫を経て江戸に送るというのがその骨子であった。彼らの視野の広さや政策立案能力の高さ[43]がうかがえるが、大和国東南部と言えば五條代官所の支配領域と重なる地域であり、彼らは、こうした提言を行なうことによって、五條代官の関心を惹きつけ、運動への支援を仰ごうとした、と見ることもできよう(なお、五條へ赴いた幕領の惣代らが、同代官所に掛け合ってくれるように依頼した相手は、奈良奉行所ではなく京都町奉行所であった。当国の絞油屋株〔「大和御免油屋株仲間」〕は、安永二年〔一七七三〕に京都町奉行所によって認可されたものであり、本件は当奉行所の管掌事項であったからである。史料の制約により、その後の展開については明らかではないが、株仲間の解散までは増株が実現することはなかった)。

以上の事例からうかがえるように、幕領の惣代らは、成功裡に終わった文政期の訴願＝「先例」をふまえ、関係奉行所へ出願するに際して、当時大和国では唯一の幕府代官所であった五條代官所を活用し、その力を恃

んで要求を実現しようとするようになったのである。(44) そこに、彼らの〝訴願の智恵〟を見出すことができよう。

〔註〕

（1）所領の枠を越える村落結合として、「郷」（宮郷・水郷・山郷・墓郷）も存在していたが、商品経済の進展を背景に近世中期以降に新たに形成されてくるそれとは区別して考える必要がある。

（2）津田「摂津型地域における百姓一揆の性格」（『歴史評論』二八号、一九五一年、のち『近世民衆運動の研究』〈三省堂、一九七九年〉に収録）、同「封建社会崩壊期における農民闘争の一類型について」（『歴史学研究』一六八号、一九五四年、同前）。

（3）谷山「国訴研究の動向と問題点」（『新しい歴史学のために』一九四号、一九八九年、のち『近世民衆運動の展開』〈髙科書店、一九九四年〉に収録）。

（4）この時期の代表的な著作に、津田前掲註（2）書のほか、安岡重明『封建経済政策史論』（有斐閣、一九五九年）、津田『封建経済政策の展開と市場構造』（御茶の水書房、一九六一年）、八木哲浩『近世の商品流通』（塙書房、一九六二年）、小林茂『近世農村経済史の研究』（未来社、一九六三年）、新保博『封建的小農民の分解過程』（新生社、一九六七年）がある。

（5）この時期の代表的な著作に、藪田貫『国訴と百姓一揆の研究』（校倉書房、一九九二年　新版・清文堂出版、二〇一六年）、谷山前掲註（3）書、平川新『紛争と世論』（東京大学出版会、一九九六年）、藪田『近世大坂地域の史的研究』（清文堂出版、二〇〇五年）がある。

（6）谷山前掲註（3）書のほか、「近世近代移行期の「国益」と民衆運動」（『ヒストリア』一五八号、一九九八年）《本書終章》、「近世後期における広域訴願の展開と地域社会」（『日本史研究』五六四号、二〇〇九年）《本書第四章》など。

（7）本書第四章の表1の訴願主体の欄に、「幕領　○分物代」とあるのがそれにあたる。

（8）谷山前掲註（6）「近世後期における広域訴願の展開と地域社会」《本書第四章一五一～一五八頁》参照。

(9) 詳しくは、谷山「文化三年の『国訴』について」(『ビブリア』八八号、一九八七年)を参照されたい。

(10) 文政十一年三月「乍恐御願奉願上候」(橿原市新賀町・森村家文書)。なお、同家文書については、所蔵者についての注記を以下省略する。

(11) 文政九年十一月「名目銀ニ付五分物代より御役所へ差上候願書之控」(吉野町山口・上田家文書)。

(12) 五條代官所について、詳しくは『新町と松倉豊後守重政四〇〇年記念誌』(新町と松倉豊後守重政四〇〇年記念事業実行委員会、二〇〇九年)第六章を参照されたい。

(13) 『世事見聞録』(『日本庶民生活史料集成』第八巻所収、三一書房、一九六九年)六八〇頁。

(14) 文化三年五月「南都御番所様江願書写」(大和郡山市宮堂・乾家文書)。

(15) 文政九年正月「乍恐以書付奉歎訴候」(『桜井市史』史料編上巻、一九八一年、二六三〜二六五頁所収)。

(16) 当時の大和国における名目銀の貸借状況と村落状況については、谷山「大和における名目銀貸付規制運動の展開」(『地方史研究』一六八号、一九八〇年、のち前掲註(3)書に収録)などを参照されたい。

(17) 『奈良県南葛城郡誌』(一九二六年)二六五頁。引用した文章は、森田節斎の『三代官伝』(『森田節斎全集』〔五條市、一九六七年〕四四〜四六頁所収)のそれをもとにしたものである。

(18) 註(11)と同史料。物代として名を連ねているのは、葛下郡曽根村嘉兵衛(京都二条小堀代官所管下)、式下郡坂手村惣二郎(近江信楽多羅尾代官所管下)、十市郡新賀村佐右衛門(京都鞘町木村代官所管下)、葛上郡西北窪村助左衛門・式下郡鍵村勘左衛門(高取藩預所)、宇陀郡宇賀志村弥次郎・吉野郡馬佐村喜兵衛・同郡檜垣本村六右衛門・宇智郡五條村東兵衛(大和五條矢島代官所管下)である。

(19) 註(14)の史料には、「近年博労株・木綿屋・質之物屋・肥し屋・小売酒屋・田葉粉屋・材木屋・染物屋等、何れも組合仲ケ間相立、其外品々南都町人株元又者組合支配頭ニ相成」「諸商売追々株立仕候ニ付、所ニ寄米穀中買口入之者最寄仲ケ間組合」「大工・木挽・桶屋・瓦屋・綿打職・牛馬遣ひ之者共まで下方ニ而仲ケ間相立」といった記述が見られる。

(20) 橿原市新賀町・森村家文書。各幕領の惣代宛に出されたこの廻状は、同月二十二日に「五條郷宿常楽屋久兵衛方」で開催予定の集会への出席を呼びかけたもので、「矢嶋様御用達」宇智郡五條村宗八と高取藩預所年預葛上郡西北窪村助左衛門の両名が廻状元になっている。

(21)　文政十年一月「乍恐以書付御届ケ奉申上候」。

(22)　寛政改革政策を継承し、農村復興・民衆教化政策を展開した河尻甚五郎（初代）・池田仙九郎（二代）や、天誅組の変に際して殺害された鈴木源内（一三代）に比べると、その影は薄かったが、後述するように「名代官」の一人であった。なお、歴代の五條代官については、前掲註(12)書の一九九〜二〇三頁を参照されたい。

(23)　註(10)と同史料。

(24)　嘉永四年「三代官伝」（『森田節斎全集』〔五條市、一九六七年〕四四〜四六頁所収）。

(25)　橿原市新賀町の森村家には、新賀組各村の関係史料が伝存している。また、文政十二年（一八二九）一月に再調査が行なわれており、これに関する史料も同様に残っている。

(26)　『田原本町史』史料編第二巻（一九八六年）九七〜一〇二頁所収。

(27)　文政十年六月「（名目銀・諸株組合銀に付訴願一件写）」（吉野町西谷区有文書）。

(28)　「名目銀之儀ニ付御請書」（『新訂大宇陀町史』史料編第二巻〔一九九六年〕八三九〜八四二頁所収）。

(29)　文政十二年十月「乍恐御断奉申上候」など。なお、奈良町の石川屋助蔵が貸付支配人となっていた「大峯山小篠貸付銀」などが、問題のあるケースとして奈良奉行所で吟味されるに至っている（同年九月「南都御番所様より御尋ニ付書上控」など）。

(30)　文政十三年一月「乍恐御願奉申上候」。

(31)　文政十一年二月「御請書之事」（平群町吉新・浅野家文書）。

(32)　文政十年九月「京都名目銀取締請印帳」（『新訂大宇陀町史』史料編第二巻八四二〜八四五頁所収）。

(33)　文政十一年三月「乍恐御歎奉願上候」。この訴状のなかで、惣代らは、京都の名目銀の貸付にあたっていた「和州住居之者共」の所業を痛烈に非難し、「御殿向江立入等仕、御貸付支配人抔と申立、百姓之身分ニ而苗字等ヲ名乗り、自分之金銀江御太切之附名目ヲ仕、御殿御直貸之趣ヲ以、京都御奉行所様江御出訴奉申上候段、乍恐御上様ヲ偽り、甚不当之執計ひ方ト奉存候」と述べている。

(34)　本章で光をあてた幕領での訴願に先立って、大和国内の清水領知の四郡村々惣代は、文政九年（一八二六）

一月に支配役所であった大坂の川口役所へ赴いて、幕領の惣代らが提示した①と同内容の要求を提示し、これが容れられるように奈良奉行所へ掛け合ってほしいと願い出ており、その後の経過は不明ながら、同十二年（一八二九）三月には、各村村役人から惣代宛に、「村役人加印無之借受等仕候歟、又ハ御殿向御貸付世話口入等仕候者御座候ハヽ、早速惣代中江御通達可申候、勿論小前より村々ニ而村役人方江右取締一札取置候」という内容の「一札」が提出されるに至っている（『桜井市史』史料編上巻二六三～二六五頁、二六八～二七〇頁）。

(35) 註(24)と同史料。

(36) 森田節斎は、矢島の言動をふまえて、「嗚呼、捨身為民、矢島大明神之称、信不虚矣」と評しており（「三代官伝」）、五條市大塔町篠では、「矢島大明神」が実際に祀られている。

(37) 天保十三年三月「五條御代官所小田又七郎様国中御愁訴之写」（『川西町史』史料編〔二〇〇四年〕二五八～二六九頁所収）。

(38) 谷山前掲註(6)「近世後期における広域訴願の展開と地域社会」《本書第四章》参照。

(39) 嘉永七年十二月「御料所御三分年中諸事算用帳」に、「一百弐拾八匁五分　右者五条表ニ而御掛合之儀ニ付三分物代中同所出張参会雑用〆」という記事が見られる。

(40) 「薬種合薬・質屋三商売仲間組合約定書并追約定書」（『桜井市史』史料編上巻一四一～一四七頁所収）。

(41) 天保四年五月「乍恐以書附御願奉申上候」など。

(42) 天保四年七月「乍恐添書付ヲ以御願奉申上候」。

(43) これについては、谷山「近世後期の地域社会の変容と民衆運動」（『歴史学研究』六二六号、一九九一年、のち前掲註(3)書に収録）を併せて参照されたい。

(44) 奉行所への訴願を行なうに際して支配役所に支援を求め、要求が容れられるように掛け合ってくれるよう願い出たケースは、他にも見られた（本書第四章表1および註(34)参照）。

〔付記〕 橿原市新賀町の森村家文書については、橿原市立図書館架蔵の写真版を利用させていただいた。

第四章　近世後期における広域訴願の展開と地域社会
――大和国を対象に――

はじめに

近世後期の地域社会史研究は、一九八〇年代に入って以降、新たな展開を見せるようになった。その引き金となったのは、久留島浩氏による幕領の組合村―惣代庄屋制研究であり[1]、これにも刺激されながら再燃するようになった国訴研究であった[2]（その中心的担い手は藪田貫氏や平川新氏であり、私もこれに関与した）。

前者は、七〇年代に学界を風靡していた佐々木潤之介氏の豪農論（「世直し状況」論[3]）に対するアンチ・テーゼとして提起されたものであり、惣代庄屋（庄屋の「惣代」）の政治的活動のあり方やこれを支える入用システムの検討を通して、「惣代庄屋制的自治」の形成（その担い手である豪農＝村役人層の行政能力の高まり）を確認し、そこから近代への移行の道筋を探ろうとしたものであった。「近代社会はこうした地域社会の自治的運営能力の蓄積に依拠しつつ成立する」というのが、実証をふまえた氏の見解である[4]。

また、後者は、七〇年代の沈滞期を経て、新たな装いをもって展開されるようになったものであり、商品流通史的また階級・階層論的視角から展開された五〇年代から六〇年代にかけてのそれに比べて、運動構造論また地域社会論として研究が深められた点に特色があった。そこで注目されたのは、運動過程における「頼み証文」を媒介とする「委任」関係（「代議制の前期的形態」）の形成[5]、公儀への触流し要求の展開や政策内容の具体的提示と公儀の法への反映（訴願主体となった村役人層の政策主体としての成長）[6]、運動の基盤をなす地域社会における自主的な「地域管理制」の形成（村役人層の地域運営主体としての成長）など[7]であり、近代社会の形成を視野に入れ、そのあり方を問題にしようとしたものであった。

平川氏によって「地域運営論」と命名されたこれらの研究[8]は、その内容から、近世後期の研究のみならず、近代史の研究にも影響を与えるものであったが[9]、その一方で様々な批判に曝されることになった。そうしたなかで、佐々木氏の豪農論を継承する立場から吉田伸之氏によって「社会的権力論」が提起され[10]、「地域運営論」に抗する論陣が張られるようになったことは周知の事実に属する[11]。

久留島氏の研究に対しては、幕領の事例のみに立脚した論であり、これを即一般化できないという点がまず指摘され、志村洋氏らによって藩領の大庄屋制（中間支配機構）についての事例分析が進められた[12]。その結果、幕領の物代庄屋制との相違点がクローズアップされ、久留島氏自身も「大庄屋は村役人一般ではなく、むしろ代官的な機能を果たすものととらえるべきである」と述べるに至っている[13]。また、「惣代庄屋・庄屋など政治的中間層を中心に地域像が描かれた結果、彼らの上方（領主・国家）と下方（小前層や百姓以外の諸身分など）への目配りが不足している」（渡辺尚志氏）という分析方法にかかわる問題点も指摘された[14]。

また、国訴研究（なかでも藪田氏の国訴・郡中議定論）に対しても、吉田氏から「社会構造分析ぬきの地域社会論である」という批判が浴びせかけられ[15]、多くの論者によって、地域社会内部の構造（生産関係・階層構造・矛盾関係）分析をふまえた研究の必要性が説かれるに至った[16]（こうした指摘には共感するが、あくまでも批判に止まっており、自ら国訴研究に取り組み、これを実践しようとした論者はいない）。

私は、藪田氏や平川氏らとともに、国訴研究を行なってきたが、かねてよりこうした問題点は意識しており、

「物代らはなぜ動かなければならなかったのか」という問いかけを大切にしながら、当時の社会経済情勢や農村構造（諸階層の動向）との密接な関連のもとに、分析を行なおうと心がけてきた[17]。また、公儀の行政ともリンクさせながら研究を進めてきた。民衆運動史は、政治史と地域社会史とを架橋するものであり、それ故に当然のことながら、双方をしっかりと見据えながら研究を行なうことが不可欠であると考えてきたからである。

そうした認識のもと、「地域社会について論じる際に、その外的契機としての支配構造の問題についても十分に組み込む必要がある」ということもふまえて、本章では、近世後期に大和で展開された広域訴願、主に国訴と全幕領連合訴願を分析対象とし、以下の点について検討することを課題としたい。

① 近世大和の支配構造をふまえ、幕領と藩領における中間支配機構のあり方の相違も視野に入れながら、当地において国訴がどのように組織され展開されていったのかを明らかにする。また、一九世紀に入る頃から国訴を代行する形でしばしば展開されるようになった全幕領連合訴願にも注目し、その展開のあり方と特質について論じる。

② 幕藩体制解体にむけての大きな画期であり、凶作飢饉・物価高騰・騒動・改革という言葉で特色づけられる天保期に焦点をあて、当地で展開された広域訴願について、社会経済構造や諸階層の動向、公儀の行政（天保改革など）との密接な関連のもとに分析を行ない、その特質（注目される点や性格）を明らかにする。そして、次代への展開を見据えつつ、「地域社会と中間層」をめぐる問題にアプローチする。

一　近世大和の支配体制と広域訴願

(1)　所領構成と国訴の構造

国訴は、「支配国を範囲に、（当該問題に関係を有する）大多数の村々が、所領関係や郡域をこえて連合し、合法的な手続きに則って展開した広域訴願」である。[18] ここでは、そうした国訴がどのように組織されていったのかについて、大和国の事例に即して論じるが、その前提として、当国の所領構成と支配体制のあり方についてまず述べておくことにしたい。

大和国の領主は、関ヶ原の戦・大坂の陣による大きな変動を経た後、元禄期頃にはほぼ固定するようになった。元禄十五年（一七〇二）の「大和国郷帳」によれば、国高はほぼ五〇万石で、うち幕領は計一九万七九〇〇石余（三九・六パーセント）、藩領は計一九万三一〇〇石余（三八・七パーセント）、旗本領は計七万九〇〇石余（一四・二パーセント）、寺社領などは計三万七六〇〇石余（七・五パーセント）であった（表1）。大和国内の藩は郡山・高取・小泉・柳生・新庄・柳本・戒重の七藩で、郡山藩を除けばいずれも小藩であった（このほか、伊勢の津藩や久居藩をはじめ、他国の五つの藩領も存在した）。[19] また、大和に知行地を有した旗本や朱印地を有した寺社も、それぞれ五〇以上を数え、領主の総数は百数十に達する有様であった。[20] まさに「非領国」という言葉があてはまる状況にあったことがうかがえる。当国の所領構成の特徴としては、幕領の比重の大きさ、郡山藩領と小藩領の存在、多数の旗本領と小規模な寺社領の存在をあげることができよう。[21] その後、郡山藩主の本多氏から柳沢氏への交代や「御代知」（幕領との交替）、清水領知の開設と上知などに伴う変化も見られたが、こうしたあり方は、近世後期においても基本的に変わることがなかった。

数多くの領主が存在した当時の大和国において、個別領主の支配の枠をこえ、公儀の「御番所」として一国の行政・裁判をとり行なうようになっていたのが奈良奉行所[22]であった。同奉行所は、大和国内へ触を発するとともに、国内で起きた所領間の争論や一国にかかわる問題の裁許をその任務としていたが、地論・水論等については京都町奉行所の裁判管轄になっていた。

表1　元禄期大和国の所領構成

郡名	幕領	藩領	旗本領	寺社堂上領その他	計
	(千石)	(千石)	(千石)	(千石)	(千石)
添上	20.0	12.0		26.5	58.5
添下		30.5	8.7	1.0	40.2
平群	20.2	4.5	4.4	2.5	31.6
山辺	13.6	27.8	7.3	0.1	48.8
式上	5.6	17.1	1.5	0.4	24.6
式下	9.8	15.0	2.4		27.2
十市	10.5	15.9	10.7	0.2	37.3
広瀬	0.2	12.8		5.6	18.6
葛上	18.4	7.6	2.1		28.1
葛下	13.0	25.5	4.4		42.9
忍海	0.8	2.7	2.0		5.5
高市	8.1	20.2	12.9	0.3	41.5
宇陀	28.4	0.2	2.8		31.4
宇智	10.1		8.2		18.3
吉野	39.2	1.3	3.5	1.0	45.0
計	197.9	193.1	70.9	37.6	499.5

註　『奈良県史』1より（表を一部修正）。

こうした支配の枠組に一面で規定されながら、大和国では、近世中期以降支配領域の枠を乗り越えて村々が連合し、活動を行なうケースがしばしば見られるようになり、近世後期にはスケールの大きな国訴も展開されるようになった。商品経済の進展に伴って地域社会内部で新たに発生するようになった問題や、「対外的」交渉を要する商品流通をめぐる問題など、歩調をあわせて真剣に対処し、解決していかなければならない様々な問題が浮上するようになったからである。

大和国において支配領域の枠を越え

表２　大和国における国訴・全幕領連合訴願(他)年表

年　月　日	訴願主体		内　　容
宝永２・２～(1705)	幕領私領	(所領惣代)	大和川剣先船運賃の値上げに反対、正徳４年(1714) 正月に裁許、同年11月に再発、翌５年６月にも歎願
享保11・７／21(1726)	幕領私領	北和300(283)か村余	大和川剣先船運賃の値上げに反対して大坂町奉行所へ出訴
元文３・11／18(1738)	幕領私領		亀瀬川上新船50艘の運航を藤井村問屋庄兵衛へ許可されるよう奈良奉行所へ出願
寛保３(1743)	幕領私領	葛上・葛下・忍海・高市郡	繰綿問屋の不正な取引方法(「綿歩引・欠銀引」)の停止を奈良奉行所へ要求
宝暦６・９(1756)	幕領私領	国中の百姓、綿の「口入・中買共」	繰綿取引の際の「込目」・「歩引」法に反対し奈良奉行所へ出訴
６・10／17	幕領私領	葛上・葛下・高市・十市・忍海・広瀬郡	同上
明和３・４／17(1766)	幕領私領		明和３年令に反対、南八木村で各郡惣代による国集会あり、４月25日再会予定
３・４／27～	郡山藩領	葛下・広瀬・十市・式下・平群・添下郡148か村	明和３年令に反対、在方絞油業の許可を要求し奈良奉行所へ出願
３・５	幕領	葛下郡11か村	明和３年令に反対
４・４／末	幕領私領	７郡５郡(12郡) 百姓共	繰綿問屋株設立に際し繰綿取引の際の「込目」・「歩引」法に反対して奈良奉行所へ出訴
８・10	郡山藩領	広瀬郡南郷組村々	「大倉改」に反対(同様の広汎な動きあり)
安永２・６～(1773)	幕領私領	(最大13郡31万石余加談)	綿繰屋・中買株設立に反対し奈良奉行所へ出願、安永５年７月２日に裁許
８	幕領か		奉公人給銀・勤方をめぐり出願、12月８日付で奈良奉行所より国触発令
天明元・４／20(1781)～	幕領私領	(最大規模＝15郡1000か村余)	絞油屋の策動に反対し菜種販売の自由などを要求して京都町奉行所へ出訴、６月17日に裁許
３～	幕領私領		大和川剣先船運賃の値上げに反対し大坂町奉行所へ出訴、さらに江戸へ出訴、８年８月に大坂町奉行所より運賃引下げ申渡し
８・10	幕領私領		剣先船運賃引下げの件を大和国内へ触流すよう奈良奉行所へ出願
８	幕領	葛上・葛下・高市・式上・式下・添上・添下・平群郡	「百姓方不益」の要因「七ヶ条」を指摘しその打開を幕府巡見使へ出願すべく計画

寛政4・8／30(1792)	幕領ほか	幕領四分・旗本領(十市郡)	他国出奉公の禁止などの触流しを奈良奉行所へ出願
文化2・2／10～(1805)	津藩領	山辺郡10か村	絞油屋の策動に反対し奈良奉行所・京都町奉行所へ出訴
2・3／2	幕領	小堀・池田・木村代官所村々	同上、奈良奉行所へ出訴
2・3	幕領私領	葛下郡村々	同上
2・6／22	幕領私領	山辺郡59か村	同上、京都町奉行所へ出訴、8月に決着
2	津藩領	72か村	同上、京都町奉行所へ出訴
3・3		「大和国惣百姓」	奈良盆地の四方の山谷への溜池の造設・肥料の質の吟味・絞油屋株の廃止など「水・人・肥」に関する要求を提示（未提出か）
3・5	幕領	「御料所四分惣代共」	諸株諸組合の全廃・専業的木綿織稼の禁止・他国出稼の禁止・名目録の貸付規制など9か条にわたる訴状を奈良奉行所へ提出（事前に私領方へも申入れを行なう）
文化11(1814)	幕領私領	「凡千ヶ村村々貧乏人惣代之ものとも」	和薬類などの売捌自由を要求（訴状下書）
14・8～	幕領私領	山辺郡55か村	絞油屋の策動に反対し京都町奉行所へ出訴、文政2年6月に決着
文政3・6／21(1820)	幕領	高取藩預所村々	絞油屋の策動に反対し高取役所へ出願、7月5日に決着
3・7／5		山辺郡	絞油屋宅を打ちこわそうとする不穏な動きあり
3・7	幕領私領	13郡村々	絞油屋株の廃止を要求（訴状残るも出訴にいたらず）
7・11	幕領	四分惣代	「南都春日御造営料納米」石代値段につき出願
8・10	幕領	御料所一同	安石代の実施を五條代官所へ出願
9・11～	幕領 幕領	五分惣代 六分惣代	不正の名目銀等の貸付取締りを五條代官所→奈良奉行所へ出願、翌年5月に名目銀等の貸付に規制が加えられるとともに牛博労組合など21組合が廃止される（その後13年まで動きあり）
天保4・4／6(1833)	幕領	六分惣代	人力油株200株・水車油株20株の増株を要求
4・5／2	幕領	六分惣代	同上増株につき奈良奉行所へかけあってくれるよう五條代官所へ出願
4・7／5	幕領	六分惣代	同上追願、油を五條→和歌山→兵庫を経由して江戸に送ることも提言
4・10／3	幕領	五分惣代	大和米の他国出し差留めを奈良奉行所へ出願
5	幕領	宇陀郡32か村	菜種・小売油値段につき京都町奉行所へ出訴

8・12		（和州郡々惣代共）	各郡へ30株ほど宛新規油株御免願（下案）
8・12	幕領		「国中一統為方」に関わる出願につき「為取替一札」（木村代官所惣代→四分惣代）
9・4／20	幕領	木村代官所惣代	酒造米として大和米の他国出し差留めの件を奈良奉行所へかけあってくれるよう出願
9・11	幕領	五條代官所惣代	酒過造の取締りを奈良奉行所へ出願
9	幕領	五分惣代	新規油株200株の許可を京都町奉行所へ出願
10・5	幕領	四分惣代	公金の大和幕領への低利貸付につき大津代官所へ出願（前年春にも）
12・8	幕領私領	33領（31万石余加談）	大坂剣先船仲間の策動に反対し大坂町奉行所へ出訴
13・3～	幕領	四分惣代	木綿織統制触流し・堕胎禁止触流しなど4か条にわたる訴状を五條代官所→奈良奉行所に提出（事前に私領方の同意をとりつける）
13・5	幕領私領	大津代官所・高取藩預所・清水領知・郡山藩領・旗本平野氏領村々	亀瀬より上流における新船30艘の運航許可を奈良奉行所へ出願
13・11	幕領	四分惣代	「御料所御四分取締書」を作成（→各支配役所より触として出してもらうよう出願）
弘化4・4（1847）	幕領	三分惣代	座頭方と祝儀につき約定書を交わす（慶応3年6月に改定）
4	幕領	三分惣代	「正路之肥売出し候様」大坂町奉行所へ取締りを要求
嘉永2（1849）	幕領	三分惣代（13郡539か村）	大坂町奉行所へ「肥料不正路之売買不致様」触流し要求
7・7	幕領	三分惣代	質屋三商売仲間・薬種合薬屋仲間の不正取締りを五條代官所→奈良奉行所へ出願（→双方の仲間と約定書を交わす）（安政3年12月、4年3月に追約定）
安政2・2（1855）	幕領	内藤代官所6郡惣代	上記株仲間の不正取締りを奈良奉行所へ出願するに際しての添簡願（代官所へ）
2・5／3	幕領	同上	新規染物株の廃止を奈良奉行所へかけあってくれるように要求（代官所へ）
5・2	幕領	木村代官所葛下郡村々	新規諸株の廃止を江戸表へうかがい立ててくれるように要求（代官所へ）
慶応2・4（1866）	幕領	五條代官所村々	「古来より之通り実綿之儀者勝手次第売捌出来候様」に要求（代官所宛か）

て展開された国訴や広域訴願の推移（表2参照）のあり方については、つぎの点を指摘することができる。
①支配領域の枠を乗り越える形で展開された広域訴願の嚆矢は、宝永二年（一七〇五）に開始された、大和川筋の剣先船（大坂から金肥や塩などを、大和からは綿をはじめとする「所々産物之品」を運んでいた）の運賃をめぐるそれであり、商品流通の進展を背景としていた（剣先船をめぐる訴願は、その後、正徳・享保・天明・天保期にも行なわれている）。
②これに続いて、「和州第一之売物」と称された綿や菜種（油）の流通をめぐる問題が争点となり、幕府による株仲間政策（→株仲間による流通独占）に抗して、田沼期には大規模な国訴が展開された。最も規模が大きかったのは、天明元年（一七八一）の菜種（油）国訴で、参加村数は一〇〇〇か村余にのぼり（摂・河では文政期になってようやく達成されるようになった規模である）、安永期の綿国訴とともに、顕著な成果をあげた。
③一八世紀末頃から、商品流通面に止まらず、地域社会の変容に伴って生起するようになった様々な問題が取り上げられ、要求が提示されるケースも見られるようになった。
④一九世紀に入ると、計画倒れや、準備が整いながらも出訴には至らなかったケースもあって、国訴そのものの数は減り、他国の奉行所へ出願しなければならない場合に限られていく傾向が見られるようになった。
⑤これに代わって、大和の全幕領が連合し、他の所領の意向も代弁する形で、一国にかかわる問題について、奈良奉行所に出願するケースがかなり見られるようになった。
当国においては、こうした推移を見せつつ、国訴をはじめとする広域訴願が展開されていったが、国訴の組織結成は、前述した支配の枠組（所領構成のあり方）に規定されながら、どのような形で行なわれていったの

表3　天保12年3月段階の加談所領・石高

所領	石高
高取藩預所	48030石余
大津代官所	22000余
木村代官所	5000余
清水領知	18695余
郡山藩領	88750余
津藩領	42338余
高取藩領	25000余
柳本藩領	10000
芝村藩領	7851余
小泉藩領	7709余
柳生藩領	7209余
神保氏領	6066余
平野氏領	5004余
水野氏領（石見守）	4999余
山口氏領	2500余
多賀氏領	2000余
桑山氏領	1200余
佐藤氏領	1021余
水野氏領（監物）	1006余
村越氏領	1000余
三好氏領	700余
赤井氏領（五郎作）	685余
武藤氏領	520余
赤井氏領（岩次郎）	300余
赤井氏領（金十郎）	300余
鈴木氏領	300余
多武峯領	3000余
法隆寺領	1000余
内山寺領	971余
当麻寺領	310余
興福院領	200余
三輪山領	171余
秋篠寺領	100余
計	315928石

註　註(28)と同史料（梅咲家文書）から作成。数値は原史料のまま。

だろうか。[23] ここでは、天保の剣先船国訴のケースについて見ておこう。[24]

　本国訴は、剣先船仲間による荷揚地の変更要求や、はね荷行為に反対して、表3に示した各所領の参加のもとに展開され、大坂町奉行所への出訴（同十二年〔一八四一〕八月）の後、同仲間との再交渉によって要求を貫徹するに至ったものである。加談所領は、幕領（代官所二、大名預所一）と清水領知、藩領七（国内六〔新庄藩領のみ不参加〕、国外一）、旗本領一五、寺社領七で、石高合計は三一万石余に達していた（これは大和全体の約六三パーセントにあたるが、大和国内には吉野川水運との結びつきの強い地域などもあり、大和川商品流通圏に属する村々のそれを分母にすれば、数値はさらに高くなる）。

　この国訴については、関係史料が多く、その組織過程が詳細にわかる稀有のケースであり、すでに検討を行なって、①幕領や藩領など国内の主だった所領を中心に組織結成がはかられ、小さな所領に対しては準備集会に出席した「最寄」の所領物代から参加を呼びかけるという形で運動の輪の拡大がはかられていったこと、②大和の肥屋仲間から問題をもちかけられて以降、「国惣代」（出訴惣代）の決定に至るまで、集会の招集役また進行役として、一貫して「頭取」としての役割を果たしたのは幕領の惣代らであり、彼らは「国惣代」五名のうち二名（会計担当者七名のうち四名）を占め、その後も本件をリードしたこと、などを明らかにしている。[25]このように、幕領の惣代が主導性を発揮しえたのは、①前述したように、当国の所領構成において幕領の占める比重が大きかったこと、②後述するように、これ以前から他の所領の意向も代弁する形で全幕領連合訴願をしばしば展開し多大な成果をあげてきていたこと、によるものと思われる。

幕領の代表としてこの国訴を主導したのは、惣代庄屋（高取藩預所では「年預」と称されていた）であった。彼らは幕領の運営を担う存在であり、組合村を構成する村々の庄屋によって選出されていた。また、役給も「村費」（組合村入用）から支給されていた。[26]そうした「惣代性」を強く帯びた彼ら[27]が、本国訴をリードしたのである。一方、藩領の場合には、大庄屋自身が惣代となるケースも見られたが、郡山藩領と津藩領の場合には、大庄屋は表に出ず、終始庄屋が惣代として出てきていた。そこには、後年の史料ではあるが、「奈良県内旧藩制概要」に記されている、つぎのような大庄屋のあり方が介在していたものと思われる。

〔郡山藩領〕　大庄屋ノ定員十人、（中略）大庄屋ハ代官之ヲ撰挙シ、郡代之ヲ任ス、（中略）大庄屋ノ任期ハ無期ニテ、多クハ十年以上勤続スルモノトス、其給ハ年給五十石国ヨリ支給ス

〔津藩領〕　大庄屋ノ定員七人、郷代官之ヲ撰挙ス、其給料ハ年俸拾石、国費トシテ支給ス

ここに記されている年俸や任期についてはなお吟味を要するが、その選出のされ方や給与のあり方は記載の通りであった。両藩の大庄屋は、村民（惣百姓）の代表である庄屋の惣代という性格が濃厚であった幕領の惣代庄屋とは異なって、地方支配を担う代官配下の在地役人ともいうべき存在であった（津藩領の場合には、無足人でなければ大庄屋になることができず、宗門改帳も庄屋以下の村民とは別帳であった）。それ故に、「大和国中御料私領」の「百姓一同」としてその「相続」（成立）を求める運動の場に、彼ら自身は姿を見せず、これに代わって庄屋（役給は「村費」から支給されていた）が領民の代表として出ていくことになったと思われる。しか

し、彼らは、農地を有するとともに、領民の「成立」に責任を負うべき立場にあり、国訴の準備集会に出席した所領惣代からの報告を受け、支配役所に報告して指示を仰ぐとともに、領内の庄屋らを招集して対策会議を開くなど、領分としての意思を決定する上で大きな役割を果たした(28)。

以上、主に天保の剣先船国訴のケースにもとづいて、国訴の組織結成と惣代のあり方について検討を加えた。国訴の組織基盤をなした各所領における中間支配機構のあり方には相違が見られたが、これを乗り越えて、幕領や藩領など主だった所領を中心に、組織結成がはかられ、連帯が実現されていったという点に、(「はじめに」で述べた議論にかかわって)注目しておきたい。また、国内に多数存在した小規模な所領を陣営に組み込むことの難しさや、陣容を整え合意形成をはかるのに時間がかかり、運動の迅速性という面に問題が存した(29)という側面にも留意しておきたい。

(2) 全幕領連合訴願の展開と特徴

大和国には、近世後期に計一六万〜一九万石ほどの幕領が存在していた。数値に幅があるのは、二度にわたる清水領知の開設と上知、享和元年(一八〇一)の「御代知」(幕領と郡山藩領との替地)などに伴う変動があったからである。これらの幕領は、いくつかの代官所と大名預所によって分割支配されていたが、近世後期になると、国内の各幕領の代表が会合して情報交換を行ない(30)、安石代の実施をはじめ、年貢減免を求める運動などにおいて、共同歩調をとるケースが目立つようになった。また、一九世紀に入る頃から、国内の全幕領が連合し、惣代を立てて出願するケースも、しばしば見られるようになった。

この全幕領連合訴願について、第一に注目されるのは、幕領に関する問題に止まらず、一国にかかわる問題を取り上げ、「一国御支配之御番所」である奈良奉行所へ出願するケースが多く見られるという点である。そのうち、他の所領の意向も受けて、幕領から出訴したことが、その経緯も含めてはっきりと確認できるのは、文化三年（一八〇六）と天保十三年（一八四二）のケースである。

前者は、大和の「御料所四分」（小堀・池田・木村の三代官所と高取藩預所）の村々が連合し、物代を立てて、同年五月に奈良奉行所へ出訴に及んだものであるが、これに先立って国訴の計画が立てられ、準備が進められていた[31]。しかし、幕領からの訴状に「料領数百入組候国柄ニ而、（中略）申談しも不行届候ニ付、御料所四分より奉願上候」とあることから、国訴の体勢が整わず、幕領からの出訴に切り替えられるようになったものと思われる。訴状には、①諸株・諸組合の全廃、②諸職人の労賃引き上げの制止、③名目銀の貸付規制、④他国への出稼ぎの禁止、⑤専業的木綿織稼の禁止、⑥奈良奉行所内での上申書代筆係の設置、⑦触流しの一元化、⑧春日若宮祭礼仮屋御殿木伐採役人の廻村禁止、⑨華美風俗取締令の触流し、という九項目にわたる要求が記されているが、いずれも一国全体にかかわる問題であり、「万一御料所計より之御歎訴ニ而御不審之筋ニも相成候節者、外寺社領・御私領も同百姓同意之趣ニ奉申上度」として、他領の「同意」をとりつけるために、出訴に先立って「御料所四分」から働きかけを行なっていることが知られる[32]。この訴願が、全幕領連合訴願展開の嚆矢となったのである[33]。

後者は、天保改革期に、「和州御料所御四分村々」が連合し、四名の物代を立てて、五條代官所に出訴した後、奈良奉行所へ歎願に及んだものである。その訴状には、「当国中御私領方村々よりも一同右御愁訴之義御料所へ相願申ニ付」と記されているが[34]、出訴に先立って三月八日に「国中御料私領共万石以上物代参会」が開催されており、さらに「万石以下」の他の所領へも廻状によって連絡したうえで[35]、私領方の意向も代弁するという形で、「御料所四分物代」から出訴するに至ったのである。三月八日の集会は、「剣先一件其外国難之始末御談示仕、百姓衰微ニ不相成様取究り仕度」ということで、剣先船国訴（前年八月）の「国物代」の招集にもとづいて開かれたが[36]、その結果、上述したような訴願の形をとるようになったのは、①剣先船国訴において出訴に至るまでに十か月余の月日を要したこともあって、訴願の迅速性という面が問題とされたであろうこと、②奈良奉行所が所轄する大和国内の問題については、幕領からの訴願のルートが出来ており、これ以前から全幕領連合訴願を展開し実績を積んできていたこと、などによるものと思われる。本訴願の内容については、「二」で検討するが、訴願の結果、幕領の惣代らは、私領方への廻状のなかで、「此上迚も国中難渋之義も出来候ハヽ、無御遠慮御料所江可被申聞候、可成丈ケハ取締仕、国中之為方ニ相成候ハヽ、諸入用銀抔ニ相抱候義ニ而ハ無御座候間、無御心置御談し有之度存候」と述べており[37]、リーダーとしての自覚がうかがえる。

他の所領の意向も受けて、幕領から出訴したことが確認できる事例は、今のところ以上の二例と天保九年（一八三八）のケース（「大和国御料所五分村々」が連合し絞油屋株の新規増株を要求して展開した訴願）[38]に限られるが、大和一国にかかわる問題を取り上げて、奈良奉行所へ出願するというケースは多く見られた（訴状などにも「国益」「一国之為方」「国中百姓之為方」といった言葉が散見される）。その意味で、こうした訴願は国訴を代行する側面を有していたということができよう。

大和で展開された全幕領連合訴願に関して、第二に注目されるのは、天保十三年（一八四二）の事例のように、五條代官所へまず出訴した後、奈良奉行所へ歎願に及ぶというケースが見られるようになったという点である（同代官所は、芝村藩預所が廃止された翌年、寛政七年（一七九五）に、南大和における幕領支配拠点を設けるために開設され、宇智・吉野両郡を中心に、五〜六万石の幕領を管轄・支配するようになっていた。大和国では、元文期以降代官所が置かれなくなっていたので、当時においては唯一存在した幕府代官所ということになる）。

こうした手順による訴願がはじめて行なわれるようになったのは、文政九年（一八二六）から翌年にかけてのことであった。「御料所五分」村々によって展開された名目銀や諸株組合銀の貸付をめぐる訴願[39]がそうであり、これに際して、五條代官所から奈良奉行所へ「引合」がなされるとともに、積極的な支援が行なわれ、その結果、奈良奉行所によって願意が聞き届けられるところとなった。高利不正な貸付を行なっていた「諸株組合」（牛博労組合など二一組合）が翌年五月に廃止されるとともに、名目銀の貸付についても規制が加えられることになったのである。(40)

当時の五條代官は、同代官としては五代目にあたる矢嶋藤蔵であった。従来、歴代の代官のなかでは、寛政改革政策を継承し農村復興・民衆教化政策を展開した河尻甚五郎（初代）・池田仙九郎（二代）らや、天誅組の変に際して殺害された鈴木源内が注目され、矢嶋の影は薄かった。(41)しかし、幕末に活躍した当地出身の儒者森田節斎の著作(42)では、「三代官」の一人として彼が取り上げられており、「篤信手島氏学、以実践為務、性仁厚」とした上で、「政績尤著」と評されている。そこには、本訴願を受けた彼が「名目銀之害」を記した書状を奈良奉行に送り、その弊害を取り除くように強く進言した様子が記されており、「民利」を第一とし奈良奉行との論争も辞さなかった彼が、「矢嶋大明神」と仰がれ、民によって祀られるようになった事実も紹介されている。(43)

このように、文政九年（一八二六）の年末から展開された本訴願は、五條代官の大きな力添えもあって成功裡に終わった。これが契機となって、「御料所〇分」物代→五條代官所→奈良奉行所という訴願ルートが形成されることになり、この後は意識的にこのルートが活用されるケースが見られるようになったのである。(44)また、天保四年（一八三三）に全幕領が連合し、絞油屋の増株の認可を求めて展開した訴願において、大和の産油を五條から和歌山・兵庫を経て江戸に送ることを提言しているが(45)、五條代官の関心を惹きつけ、運動への支援を仰ごうとする意図が看取される（このような動きは、五條代官所を経由するケースに止まらず、確認される）。幕領の物代らは、奉行所へ出訴するに際して、代官所を活用し、そのサポートを得て要求を実現しようとするようになったのである。

二　天保期における広域訴願の展開と地域社会

(1)　天保の凶作・飢饉と広域訴願

凶作飢饉・物価高騰・騒動・改革というキーワードで特色づけられる天保期は、幕藩体制解体にむけての大きな画期の一つとして、かねてより注目されてきた。ここでは、そうした天保期に大和国で展開された全幕領連合訴願をはじめとする広域訴願に焦点をあて、当時の社会経済情勢や諸階層の動向、および公儀の行政との関連のもとに、分析を加えることにしたい。

周知のように、天保期に入ると、物価の高騰に表象される新たな社会情勢が表面化するようになった。この現象は、幕藩制的市場構造の一定の変容（「諸国相場之元方」であった中央市場大坂の機能低下、旧来の都市や在方の特権商人を核とした流通体制の動揺）をベースに、幕府が行なった貨幣改鋳や、連続して発生した凶作などの影響が加わって生じたものである。

凶作についていえば、大和における状況は、東北辺りと比べるとまだましなほうであったが、当地においても、飯米にこと欠く窮民が、町場や山間部はいうまでもなく、平坦部農村でも多く出現するようになり、深刻な事態が生じることになった。その背景には、つぎのような住民の再生産構造の変化が存在した。

奈良盆地では、一九世紀に入る頃から、「百姓者段々と勝手悪様ニ相成り申候ニ付、百姓を厭、商人・職人と成」（文化三年）[46]、「近年農業而已ニ而者渡世出来兼候ニ付、品々外業ニ心懸ケ、百姓家相減、右外業之内ニも、所ニ寄織女数多召抱、数機相立、木綿稼専ニ仕候もの多ク有之候」(同年)[47]、「近年(中略)農業をうとみ余職・余商売ニ心掛候」(天保四年)[48]とあるように、農業経営の不振と裏腹に、綿加工業をはじめとする農業外の稼業が進展し、小前層の脱農化が進行するようになっていた。表４は、天保改革時に清水領知において実施された調査にもとづいて、奈良盆地内六か村のデータを集計し、作付面積別戸数の分布と農業外の稼業の展開状況について示したものだが、全戸数のうち、全く農業を行なわない家が約二〇パーセント、作付面積が三反以下(零細規模)の家が「無作」を含めて約四〇パーセントにものぼっており、そのうちかなりの家では農業外の稼業を生計の支えとするようになっていたことが判明する。

このように、奈良盆地では、天保期にかけて、農業経営規模を縮小し、農業外の稼業に従事して収入を得、米穀を購入して生活する「買喰層」が広汎に形成されるようになってきていた。これに伴って、飯米消費市場が拡大するようになり、町場に加えて吉野郡・宇陀郡など耕地の乏しい山間地域が存在したことや、田方綿作の展開もあって、平年でも飯米の一部を他国米に依存しなければならない状況になっていたのである。天保の飢饉は、連年の凶作に伴う米穀の欠乏と高騰によって生じたが、大和国の場合には、住民の再生産構造の変化もこれに深くかかわっていたのである。

さて、当国で深刻な事態が生じるようになったのは天保四年(一八三三)のことで、五月に津藩が伊賀米の「津留」を行なった影響もあって、町場を中心に「米切レ」となる地域も生じるようになり、不穏な空気が流れるようになった。なかでも、伊賀米への依存度の高かった宇陀郡松山町では、米騒動発生寸前の状況となったが、町役人らが騒動の発生を回避するために奔走し、なんとか事なきを得ている[49]。しかし、米価はその後さらに高騰して「一国在町共必至難渋ニ陥り」[50]、九月頃には「誠ニ飯米ニかつへ申候、世上一統さわかしく有之候」[51]と記される有様となった。そうしたなか、東播加古川筋で大規模な打ちこわしが発生したという情報が

表4　天保14年　大和6か村における農業外稼業の展開状況

作付面積（畝）	全戸数	諸商・諸職	
		戸数	内　訳
0	107	65	酒屋1、素麺屋1、素麺屋下働1、肴屋1、果物商売4、豆腐屋1、油荷売1、醤油荷売1、木綿稼3、糸稼15、綿打1、旅籠屋商売1、馬方1、籠屋1、飛脚2、日雇稼4、出稼7、古手屋1、鍛冶屋1、大工3、下駄屋1、樽屋1、桶屋1、畳屋1、髪結3、あんま3、医師1、寺子屋1、神職1、尼1
0～10	29	24	酒小売2、魚屋1、魚小売1、果物商売1、青物屋1、豆腐・煮売1、呉服屋1、古手屋・瓦屋1、綿商売1、糸稼3、綿打1、旅籠屋商売1、馬方1、籠職1、日雇稼3、出稼1、道具屋1、鋳掛・釜商売1、刀・打物商売1
10～30	74	37	米屋3、素麺屋1、魚屋1、煮売商売1、果物1、豆腐・果物1、酒小売1、醤油小売1、売薬屋1、木綿小売1、綿商人1、糸稼2、綿打3、藍染1、古手屋3、油屋働4、飛脚1、歩行荷稼1、牛遣い1、日雇稼1、出稼1、湯屋2、大工1、桶屋1、鹿路竿取1、作間屋根葺1
30～50	85	28	油屋1、米商売1、素麺屋3、荒物屋2、薬種屋1、魚屋1、果物2、豆腐・籠職1、材木屋1、木綿屋2、綿打2、紺屋1、古手屋1、旅籠屋商売2、籠屋1、歩行荷稼2、油屋下働（手間）2、紺屋下働1、大工1
50～80	102	34	油屋1、醤油屋1、酒造・酒小売1、米屋1、素麺屋2、豆腐屋2、果物商2、菓子屋1、こんにゃく屋・綿打1、煙草屋3、荒物屋1、綿繰屋2、綿屋1、(賃)糸屋3、綿打3、古手屋1、墨筆商売1、旅籠屋商売2、大工2、桶屋1、屋根葺1、瓦屋下働1
80～140	94	22	酒造人1、油屋1、醤油屋1、紙屋1、素麺屋1、豆腐屋1、煙草屋4、荒物屋2、炭商売1、質屋1、綿打3、荷馬遣1、瓦職2、大工2
140～200	23	8	酒屋・油屋1、酒小売1、質屋1、毛綿商売1、木綿小売1、紺屋1、綿繰職1、鍋釜小売1
200～300	4	2	醤油屋1、酒小売1
300～400	2	2	薬種商売1、焼酎小売1

註　山辺郡小田中村・長柄村・永原村、式上郡辻村・慈恩寺村、十市郡葛本村の「家業取調書上帳」より作成。数字は6か村の合計である。

伝わり、少なくとも高取藩預所では、年預らが九月二十七日に徒党禁止の触流しを支配役所へ願い出、これをうけて十月三日付で触流しが行なわれるとともに、村ごとに「小前之もの共」から請印が取られるに至っていることが判明する。[52]

これと同時期に、大和の全幕領（六分）が連合し、奈良奉行所へ注目すべき歎願を行なっている。[53]十月三日付の訴状[54]には、「当国百姓共始在町共甚以難渋弥増取続兼罷有候折柄、当国商人共利徳ニ迷ひ、他国商人と取組、新穀出来立次第追々他国売専ニいたし」とあり、[55]これをこのまま放置すれば、来年に「飯料米不足」となるのは必定で、「国中騒動之基」にもなるとしている。それ故に、「来午年大体飯料米見定出来候迄」は、大和米の他国への売出しを厳重に「御差留」いただきたい、と願い出るに至ったのである。この訴願は、「大和一国」を支配国とした公儀の奉行所を動かして国内に飯米を確保し、地域住民の生命を守るとともに安寧秩序を保とうとしたものであり、支配国が住民の「成立」にかかわる枠組（公共圏）として強く意識されるようになっている点が注目される。また、本訴状提出の二日前に五條代官の青山九八郎が奈良奉行所へ自ら足を運んでいること、奉行所からの諮問に対して、代官所の手代らが管下村々の窮状を述べ、本訴願をサポートするような内容の口上書を提出していることも注目されよう。[56]

それにもかかわらず、奈良奉行所（奉行梶野良材）は大和米の「津留」を実施するには至らなかった。本件について京都所司代へ伺いを立てたところ、「大和方相応ニ米穀出来候所、津留ニ相成候得者、何以京都相養ひ可申」[57]という、まずもって京都の飯米を確保しようとする立場からの回答があり、これに従わざるをえなかったためと思われる。但し、奈良町や幕領では、「当巳年米穀高直ニ付、当国中之出来米他国江引取候而者、自然来ル午年喰次飯料手当不足之儀も難計」として、「身元相応之者共」による「囲米」が行なわれ、[58]「身元宜敷者共」による窮民に対する施行も、国内各地で行なわれた。[59]

これらの手当によって、懸念されていた「国中騒動」は発生するには至らなかったが、[60]米の「払底」を背景に江戸表への廻米を命じる幕令がくり返し出されるなど混乱は続き、[61]翌春になっても米価は下がらなかった。そうしたなか、三月には、米を余計に「買持」あるいは「質取」したとして、添上郡白土村勘兵衛・平群郡菅田村佐兵衛・山辺郡荒蒔村徳右衛門・十市郡八木村源三郎の四名が奈良奉行所の役人によって召し捕られ、入牢させられるという一件が起きており、[62]その後米価はようやく「六月より追々下直」となるに至っている。[63]

その二年後の天保七年（一八三六）も、「諸国共一同大不作」となった大変な年柄であり、大和国では、他国商人による「古米麦等」の買い付けもあって、夏以降「米穀払底」の状況となり、騒動も散見されるようになっていた。[64]当年の稲の作柄は、奈良盆地ではましなほうであったが（綿は大不作）、山中では「皆無同様」となり、収穫後も米穀の高騰が続くなか、同年末には「相応ニ作候者は格別之難儀も無之候得共、百姓も不致困窮人並ニかせき人者甚つまり二而、繰綿等も一切無之、（中略）糸つむきも一向あひ不申、又其外諸職人等又者日用働キひっしニ詰り乞食ニなるもの多し」[65]と記される有様となっている。米穀の高騰は、町方の住民や、農業外の稼業を生計の支えとするようになっていた村方小前層（「買喰層」）を直撃し、その生活に深刻な影響を及ぼすことになったのである。[66]

彼らに対する救恤（幕藩領主による救米の下付や「身元ケ成之もの共」による施行）が行なわれたにもかかわらず、状況はその後さらに悪化し、翌春には「米穀高直ニテ難渋スルモノ甚タヲ、シ、処ニヨリテハクビレ死スモアリ、入水シテ死ルモアリ、餓死スルモノ多シ、新乞食多シ」[67]「俄非人多く候ゆへ、何之村方ニ而も、家門之戸〆り、非人貰ニはいり不申候様致候得共、明テはいり申候、（中略）正月より日々行倒死人、南都番所江相届申候、弐拾人三十人ツ、御座候」[68]とあるような、飢饉の様相を呈するようになった。そして、大坂で大塩平八郎の乱が起きた二月以降、ついに窮民の不満が爆発し、郡山城下をはじめ各地で打ちこわしが発生するようになった[69]。また、多武峯領で強訴が繰り返し起きるなど、六月にかけて不穏な情勢が続いた[70]。

その一か月前の五月には、江戸から幕府の御用商人仙波太郎兵衛の手代が大和国へやってきて一万石ばかりの米を買い付け、さらに摂津・河内や山城からも商人らが入りこんで米を買い取って帰るという動きがあった[71]。その結果、「和州一体米逼迫」となり、六月にかけて米価がさらに高騰するようになった。こうした危機的状況下で、天保四年（一八三三）時に見られたような広域訴願（大和米の他国売制止を求める運動）が展開されたのか否かは、今のところ明らかではないが、今回は、着任間もない奈良奉行（本多繁親）が、大和米の流出を防ぎ、「大和根本たる奈良」をはじめ国中の「貧窮の者共」を救済するために、積極的な対応策を実施していることが注目される。これについては「松操録」に詳しい[72]が、六月十二日には奈良の「有徳ノ町人」、十五日には「大和国中の米仲買人凡六百人余」、十六日には「大和国中の大百姓米持高持」をそれぞれ召喚して、救済用の米の備蓄、米の売買、御用米の供出（御定価格での買上げ）について、直々に指示するほどの熱の入れようであった。

なお、十五日の記事に、「先達国中一円へ米壱粒も他国へ売出間敷旨得と申付置候所、数多の米穀山城国又ハ摂州河州等江売出候趣聞及へり、甚以不埒成義」というくだり（奈良奉行の発言）があることから、これに先立って、大和米の他国売を禁止する旨の国触が発令されていたことがうかがえる。さらにこの後、「南都奉行所より国越之峠江出張出役有之、国越御差留ニ付追々下落[73]」とあるように、国境での「津留」の実施によって相場が和らぐようになり、救恤策の実施もあって、次第に落ち着きを取り戻すようになっていった。

翌九年（一八三八）四月になると、大和米の流通に大きな影響を及ぼし「一国難渋之基」にもなりかねない、新たな問題が発生するようになった。幕府が、「近年諸方への渡方が増え、従来の廻米高では不足をきたしている」として触を発し、「これまで皆石代であった場所も、できるかぎり江戸へ廻米せよ」と命じてきたのである。

これに対して、大和の各幕領村々は相互に連絡をとりながら、四月から七月にかけて、広汎な反対運動を展開した[74]。その主旨は、高取藩預所村々が七月五日付で提出した訴状によれば、「当国のうち平坦部では、用水不足のため前々から田方でも綿作を多く行ない、これを販売して年貢を銀納してきた。また、極山中の畑場である吉野・宇陀の両郡では、材木の伐出しや山稼などを行なって生計を立ててきた。それ故に、当国は、豊年であっても飯米が不足し、他国米に依存しなければならない状況にあり、新規に廻米することになれば、『一国難渋之基』となる。また、古来米納の例がなく、津出しが困難な場所柄であるので、従来どおり皆石代での年貢上納を許容していただきたい」というものであった。訴願に際しては、各村の米の過不足状況を調査した「出来立米取調帳」を添付したものと思われる。七月十九日付の訴状では、六点にわたる条件[75]を提示して、少しであれば廻米してもよいとしているが、その後大和の幕領から廻米された形跡はない。他の幕領村々もこれと歩調をあわせて反対運動を行なっており、在地の実情を無視した指令に抗する、こうした広汎かつねばり強い運動の展開を前に、幕府も折れざるをえなくなったものであろう。この運動が、大和全体の米の需給バランス(→国内住民の「成立」)を視野に入れて展開されたという点に、ここでは注目しておきたい。

それからしばらくして、出来秋をむかえると、大和米の流通や価格にかかわる問題がまた発生するようになった。「格別之違作」となり「飯料手当」が懸念されるなか、(酒造減石令にもとづく厳しい統制により「酒造払底」となっていた)大坂や河内など隣国の商人が大和に入りこんで酒を高値で買い取るようになり、これを機に「多分ニ過造り」して儲けようとする酒屋が出現して、相場より高値で米を買い立てるようになったため、当国の米価が隣国と比べて「石ニ付弐拾匁計も高直」になったのである[76]。

これに対して、大和の幕領村々は連合し、十月から翌月にかけて、酒の「過造」取締りと「他国出し」の制止を求める運動を展開した。この時、京都の木村惣左衛門代官所管下の村々は、幕領では「此節追々御取締」もなされているので、「御私領方御取締之儀南都御奉行所より厳重ニ御取締、他国出し等決而不仕候様何卒当御役所様より御奉行所へ早々御掛合被為成下度」と十月二十日に出願しており、五條代官所管下の四郡村々惣代は、十一月十日に奈良奉行所へ召喚された後、同十九日に「三分一造之外相仕込不申候得ハ米払底も不仕、追々下直ニも相成可申」として、「此上過造不相成様御取締」いただきたいと上申していることが、残存史料から判明する[77]。これに応じて奈良奉行所も早速に手を打ったようで、葛城市葛木・和田家の記録には、「同月中より末酒造方他国出し御吟味ニ付、（中略）酒造増作り決而出来不申、依之酒造方米壱石も買入不申、依而追々下落」という、その効果がよくうかがえる記事[78]が見られる。

以上、大和国において、天保の凶作・飢饉時に、米の流通をめぐって展開された広域訴願（幕領のケース）に光をあて、社会経済構造（住民の再生産構造）や小前層の動向、代官所や奈良奉行所の動向との関連のもとに検討を行なった。これらの訴願は、窮民が増加し社会不安が高まるなか、大和国全体を視野に入れ、国内に飯米を確保して住民の生命維持をはかるとともに、安寧秩序を保とうとしたものであり、地域住民にとっての公益（「国益」）を念頭に置いたものであった。また、代官所に協力を仰ぎ、「大和一国」を支配国とした公儀の奉行所を動かして、要求を実現しようとする動きが見られた点、奉行所の側でも、「国中」住民の「成立」をはかるため、積極的な対策を講じるケースが見られた点にも注目しておきたい[79]。

なお、ここでは触れなかったが、大和の幕領村々は、凶作年には安石代をはじめ年貢減免の実施を求める訴願を重ねて行なっており、天保四年（一八三三）と同九年（一八三八）には、全幕領が連合し、「大和御免油屋株仲間」（安永二年結成、人力油屋二〇八株、水車油屋七二株）の新規増株（四年の訴状では人力油屋二〇〇株・水車油屋二〇株、九年のそれでは計二〇〇株）を求める運動を展開していた。後者は、絞油稼人の減少と仲間の策動によって種物が「売捌方手狭」「格別下直」となり、油や油粕が減少して高値になっている現状を、株仲間の廃止という形ではなく増株（営業人の増加）という形で打開しようとしたものであり、これまた大和一国を視野にいれた運動であった[80]。本訴願では、「国中」の「惣百姓」の生産と住民の生活にかかわる切実な問題（前者は種物と油粕、後者は油をめぐる問題）が取り上げられており、「御国益」を標榜しつつ百姓を中核とする地域住民にとっての共益の実現をはかろうとしていた点が注目される。

(2)　天保の改革政策と広域訴願

天保十二年（一八四一）、内外諸矛盾の激化による深刻な体制的危機に対処するため、幕府は、首席老中水野忠邦を中心に、幕政改革を開始した。当時幕府が直面していた国内問題のうち、緊要の課題となっていたのは、前述したような物価高騰とこれを背景に表面化してきていた社会問題への対処であった。

その対策として、幕府は、同年十二月に「株仲間解散令」を発し、物価の安定をはかろうとした（翌年三月には再度触を発し、すべての株仲間を廃止する旨念を押している）。これは、特権的株仲間商人の不正が物価高騰の大きな要因の一つになっているという判断にもとづく措置であったが、物価の上昇は、特権的な株仲間を設定することによって商品流通を統制し、自らにとって適正な商品価格の維持をめざしてきた旧来の幕府の統制方式が打ち破られつつあるなかで生じていたのであり、株仲間を解散してもほとんどその効果はなかった。

そこで幕府は、直接的な物価統制に乗り出し、諸物価の引き下げを命じた。これを受けて、大和国では、同十三年（一八四二）四月と八月の両度にわたり、私領も含めて物価の引き下げがはかられた。その際、「諸色」のみならず、諸職人の手間賃や農業日雇賃も引き下げの対象となっていること、大津代官所および郡山藩・小泉藩・柳生藩支配下の村々では、九月に奉公人給銀の一割下げを申し合わせている[81]ことが注目される。

これと関連して、幕府は、質素倹約の励行を命じ、「人返し令」によって農村人口の増加をめざすとともに、抑商の方針にもとづく農村政策を推進し、百姓の存在形態に関する実態調査をふまえて、とりわけ小前層の「外業」への進出を制止しようとした。彼らの脱農化（身分と職業との乖離）は、近世身分制の建前や収取年貢確保の立場からして由々しき問題であり、脱農化に伴う「買喰層」の広汎な形成は、飢饉や騒動を惹起させる社会的要因となっていたからである。

そうした折、大和の全幕領村々が連合し、同年三月末に実に興味深い内容の歎願を行なっている[82]。これは、剣先船国訴の後、先に紹介した準備過程をへて、「御料所四分惣代」が「大和国中惣百姓」の意向を代弁する形で、五條代官所→奈良奉行所というルートを活用して訴願に及んだものである。本訴願において、当初提示されようとしていた要求は、以下の四点であった[83]。

①当国では、近年機織下女の風俗が乱れ、それが「相応成百姓之男女」にも伝染して、「操を守るもの」が少なくなり、懐妊すれば「おろし屋」に頼んで「堕胎之療治」をしてもらうという、「天命を不恐、何とも歎ケ敷」有様となっている。これを制止すれば「国中人夫多分相まし耕作行届き」「広太之御国益」となるので、堕胎の禁止を国中へ触流していただきたい。

②当国では、近年木綿織稼が大変盛んになり、これに伴って「木綿織仕拵」や「糸績」に労働力が吸収され、「農業之働」をする者が減少している。木綿織については「家内着用之手当ニ家別一機宛」とし、農業作間稼以外の専業的な木綿織稼（「男女多人数召抱、数機相建稼候儀」）の禁止を国中に触流していただきたい。

③当国では、近年、「在町婿取嫁取」に際して祝儀を貰いにやってくる座頭との間で、トラブルが多発するようになっている。婚礼の際に座頭に渡す祝銭の額を「分限」に応じて「何程」と決めていただきたい。

④(ア)近年「諸色高直」の折に、諸商人・諸職人がそれぞれ売買価格・賃銭について「不相当」の「直定」を行ない、迷惑している。こうしたことは堅く「不相成旨」国中へ触流していただきたい。(イ)新規に「諸株組合等」の認可を願い出る者があっても、取り上げないようにしていただきたい。

これらのうち、④―(イ)は、「株仲間解散令」（再触）が出されたため出願に先立って削除され、④―(ア)は、出願時には要求項目の中に入っていたが、吟味中に諸色値段・職人手間賃引き下げ令が発せられることになったため、願い下げとなっている。

本訴願の「趣意」について、惣代らは「国中人数相まし、農業為致度御願ニ御座候」と述べているが[84]、①には、「堕胎之儀相止り候得者、木綿織ニ相携候女とも身之自由難出来、自然ト百姓奉公いたし候様相成、百姓奉公いたし候男女も行儀相改り、農業出情仕候」という、これにかかわる記事があり、②には、「壱軒之うち機数多く相立、又者出し機と唱木綿織仕拵はかりいたし、壱軒之内ニ而百機弐百機之木綿拵をいたし在々所々江織ニ出し、当時ニ而者当国平場在々ハ勿論、吉野・宇陀・南郡山中之在々迄配り廻り中々機数仰山成義ニ付、右木綿織ニ相懸り候人夫幾人とも難計、（中略）百姓奉公仕候もの次第ニ相減し、邂逅召抱百姓奉公人者給金格別之高給金ならでは召抱かたく、其上働ハ甚た不情ニ而御田畑多所持仕候もの耕作難行届大ニ迷惑難渋仕候」という、綿織物業の展開状況と農業への影響について指摘した注目すべき記述が見られる。また、③には、「過分之祝銭」を貰うまでは立ち去ろうとしない座頭への応対に「手間」取り、農業に支障をきたしているという記事が見られるが、祝銭をめぐるトラブルが多発するようになった背景には、諸物価の高騰による座頭の困窮という事情が介在していたものと思われる。

さて、本訴願に対する奈良奉行所の対応であるが[85]、①と②については、要求に沿って、九月二十五日付で、幕府法令（九月九日付「風俗其外之儀ニ付御触書」）のあとに次のような文章を書き添える形で大和国中へ触流しを行なった[86]。

右之趣従江戸被仰出候間得其意、当国之儀者近来村々木綿織之稼方専ら流行いたし、機織下女を多分召抱江織子と唱へ、主人も承知ニ候哉、卑賤之身分も不顧、常々形容のミを取飾、身持放埒ニ及ひ、付而者作奉公人共右を見習ひ、自儘ニ夜行色情を通し、奉公不勤ニいたし、終ニ懐妊堕胎療治及ひ、男女奉公人不情不身持之もの共不少、中ニ者主人より異見を加へ候を不相用、却而暇を乞候向も有之由、実事ニおひて者不埒之事ニ而、おのつから奉公人無少、高給ニ成行候基ニ付、村々役人共より精々取締、此度御触之御趣意急度相守可申候、右等閑之儀有之候ハ、所役人共可為越度もの也

これをうけて、幕領の惣代らは「国中百姓共繁栄之基、無此上も御仁恵と重々難有仕合ニ奉存候」と述べており[87]、さらに協議の上、十一月三日付で、四か条（専業的木綿織稼の禁止、出機の禁止、堕胎の禁止、農業奉公人給銀など雇傭に関する取締り）にわたる「御料所御四分取締書[88]」を作成するに至っている。

御料所御四分取締書

一木綿織稼之儀、農業作間ニ女房娘とも家内着用之木綿織致候儀ハ格別、奉公人召抱機数多相建相稼候儀ハ堅不相成候事

一出し機と唱木綿織仕拵いたし村々江賃織ニ出し候儀、是亦堅致間敷候、自然外より賃織木綿持来り候共決而請取不申、持来り候もの之名前承り可訴出事

一懐妊堕胎之療治致候儀甚不仁之至不軽事ニ候間、右様之儀致候儀者勿論、隣村ニ而も右療治致候もの及見聞候ハ、、窃ニ可訴出事

一　近年作奉公人相減候ニ就而ハ、奉公人極差急キ出替日限前広より召抱ニ相廻り、兼而高給差出候もの有之趣申偽り、約束違変為致、給銀増方等之手段ニ取計、多分之高給貪取候もの有之趣ニ相聞、不埒之事ニ候、向後右様之儀無之様村々役人共より急度取締り可致事

前文之通御差支之儀も無御座候ハ、当国御料所御一統御支配限り御触流し相成候様御執計之儀、乍恐御願奉申上候、以上

天保十三年十一月三日

右之通御料所銘々御地頭江御願奉申上候

この「取締書」について注目すべきは、これらの内容（条文）を触として管内へ流してもらうよう、それぞれの支配役所へ出願するとしている点であり、少なくとも高取藩預所と大津代官所の場合には、これを受けて、それぞれ翌十四年（一八四三）の正月と三月に「取締書」の四か条の文面と全く同内容の触書が出され、「小前末々迄」請印が取られるに至っていることが判明する。[89]

また、前記の③の要求については、奈良奉行所から「座頭方と相対で交渉するように」という指示がなされ、その後、弘化四年（一八四七）四月に幕領三分惣代と座頭方との間で祝儀の醵出方法（石高割）についての「為取替一札」が交わされるようになったことが知られる。[90]

以上、天保改革期に大和で展開された全幕領連合訴願の内容と、その後の経過について述べた。本訴願（その後の動きも含めて）に関して、第一に注目されるのは、幕府の意向を察知し、幕府が推し進めようとしていた抑商政策に呼応する形で展開されたという点であり、幕府の改革政策にも一定の影響を与えたのではないかと考えられる点である。この訴願を推進した幕領の惣代らは、同十四年（一八四三）二月の時点で、「此度御

歎願之条々、不思も当時難有御趣意ニ的中仕候段、誠心之実歎一天之照覧ニ通し、機織下女等農事差支ニ相成候事、懐妊堕胎之儀御制禁之事、無宿帳外之者御引戻し農人相増勤農出情為致度事等、都而御歎願之真意追々江戸表ニ而被仰出、日本国中江御触流ニ相成り候」と感慨をこめて記しており[91]、少なくとも彼らはそのような捉え方をしていたことが確認される。

これにかかわって、第二に注目されるのは、訴願主体の政策主体としての成長である。本訴願では、①と②において大和国中への触流し要求が出されているが、大和一国を支配国としていた公儀の奉行所に法の制定を求め、これを活用して「一村切り又者一支配限り」では対処が難しい問題の解決をはかろうとしたものであった。なお、広域訴願とかかわって奈良奉行所から国触が発令された最初のケースは正徳四年（一七一四）、これに続くのが安永八年（一七七九）で、広域訴願のなかで触流し要求が出されこれに対応して国触が発令されるようになった最初のケースは天明九年（一七八九）ではないかと思われる[92]。その後、本訴願のように、広域訴願のなかで意識的に国触の発令を求めるケースが少なからず見られるようになったが、こうした訴願は、地域住民の側から行政当局に条例を請求する運動の前史として注目されるべきものであろう。また、本訴願に続いて幕領で展開された運動では、さらに進んで、四か条にわたる条文（政策内容）を具体的に提示し、支配役所に触流しを要求するまでになっており、訴願主体の政策主体としての成長を看取することができよう。

本訴願に関して第三に注目されるのは、「国中」住民の中核をなす「百姓」の「相続」を要求のベースにし、当時、農業労働力の不足や農業労賃の高騰になお悩まされていた「御田畑多所持仕候者」の階層的な利害も反映させる形で展開されたという点である。その背景には、前述したような、綿加工業をはじめとする「外業」の発展に伴う小前層の脱農化の進行という事態が存在した。天保期に入ると、凶作飢饉時には「小前ハ至而難渋」に陥る一方、「中已上ハ算用よろしく候」（天保七年）と記されるような状況も生じるようになったが[93]、平時においては惣代庄屋をはじめとする村役人層（訴願主体）の農業経営を圧迫する動きがなお続いていたものと見られる。こうした階層的利害を内包しつつ、本訴願では、「当国百姓共」の「耕作」の妨げになるとして、専業的木綿織の禁止や出機の禁止などが要求され、風俗面の規制も求められたのである。しかし、木綿織屋や織子、賃織などを生計の支えにしていた小前にとっては迷惑このうえない話であり、「上知令」の失敗による改革政治そのものの挫折もあって、その効果は一時的なものに終わらざるをえなかった。本訴願に関しては、こうした側面も見落としてはならないだろう。

おわりに

本章では、近世後期に大和国で展開された広域訴願のうち、主として国訴と全幕領連合訴願に光をあて、その展開のあり方と特質について、二つの切り口から分析を行なった。

「一」の「近世大和の支配体制と広域訴願」では、まず、当国の所領構成をふまえ、中間支配機構のあり方も視野に入れながら、国訴の組織構造について分析し、幕領や藩領など主だった所領を中心に、中間支配機構の相違を乗り越えて国訴の組織結成がはかられ、（所領構成において比重が高かった）幕領の、（「惣代性」を強く帯びていた）惣代庄屋を中心に運動が推進されていったことを明らかにした。また、国内に多数存在した寺社領など小規模な所領を陣営に組み込むことの難しさや、運動の迅速性という面での問題もあって、一九世紀に入ると、国訴は他国の奉行所へ出願しなければならないケースに限定されていく傾向にあり、これに代わって、大和の全幕領が連合し、他の所領の意向も代弁する形で、一国にかかわる問題について奈良奉行所に出願するケースがかなり見られるようになったことを指摘した。さらに、全幕領連合訴願において、幕領惣代→五條代官所→奈良奉行所という新たな訴願ルートが形成されるようになり、幕領の惣代らは代官所を活用して要求の実現をはかろうとするようになったこと、また矢嶋藤蔵のように「民利」を第一とし積極的に運動を支援しようとした代官も存在したことに注目した。

こうした事実をふまえて、「二」の「天保期における広域訴願の展開と地域社会」では、幕藩制解体にむけての大きな画期である天保期に焦点をあて、大和国で展開された全幕領連合訴願をはじめとする広域訴願について、当時の社会経済構造（住民の再生産構造）や小前層の動向、公儀の行政との関連のもとに、分析を行なった。

このうち「(1)　天保の凶作・飢饉と広域訴願」では、当地における天保飢饉の背景に、住民の再生産構造の変化（綿加工業をはじめとする農業外の稼業の進展に伴う小前層の脱農化→「買喰層」の広汎な形成）という事情が存在したことを指摘した上で、飢饉時に展開された広域訴願について分析し、①これらの訴願は、大和国内に飯米を確保して住民の生命を守るとともに、安寧秩序を保とうとしたものであり、地域住民にとっての公益（「国益」）を念頭に置いたものであったこと、②代官所の協力を仰ぎ公儀の奉行所を動かして要求を実現しようとする動きが見られたこと、③奉行所の側でも、「国中」住民の「成立」をはかるため、積極的な対策を講じるケースが見られたことに注目した。

また、「(2)　天保の改革政策と広域訴願」では、天保十三年（一八四二）三月に展開された全幕領連合訴願とその後の展開について分析し、①幕府が推し進めようとしていた抑商政策に呼応する形で本訴願が展開され、幕府の改革政策にも一定の影響を与えたと考えられること、②訴願主体の視野の拡大と政策主体としての成長が看取されること、③村役人層の階層的利害にもとづいて、村方小前層の動向を風俗面をも含めて押さえこもうとする側面が見られることに注目した。

近代における地域運営＝政策決議機関形成の前史としても注目される②にかかわっては、「提言・献策することと、それを実現するに必要な力量は必ずしも一致しないのではないか。というより担い手は乖離しているのではないか」といった指摘[94]もあるが、これは自明の前提であり、その上で訴願主体がどのような形で政策形成に関与しようとしていたのかを問題としたのである。[95]ここでは、条文を自ら作成してその触流しを要求するまでに至っている点に注目するとともに、政策を実現するために代官所を活用しようとしていた点にも留意しておきたい。

前述したように、惣代庄屋をはじめとする村役人層を主体に展開された当該期の広域訴願には、小前層も含めた「国中」住民の利害を代弁しその「成立」をはかろうとする側面（「惣代性」）が見られた。この点は注目されるが、③のように小前層の動向に対する抑圧的側面（「階層性」）も随伴していた点を見落としてはならない。この後の展開については稿を改めて検討する必要があるが、日本の近代政治社会（代議制）の形成を展望しようとする時、その質（特に階層性の強さ）を射程に入れた議論が必要であり、そこに至る動きについて村役人層（本訴願の主体）をはじめとする諸階層の動向を押さえつつ解明していく必要があると考えるからである。

かつて私は、国訴研究に取り組むなかで、「諸関係の力のなかで動き変容しつつある地域に視座を据え、地域社会に生起する矛盾のあり方に即して、地域社会にかかわる多様な問題を内包する国訴について分析を行なうこと」が大切であると述べたことがある。[96]それからすでに四半世紀を経たが、この間に、「はじめに」で紹介したように、国訴研究に対して「社会構造分析ぬきの地域社会論」であるという批判がなされ、それ以降地域社会の内部構造分析が進展するようになった。近世後期の畿内を対象とした研究では、町田哲氏のそれ[97]に代表されるように、地域社会の内部構造を「近世村落の『個体性』的把握」を通して微細に明らかにしようとする研究も現われたが、静態的な村落内部の構造分析に止まっており、文字通りの「地域社会構造」分析にはなっていない。このように、精緻ではあるが地域社会内部の局地（「分節」）の静態的な分析に止まる（地域全体がどのように動きつつあるのかが見えにくい）ケースが多く、渡辺尚志氏が、二〇〇八年に刊行された『百姓の力』のなかで、「地域社会のダイナミックな展開を描くことが大事」であると改めて指摘された[98]のも肯ける。
本章でどこまで果たしえたのかは心許ないが、私は、近世後期の地域社会史研究を活性化させるためには、支配構造と地域社会の内部構造分析をふまえた、動的な地域社会史の構築が必要であり、近代への展開を見据えつつ、政治史や民衆運動史とリンクさせながら分析を行なうことが肝要であると考えている[99]。

〔註〕

（1）『近世幕領の行政と組合村』（東京大学出版会、二〇〇二年）としてまとめられ、公刊されるようになった一連の研究。

（2）一九八〇年代までの国訴研究については、谷山『近世民衆運動の展開』（高科書店、一九九四年）第二部補論「国訴研究の動向と問題点」（初出は一九八九年）を参照されたい。

（3）『幕末社会論』（塙書房、一九六九年）など。

（4）久留島浩「移行期の民衆運動」（『日本史講座』第七巻所収、東京大学出版会、二〇〇五年）一七〇頁。

（5）藪田貫『国訴と百姓一揆の研究』（校倉書房、一九九二年　新版・清文堂出版、二〇一六年）前篇第二章など。

（6）谷山前掲註(2)書第二部第五章。この点に関しては、その後研究が進められ、藪田「国訴・国触・国益」（『民衆運動史　近世から近代へ３　社会と秩序』所収、青木書店、二〇〇〇年、のち藪田『近世大坂地域の史的研究』〈清文堂出版、二〇〇五年〉に収録）や、（国訴に限定せず）「献策」をキーワードの一つとして近世後期の地域政治をめぐる権力と民衆との関係の変化を論じた平川新「献策と世論」（『岩波講座日本通史』近世

5所収、岩波書店、一九九五年、のち平川『紛争と世論』〈東京大学出版会、一九九六年〉に収録）などが発表されている。

（7） 藪田前掲註（5）書前篇第四章および終章。地域は異なるが、平川氏は、郡中議定で有名な出羽国村山郡をフィールドとして、「『郡中』公共圏の形成」について論じ、「官民一体」となった「地域的公共圏」が形成されるようになった点に注目している（『日本史研究』五一一号、二〇〇五年）。また、地域の「成り立ち」にかかわる概念として「国益」概念が注目されるようになり（谷山「近世近代移行期の「国益」と民衆運動」〈『ヒストリア』一五八号、一九九八年〉《本書終章》、藪田前掲註（6）論文など）、藤田貞一郎氏の国益論（『近世経済思想の研究』〈吉川弘文館、一九六六年〉、『国益思想の系譜と展開』〈清文堂出版、一九九八年〉）などとの間で議論を呼んでいる。

（8） 平川「なにが変わったのか／九〇年代の近世史」（『歴史評論』六一八号、二〇〇一年）。

（9） 奥村弘「『大区小区制』期の地方行財政制度の展開」（『日本史研究』二五八号、一九八四年）、「近代日本形成期における地域社会把握の方法について」（『日本史研究』三二六号、一九八九年）など。

（10） 吉田伸之「社会的権力論ノート」（久留島・吉田編『近世の社会的権力』所収、山川出版社、一九九六年）。

（11） 平川氏は、前掲註（8）稿において、この「社会的権力論」と「地域運営論」を対比し、前者は「強者の論理」にもとづく論であり、後者は「共生の論理」にもとづく論である、と指摘している（三八～四二頁参照）。

（12） 「近世後期の地域社会と大庄屋支配」（『歴史学研究』七二九号、一九九九年）をはじめとする志村氏の一連の研究、羽田真也「播州姫路藩の大庄屋制と支役庄屋」（『ヒストリア』一八六号、二〇〇三年）など。その後、岡山藩・尾張藩・松代藩などの藩領を対象とした共同研究が進められ、研究成果が公刊されるとともに、渡辺尚志氏によって「藩地域論」が提唱されるに至っている（「特集／「藩」からみた日本近世」〈『歴史評論』六七六号、二〇〇六年〉参照）。また、ごく最近、佐賀藩を分析対象とした高野信治『近世領主支配と地域社会』（校倉書房、二〇〇九年）と、吉村豊雄・三澤純・稲葉継陽編『熊本藩の地域社会と行政』（思文閣出版、二〇〇九年）があいついで刊行された（ともに優れた研究成果であるが、提示された地域社会像は対照的である）。「近代社会形成の起点」という副題が付された後者においては、宝暦改革以降の惣庄屋―手永制に光があてられ、「惣庄屋によって統轄され、百姓出身の会所スタッフによって実務運営される手永が、地域社会諸階層の利害を調整して共通利益を実現するための公共的事業を立案し、それを藩庁に申請し、それが稟議制を通じて藩の地方政策となって実施される行政制度が確立」（一一頁）するようになったとされており、藩領国地域においてもこうした実態が明らかにされるようになった点が注目される。編者や今村直樹氏ら寄稿者の関係論文も併せて参照されたい。

(13)　久留島「『中間支配機構』を『社会的権力』論で読み直す」（前掲註(10)書所収）二八七頁。

(14)　渡辺編『近世地域社会論』（岩田書院、一九九九年）二頁。

(15)　吉田前掲註(10)稿六頁。

(16)　町田哲「地域史研究の一課題」（『歴史評論』五七〇号、一九九七年）三〇〜三一頁、渡辺前掲註(14)編書一五〜一六頁、志村「地域社会論における政治と経済の問題」（『歴史学研究』七四八号、二〇〇一年）三七頁など。

(17)　この問いは、五十余年も前、国訴研究が開始され論争が行なわれはじめた頃に、脇田修氏によって発せられたことがある（「地主制の発展をめぐって」〔『歴史学研究』一八一号、一九五五年〕）。私たちが当時の研究から学びうるものは、なお少なからず存するように思われる。

(18)　国訴概念をめぐる見解については、谷山前掲註(2)稿を参照されたい。

(19)　上方支配における譜代大名の役割をめぐっては、水本邦彦「土砂留役人と農民」（『近世の村社会と国家』所収、東京大学出版会、一九八七年）や岩城卓二『近世畿内・近国支配の構造』（柏書房、二〇〇六年）などの先行研究があるが、郡山藩のケースについて、藤本仁文氏が研究を進め、近年「近世中後期上方における譜代大名の軍事的役割―郡山藩を事例に―」（『日本史研究』五三八号、二〇〇七年）など一連の成果を発表している。

(20)　『奈良県史』1（名著出版、一九八五年）一七〇〜一七九頁参照。

(21)　「元禄郷帳」によれば、興福寺領と春日社領が計二万一〇〇〇石、多武峯領が三〇〇〇石、東大寺が二二〇〇石、法隆寺・内山永久寺・吉野蔵王堂領が各一〇〇〇石で、他はいずれも三〇〇石以下であった。

(22)　奈良奉行所については、杣田善雄「幕藩制成立期の奈良奉行」（『日本史研究』二二二号、一九八〇年）、大宮守友「近世前期の奈良奉行」（『奈良奉行所記録』解説、清文堂出版、一九九五年）を参照されたい。

(23) 藪田氏は、国訴の組織原理には「領主制原理」（所領ごとに惣代が出る形をとる）と「地域性原理」（郡ごとに惣代が出る形をとる）とがあったとされている（前掲註(5)書前篇第二章参照）。大和の場合には、後者にもとづくケースも存在したが、安永期以降に展開された国訴と呼びうるスケールの訴願では、いずれも前者を基軸に組織結成が行なわれている。

(24) 安永の綿国訴と天明の菜種（油）国訴のケースについて、ここで補足しておきたい。前者については、大和一五郡のうち当時綿作を行なっていなかった吉野・宇陀の両郡を除く一三郡の広汎な村々が結集し、これを行なったとされてきたが、近年になって、主だった所領の連合のもとに展開されたことが判明するようになった（参加所領の石高合計は三二万石余で、大和全体の約六二パーセント、吉野・宇陀の両郡を除けば約七五パーセントにあたる）。加談所領は、幕領（代官所二、大名預所二）と清水領知、藩領七（国内六〔山間部が多かった柳生藩領のみ不参加〕、他国一）、旗本領五で、寺社領は全く参加しておらず、不参加の所領に対しては、奈良奉行所から本件をめぐる意向の確認が行なわれたことが知られる（谷山「安永期大和の綿国訴をめぐって」〔『奈良学研究』一五号、二〇一三年〕参照）。後者は、大和の八割近くにも及ぶ広汎な村々（一〇〇〇か村余、石高合計三九万石余）の連合のもとに展開された。加談所領は、幕領（代官所二、大名預所二）と清水領知、藩領一〇（国内七、国外三）、旗本領三一、寺社領ほか五で、前者に比べて、参加する藩領が増え、旗本領もかなり加わっていることが注目される。しかし、寺社領などの参加は主だったところに限られており、国内に多数存在した小規模な所領を陣営に組み込むことの難しさが看取される。

(25) 谷山前掲註(2)書第二部第三章。

(26) 「奈良県内旧藩制概要」（東京国立博物館所蔵、本史料の存在については高木博志氏のご教示による）の「御料所内事項」の記載、『新訂大宇陀町史』史料編第二巻（一九九七年）三六八〜三七一頁所収各史料、十市郡新賀組惣代関係史料（橿原市新賀町・森村家文書）など。なお、「郡中代」という形をとる場合もあり、大和幕領における中間支配機構については、改めて検討する必要がある。

(27) 山﨑善弘氏は、寛政改革を画期に清水領知や幕領などで惣代庄屋制から「取締役」制への転換がはかられるようになったとし、その歴史的意義について論じているが（『近世後期の領主支配と地域社会』〔清文堂出版、二〇〇七年〕第一～三章）、清水領知の場合はともかく、幕領において「全国的規模」でこうした転換がはかられたとするには、実証的に無理がある。

(28)「大和川筋剣先船運送出入和州国中会合ニ付御領私領共惣代被差出候当御領分より三人罷出候一件諸事控覚」（『川西町史』史料編〔二〇〇四年〕二二二～二四〇頁所収）、「大和川筋剣先船一件ニ付出勤日記」（桜井市池之内・梅咲家文書）など。なお、これらの史料には、支配役人から所領惣代への指示内容も記されており、郡山藩の代官は「道理ニ叶ひ候義ニ候ハ、同心可致」と、また津藩領の代官手代は「御領下之儀者随分先達へからす」と指示したことが知られる。

(29) 最初の準備集会から出訴に至るまで十か月余も要しており、その間に会合が一二回も開かれている。当初、郡山藩領をはじめ、主要な所領のうち代表が姿を見せないところがあり、陣容を整えるのに時間がかかったこと、二度にわたって和談の交渉を行なったが不調に終わったこと、などがその理由であった。

(30) 幕末までに「定例」の「御料参会」も開催されるようになっていた。摂河泉での同様の集会については、前田美佐子「摂河泉幕領における郡中惣代制について」（『ヒストリア』一〇七号、一九八五年）を参照されたい。

(31) 文化三年四月「五條野村より相廻り百性困窮願下帳」（『広陵町史』史料編下巻〔二〇〇一年〕一一七～一二一頁所収）。

(32) 本訴願について、詳しくは、谷山「文化三年の大和の『国訴』について」（『ビブリア』八八号、一九八七年）を参照されたい。

(33) これに先立って、寛政四年（一七九二）に各幕領（芝村藩預所は高市郡のみ）と佐藤・村越の両旗本領とが連合し、他国出奉公の禁止などの触流しを奈良奉行所へ出願したケースがある。

(34) 天保十三年三月「五條代官所小田又七郎様国中御愁訴之写」（『川西町史』史料編〔二〇〇四年〕二五八～二六九頁所収）。

(35) 天保十三年三月「百姓奉公人無数ニ付歎訴下案」（大和郡山市白土・喜多家文書）。

(36) 中西小市郎「天保十己亥三月ヨリ役中諸事覚日記」（天理図書館近世文書）。

(37) 同前。
(38) 天保九年「乍恐御歎訴奉申上候」(『新訂大宇陀町史』史料編第二巻〔一九九六年〕五〇一~五〇三頁所収)。
(39) 谷山前掲註(2)書第二部第二章、同「近世後期における広域訴願の一形態」(『日本文化史研究』四一号、二〇一〇年)《本書第三章》参照。
(40) 文政十一年三月「乍恐御願奉願上候」(橿原市新賀町・森村家文書)。
(41) 五條代官(所)について詳しくは、藤井正英『五條社会史研究』第一集~第四集(私家版、一九九四~一九九八年)を参照されたい。
(42) 嘉永四年「三代官伝」(『森田節斎全集』〔五條市、一九六七年〕四四~四六頁所収)。
(43) 森田節斎は、矢嶋の言動をふまえて、「嗚呼、捨身為民、矢嶋大明神之称、信不虚矣」と評しており、五條市大塔町簾では、「矢嶋大明神」が実際に祀られている。
(44) 天保十三年(一八四二)の全幕領連合訴願においても、文政九年(一八二六)訴願とその成果について言及されている。
(45) 天保四年七月「乍恐添書付ヲ以御願奉申上候」(橿原市新賀町・森村家文書)。
(46) 註(31)と同史料。
(47) 文化三年五月「南都御番所様江願書写」(大和郡山市宮堂・乾家文書)。
(48) 天保四年正月「(中地田地入札に付差入状)」(『當麻町史』続編〔一九七六年〕一〇六一~一〇六二頁所収)。
(49) 天保四年「役用諸事控」(『新訂大宇陀町史』史料編第一巻〔二〇〇一年〕八一八~八三一頁所収)参照。
(50) 天保四年十月「乍恐御願奉申上候」(『新訂大宇陀町史』史料編第二巻、四八四~四八五頁所収)。
(51) 廣吉壽彦編『甚太郎一代記』(清文堂出版、一九九四年)一七三頁。
(52) 天保四年九月「乍恐御願奉申上候」(『斑鳩町史』史料編〔一九七九年〕五五一~五五二頁所収)、同十月「御触書写小前請連印帳」(『斑鳩町史』続史料編〔同年〕一〇〇~一〇八頁所収)など。
(53) 天保四年九月「乍恐御願奉申上候」(斑鳩町法隆寺・安田家文書)。
(54) 註(50)と同史料。

(55)　註(49)の史料には、「追々新穀出来立候而も京・大坂高直ニ付、山城・河内両国江向追々出米有之候」という記述が見られる（八三一頁）。
(56)　註(49)と同史料、八三三～八三五頁。
(57)　註(51)と同、一七四頁。当時、京都も「米払底」により「騒ケ敷」状況にあった。
(58)　天保四年十一月「村々囲米取締書上帳」（『改訂大和高田市史』史料編〔一九八二年〕三七六～三八〇頁所収）など。
(59)　天保飢饉時の奈良町での救恤の様相については、前田美穂子「天保飢饉と奈良町」（『高円史学』七号、一九九一年）を参照されたい。
(60)　平群郡東安堵村では、十一月に小作人らの不穏な動きがあった。
(61)　天保四年十一月と翌年二月に廻達されており、「（野村家雑記）」にも、「米を売出し江戸へ積出し候様とたびたびの御触ニ有之候得者、なを以おそれ、それゆへ食物之用意致居候所、段々高直ニ相成」という記述が見られる（『広陵町史』史料編下巻所収、二五三頁）。
(62)　「荒蒔村宮座中間年代記」（『改訂天理市史』史料編第一巻〔一九七七年〕所収、四二一～四二三頁）、天保五年「（飢饉記録帳）」（『新訂王寺町史』資料編〔二〇〇〇年〕所収、二七七頁）。
(63)　註(51)と同、一七六頁。
(64)　『新訂大宇陀町史』（一九九二年）四四五～四四六頁（拙稿）、『新訂王寺町史』本文編（二〇〇〇年）二〇五～二〇七頁など参照。
(65)　註(61)と同史料、二五四～二五五頁。
(66)　十代後半で天保飢饉を体験し「貧民餓死夥敷」有様を目の当たりにした中村直三は、「全く農事ニ不行届より右様ニ立至り候」という思いを強く抱き、農事改良の必要性を痛感するようになったと、後年に述べている。
(67)　『竹園日記』一（大和高田市文化振興課、一九九八年）四九頁。
(68)　註(51)と同史料、一七八～一七九頁。
(69)　註(67)と同史料、四六頁および七八～七九頁。『新訂大宇陀町史』（前出）四四七～四四八頁。

（70）西村幸信『中世・近世の村と地域社会』（思文閣出版、二〇〇七年）第二部第一章「天保期の社会不安と多武峰領百姓一揆」参照。
（71）「（諸事記録帳）」（『改訂新庄町史』史料編〔一九八三年〕所収、四八一頁）、天保七年十一月「申歳凶作歎願書写」（『新訂大宇陀町史』史料編第二巻所収、四八七～四八八頁）。
（72）『日本庶民生活史料集成』第二五巻（三一書房、一九八〇年）五二一～五五頁。
（73）「（諸事記録帳）」（註（71）と同）四八一頁。
（74）『斑鳩町史』史料編五六一～五七二頁所収各史料など参照。
（75）①縄俵拵えなどの諸手当の下付、②廻米運賃の支給、③込米等の用捨、④銀納値段算定に際しての「上米三夊増」の用捨、⑤新規郷蔵設置費用の下付、⑥「南都御奉行所御納米御用」を命じられている三郡の廻米用捨、の六項目である。
（76）天保九年十月「乍恐御歎訴奉申上候」（橿原市新賀町・森村家文書）、同「乍恐以書付歎御願奉申上候」（『新訂大宇陀町史』史料編第二巻、四九〇～四九三頁所収）。
（77）天保九年十一月「乍恐奉申上候」（橿原市新賀町・森村家文書）。
（78）「（諸事記録帳）」（註（71）と同）四八四頁。
（79）平川氏は、天保飢饉時に、米を必死に確保して住民を守ろうとした大坂町奉行の姿を照射している（『開国への道』〔小学館、二〇〇八年〕二四六～二五四頁）。
（80）天保四年五月「乍恐以書付御願奉申上候」（橿原市新賀町・森村家文書）、同年六月「乍恐御歎訴奉申上候」（同）、同九年「乍恐御歎訴奉申上候」（『新訂大宇陀町史』史料編第二巻、五〇一～五〇三頁所収）など。
（81）天保十三年九月「取締申定書」（斑鳩町法隆寺・安田家文書）。
（82）本訴願については、かつて論及したことがあるが（前掲註（2）書第二部第五章）、行論の都合もあり、新史料も加えて、再度取り上げることにしたい。
（83）註（35）と同史料。
（84）註（34）と同史料。

(85)　本訴願に関する奈良奉行所の尋問事項や、これに対する惣代の返答内容については、四月五日・二十五日・二十六日に惣代が提出した「内存書」の記載によってうかがうことができる。そこには、「堕胎之療治いたし候村」「木綿機織数多之場所」「出し機之仕込いたし候場所」や、白木綿一反を織るのに要する綿の掛目・代銭、人夫数・賃銭が具体的に記されており、「晴雨ニ不抱一日弐百文余り賃銭ニ相成申ニ付、小前人共農業をさし置多木綿稼ニ相懸り申候ニ付、耕作差支村々難渋ニおよひ候」「耕作人之往来見懸ケ機織女とも土百姓抔ト笑り誹り候故、右機数多相稼候近在者、百姓奉公仕候もの織子共ニ被笑候ニ恥入、百姓奉公人別而無数迷惑仕候」といった興味深い記述も見られる。

(86)　天保十三年九月「（奈良奉行所触書）」（天理市萱田町・西川家文書）。

(87)　天保十三年十月「座頭共より由来書奉差上候ニ付四分惣代より御歎訴之写」（大和郡山市白土・喜多家文書）。

(88)　橿原市土橋町・山崎家文書。

(89)　天保十四年正月「差上申御受書」（『改訂大和高田市史』史料編、八二〇〜八二一頁所収）、同年三月「木綿織稼並懐妊堕胎作奉公人取締御請印帳」（『斑鳩町史』続史料編、三九八〜三九九頁所収）。

(90)　弘化四年五月「盲人祝銭取締りニ付為取替一札之写」（『改訂大和高田市史』史料編、二六七〜二七〇頁所収）など。

(91)　註(36)と同史料。

(92)　「奈良奉行所御書上」（京都大学附属図書館所蔵橋本家記録〈県立奈良図書情報館架蔵写真版〉）。小倉宗「近世中後期の上方における幕府の支配機構」（『史学雑誌』一一七編一一号、二〇〇八年）五九〜六二頁参照。

(93)　註(51)と同史料、一七八頁。

(94)　岩城卓二「西摂津地域から畿内・近国社会を考える」（『歴史科学』一九二号、二〇〇八年）一六頁。

(95)　「近世民衆の政治参加」をめぐる議論については、木下光生氏の論稿（『近世史サマーフォーラム二〇〇六の記録』所収、二〇〇七年）を参照されたい。

(96)　谷山前掲註(2)書三三六頁（初出は一九九一年）。

(97)　町田『近世和泉の地域社会構造』（山川出版社、二〇〇四年）。

(98) 渡辺『百姓の力』(柏書房、二〇〇八年)一八六〜一八八頁参照。

(99) 本章ではなしえなかったが、地域リーダーの活動に焦点をあてながら分析することも有効であろう。こうした観点にもとづく最近の成果として、平川・谷山編『地域社会とリーダーたち』(吉川弘文館、二〇〇六年)、渡辺『東西豪農の明治維新』(塙書房、二〇〇九年)などがあげられる。

第五章　幕末大和の豪商と雄藩
――高田の村島氏一族と長州藩との物産交易をめぐって――

はじめに

幕末のわが国では、雄藩が台頭し、中央政局にも大きな影響力を及ぼすようになったが、これと併行して、流通面では、雄藩と結びつく新たな物産交易のルートが形成されるようになったことが注目される。本章では、そうした物産交易のうち、安政期に開始された上方の豪農商と長州藩とのそれを取り上げ、前者の中心的存在であった大和高田の豪商村島氏一族と長州藩との関係に焦点を定めて分析を行なうことにしたい。

ところで、上方の豪農商と長州藩との物産交易に関しては、服部之総氏と井上勝生氏の先行研究があり[1]、上方の「新興の商業資本」が「発展する経済力を背景にして産物交易を主体的に推進し、交易の真の『根底的な組織者』になっていた」のか、それとも雄藩である長州藩が主体となり、「中央市場の豪農商を領主的に支配し組織した」のか、が争点となってきた[2]。前者が佐伯仲蔵編『梅田雲浜遺稿並伝』（一九二九年刊）の記述や所収史料に依拠して展開された服部氏の論、後者が山口県文書館や国文学研究資料館史料館（以下、国立史料館と記す）所蔵の関係資料なども活用して展開された井上氏の論である（両氏の見解については、本論のなかでより詳しく紹介する）。ただし、立論に際して、服部氏はもちろんのこと、井上氏の場合にも、物産交易の実態に関する分析がきちんと行なわれてはおらず、この面の分析をふまえた上で、上方の豪農商と長州藩との関係について、改めて検討しなおしてみる必要があると思われる。

論文執筆時（一九八五年）に井上氏は、長州藩との物産交易に参画した上方の代表的商人であった村島家には「交易の性格を参照しうる史料は伝来していない」と述べられていたが[3]、幸いなことに、村島氏一族のうち分家の長三郎家＝仐家には、書状を中心に五〇点ほどの関係史料が伝存しており[4]（以下、村島家文書と記す）、そのなかには物産交易のあり方をうかがうことができる史料も含まれている。本章では、（服部氏や井上氏が目を通された史料に加えて）従来未紹介であったこれらの史料も活用しながら、大和高田の村島氏一族と長州藩との物産交易の実態（の一端）を明らかにするとともに、（村島氏一族は長州藩に従属する商人になったとする井上氏の「従属商人」論を特に念頭におきながら）両者の関係について検討しなおすことにしたい。

一　雄藩の台頭と新たな交易関係の展開

周知のように、長州藩や薩摩藩などは、天保改革以降の藩政改革によって藩権力の強化をはかり、幕末の中央政局に大きな影響力を及ぼすようになった（また、ウエスタン・インパクトのもと、朝廷の政治勢力化も進み、幕末の政局は「朝廷（公）―幕府（武）の三勢力のバランスオブパワー」のなかで展開するようになった[5]）。

こうした雄藩の台頭は、新たな交易関係の展開とパラレルであったが、それに先立って西日本では、天保改革の前夜に市場面でつぎのような動きがすでに生じるようになってきていたことに注目しておきたい（天保改革時に大坂町奉行阿部正蔵が提出した有名な意見書の記述による[6]）。

①是迄百姓・町人より大坂問屋江廻し来候商物を、近年夫々領主地頭江買〆、物成外之蔵物ニいたし、邂

近百姓・町人より相廻候節ハ、蔵物ニ障候旨申懸、自余之売買差構、或他領産物をも手を廻買集、領分知行所産物之唱を以、勝手之場所江積送払方いたし候向不少哉ニ相聞、(下略)

②長州赤間ヶ関ハ船付弁理之所柄ニ付、風順等ニ不拘、諸廻船輻湊いたし候ニ付而ハ、所々姦商共義、近年諸色不融通之時合ニ乗し、右赤間関江寄集、国々より上方筋を目当ニ積登候品ハ勿論、大坂仕入之荷物をも猥ニ引留、其処之者馴合、高直ニ糶売糶買致、其外瀬戸内と唱、右赤間ヶ関より上方浦付之場所、或大坂最寄浦々ニ而も同様、高直ニ途中致売買候義、追々及増長候ニ付、大坂江廻着相減、(下略)

この文章の筆者である阿部は、「諸国取引第一之場所」であり「諸国相場之元方」であった大坂への廻着荷物が減少してきている(それに伴って物価騰貴が生じている)事実に着目し、その原因として、ここでは、①最近各藩で専売制が実施され、それまで「百姓・町人」から大坂へ送られていた商品が藩によって買い占められるようになり、(買い集めた他領の産物も含めて)「蔵物」として「勝手之場所」へ直送されるようになった、②国々から大坂に向けて送られる商品が、長州の赤間関(下関)をはじめ瀬戸内の浦々などで、集まってきた各地の商人によって「途中売買」されるようになった、という二点を指摘している。本章との関わりでいえば、①の藩専売制の展開はもちろんのこと、②において、「姦商」たちが寄り集まって「途中売買」を行なう場所として、赤間関がクローズアップされていることが注目されよう。

こうした阿部の指摘をふまえて、幕府は、改革政策の一環として、天保十三年(一八四二)十月に畿内以西の藩専売仕法を問題視し「諸国産物売買」の「悪弊」の改革を命じるとともに[7]、翌十四年(一八四三)四月には、赤間関ならびに瀬戸内浦々における「出買糶買」(「途中売買」)を禁止するに至ったが[8]、その効果は一時的なものに止まった(指令が無視されるケースも少なからず存在した)。

さらに、安政期以降になると、天保改革期に阿部が①で指摘していた動き——藩が買い集めた国産品(等)

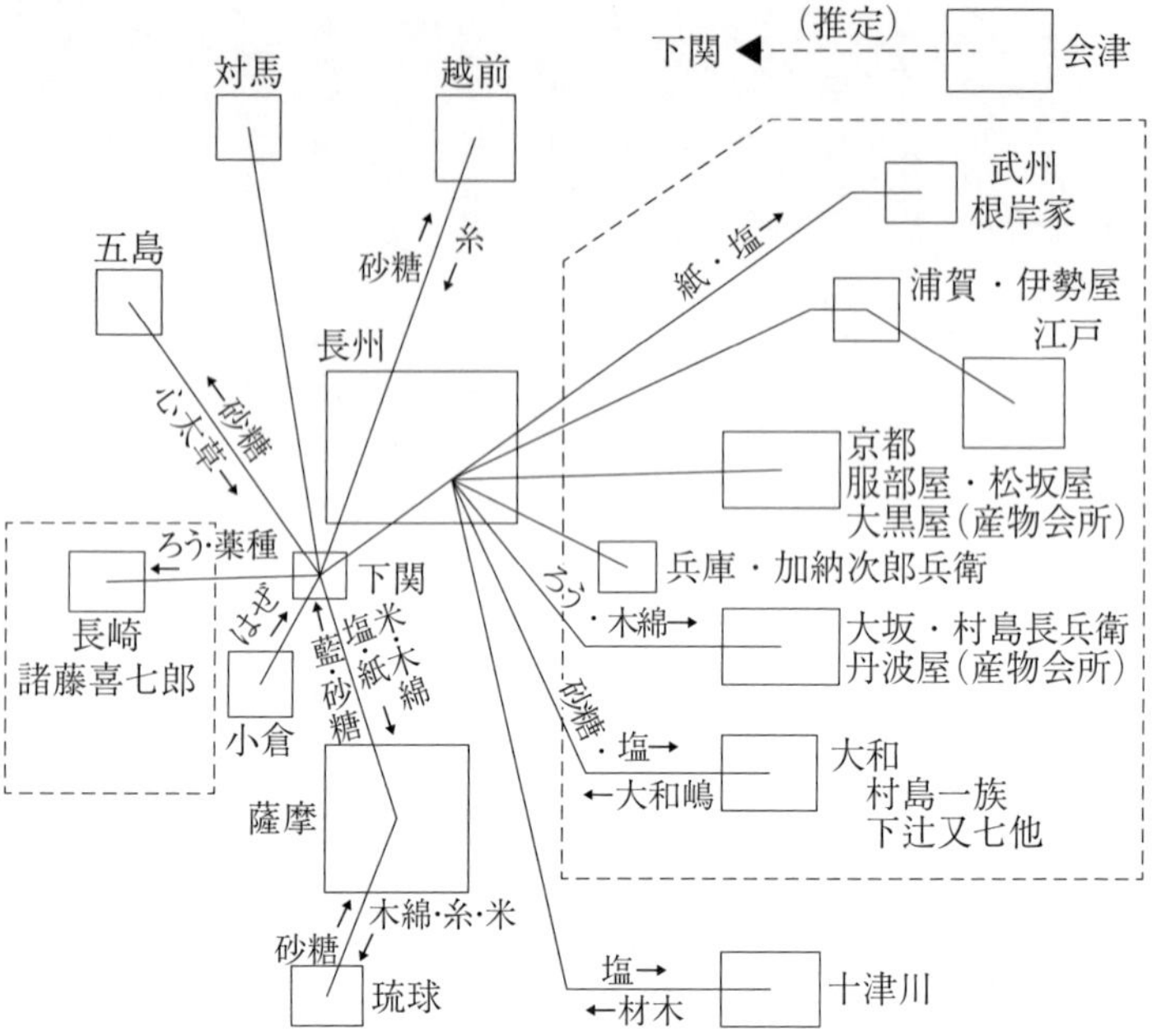

図１　長州藩、幕末期産物交易図

註１）　田中彰「幕末薩長交易の研究」「薩州御交易録」「産物事」「忠正公伝」『周布政之助伝』「佐藤家文書」による。

２）　産物は、主要なもの、あるいは判明しているもののみを記した。

〔備考〕　井上勝生註（１）論文176頁の図を転載。

を大坂以外の「勝手之場所」へ販売しようとする動き——がより進むようになった。長州藩についていえば、安政改革期以降つぎのような動きがあったことが、田中彰氏によって明らかにされている。(9)

① 長州藩は、安政改革において、「産物取立」政策を積極的に推進していった。

② そうした折、赤間関（下関）の薩州問屋白石正一郎らが、長州藩に対して、薩州と長州との物産交易を赤間関を拠点に行ないたいと願い出、安政六年（一八五九）二月に許可された（薩長交易の開始）。

③ 長州藩は、「勧農御内用懸り」に任命した領内の豪農商に交易をまずやらせ、「国益」があがる見通しがつけば、藩自らがこれに乗り出すという方針をとった（交易がいったん中断し、慶応期に再開されてからは、交易が直営となり、越荷方がこれを担当するようになった）。

④この薩長交易を基軸として、赤間関を拠点とする長州藩の物産交易網は次第に拡大していった（図1参照）。それは、大坂を中核とした「幕府の全国市場支配の交易路線」が切断されていく過程でもあった。

こうした動きと平行して、長州藩は、安政期以降、上方など中央市場の豪農商とも新たな交易関係を取り結ぶようになった。井上勝生氏が苦労して作成された図1を借りていえば、点線で囲まれた部分に名前が記された面々（非領国もしくはこれに近似した地域に属する、江戸周辺や上方、長崎の豪農商）がその主な相手であり、交易の形態は、図中の他のケース（藩際交易の形をとる）とは異なって、個人を相手としたものであった。[10]前置きが長くなったが、本章で光をあてる大和高田の村島氏一族は、長州藩の交易相手となった上方の豪農商のうち、代表格ともいえる存在であったのである。

二　大和綿業の一中心地であった高田

村島氏の居村であった高田は、大和の葛下郡に属する大村であり（村高は、太閤検地時に一五七八石余、幕末には一五九五石余。なお、寛永から元禄までの間に山内村を分村している）、慶長六年（一六〇一）から天和二年（一六八二）までは布施（新庄）藩領、それ以降は幕領に属していた。当初は本郷がその中心であったが、慶長年間に村内を流れる花内川の西側に真宗寺院（のちの専立寺）がつくられたことから寺内町が形成されるようになり、また村内を東西に貫く初瀬街道（横大路）に沿っても町場（新町）が形成されるようになった。[11]下街道も村内を南北に通っており、高田はまさに交通の要衝に位置していた（図2参照）。その後、町場の発展とともに、一八世紀の中頃には、本郷の百姓らが「高田村之内寺内町・新町と申ハ町場ニ而、家数も多商人多御座候得ハ、自然有徳人も多御座候故、本郷百姓次第相衰、右之者共江田地多買請候故、本郷高之出作百姓と申ハ

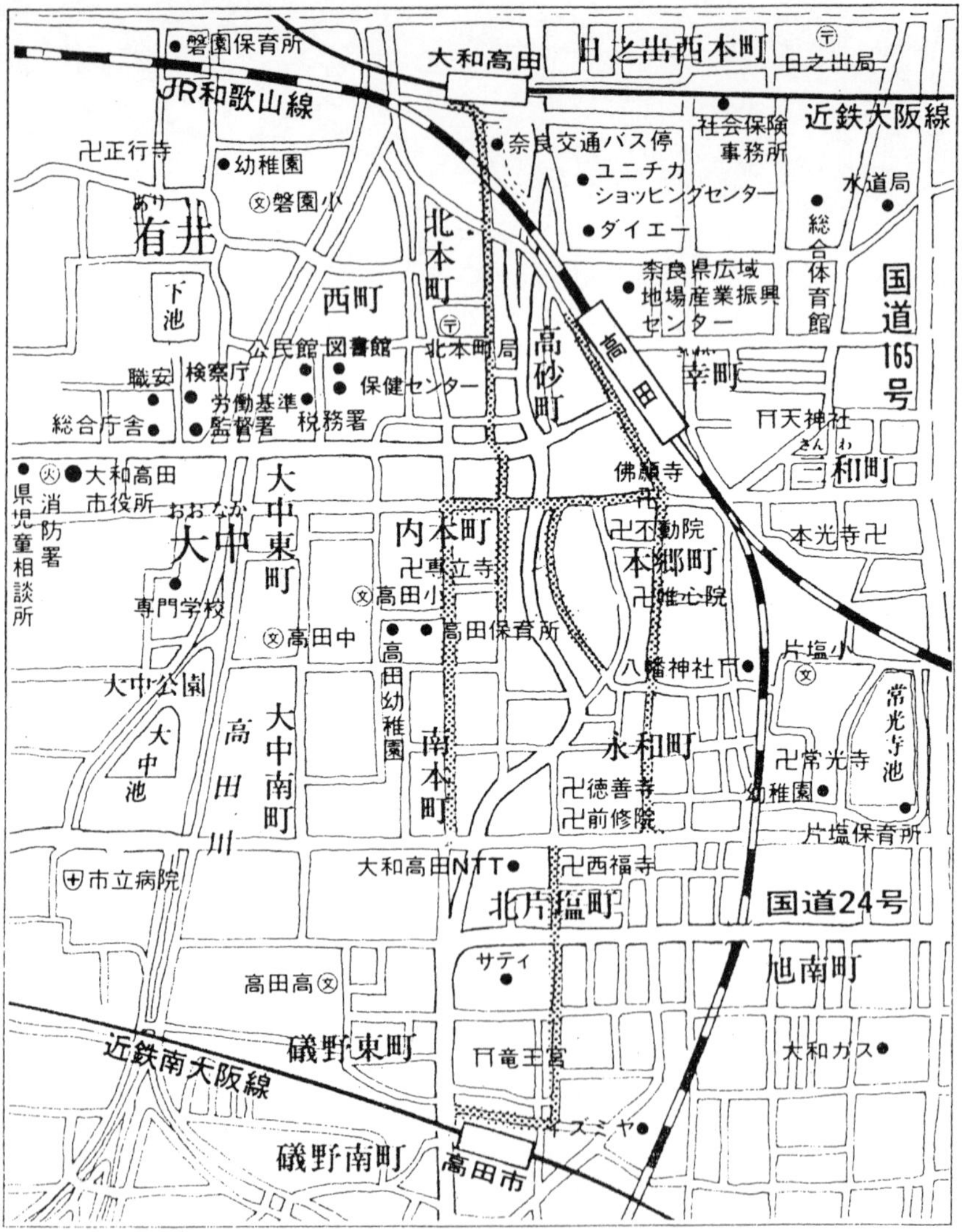

図２　大和高田の中心部　　　　※░░はショッピング街

註　『大和高田商物語』（大和高田市、1996年）17頁の図を転載。

都而寺内町・新町ニ多御座候」[12]と述べるような状況に立ち至っていることが知られる。なお、明和六年（一七六九）の「様子大概書」[13]には、「此村町場にて壱ヶ月に六度宛市立」「此村里方市場故少々賑ひ有」という記述がみられる。

年代が再びさかのぼるが、高田村は、一七世紀の半ば以降、奈良盆地における綿作を中心とした農民的商品生産の進展に対応して、遠隔地取引の拠点および地域市場の中心地として発展するようになった。たとえば、一八世紀前半の葛下郡神楽村と同郡曽根村の明細帳[14]に、それぞれ「田方反別弐拾四町五反余、例年六七分木綿仕付申候」（元文元年〔一七三六〕）、「田木綿作六分位仕候」（延享元年〔一七四四〕）と記されているように、高田村の周辺地域は、奈良盆地のなかでも、もっとも綿作率が高かった地域であり、これに対応して、同村では実綿の繰綿への加工がさかんに行なわれ、問屋によって集荷された繰綿が関東をはじめとする各地へ販売されていた[15]。元禄十五年（一七〇二）の史料[16]によれば、同村には人数は不明ながらも多数の綿繰屋が存在するとともに、綿屋徳兵衛・井筒屋六兵衛・佐渡屋庄次郎の三名が繰綿問屋を営んでいたことが判明し、また、安永二年（一七七三）には、一七軒の綿繰屋と二七軒の綿仲買が寺内町を中心に存在していたことが知られる[17]。

繰綿問屋についていえば、一八世紀の前半から半ばすぎにかけて、その顔ぶれに大きな変化が見られるようになった。大和の各地の繰綿問屋とともに、集荷した繰綿を関東の在町（常州の真壁・下妻・下館や野州の久下田など）の商人へ主に売り捌いていた[18]前述の三名の問屋が、明和期に至るまでにそろって姿を消し、これにかわって江戸の繰綿問屋の注文をうけて大和の繰綿の買い次ぎを行なう問屋が新たに出現するようになったのである。

その一人が、宝暦十年（一七六〇）から買次問屋を営むようになった村島屋長兵衛（村島本家）であった。彼は、寛延三年（一七五〇）から営業を開始していた同村の松村屋善助とともに、明和四年（一七六七）に結成された「和州江戸注文繰綿買次問屋仲間」に加入するに至っている。[19] この株仲間には、大和国内の一三軒の買次問屋が加入したが、江戸の繰綿問屋とのその後の取引高は、長兵衛店が最も多く、他をはるかしのいでおり、[20] 寺内町の寺門裏町通りにあった同店は、「ここはどこのかど　村島のかどや　綿のでんぼで　せもござる」と謡われる[21]ほどに、賑いをみせる状況にあった。

その後、江戸の繰綿問屋への大和繰綿の販売高は、関東における綿作の展開に伴って、一八世紀の末頃から大幅に減少するようになり、長兵衛店の場合にも、その例外であることを免れえなかった。[22] これと歩調をあわせて（肥料代の高騰などもあって）大和の綿作は衰退傾向を示すようになったが、高田をはじめとする奈良盆地の中・南部では、漸減の傾向を示しつつも、綿加工業の進展にも対応して、幕末までなお高い綿作率を維持し続けた。[23]

一八世紀の後半以降、奈良盆地の中・南部では、木綿織生産が進展するようになり、一九世紀の初頭には農村内部にも専業的織屋が形成されるまでになった。こうした木綿織生産の発展は、生産用具の改良（いざり機から高機への転換）を伴うものであり、綿織生産力の飛躍的上昇に刺激されて、紡糸生産もおおいに進展するようになった。[24]

その後、当地では、幕末にかけて、工程分化を伴いながら、綿加工業がさらなる発展をとげるようになったが、木綿織に関しては、年間の織出高が一万五〇〇〇反余にも及ぶ織屋や一〇〇機もの織機を有する織屋すら出現するようになったこと、紡糸に関しては、嘉永六年（一八五三）に当地を訪れた長州藩の吉田松陰がその盛んな有様に驚き、「河泉之間、高田・上市・八木・今井女工甚盛、男子閑亦則紡績亦一奇也」と印象を述べていること、にそれぞれ注目しておきたい。[25]

高田は、こうした大和綿業の一中心地であり、寺内町を中心に、綿の加工・流通に関わる様々な稼に従事す

表１　文政２年　高田村町別諸商諸職表

諸商職名＼町名	寺内	新町	本郷	東口	八丁	古川	合計
酒造方	5	1		1	1		8
請売酒屋	8	1	2		3		14
醬油造方	3	1		1			5
糀売人	7	1		1		1	10
酢造方	4						4
味噌造方	3						3
絞油屋	3						3
請売油屋		1	1			1	3
藍染方	4						4
形附紺屋	2						2
荒物商人	12						12
木綿類売人	18	2	2				22
絹布類売人	4	1				2	7
青物類売人	7	2					9
菓子屋	3						3
小間物類売人	4			1			5
饅頭焼餅屋	5			1			6
旅籠宿並茶屋	3	1		3			7
温飩蕎麦切	5	1				1	7
豆腐蒟蒻屋	7					1	8
素麺請売人	12	2				1	15
田葉紛屋	4	2	5			2	13
古手売人	6	2		1		3	12
柴薪売人	2		2			2	6
下駄草履売人	4			2			6
薬種屋	2	1					3
魚類売人	2		3				5
道具屋	3	3					6
材木屋	3	1	1			1	6
硫黄付木屋		6	9			4	19
実綿繰綿商人	12	2	3	1		4	22
大工職	10	1	1				12
左官職	2						2
屋根ふき職	1						1
綿打職	5		2				7
桶輪入職	5	1				1	7
鍛冶職	1						1
あんま導引	8						8
髪月代	4	1				1	6
ちょうちん屋	3	1					4
手伝小手口職			4				4
諸色中買口銭方		3	4			7	14
樫木屋	4						4
計	200	38	39	12	4	32	325

註　『改訂大和高田市史』後編（大和高田市、1987年）168頁所掲の表を転載。

表2　明治2年　高田村諸商諸職人数

綿商内	12(1)	青物問屋	2	べっこう屋	1
木綿諸国出シ問屋	2	八百屋	44(2)	木綿銀附	1
綿打職	11	豆腐屋	7	かもじ屋	1
じんき屋	5(2)	こんにゃく屋	4	大工職	16
糸　屋	20(2)	果物屋	14	左　官	7
絹糸屋	4	湯葉屋	1	鍛冶職	4
木綿織屋	37(8)	煮売屋	8	瓦　職	1
木綿商内	13(4)	膳飯屋	3	桶　屋	5(1)
呉服并唐物切商内	14	茶屋	2	石　工	1
紺屋并色染稼	13(4)	煎餅屋	1	樫木職	2
染物職	2	菓子屋	14	屋根葺	1
綟　屋	2	まんちう屋	1	下駄屋	3
機大工職	2	紙類砂糖	1(1)	畳　屋	3
人力油稼	11(4)	材木屋	2	植木庭造	2
請売油屋	4	荒物屋	22	髪　結	3
油包職	1	小間物屋	16(1)	手伝職	13(3)
醤油稼	5	刻田葉紛渡世	21	金物餝屋	2
酢造稼	1	田葉紛仲買	10	指物師	2
請売酒屋	4(2)	蠟燭并鬢附	4	表具師	2
酒道具一式	1(1)	提灯屋	2	刀根職	1
酒中次	1	硫黄屋	5	明珍屋	1
水車稼	1	鍋釜小売	1	塗師職	5
薬種屋	2	鳥　屋	1	餝銀細工	2
合薬屋	6	白書屋	3(1)	雛人形	2
質　屋	35(3)	木綿包渋紙羽口	1	肥屋渡世	14(2)
三商売	96(29)	簾　屋	2	荷次問屋	3
雑穀仲買	9(2)	幟　屋	1	旅籠屋	5
米屋并雑穀小売	32	管笠商内	1	風呂屋	4
塩商内	8(1)	絵馬屋	1	医　師	3
魚問屋	5	箒　屋	1		
魚　屋	42	傘　屋	2		

註　明治2年「葛下郡諸商職人名前帳」(角尾家文書) から作成。(　) は新規。

る人々が数多く存在するようになっていた。この点は、文政二年（一八一九）と明治二年（一八六九）における同村の諸商・諸職の人数を業種別にそれぞれ示した表1と表2から、よくうかがえよう（後者においては、より詳細な調査が行なわれており、木綿織屋〔三七人〕や糸屋〔二〇人〕をはじめ、数多くの関係稼人の存在が知られる）。

このほか、同村には、やはり寺内町を中心に、絞油・酒造・醤油造といったかなりの資本力を有する加工業を営む者や、金融業に携わる者、売薬業を行なう者、食料品や日用雑貨を販売する者、穀物の流通に関わる者や肥料商、旅籠屋や荷継問屋を営む者、各種の職人など、様々な業種の稼人が数多く存在しており（明治二年時点での延べ人数は実に七〇九人）、その数は、文政二年（一八一九）から明治二年（一八六九）にかけて、（調査の内容に精疎があるため単純には比較できないが）増加傾向にあったこともうかがえる。これと関連して、同村の人口が、明和六年（一七六九）の二四六三人から、天保九年（一八三八）の二四九九人、明治六年（一八七三）の三〇七三人へと増加し、戸数も、明和六年（六七四軒）から明治六年（七二二軒）にかけて増加している、(26)という事実も指摘しておきたい。

村島氏一族が長州藩と物産交易を行なうようになったのは、大和高田がこのような状況にあった時だったのである（なお、当該期の村島本家や一族の状況については後述する）。

三　長州藩との物産交易の開始

上方の豪農商と長州藩との物産交易のルートは、周知のように、尊王攘夷派の志士梅田雲浜（元小浜藩士）が仲介することによって切り拓かれた。雲浜が京都を出立し、長州の萩を訪れて、当時同藩の政権の中枢にあった坪井九右衛門と面談したのは、安政三年（一八五六）十二月のことであったが、中原邦平氏の談話によれば、この時、雲浜は毛利家が朝廷と格別に由緒ある家柄であることを力説し、「長州様で一つの勤王の事に御着手下さるやうに願ひたい」と述べるとともに、

此の端緒を開くのには、京摂の間と長州と気脈を通ずる機関を拵へなくてはならぬが、其の機関を拵へんとするには、物産交易が一番名義が宜しからうと思ひまする。長州には紙・蠟・食塩といふやうな産物がありますから、それを大阪で販売し、さうして五畿内地方の産物又は其の他の物と交易するといふやうなことにして、其の間に有志の士を入れて京摂の事情を探索するやうになさったならば、始終形勢に通ずることが出来ると思ふ。さうして置きますれば、機会があった時、直ぐにも手を出すことが出来ますから、先づ之を端緒として物産の交易を御開きになってはどうか（下略）

と、坪井にもちかけたという[27]。

後年に記されたこの内容にほぼ誤りがないことは、雲浜自身が、萩入りした際に「毛利家は外の大名と違ひ、御所には格別の御由緒有之候事故、上方諸人融通之筋にも可相成候為に、上方え御尽に相成可申」と藩側に説いたと、翌年三月二十五日付書状[28]のなかで洛外葛野郡川島村の山口薫次郎に報告していることや、さらにその翌年三月二十二日付書状[29]のなかで、赤禰忠右衛門（長州藩家老浦靫負の家来）に対して、上方との物産交易は「他日御国天朝ヲ御守護被成候基本」と述べていること、などから裏付けられる。こうした雲浜の「深慮」は、政治的意図にもとづくものであり、彼自身は萩入りを「政治向の事」と捉えていたのである[30]。

さて、雲浜から上方との物産交易の件をもちかけられた坪井は、雲浜の政治的意図については警戒感をもちながらも、「産物取立」政策を積極的に推進しようとしていた折[31]のことであり、「国力を富ますには、産物を奨

励して、さうして其の販路を広めなければならぬ」という認識にもとづいて、雲浜の申し出に応じることを決断した。[32] これをうけて、雲浜は、

私の親戚で大和（高田）の豪商に村島長兵衛といふ者が居る、此の者を御用ひになってはどうか。さうして大阪へ販売所を拵へて、其処で長州の物産を売捌かせる。それに大和辺は山国の事で、食塩などは最も乏しい所だから、其の食塩を大和へ入れて、さうして大和に沢山あるものは材木だから、その材木と交易して、それを伐り出して大阪で売る。又是からは外国に対して攘夷の戦をすれば、大きい船などを造らなければならぬから、材木は最も必要でありませう（下略）

というような話をしたと、後年に中原邦平氏は記している。[33] この文中に「親戚」とあるのは、萩入りの前年の六月に、雲浜が村島分家の内蔵進の長女千代を後妻としていたことによるものであり、そうした関係もあって、雲浜は、長州藩の上方との物産交易の主要な相手として、大和高田の村島長兵衛（村島本家）を推挙するに至ったのである。

長州藩は、雲浜の話をうけて、村島長兵衛をはじめ上方の豪農商と物産交易を行なう方針を定め、翌四年（一八五七）五月に京都留守居役宍戸九郎兵衛を物産取組内用掛に任じるとともに、閏五月には坪井自身が上方に赴いて、以後上方の豪農商との間で物産交易についての詰めの協議を行なった。[34] 交易の相手となったのは、大和高田の村島氏一族をはじめ、五條の下辻又七・乾十郎、十津川の上平主税、京都近郊の山口薫次郎・小泉仁左衛門、などの面々であり、雲浜に連なる「親類・門人ノ者」たちであった[35]（なお、上京した際に坪井は、雲浜に対して、物産交易から「表向」は手を引いてくれるようにと申し入れている。[36] 当時長州藩は尊王攘夷をまだ藩論とはしておらず、尊攘激派であった雲浜との関係が幕府に発覚するのを恐れてのことであったと思われる。雲浜は、いっ

たんこれに従ったが、やはり納得することができず、翌年三月二十二日付赤禰忠右衛門宛書状[37]のなかで、「表向ハ下拙退キ居候事故、不都合ノ事共時々出来、奔走ニ迷惑仕候事ニ御座候」と述べ、「何卒下拙表向御出入、上方形勢探索聞合、御産物等迄心付候様」主君へ上申してほしいと懇願するに至っている。有名な「此度御産物之起りハ、下拙一人之胸中ヨリ出候事」という一文は、こうした脈絡のなかで記されたものであり、この点にも留意しておく必要があろう）。

坪井らが、京都から伏見（泊）・奈良（泊）を経て大和高田の村島家を訪れたのは、安政四年（一八五七）七月十六日のことであった[38]。これに先立って、雲浜らとともに、奈良で坪井一行の到着を待ちうけていた村島内蔵進は、十四日の夜に、高田の長兵衛・長三郎・長次郎宛に書状を送っており、そのなかで、坪井一行の予定を報じるとともに、

一 水油百丁申上候得共、弐百丁ニ而も出来丈御手廻り被下置候事
一 木綿　かま　とうしん是ハ下の分沢山入用　御手当被下度候事
一 油堺引合慥成事御答被下様の手当テ置可被下候
　右ハ十七日ニハ夫々立会御覧入候事也、此外万事御心廻り被下度事

と、依頼している。

こうした物産の見分や交易に関する細かな打ち合せが大和高田において行なわれ、いよいよ長州藩と村島氏一族との物産交易がスタートするはこびとなったのである。そして、九月には軌道にのるようになったことが、つぎの書状の文面からうかがえる（傍点は筆者）。

一筆致啓達候、未得御意候得共、弥御堅固奉珍重候、然ハ先達而坪井九右衛門其外其御地罷越、国産売捌

之義及御示談候処、段々御懇情御取扱彼是不容易御配意被下候由、忝奉存候、則取下し之油・綿・木綿嶋其外致試売候処、殊之外気請宜、早々取下し之儀一流活望之風評ニ御座候間、其節及御談置之通、御下し方致御頼候、尚又爰元よりも塩魚類其外差送候間、相達候ハ、可然御駆引乍此上御配意被下候様致御頼候、拙者共国産方所勤被申付候間、一応之御相揆(挨)御礼旁如此御座候、書余追々可得御意候、恐惶謹言

九月五日　　神田九郎右衛門（花押）

　　　　　　田村吉右衛門（花押）

村嶋内蔵進様

この書状は、物産交易の実務を担当するようになった長州藩の「国産方」の役人から届いたものであり、傍点部の記述に注目しておきたい。

四　長州藩との物産交易の内容

上方の豪農商との長州藩との交易物産については、「長州よりは、米・塩・蠟・干魚・半紙の類を、上方よりは呉服類・小間物・薬種・材木の類を以て、互に交易する事となった」という『梅田雲浜遺稿並伝』の記載があるが[39]、村島氏一族の場合にはどうであったのか。

村島家文書のなかに、長州藩との物産交易を開始するにあたって、運送費がどれくらいかかるのかを調査した、安政四年（一八五七）八月付の覚書がある。ここには交易品も記されており、販売品として繰綿と木綿、

購入品として塩・荒物・塩魚・白木綿・蠟燭・半紙の名があがっている。また、物産交易に関する書状（村島家文書）の記載により、村島側の販売品は繰綿・嶋木綿・油・灯芯などであり、長州藩側のそれは塩・塩魚・蠟燭・釘などであったことが知られる。

これらのうち、長州藩側の販売品の中心は三田尻産の塩であり、新たな販路開拓の必要性に迫られていた同藩にとって、大和（海のない国）は魅力ある新市場であった。当時の同藩の塩をめぐる状況について、五條の下辻又七はつぎのように推察している(40)。

長州様御国産之内塩之儀、其国々船頭之内水主躰之ものより風聞ニ承り候儀ニ者御座候得共、元来者塩防州三田尻浜方儀者、塩浜と申三拾浜余有之候よし、此内弐拾浜余者相稼来り候様子、拾浜上下と申もの者折々休浜之事共出来候由、何故と愚案仕候義者、北国辺計りニ而者多分過塩ニ相成候趣ニ而、自然下直之仕切ニ相成、浜方難渋迷惑之よし、其御国御支配御役人江相聞へ候より、御仕法ニ而上方江御積登せニ相成候様、愚昧之私承知仕居罷在候事ニ御座候

従来北国筋が長州藩領の塩の主な販売先であったが、「過塩」のために塩の価格が下がってしまい、三田尻浜では三分の一ほどの塩浜が「折々休浜」を余儀なくされる有様となっていた。この状況を打開するために、藩が国産塩の上方への販売を企てるようになった、というのである。

上方のうち、特に大和は海のない国であり、生きていく上で不可欠な品である塩の新たな購入ルートの形成は、大和に住む人々にとっても歓迎すべき事柄であった。

こうした双方の事情により、交易の開始とともに、三田尻産の厖大な量の塩が大坂へと積登され、その過半が大和に廻され販売されるようになった。これに関しても、翌五年（一八五八）八月に五條の下辻又七が言及

しているので[41]、以下に紹介しておこう。

長州様御領分之内防州三田尻と申浜より去巳十月中壱俵ニ付八盤升ニ而五斗三升入と申塩凡弐万俵大坂表江御積登せニ相成り、則着船ニ及

右塩大俵　凡弐万俵之処

内三千俵程　尼ヶ崎江積送りニ相成候

又内弐三千俵程　左海（堺）　右同断

内弐千俵余程　若山（和歌）より当所江相廻り申候

残ル壱万俵余

大坂江戸堀三丁目村嶋市兵衛方へ預り置、同人より右塩大坂塩問屋中江色々掛合ニ及候得共、熟談行届兼候而、右一万俵余分も追々左海表江積廻しニ相成、左海表塩商人中江も売捌仕候、残ル処粗大和江引取売払ニ相成候様私義者承知仕居候儀ニ御座候、其後少々宛者追々国元より左海住吉橋具足屋文兵衛方江御積登せニ相成、専商内出来候様之風聞承り居候

前年十月だけでも、三田尻産の約二万俵もの塩（一俵に五斗三升入）が大坂に積登せられ、うち大坂江戸堀三丁目の村島市兵衛方（村島本家の出店）に預り置かれた一万俵余の大部分が堺経由で大和に送られ販売されたこと、これとは別に二〇〇〇俵余が和歌山を経由して五條の下辻又七のもとに送られたこと、が右の記述からうかがえる（なお、三田尻産塩の取引をめぐって、このとき大坂で生じた問題については後述する）。また、十津川の上平主税が、「産物之内塩ハ大坂俵ニ而直段取極、和州葛下郡高田村長兵衛方より買入、紀州新宮江相廻、同所より私共方江引取候義ニ御座候」と述べている[42]ことから、上述した一万俵余の塩の一部が村島から上平ら

に販売され、新宮経由で十津川に送られたことも知られる。

　長州藩側の販売品の中心が塩であったのに対して、村島側のそれは繰綿であった。当時、村島分家の長三郎が本家にかわって「和州江戸注文繰綿買次問屋仲間」に加入していたが[43]、前述したように、他のメンバーと同様に、江戸方面への取引高の減少によって、新たな販路開拓の必要性に迫られていたのであり、長州藩の側でも、他国繰綿に大部分を依存する形で当時領内で木綿織生産が行なわれていた関係上[44]、良質でより安価な繰綿を必要としていたのである。

　安政四年（一八五七）九月二十六日に、大坂に出向いていた本家の長兵衛が、高田の長三郎に送った書状のなかで、

　只今藤八御屋敷江罷出候処、山県様被仰候ニ者、坪井様より綿・木綿夫々御持下り之品々御国受方宜敷候ニ付、右品々追々買入積下し候様申参り候ニ付、其段村嶋方へ早々申達し候との事、山県様より御咄し御座候、依而御国行綿も出残之分追々御送り出し可被下候

と述べているように（なお、文中に「御屋敷」とあるが、土佐堀一丁目・江戸堀三丁目に存在した長州藩の大坂蔵屋敷と考えられる[45]）、坪井が村島家を訪れた際に持ち帰った綿（繰綿）と木綿（嶋木綿）の評判は上々であったようであり、これを聞きつけた「防州舟商人」（「防州舟弐拾艘計」）が早くも村島の大坂出店にやってきて、繰綿（まず、「五、六百本計」）の売り渡しを求めるという動きも生じている[46]。

　高田から出荷した繰綿の種類と価格などについては、年次不詳ながら、長三郎が書き留めた「覚」が残っているので、紹介しておこう。

覚

一極上操（繰）綿六〆（貫）弐百目　但青莚入壱本
　直段銀百匁ニ付
　綿目五〆弐百匁かへ七匁弐分九厘
　　代銀百拾九匁弐分三厘
一真粉操綿六〆弐百目
　直段銀百匁ニ付
　綿目五〆五百匁かへ
　　代銀百拾弐匁七分弐厘
代銀〆弐百卅壱匁九分五厘
　又
一銀六匁　御荷物入用
一同弐匁三分弐厘　口銭
一同壱匁五分　大坂迄下りだ（駄）賃
合銀弐百四拾壱匁七分七厘
右之通御座候、以上

村嶋長三郎

また、村島家文書のなかには、「産物方　糸口真粉繰　正味六三入　和州　村嶋改」と上書された袋も残っている。

つぎに、長州藩への繰綿販売に関して注目されるのは、交易開始の二年余り後、安政六年（一八五九）十一月に、村島長三郎・長兵衛・内蔵進が連名して、「長州藩御産物方」宛に、以下のような願書を提出していることである。少し長くなるが、貴重な内容であるので紹介しておこう。

乍恐口上書ヲ以奉申上候

一 去ル巳年より大和出来操（繰）綿御用被仰付候、有難奉畏候、追々奉差上候処当春之分代呂物不揃之由被仰聞奉恐入候、右ニ付此度操綿不同無之様仕法左ニ奉申上候

一 壱ヶ年ニ譬ハ操綿六百本ヲ御入用高として、壱ヶ月ニ五拾本ト見積り、実綿買入操綿仕立候迄も一手ニ取極メ不同無之様仕度、相庭直段之義ハ月々奉申上候、尤代銀壱ヶ月分前月御下ケ被成下様奉願上候、左候ハヽ、品吟味方行届キ急度相改メ奉差上、乍恐壱ヶ年分御用御任せ被仰付候様伏而奉願上候、次ニ操出し之者迄も一ヶ年分商行仕候ニ付而ハ、油断ハ不致急度吟味可仕義ニ御座候、依之前件之始末伏而奉願上候

一 大和綿之義ハ諸方他国より買入注文之多少ニ寄直段高下御座候間、下直と見込候節ハ早速奉申上候、御詮義被為在候而思召之上御用被仰付候様奉願上候、已上

安政六
未十一月

村嶋長三郎
（貼紙）「火急罷出候ニ付印形持参不仕、此段御断奉申上候」

村嶋長兵衛
（貼紙）「印形地頭表江持参仕居、落印御断奉申上候」

村嶋内蔵進　印

長州様
御産物方
御役人中様

同年春に送った繰綿について長州藩から「代呂物不揃」であるとクレームをつけられたことを反省し、今後はそうしたことがないようにしたいので、一年間に送る繰綿の量を六〇〇本（月々五〇本宛）と定めてほしい（そうなれば心積りもでき、品質の吟味も十分に行なうことができる）、などと願い出たものである。この願いがその後聞き届けられるに至ったことは、翌万延元年（一八六〇）十月に萩入りした村島内蔵進が、二十五日付で高田の長三郎宛に、

（上略）綿方此節殊之外捌きよろし、尤受方申込弥昨冬奉願上候通月々五十本定ト相成候間、（中略）此後くりや御定手堅御取締御下し被成候、（中略）猶更御念入早々御下し専一奉存候、外々よりも綿下し方申出候得共中々御取上ケ無之儀、天上ヲ月々五十本定、是も御存之通国製宜一統評定之上ならてハ御治定無之事ヲ相極り候ゆへ、早々御地御取締月々無相違御差下し専一奉存候、（下略）

と、書き送っていることから確認できる。

六〇〇本の繰綿を使って織出すことができる木綿の高は二万反にみたず[47]、長州藩領における年間の木綿織出高（年代がさかのぼるが天保期の調査では約七〇万反[48]）からすれば、その一部を占めるにすぎなかったが、長州藩側が大和の村島から送られてくる繰綿の品質に注目し、これを高く評価していたことが右の文面からよくうかがえる。

五　服部之総氏と井上勝生氏の評価

本章の「はじめに」において少し触れたように、大和高田の村島氏一族をはじめとする上方の豪農商と長州藩との物産交易に関しては、服部之総氏と井上勝生氏の先行研究があり、両者の関係をめぐって対照的な評価がなされている。

服部氏の見解は、明治維新を視野に入れ、「志士と経済」という観点から、こうした新たな物産交易のルートを切り拓いていった梅田雲浜と上方の豪農商の力量と功績を高く評価しようとするものであり、雲浜については、吉田松陰と対比しつつ、つぎのような高い評価を与えている点(49)が注目される。

雲浜は幕末尊王倒幕運動の組織者で、その組織運動ということにおいては松陰は雲浜の比ではない。松陰にはせいぜい長州一藩の組織しかできない。インター国家的な組織ということは松陰の関するところではない。雲浜は松陰と同じ段階において、幕末における最初のインター藩的な、超藩《ユーバー》的な、西は瀬戸内海沿岸を経て九州におよび、北は山陰、北陸から蝦夷におよぶ国内商業の新しい組織の網を着々と伸ばした。雲浜によって組織されたこの種の産商業家の組織が一つの政治的経済的な地下組織となって、雲浜処刑後の、あの安政の大獄直後の猛烈な反動の嵐の中にビクともせずに残っていた。

文中に「西は瀬戸内海沿岸を経て九州および、北は山陰、北陸から蝦夷におよぶ国内商業の新しい組織の網を着々と伸ばした」とあるのは、安政四年（一八五七）十月四日付の下辻又七宛雲浜書状(50)の記載によるものである。

服部氏は、雲浜の仲介を経て長州藩との物産交易の主体となった上方の豪農商（「産商業家」）については、「ブルジョア的な門弟達[51]」と表現しており、（彼等に限定したわけではないが）「そういうようなマニュファクチュアの段階のブルジョアジー――これが明治維新の指導力である[52]」と述べている。こうした評価の前提に、氏の有名な幕末厳マニュ段階論[53]があることはいうまでもないだろう。

以上のような服部氏の所論を、正面から批判したのが井上勝生氏である。氏は、山口県文書館や国立史料館所蔵の関係史料なども活用して、上方をはじめとする中央市場の豪農商と長州藩との関係について分析し、服部氏とは対照的な、つぎのような結論を導き出すに至っている[54]。

長州藩（雄藩）は、領主的な意図をもって、中央市場の豪農商を組織した。「長州藩安政改革の商業政策」は、「既存のすべての流通組織を破壊し、その瓦礫の上に構築される性格のもの」であった。「領主的統一市場」を形成しつつ、要所に「従属商人」を創出する――これが雄藩の領外商業政策の要点である。

氏がこうした評価を下すうえで、屋台骨となったのが、実は、「長州藩と上方（京都・大坂・大和周辺）の産物交易において、上方豪農商の中心的役割を果たした」大和高田の村島氏一族の「商業資本としての性格」と動向に関する実証的分析であった。

氏は、長州藩との物産交易を開始する以前に、株仲間であった「和州江戸注文繰綿買次問屋仲間」による集荷独占と価格支配体制は崩壊過程を辿っており、仲間の中心的存在であった村島本家の長兵衛も、得意先を分家の長三郎に譲り、株を譲渡するに至っていたこと、を指摘[55]したうえで、幕末期の村島氏一族の状況と長州藩との関係について、以下のように述べている[56]（長文にわたるが、本章と直接に関わる核心部分であるので、ここに引用しておきたい）。

以上のように村島一族と長州藩が交易を開始する過程の概要を検討してとりあえず言えることは、服部氏のように、村島一族を「マニュファクチュア段階のブルジョアジー」とするのはもとより、「新興産商業の勢力」と把握することの明白な誤りであろう。幕末における日本の産商業の発展段階をマニュファクチュア段階と規定するにせよ、しないにせよ、少なくとも村島一族は、商品生産の発展する勢力に対して、敵対する側に位置していたし、しかもその勢力のために敗退していた訳である。

次に、村島一族と長州藩との交易は、村島一族の前期的商業資本としての順調な展開から展望されたものでないことが明らかである。すなわち、第一に、村島一族は経営的に破綻しつつあったし、第二に、村島長兵衛は、和州買次問屋の権利を譲渡して交易に参加した。また第三に、次の事実に注目すべきだろう。交易開始に際して村島長兵衛の大坂江ノ子島の出店と借家が交易業務に使用されたが、安政六年（一八五九）、出店と借屋は、長州藩によってそれぞれ銀四〇貫目と銀一三貫一二三四文（一二三四匁三分）で買上げられ、以後、長州藩江ノ子島会所となり、村島善之助がその支配役に任命された。店と家は、長州藩の藩有するところになったのである（「先般御廃止之江ノ子嶋会所御払下之儀歎願書」）。明治四年（一八七一）、村島長兵衛と善之助が会所と借家を買戻そうとした時に、長州藩が「入札（公開入札）ヲ以、御売捌」（同前）が適当だと返答している事実は、村島家の権利（保有権）の脆弱さを明白に証明しているだろう。村島一族は、この売払いの翌年に五人扶持と御目見を許された（「産物事」）。

村島家の買戻し願書には、会所の長州藩による買上げは、村島家から願い出たと書かれている。だが注意すべき点は、「店」を領主（長州藩）に買上げられた商業資本は、商品の仕入先すら主体的に選択できないことである。この意味で村島家大坂出店は、前期的商業資本として主体的に活動する条件を欠いてしまったと言わねばならない。村島家大坂出店が村島一族の商行為の重要拠点であったことは、論ずるまでもないだろう。村島一族は、「店」買上げにより、扶持受領などに見られるように、領主権力へ急速に接近できた。しかし、村島一族の大坂出店は、服部氏のブルジョア的指導論とはぜんぜん逆に、商人としての最低の条件たる「店」を買い上げられ、長州藩に従属する商人、「従属商人」となったのである。

村島氏一族（「雄藩との産物交易に参画した、上方の代表的商人」）が長州藩に従属する商人になったとし、雄藩である長州藩が「領主的な意図をもって、中央市場の豪農商を組織した」ことを強調する、この「従属商人」論は、村島氏一族が「経営的に破綻しつつ」あり、商行為の重要拠点であった大坂出店も長州藩によって買い上げられたという点を、主な論拠として構築されている。一見、実証にもとづく妥当な論であるように見うけられるが、はたして論証は正しく行なわれているのだろうか。以下、氏が立論するにあたり主な根拠とした点について、検討しなおしてみることにしたい。

六　「従属商人」論は成立するのか

井上氏は、長州藩との物産交易を開始するようになった時期の村島氏一族の状況について、「経営的に破綻しつつあった」と評されているが、まずこの点について素朴に疑問に思うのは、そもそも「経営的に破綻しつつあった」ような存在を、長州藩が大切な物産の取引相手として選ぶだろうか、ということである。藩を相手に物産交易を行なうためには、交易開始直後に村島長兵衛が「塩七千石も着相成候ハヽ、夕(駄)賃銀取替候而も五拾〆目計之銀子入用相成、付而者綿・木綿買入候而も銀子手廻り致し置候ならて者甚心配仕居候事故、此儀御示談申度」と長三郎に書き送っている[57]ことからうかがえるように、相当な資金力が必要であった。また、雲浜が安政四年（一八五七）三月二十五日付山口薫次郎宛書状[58]のなかで、「産物余程多分の事に候へば、一人にては出来不申候、京にても大家の内、人柄五、六人選び候事に候」と述べているように、「大家」（しかもそのグループ）でなければなしえないことであった。こうしたことから、村島氏一族が「経営的に破綻しつつあった」というのは、いかにも不自然であると感じるのである。

それでは、当時村島氏一族は、実際にはどのような経済状況にあったのか。村島家文書によると、一族のうち、長州藩との物産交易に関わった人物として、本家の長兵衛のほか、長次郎・長三郎・長七郎・内蔵進、さらに市兵衛（長兵衛大坂出店支配人）・藤八[59]（長三郎大坂出店支配人か）・善之助（大坂江ノ子島会所支配人）らの名前を確認できるが、ここでは、史料の制約により、不十分ではあるが、（内蔵進とともに）交易の中心的担い手であった本家の長兵衛の様子について主に述べ、分家の長三郎家のそれについても言及することにしたい。

長州藩との物産交易を行なっていた時期の長兵衛家の経済状況に直接的に示す史料は、今のところ見あたらないが、その前後の時期の同家のそれについては、間接的ながら、以下のような諸事実を確認することができる。

① 飢饉に備えて、天保四年（一八三三）に高田村で囲米を行なうことになった際に、村内で最も多い二〇石もの米を醸出している[60]。

② 弘化三年（一八四六）に、同村の村島屋善四郎（造酒屋）と連名で、銀札の引請所となることを認めてほしいと、津藩の古市銀札会所へ願い出ている[61]。

③ 慶応三年（一八六七）十二月に、年貢皆済用として、一挙に五〇〇両もの金を高田村へ貸与している[62]。

④ 明治二年（一八六九）二月の時点では、すでに繰綿取引からは手を引いてしまっているが、資本力を要する人力油稼をはじめ、質屋、三商売、肥屋、太物絹物屋、荒物屋など、多角的な経営を展開している[63]。

⑤ 明治三年（一八七〇）正月に、窮民救助のため、村内で最も多い二五石の玄米を一挙に醸出している。(64)

ここに示したのは、村島本家が長州藩との物産交易を行なっていた時期よりも前もしくは後の事例であり、しかも同家の経済状況を間接的に示すものばかりであるが、これらの事例からは、同家が「経営的に破綻しつつあった」ようには、とても見えない。同家は、幕末の時点では、もはや「新興」勢力ではなく、服部氏のように「マニュファクチュアの段階のブルジョアジー」とまで高く評価することはできないが、「地方産商業家」であり、のちにブルジョア化するその前身的存在であった。(65)

村島分家の長三郎家の場合も健在であり、慶応期には、同村の田中平助、奈良の辻川半兵衛・岡村左衛門、長尾村の椿本伊右衛門、下田村の村井又治郎ら、大和の豪農商とともに、薩摩藩との物産交易にも参画するに至っている点が、(66)特に注目される。このほか、幕末・維新期の同家に関しては、以下の諸点を確認することができる。

① 元治二年（一八六五）二月に、四〇両の御用金を上納している。(67)

② 明治二年（一八六九）二月の時点で、繰綿・実綿諸国買次問屋をはじめ、質屋、肥屋、塩屋、荒物屋などを兼営している。(68)

③ 明治三年（一八七〇）正月に、窮民救助のため、玄米六石を醸出している。(69)

なお、③に関わって注目しておきたいのは、このとき村内で施行出米を行なった二一軒のうち、六軒が「村嶋屋」もしくは「村嶋氏」と記された家であり、全醸出高一八七石五斗のうち三〇パーセント余にあたる五七石五斗を六軒で醸出しているという点である。この時点における村島氏一族の、村内での勢力の大きさをうかがうことができよう。

つぎに、井上氏が、村島氏一族が長州藩の「従属商人」になったと評価するに際して、重大な論拠とされた、長兵衛の大坂出店の買い上げをめぐる問題について、検討しよう。そうした評価を下すにあたって、氏が導きの糸とされた史料は、明治四年（一八七一）二月に、村島長兵衛と善之助が長州藩の産物方へ提出した、つぎの願書(70)であった。重大な史料であるので、全文を紹介しておこう。

乍恐御歎願奉申上候

一　去ル巳年已来御国産御取立被為遊候ニ付、江ノ子嶋御会所御買上ケ奉願上候所、去ル未年御買上ケ相成、則御銀四拾貫目御下ケ相成、尚又借家壱ヶ所御銀弐拾貫弐百卅四匁三分是亦御下ケ被為成下、善之助江支配被仰付置、難有仕合奉存候、然ル所近年御変革ニ付御産物御廃シ被仰出候ニ付、一昨年来より数度御歎願奉申上候通り、私シ共是迄之御由緒之廉ヲ以御下切被下置候様奉願上候処、尤之儀ニ者被思召候得共、御上様ニも御変革之折柄故右願之儀者御許容難相成旨御沙汰被仰付、恐入奉畏候、依之右会所手広御直聞之上御売払相成候段及承り候得共、前御買上ケ時節より者当時万物騰貴之時節故、大小御売上ケニも可相成候得共、其頃より者余程年限も相立居、追々造作等も仕候儀ニ而表立失費も有之、尚手広ク御直聞被仰付候而ハ隅々迄被見留、善之助儀も前年より当地へ名前迄引越し居候事ニ御座候ニ付、世間へ面目旁気の毒千万、且者善之助眼前住居之場所も無御座、何卒是迄奉蒙御懇命候程之儀ニ付、前御買上ケ直段ニ而御下ケ被成下候ハヾ右代銀者速ニ一時ニ御上納可奉申上候間、此段深ク御憐愍ヲ以右之次第御許容被成下度、取縋而奉願上候

右之趣御聞済被為成下候ハヾ広太之御慈悲難有仕合奉存候、以上

明治四年
未二月　日

村嶋長兵衛　㊞
村嶋善之助　㊞

長州様
御産物方
御役人中様
(貼紙)「本書手広入札ヲ以御売捌可被仰付候処、依歎出会処并御貸家共弐廉金千両ニ〆御売渡被仰付候事」

この史料には、井上氏が指摘されるとおり、村島家側からの願い出によって、「未年」（安政六年）に大坂江ノ子島に長州藩の会所が設けられることになり、その買上げ代銀と借家一か所の買い上げ代銀が同藩から下げ渡され、村島善之助が同会所の支配役に任命されるようになった、という経緯が確かに記されている。しかし、このときに買い上げられたのが「村島長兵衛の大坂江ノ子島の出店と借家」であったというようなことは、文中には一言も書かれてはいないのである。前述したように、長兵衛の大坂出店は江戸堀三丁目にあったのであり、村島家文書によってみるかぎり、江ノ子島に出店があったという形跡はみられない。

この願書（明治に入り、江ノ子島会所が物産交易のためには使われなくなった後に提出された）のなかで、長兵衛らが同会所と借家の売り渡しを求める理由としてあげているのは、①これまでに「造作等」も行ない「不表立失費」もあった、②善之助が「前年より当地へ名前迄引越し」ており、他人へ売却されることになると「眼前住居之場所」もなくなり、世間への面目も失ってしまう、という二点であり、それ以外の事情についてはふれていない。同会所と借家がもともとは自らの出店であり借家であったとすれば、当然そのことに言及したはずである。この出願に対して、長州藩側が、（最終的には応じるに至ったものの）本来は「手広入札ヲ以御売捌」を行なうのが適当であるとの判断を示している点も、安政六年（一八五九）に同藩が買い上げたのは「村島長兵衛の大坂江ノ子島の出店と借家」ではなかったと仮定してみれば、難なく理解できるように思われるのである。

以上のことから、「村島一族」は「商行為の重要拠点」であった長兵衛の大坂出店を買い取られることによって、「商業資本として主体的に活動する条件」を失い、長州藩に従属する商人になったとする井上氏の説は、成立し難いと考える。もともと江ノ子島には長兵衛の出店や借家は存在しなかったと見なされるのであり、万々一井上氏がいうようにそこにも出店がありそれが買い上げられたことが事実であったとしても、長兵衛の大坂出店が江戸堀三丁目にあったほか、長三郎も大坂に出店をもっていたようであり、「村島一族」が「商業資本として主体的に活動する条件」を欠くようになったとは、とうてい言うことができないのである。

それではなぜ、村島長兵衛は、大坂の江ノ子島の地に会所を設けることを、長州藩へ願い出るに至ったのだろうか。これには以下に述べるように塩の流通問題が深く関わっており、会所を設ける地としては、塩船繋留場があり以前から塩市が行なわれていた江ノ子島[71]こそふさわしい、という判断にもとづくものであったと思われる。

前述したように、安政四年（一八五七）の交易開始後、長州藩から三田尻産の大量の塩が大坂へ積登せられてきた。村島方では、江戸堀三丁目にあった長兵衛の出店で塩を保管するとともに、長兵衛と内蔵進が出坂し、その取引を認めてくれるよう大坂の塩問屋中へかけあいに及んだが、九月三十日付長三郎・長七郎宛書状のなかで「此間より塩一条塩問屋共かれこれ六ケ敷申居候」と内蔵進が述べているように、交渉は難航した。従来大和向けの塩は大坂の塩問屋が取り捌いており、村島の塩取引は彼等の権益をおびやかす性質のものであったからである（これに関わって、長兵衛が大和高田の長三郎へ、「御地ニ而御咄し之義御無用と申上候義者、余り多分御贈りニ相成候故、又々御地塩商人より当地塩問屋江彼是申越し候而者不宜候間、此段御含置可被下候」と、九月二十五日に書き送っていることも注目される。また、さきに引用した内蔵進の書状には、「塩魚類」の取引についても、交渉が難航したが、これについては大坂問屋側の了解をなんとかかえることができた、という記述もみられる）。

こうした事態に直面した長兵衛と内蔵進は、荷受した塩の大和への販売ルートを確保するために奔走し、「水戸屋敷吉川左右輔」の「引合」により、堺の住吉橋具足屋文兵衛に塩の荷継を依頼し、了解を得るに至った(72)。その後、大和へは、五條の下辻又七が、「追々国元より左海（堺）住吉橋具足屋文兵衛方江御積登せ二相成、専商内出来候様之風聞承り居候」と述べているように(73)、このルートを通じて塩が送られることになったのである。

さらに、その翌年には、長兵衛らは「塩大坂津越」の実現（具体的には長州藩の「国産塩」を大坂を経由して「京都・近江其外」へ販売するルートの形成）のためにも尽力し、「先年阿州塩大坂津越」の実現に貢献した大坂町奉行所与力山本善太夫に(74)「内談」に及んだ。これをうけての山本の意向は「御館入被差免候ハ、存分之取計仕度」というものであり、長兵衛らから本件について報告をうけた長州藩は、安政五年（一八五八）九月十三日付で山本を「御館入」として処遇するに至っている(75)。

このあと、山本がどのような働きをし、どのようなサジェッションを与えたのかを具体的に記した史料は見あたらないが、懸案であった「塩大坂津越」のルートが実現するようになったことは、これに関わった村島長兵衛・内蔵進が万延元年（一八六〇）十一月二十九日に褒賞され、「扶持方五人分宛」を給されるに至った際の文面(76)からうかがうことができる。

扶持方五人分宛
村島内蔵之進
村島長兵衛

右国産取開候付而ハ、去ル巳ノ年以来引続不容易被致心配、就中大坂塩津越一件不一形難渋之次第も有之候処、種々之作略を以程能相調、其後遠路之出萩彼是雑費も不被相厭、一途御誠心之段被致太慶候、就而

ハ追々国中之潤沢猶漸々手広可相成之処、此往以万端駈引不容易事ニ付、乍纔用達中前書之通被致進入候事

されている。

ここには、「種々之作略」によって、懸案であった国産塩の「大坂津越」が実現するようになったことが記されている。

前置きが長くなったが、その主要な「作略」として、前年における大坂江ノ子島会所の設立を位置づけることができるのではないか、というのが私の考えである。これに関わって、注目しておきたいのは、十月十二日付周布政之助宛福原与三兵衛書状に、(77)「太郎右衛門事ハ御国産会所之名目有之、追々買手注文等も有之」と記されているように、京都にも長州藩の国産会所が設けられ、大黒屋太郎右衛門方がそれにあてられている、という事実である。大坂江ノ子島における会所の設立は、当地に積登せられてきた塩を、藩の蔵物という形にして、大坂塩問屋中の反対の声を封じこめ、「大坂津越」(長州藩→大坂江ノ子島会所→京都国産会所というルートでの「京都・近江其外」への「国産塩」の販売)を実現するための「作略」であったと考えられるのである。

おわりに

本章では、従来未紹介であった村島家文書も活用して、幕末に行なわれた大和高田の豪商村島氏一族と長州藩との物産交易の内容を明らかにするとともに、両者の関係についての検討を行なった。その結果、村島氏一族は長州藩の「従属商人」になったとする井上氏の論は、実証面に大きな問題があり、成立し難いものであることを論証することができたと思う。もちろん、西南雄藩による絶対主義的統一市場形成という脈絡のなかで

提示された氏の「従属商人」論は、村島氏一族についての分析を屋台骨としているものの、それのみによって構築されたものではない。しかし、村島氏一族のライバルであり、氏がやはり「従属商人」として位置づけた大坂の丹波屋[78]のケースに即しても、最近批判的な見解が示されるに至っており[79]、氏の「従属商人」論やこれと表裏一体をなす「雄藩による絶対主義的統一市場形成」論については改めて検証しなおす必要があるように思われる。

これをはじめとして、なお残された課題も少なからず存するが[80]、最後に、長州藩との物産交易に参画した上方の豪農商の主体性がよくうかがえる事例として、村島分家の長三郎が慶応期には薩摩藩との物産交易にも参画するようになったという事実（既述）のほかに、以下の二例を紹介して、本章を終えることにしたい。

その一つは、梅田雲浜が、安政四年（一八五七）十月四日に五條の下辻又七に宛てて出した書状[81]の内容である。そのなかで雲浜は、「若州」さらには「北海道七ヶ国・奥羽・松前・蝦夷」などへの薬種販売の新ルートの開拓の件について述べているが、それらはいずれも「貴兄」の「知恵」によるものだとし、感謝の意を表している。下辻又七の側に視線を注げば、彼は「知恵」をはたらかせて「計略」を練り、物産の販路拡大のために雲浜を活用しようとしていたと言うこともできよう。

もう一件は、文久三年（一八六三）三月に、乾十郎が、村島内蔵進・山口薫次郎とともに、吉野川の分水を計画し、これが実現すれば大和国中（奈良盆地）で二〇万石の米を増産でき、有事の際に京都の食糧を確保することができるとして、該事業の推進を国事御用掛であった中川宮に願い出ていることである[82]（周知のように、このあと乾は天誅組に加わったが捕えられ、京都において処刑されるに至っている）。

このように、彼等は彼等なりに、新しい時代を切り拓くべく、経済の分野を中心に、人によっては政治の分野においても、主体的な活動を展開していたことが確認されるのである。

〔註〕

（1）服部之総『志士と経済』（岩波文庫、一九三四年）・『近代日本のなりたち』（青木文庫、一九六一年）、井上勝生「尊王攘夷運動と公武合体運動」（『講座日本近世史』7所収、有斐閣、一九八五年、のち『幕末維新政治史の研究』〈塙書房、一九九四年〉に収録）・『開国と幕末変革』（講談社、二〇〇二年）。このほか、田中彰「幕末薩長交易の研究（一）・（二）」（『史学雑誌』六九編三・四号、一九六〇年）などでも言及されており、その後荒武賢一朗「幕末期における大坂商人と西国諸藩」（『明治維新史学会報』四一号、二〇〇二年）が発表されている。

（2）井上前掲註（1）論文一七二〜一八〇頁参照。

（3）同右一九一頁。

（4）大和高田市内本町、村島正一氏旧蔵（現在、奈良県立図書情報館で保管）。なお、村島氏一族と長州藩との物産交易について、地元の自治体史である『大和高田市史』（一九五八年）・『改訂大和高田市史』後編（一九八七年）では全く言及されておらず、『大和高田商物語』（一九九六年）ではふれられているものの「長州との交易計画は実現せずに挫折」（六九頁）したと、誤った評価がなされている。

（5）田中彰「幕府の倒壊」（『岩波講座日本歴史』近世5所収、岩波書店、一九七五年）など参照。

（6）天保十三年三月「諸色取締方儀ニ付奉伺候書付」（『大阪市史』第五、六三九〜六八五頁所収）。

（7）天保十三年十月「諸国産物売買悪弊改革之事」（『大阪編年史』二〇巻、三〇一・三〇二頁所収）。

（8）天保十四年四月「上方筋へ積登候荷物を、赤間ヶ関其外瀬戸内浦々等へ出張、羅買致間敷事」（『大阪編年史』二〇巻、三六〇・三六一頁所収）。

（9）田中前掲註（1）論文参照。

（10）井上前掲註（1）論文一七六・七頁参照。

（11）高田に関する以上の記述は、『改訂大和高田市史』後編などによる。

（12）欠年「乍恐奉願上口上書」（『改訂大和高田市史』史料編三五一〜三五五頁所収）。

（13）同右三六三頁所収。

(14) 元文元年「大和国葛下郡神楽村差出帳」(同右六二二～六二五頁所収)、寛保四年「(曽根村)村明細帳」(同右五七八～五八一頁所収)。
(15) 林玲子『江戸問屋仲間の研究』(御茶の水書房、一九六七年)第一章第一節、谷山正道「近世大和における綿作・綿加工業の展開」(『広島大学文学部紀要』四三巻、一九八三年)参照。
(16)「乍恐謹而返答言上」(『改訂大和高田市史』史料編一四三～一四五頁所収)。
(17) 安永二年「綿方一件」(『斑鳩町史』史料編四二〇～四二六頁所収)。
(18) 前掲註(15)と同。
(19) 杣田善雄「和州繰綿買次問屋仲間の存在形態」(『日本史研究』一六〇号、一九七五年)参照。
(20) 同右。
(21)『大和高田市史』二八一頁。
(22) 杣田前掲註(19)論文参照。
(23) 谷山前掲註(15)論文参照。
(24) 同右、および『改訂大和高田市史』後編一一六～一二一頁参照。
(25) 同右。
(26) 明和六年「葛下郡高田村様子大概書」(『改訂大和高田市史』史料編三六三頁所収)および『大和高田市史』二四二頁による。
(27) 佐伯仲蔵『梅田雲浜遺稿並伝』(有朋堂書店、一九二九年)一二三～一二六頁。
(28)『梅田雲浜関係史料』(東京大学出版会、一九七六年復刻)八一～八二頁所収。
(29) 同右九六～九九頁所収。
(30) 安政四年三月二十五日付山口薫次郎宛書状(前掲註(28)と同)。
(31) これについては、田中彰『幕末の藩政改革』(塙書房、一九六五年)二〇六～二一九頁を参照。
(32) 佐伯前掲註(27)書一二六頁。
(33) 同右一二七頁。

(34) 同右一二七頁。
(35) 同右一四三頁、註(30)と同書状などによる。
(36) 前掲註(30)と同書状。
(37) 前掲註(29)と同。
(38) 七月十四日付長兵衛・長三郎・長次郎宛内蔵進書状、七月十五日付「先触」(ともに村島家文書)。なお、以下の本文中で引用したり内容紹介を行なっている書状などのうち、註記していないものは、いずれも村島家文書である。
(39) 佐伯前掲註(27)書一四三頁。
(40) 安政五年八月十五日「乍恐以書付奉申上候」(山口県文書館毛利家文庫「部寄」に収載)。
(41) 安政五年八月二十日「乍恐以書付奉申上候」(同右)。
(42) 安政五年九月二日「乍恐口上書」(同右)。上平主税は、十津川郷士の中心人物で、のちに横井小楠の暗殺に関わった。なお、十津川から長州への販売品は材木であった。
(43) 長三郎は本家を継ぐ立場にあったが、甥に本家を任せ自らは別家した、という話を村島家でうかがった。長兵衛が長三郎にあてた書状に「今　伯貴様」と記しているのは、このことに符合する。長三郎が本家にかわって繰綿の買次問屋を営むようになったのも、あるいはこうした経緯と関わりがあるかもしれない。
(44) 三宅紹宣「幕末期長州藩における綿織物の生産形態」(『産業の発達と地域社会』所収、渓水社、一九八二年、のち『幕末・維新期長州藩の政治構造』〈校倉書房、一九九三年〉に収録)参照。
(45) 長州藩の大坂蔵屋敷については、森下徹「萩藩蔵屋敷と大坂市中」(『近世大坂の都市空間と社会構造』所収、山川出版社、二〇〇一年)を参照。
(46) 安政四年九月十七日付長三郎宛長兵衛書状。
(47) 永原慶二氏の推定(『新・木綿以前のこと』、中公新書、一九九〇年)にしたがい、二〇〇匁の繰綿で白木綿一反を織り出せると仮定して計算すると、六〇〇本(一本に六貫二〇〇匁入)の繰綿から年間に一万八六〇〇反の白木綿を織り出せることになる。

(48)『防長風土注進案』（山口県文書館、一九六一〜一九六四年）による。
(49)服部前掲註(1)『近代日本のなりたち』一六四頁。
(50)前掲註(28)と同、八六〜八八頁所収。
(51)前掲註(49)と同、一六三頁。
(52)同右一六五頁。
(53)『服部之総著作集』第一巻（理論社、一九五四年）参照。
(54)井上前掲註(1)論文一八五頁および一九九頁の記載を要約。
(55)同右一八一〜一八三頁。
(56)同右一八三〜一八五頁。
(57)九月二十五日付「追啓内用」。
(58)前掲註(28)と同。
(59)村島家文書によれば、当時藤八は大坂で活躍しており（所在地は不明）、高田の長三郎を「御主人」と呼ぶ存在であったことがわかる。
(60)天保四年十一月「村々囲米取締書上帳」（『改訂大和高田市史』史料編三七六〜三八〇頁所収）。
(61)弘化三年八月「乍恐奉願上口上書」（同右三八一〜三八二頁所収）。
(62)慶応三年十二月「銀子借用証文之事」（堀江彦三郎『高田の星』三〇〇〜三〇一頁所収）。
(63)明治二年二月「諸商売諸職人取調書上帳」（葛城市新庄・角尾家文書）。
(64)明治三年一月「（高価ノ時ニ当リ窮民救助ノ記録）」（『改訂大和高田市史』史料編四一八〜四二二頁所収）。
(65)年代が下がるが、大和紡績株式会社や高田銀行設立の中心人物となったことなどを念頭においている。
(66)これについては、『大和高田市史』三〇三〜三〇七頁や、「大和薩州産物会所取建の時期と場所について」（『東亜大学研究論叢』二一巻二号、一九九七年）をはじめとする長谷川洋史氏の一連の研究を参照されたい。
(67)元治二年二月「御用金員数請印帳」（『改訂大和高田市史』史料編四〇二〜四〇四頁所収）。
(68)前掲註(63)と同。

(69) 前掲註(64)と同。

(70) 国立史料館所蔵。

(71) 『大阪府の地名』（平凡社、一九八六年）五三五頁参照。「元禄年間には百間堀川に面して塩船繋留場ができ、享保十年（一七二五）から塩市が許可された」とある。

(72) 安政四年九月三十日付長三郎・長七郎宛内蔵進書状。

(73) 前掲註(41)と同。

(74) 二年後になるが、安政七年（一八六〇）の時点では、「地方役」「吟味役」「盗賊役」をつとめていたことが判明する（大阪府立中之島図書館所蔵「(大坂武鑑)」による）。

(75) 安政五年九月九日「(山本善太夫の処遇につき伺状)」、同九月十三日「(山本善太夫を「御館入」として処遇する旨申渡)覚」（ともに山口県文書館毛利家文庫「部寄」に収載）。後者には、「先達而戸田与五郎其外御館入被仰付候節之御振合ヲ以御取許可被成候」という記述もみられる。なお、「御館入与力」については、藪田貫氏の「『御館入与力』について」（『日本史研究』四一〇号、一九九六年、のち『近世大坂地域の史的研究』〈清文堂出版、二〇〇五年〉に収録）があり、「情報のチャンネルおよびアドバイス」がその「存在意義」であったとされている。

(76) 山口県文書館毛利家文庫「自安政四年八月至元治元年　産物事」に収載。

(77) 山口県文書館毛利家文庫「綴込記録け印」に収載。

(78) 「薩州御交易記録」七ノ一（山口県文書館毛利家文庫）の文久三年（一八六三）正月の記事には、「当地丹波屋由兵衛、村嶋長《(兵)》衛と中悪敷候」という一文がみられる。なお、丹波屋由兵衛については「大嶋郡之木綿を引受候家」、村島長兵衛については「御国産物引受人　江之子嶋ニ御国之会所有之」と記されている。

(79) 西向宏介「近世後期の特産物をめぐる政策と流通」（『流通と幕藩権力』所収、山川出版社、二〇〇四年、一〇五～一〇九頁）参照。

(80) 長州藩との物産交易がいつまで続けられ、どのような事情で行なわれなくなったのかという点や、村島氏一族内部の家や出店の関係がどうなっていたのかという点など、クリアーにできなかった問題がある。また、薩摩藩と大和の豪農商との物産取引に関する分析など、さらに取り組まなければならない課題がある。

(81) 前掲註(50)と同。

(82) 文久三年三月「乍恐口上書」(『贈正五位乾十郎事蹟考』二六～三〇頁所収)による。

第六章　幕末の社会情勢と地域知識人
――大和の碩儒谷三山の言説と門人たち――

はじめに

幕末・維新期は、言うまでもなく日本歴史上の大きな変革期の一つであり、この時期を「世直し状況」期として捉える有力な見解[1]も存在する。国家形態の面から言えば、近世幕藩制国家から近代天皇制国家への移行期として捉えることができるが、そうした変革を外から促す力となったのが、欧米資本主義列強の進出という国際的な環境、すなわちウエスタン・インパクトであった。

幕府は、ペリーが再度来航した嘉永七年（一八五四）に「開国」に踏みきり、安政五年（一八五八）には通商条約を締結して、翌年から欧米列強諸国との貿易を開始するようになった。国内では、これ以降、尊王攘夷運動が公武合体運動と対抗・交錯しつつ展開されることになり、その後、紆余曲折をへて出現するようになった討幕派によって、維新変革への道が切り開かれていくことになった。

こうした幕末期において、地域で生きた人々は、どのような思いを抱いて時代の大きなうねりを見つめ、どのような活動を展開するようになったのか。本章では、知識人（儒者）であった大和八木の谷三山に光をあてて、この問題にアプローチすることにしたい。

ところで、幕末の大和を代表する儒者であった宇智郡五條村出身の森田節斎は、「高取に過ぎたるものが二つあり　山のお城に谷の昌平」という一首を残している。[2]「山のお城」というのは「日本三大山城」の一つにも数えられる高取城のことで、「谷の昌平」というのは、高市郡八木村（高取藩領）の谷三山のことである（「昌平」は通称、「三山」は号で大和三山に因む。なお、諱は「操」で、字は「子正」または「存誠」）。三山は、節斎にとどまらず、吉田松陰なども教えを請いにやってくるほどの、卓越した儒者であった。

三山は、享和二年（一八〇二）に生まれ、慶応三年（一八六七）の末に没している。彼が成長し、活躍したのは、内憂外患が深まり、明治維新に向けて時代が大きく推転していく、まさに激動の時期にあたっていた。三山は、身体的な障害をもちながらも、ほとんど独学で学問を究め、家塾「興譲館」を開いて多くの門人を育成するとともに、高取藩に出仕し、国内外の動きを見据えながら、活発な献策活動を展開した。

そうした三山に関する先行研究には、戦前のものが多く、伝記的な研究や障害者という側面に注目した研究が中心であった。[3]前者の代表作は、大伴茂氏の『聾儒谷三山』で、関係史料にもとづいて、三山の経歴や学風、師弟関係、著作や言説など様々な面にわたって、目配りのきいた叙述がなされている。また、三山の没後五十年にあたる大正六年（一九一七）には、高市郡教育会によって『三山谷先生遺稿』が公刊され、これに関連して「三山谷先生傳記史料」も編集されている。[4]戦後の成果は数少なく、若干の伝記的な研究や啓蒙的な論稿[5]のほかに、「谷三山の尊王攘夷思想について」と題した大月明氏の論文[6]が見られるのみである。大月氏の研究では、三山の学問上の立場とともに、政治・社会に関する言説のあり方について論じられており、言説の時期的な変化についても言及されているが、思想史が専門である故か、その変化を促す大きな要因となった社会情勢についての論究が弱いように思われる。

以上のような研究状況をふまえて、本章では、「幕末の社会情勢と地域知識人」という論題を掲げ、関係史料にもとづいて、身体的な障害を有する知識人として、居村をほとんど離れることなく一生を送った、谷三山の足跡をあとづけるとともに、国内外の情勢との密接な関連のもとに、また地域社会の状況も視野に入れながら、天保改革期、開国期、さらには開港以降における三山の活動と言説のあり方（その特質と変化）について、分析することにしたい。また、彼と交流のあった人々や、彼が開いていた「興譲館」で学んだ門人たちの活動ぶりについても、新出史料（一部）を活用しながら言及することにしたい。

なお、三山のような存在を指す表現として、これまでは「地方文人」「地方知識人」「在村文人」「在村知識人」「地域文人」「地域文化人」といった呼称が用いられてきたが、(7)「地方」には中央に対する地方、「在村」には都市に対する田舎、「文人」には風雅人というニュアンスが、それぞれ含まれている。(8)本章では、研鑽を重ねて儒者となり塾主となった三山が、高取藩儒となった後も八木を拠点に活動し、国内外に関する情報を入手して天下国家を論じながらも、地域に生きる人々の生活に思いを馳せ、「民生」の安定をベースに立論するという姿勢を一貫して保持していたという点に着目して、「地域知識人」という表現を用いることにした。

一　聾儒谷三山と「興譲館」

(1)　全聾の碩学――八木村での三山の自己形成

谷三山は、享和二年（一八〇二）に、谷孫兵衛の三男として、大和国高市郡八木村で生まれた（幼名は「市三」で、その後「新助」、晩年には「昌平」と称した）。谷氏は、かつて桜井地方を支配した桜井氏の後裔で、永正年間の「談山ノ役」で長子忠定が落命した後、次子忠高が谷に居を移して谷氏と称するようになり、その後三山の祖父致親の代になって、八木に移り住むようになったと伝えられる[9]。

谷三山が一生を過ごした八木の地は、古代大和の大路であった「横大路」と「下ツ道」との交差点にあたり、江戸時代にも初瀬街道（大坂往還、伊勢往還）と中街道（吉野往還）とが交差する要衝の地として、賑わいを呈していた。その様子について、嘉永元年（一八四八）に刊行された『西国三十三所名所図会[10]』には、「八木の町の札の辻ハ、東ハ桜井より泊瀬にいたる街道、南ハ岡寺・高取・吉野等への道すじ、西ハ高田より竹内・当麻への往還、北ハ田原本より奈良・郡山への通路にして、四方往返の十字街なれバ、晴雨暑寒をいとわず、平生に旅人間断なく至って賑わし、毎朝札場の傍において魚市あり、此辺いづれも旅籠屋にて、家作ひろく端麗なれバ、伊勢参宮の陽気連、駕をつれたる大和巡り、両掛持たせし西国順礼なんど、日の高きを言ずして、ここに宿る、所謂近隣においての繁花なり」という記述が見られる。このように、多くの旅人が行き交い、賑わいを呈していた八木は、様々な情報が入ってきやすい場所でもあった。

江戸時代の八木は、初瀬街道を境に、北側の十市郡北八木村（村高一三九石余）と南側の高市郡八木村（同四六五石余）とに区分され、谷三山が生きた時期には、前者は幕領、後者は高取藩領に属していた（なお、天明七年（一七八七）における前者の戸数は一四一（家持五四・借家八七）軒で、年不詳ながら江戸後期における後者の戸数は二六八（家持九四・借家一七四）軒、人口は九四〇人であった[11]）。

このように当地は、行政的には「村」として把握されていたが、「伊勢参宮」「大和巡り」「西国順礼」など庶民の旅の盛行や、周辺地域における商品生産の進展に対応して、町場として発展するようになり、両街道の交差点である「札の辻」を中心に、「端麗」な旅籠屋や様々な商家が街道に沿って軒を連ねるようになっていた。同一年度の史料ではないが、文政二年（一八一九）の八木村と天保十三年（一八四二）の北八木村の調査書によれば、当地には旅籠屋が計九軒あったほか、加工業（造酒屋・造醤油屋・絞油屋など）や金融業（質屋など）を営む者、食料品（米・魚類・青物類・菓子類など）・衣類（木綿類・絹類）・日用雑貨（荒物・小間物・金物・瀬戸物など）・嗜好品（煙草など）・薬・燃料（薪木）・肥料などを販売する商人、大工・左官・桶屋・畳屋・紺屋・綿打・髪結といった各種職人など、多くの商人・職人が存在していたことが知られる。(12)

「札の辻」のすぐ近く（南方）の、「中街道」に面した場所にある谷三山の生家（「倉橋屋」）も、そうした商家のなかの一軒であり、父孫兵衛（重之）の代には米穀商を営んでいた。裕福な家であり、三山の父は、家業に精励するかたわら、楽軒と号して、和歌をよくし、厚亭と号した長兄（重縉）も、学問を好み、詩文に秀でた人物であった。(13) そうした家庭環境のもと、三山は孫兵衛家の三男として生れ、父や兄の影響を受けながら成長していったのである。

三山は、自らの幼少期から青年期までの足跡について、後年につぎのように記している。(14)

私事幼少ヨリ多病ニテ父母ノ世話無涯候、十五、六歳ヨリ遂ニ聾ニ相成、売買モ出来兼ネ、身体極メテ虚弱ニ候へバ、耕耘ナド出来不申候、自是一室ニ引籠、書物ヲ玩ビ申候、父母モ不憫ニ存ジ、其意ニ任セ、家事ヲバ一切不申付候、是迄四書ノ素読成就不仕程之事ニ候得共、字引ヲ師トシ、取違ダラケニ読申候、書籍ハ弐拾年余ノ間凡数千巻ヲ渉猟仕候、然シ全躰虚弱ノ身、アマリニ勤メ候へバ、唇腫レ歯痛ミ目モ昏ク相成候故、閑談ニ時ヲ送リシ事惟多ク御座候

この記述からうかがえるように、三山は幼少から虚弱で、（十一歳の時にほとんど耳が聞こえなくなり）十五、六歳からは全聾となった。そのため、家業の手伝いもできなくなったが、（幸いなことに裕福な家であり）学問にも理解があった家族に支えられながら、読書三昧の日々を送った。一室に引き籠り、「字引ヲ師トシ」て、二十余年の間に「凡数千巻ヲ渉猟」したという。当初は稗史類を好んで読んでいたが、長兄の戒めもあって学

問を志すべきであると考えるようになり、中国の史書・経書・子類、日本の史書をはじめ、数多くの書物を読破し、思索に没頭するようになった（これに関連して、大坂北久太郎町四丁目の河内屋新次郎が「出入之書肆」の一人であったことが知られる。[15] その成果として、二十三歳の時には、最初の作品である『淡庵管見』（「淡庵」は号）を著すまでになっている）。

三山は、二十代の半ばに、友人の一人であった前川仲質（阿波の人）宛の書状のなかで、「僕草莽に生れ、闆闔に長じ、未だ嘗て教えを君子の門に受けず」と述べているように、[16] 著名な学者に師事することはなく、独学で研鑽を重ねてきたが、二十八歳の時に、長兄とともに京都に赴いて、著名な折衷学派の老儒猪飼敬所（当時六十九歳）の居宅を訪ね、経書をはじめとする諸書に精通していた大先達から教示を得る機会に恵まれた。文政十二年（一八二九）の初夏のことである。この時、三山と筆談した敬所は、その学識に驚き、「清儒の博洽にも勝るべし、老拙の及ばざるところ」と述べたという。[17] これ以降二人の間で書信による問答が重ねられるようになり、五年後の天保五年（一八三四）九月には、敬所が八木の三山宅を訪れるに至っている。この折のことについて、敬所は、門人川村貞蔵宛の書状のなかで、「十九日八木に至り、四日逗留、谷新介と昼夜筆話、彼蔵書に富候上に、大坂書林より金銀を不厭、新渡の書籍借覧致し候故、其の博覧強記、老拙に勝ること数倍」と報じており、[18] その二年後には「相在室」と認めた扁額を三山に贈っている。なお、直接に交わる機会はなかったが、三山は敬所を介して頼山陽とも交流するようになっており、天保三年（一八三二）に山陽が亡くなった後には、その形見として子息支峯から「陶鋳万古」の四文字が刻まれた大理石の印章を贈られている。

(2)　家塾「興譲館」での教育と門人

猪飼敬所から教示を得ることはあったものの、ほとんど独学で研鑽を重ねてきた三山の学風については、折衷的な幅広い内容を有しており、朱子学を基盤としながら、古学（古義学や古文辞学）の成果も取り入れ、古文を尊び考証を重んじる傾向が強かったことが指摘されている[19]。

そうした三山のもとで学ぼうとする者も、「弐拾歳以後」には「チラチラ」参るようになり、二十四歳の時には、八歳年上の田原本の吉村柳亭が入門している。その後、敬所との交流が深まり、三山の名が知られるにしたがって、教えを受けにやってくる者が増加するようになり、「自己ノ読書大ニ減ジ申候」と三山が嘆息するような有様となっている[20]。

このように三山は、門人の教授にあたるようになり、自らの家塾を「興譲館」と称するようになった。その命名年度は不明であるが、天保十一年（一八四〇）八月には「塾約[21]」を定めるに至っている。その前文には、三山が二十余年という長年にわたって学問に励み、「古人之書」を読み「聖賢之道」を学んできたことが記されており、耳が全く聞こえない自分が「君」や「民」のためにできることは、自らの著作や難解な書物の注釈書をまとめて「後世」に残すことであり、学問を志す人々のために役立つことを心より願っていると述べられている。これに続いて記されている「塾約」の内容は、つぎのようなものであった（一部省略）。


一「素読」・「講義」・「質問」は、朝一度に限る。但し、これまでよりは丁寧に行なう。

一弁当持参者や寄宿者には、「上足」の者が午後にもう一度「素読」を代教する。

一朝に来る人が多く、半日の間に教えられない場合は、これまでのように「高足」の者の助けを借りる。

一当村の者で「七ツ時」に来る者には、私が親しく「素読」を教えるつもりだが、多忙な日には「代教」による。

一『詩経』の「講義」だけは、午後に別に行なう。但し、手を打って呼んだ時には、ただちに出席すること。

一 『詩経』の「講義」を聴く者が三人以上いれば、必ず始めるようにする。遅れてきた者は、すでに聴いた者から教えてもらうようにし、もし私から直接に教えを受けたいと思う者がいれば、翌日の朝の業を止めて教授する。一日、二日欠席した者についても、これに準じる。

一 『詩経』の「講義」を途中から聴く者で、その前の部分を聴きたい場合にも、前項のようにする。

一 『詩経』を卒業して、『書経』『礼記』『易経』『春秋』に進む時も、一々『詩経』の例と同じようにする。

一 『詩経』の講釈の終了後、わからないところがあれば、「質問」に答える。そのあと、一度だけ質問を持ってきてもよい。他書についての「質問」も、一つや二つであれば午後に対応する。多い場合には、翌朝早くに来ること。

一 「訳文」の試験を、毎月二、九の日と定めて実施する。この日は『詩経』の「講義」は休みとする。

「塾約」の後文には、「聖人之道ハ、礼ヨリ先ナルハナシ、礼ノ実ハ敬譲ノ二字ニ限レリ、(中略)書ヲ読ハ、マサニ以テ君子タラントスルナリ、(中略)凡ソ吾塾ニ入シ者、各長ヲ敬シ、幼ヲ慈シ、人ヲ先ンジテ己ヲ後ニシ、威儀秩々、言語諄々、一々古道ヲ以テ自処シ、小人之腸ヲ洗テ、君子ノ域ニ躋ベシ」という文章が見られ、「聖人之道」を守り、「古道」に照らして自ら善処し、「君子ノ域」に近づくことが学問の目的であるとされている点が注目される。

「塾約」によれば、「興譲館」での教育は、儒書の「素読」・「講義」・「質問」、『詩経』の「講義」と「質問」、「訳文」に力が注がれており、『詩経』をマスターした者は、『書経』『礼記』『易経』『春秋』へと段階的に進むようになっていたことがわかる。また、「塾約」の後文には、「マヅ早朝ヨリ午飯マデ、面モフラズ各読書ヲツ

表　谷三山の門人一覧

〔奈良奉行所役人〕 橋本謙蔵、橋本謙之介（関係者）、橋本豊三郎（同）
〔高取藩士〕 内藤猛
〔十市郡田原本村　旗本平野氏家中〕 ○吉村信之助（柳亭）、下間頼寵、斎藤
〔高市郡池尻村　旗本神保氏家中〕 吉川
〔百姓・町人〕 太田遠道（八木）、長倉（八木）、河合（八木）、吉川勉（十市郡常盤村）、岡橋光之助（十市郡吉備村）、十市ノ玉井（十市郡）、生田ノ高瀬両家共（十市郡）、下り尾ノ内藤（十市郡）、○森鐵之助（竹亭　高市郡田井庄村）、田井庄ノ藤井（高市郡）、前部吉次郎（重厚　高市郡小房村）、石井竹〔武〕次郎（高市郡石川村）、石川（高取）、竹田（高取）、下河邉（高取）、○上田民右衛門（淇亭　山辺郡備前村）、八尾ノ大西（式下郡）、中野利右衛門（葛上郡名柄村）、○岡本富次郎（通理　葛下郡高田村）、楠奈良之助（葛下郡畑村）、○久保耕庵（宇陀郡松山町）、上市ノ三足蛙ノ主人（吉野郡）
〔医者〕 常盤ノ眼医者細田（十市郡）、大福ノ医者萩野（十市郡）、上品寺ノ堤医者（十市郡）、鳥屋ノ医者増田（高市郡）、曽根ノ医者（高市郡）、三輪ノ医者奥山（式上郡）、安堵ノ医者二人（平群郡）、百済ノ竹村医士（広瀬郡）、戸毛ノ医者江本（葛上郡）、飯田徳平（葛下郡）、今医者
〔僧侶〕 新賀ノ寺僧（十市郡）、四条ノ寺僧某（高市郡）、三輪恵比須堂ノ僧典令（式上郡）
〔神主〕 多ノ神主（十市郡）
〔他国〕 高野山大司教管長密門宥範、○原田亀太郎（備中板倉侯領下煙草屋市十郎ノ長男）、○鴨野昌兵衛（能州堀和村ノ人）

註 「三山谷先生傳記史料」の「門人録」による。最後に「以下略ス」とある。○は略歴が記されている人物である。このほか、西谷網菴（十市郡田原本村　旗本平野氏家中）、久保良平（耕庵の弟　宇陀郡松山）、石河確太郎（石井〔石河〕武次郎の兄　高市郡石川村）も門人であったことが知られる。また、崎山字平治編「谷三山先生の高弟」、乾健治「谷三山門人録」（ともに『大和史学』２―３、1966年）も参照されたい。

トメ可申、午後常課モオハリ候ハバ、詩文ヲモツクリ、又筆語イタシ、経義ヲ商推シ、今古ヲ討論スベシ」という一文が見られ、読書や作詩作文とともに、（松下村塾と同様に）「商推」「討論」が重視されていたことが注目される。

門人については、寄宿生と通いの者が存在し、村内の子弟も「素読」の学習に来ていたこと、研鑽を積んで代教を担当できる「上足」（「高足」）の者が存在したことが判明する。「三山谷先生傳記史料」に記載されている「門人録」には、五〇余名の名前（表参照）が列挙されているが、その末尾に「以下省略ス」とあることから、実際の門人数はさらに多かったことがうかがえる。門人の身分・職業は多様であり、武士（奈良奉行所役人、高取藩士、旗本平野氏家中、同神保氏家中）、百姓、町人、医者、僧侶、神主などが門人となっていた。そのほとんどは大和国内の各地からやって来ており、原田亀太郎（備中国出身）や鴨野昌兵衛（能登国出身）のように、他国からの入門者も一部存在していた（築山愛静宛三山書状[22]に、「此頃信州ノ書生江戸聖堂ニテ五年読書イタシ候由、森田ノ紹介ニテ入門ヲ乞候、外ニモコノ類ノモノアリ」とあるように、他国からの入門者は他にもいたようである）。多くの門人のうち、主要なメンバーは、吉村柳亭・西谷網菴（十市郡田原本村）、上田淇亭（山辺郡備前村）、森竹亭（高市郡田井庄村）、前部重厚（高市郡小房村）、岡本通理（葛下郡高田村）、久保耕庵・良平（宇陀郡松山町）、原田亀太郎（備中国松山出身）らであった。彼らの活動のあり方については、後で言及することにしたい。

二　開国前夜の谷三山の活動

(1)　高取藩への出仕と献策

三山の「興譲館」へは、当時藩校が設立されていなかった高取藩家中の子弟も学びにやってきていたが、その功績や学識が高く評価されるところとなり、天保十五年（一八四四）正月に三山は藩主植村家教から召し出され、苗字帯刀を許されて三人扶持を給され、士籍に列せられるようになった。四十三歳の時である。これ以降彼は、藩儒として当藩に仕えることになり、藩の用人築山愛静（三山を推挙した人物と想定されている）との交流を深めながら、藩の学問の振興に努めるようになったのである。

その数年前に三山は、「勤倹ヲ尚ビ驕惰ヲ戒ムベキ事」と題する文章(23)を草している。藩に提出する政治的な意見書の草稿としてまとめたのか否かは不明だが、当時の世相を憂いて自らの意見を書き綴ったものであり、その冒頭部分では、相次ぐ凶作と物価の騰貴、窮民の増加、騒擾（百姓一揆や打ちこわし、大塩平八郎の乱）の発生、といった天保期の社会情勢について言及し、「スベテコハ治世之楽ミニ乗ジテ乱世之苦ミヲ忘レ、村民次第ニ驕奢ニナリユクヨリ起レルナリ」と指摘している。そのうえで、衣食住のそれぞれにおいて「驕奢」がいかに進むようになってきたのかを、「昔」と対比しつつ具体的に跡づけ、「奢侈」は「困窮之基ニシテ衰困之媒」であり、国内の「分崩離乱ノ萌」ともなるものであるから、「コトコトク古ヘニカヘレトイフニアラネド、セメテ古人ノ質素ヲミテ今日ノ豪奢ヲ懲スベシ」「鄙ニ居テ都会ノ風ヲ師トスルハ人情ナレド、実ハ都会ノ風俗村鄙ニ及ザルコト十ニ八、九ナレバ、戒ムベクシテ倣フベカラズ」と説いている。この草稿は「天保十一、二年頃ノ作」とされており、直接的な言及は見られないが、内容的には幕府の天保改革政策との関連性がうかがえる。また、三山が、大塩の乱を「狂乱」とする一方で、「公儀莫大之御仁恵」「地頭種々ノ御撫育」という表現を用いている(↑幕藩領主への恩頼感が看取される)ということにも注目しておきたい。

三山を藩儒として登用した植村家教は、嘉永元年(一八四八)五月に病気により藩主の座を退き、弟家貴がその跡を継ぐことになった。その半年後に三山は、「賢明ノ君ニ遭ヒ奉ルコト、千歳ノ一時ト思ヒ、敢テ所懐ヲノベコノ狂言ヲ献シ候」として、自らの「所懐」を記した、三項目にわたる長文の意見書[24]を新藩主に提出している(同年四月には父重之〔楽軒〕が死去しており、これを乗り越えての献策であった。なお、翌年四月には母ちやも亡くなっている)。

このうち、第一番目の「奢リヲ去リ倹ヲ守リ専ラ仁政ヲ行フベキ事」では、財政難の原因は(多くの場合領主側にあり、「君臣」が心を一にしてその解消をはかるべきで、「利ヲイフ」家臣を任用して「国用」の不足を「民」に転嫁してはならないと述べている。また、これに関連して、「民心」を慮り、「聚斂」を行なわず「賦ヲ省キ税ヲ薄ク」することによって、「民生」の安定をはかることが大切であると説いている。在野の学者であった三山が、「諸士ノ末席」に連なるようになってからも、「民」の立場をふまえた議論を展開している点が注目されよう。

これに続くのが、「賞罰ヲ明ニシ黜渉ヲ厳ニシテ忠孝ノ俗ヲ厚クスヘキ事」と「学校ヲ興シ明儒ヲ聘シ人才ヲ教養スベキ事」である。後者では、「賢才ハ国家之宝」であり、「御家中ニ賢才ノ済々鎗々タランコトコソ当今末代ノ御為」であるとして、当藩ではまだ設立されていなかった学校の開設を要望しており、その「教諭訓導」として、「御家中」であれ外からであれ、秀でた人材を選ぶことが肝要であると述べている(なお、この要望は直ぐには聞き届けられなかったようであるが、慶応元年〔一八六五〕までに藩校「講文所」が設立されるに至っている)。

以上、三山が高取藩へ出仕する前の「天保十一、二年頃」と、出仕後の嘉永元年(一八四八)の彼の言説(経世論)の概要について紹介した。双方ともに対外問題についての言及は見られないが、弘化四年(一八四七)四月に、高取の築山愛静邸で五條出身の森田節斎(三山よりも九歳年下の儒者で、すでに著名になっていたが、その依頼に応じて三山は、江木鰐水や篠崎小竹との論争文に手を入れるなど、二年前から様々な教示を行なっていた)と三日三晩にわたって筆談を行なった際に、時事問題についても論じあい、「本朝ヲ窺フキザシ」を見せるようになっていた列強への対応のあり方についての応答も行なっていたことが知られる[25]。この後三山は、海外事情についての関心をさらに深めるようになり、欧米列強諸国の歴史や現況に関する情報の収集と分析にも力を注ぐようになっていったのである。

(2)　『靖海芻言』の起草と提出

嘉永六年(一八五三)六月、アメリカ合衆国東インド艦隊司令長官ペリーが、四隻の軍艦を率いて浦賀に来航し、わが国に開国を求めた。同司令長官ビッドルが当地に来航して通商を要求し、幕府がこれを拒絶してから七年後のことである。ペリーは、大統領フィルモアの国書を携えており、そこには、①通商、②アメリカ船への石炭・薪水・食料の供給、③難破船の救助と乗組員の保護、という三つの要求が記されていた。幕府(老中首座阿部正弘)は、不測の事態を恐れてこの国書を受け取り、翌年に回答することを約してひとまずペリーを退去させるとともに、「此度之儀ハ国家之御一大事」として、ペリーの来航から国書の奉呈、退去に至る経緯を、朝廷に逐一報告した[26]。また、諸大名に対しても七月一日付で「口達」を行ない、国書の「和解写二冊」をそれぞれに配布して、「此度之儀者、国家之御一大事ニ有之、実ニ不容易筋ニ候間、(中略)銘々存寄之品も有之候ハ、仮令忌諱ニ触候而も不苦候間、心底を不残十分ニ可被申聞候」と指示し、アメリカの要求にどう対応すべきか、率直な意見を求めた[27]（これらの措置は、「幕藩体制」下では本来見られなかったものであり、朝幕藩関係のあり方に変化をもたらす大きな契機となった）。

幕府へ回答を寄せた諸大名の大部分は、要求を拒絶すべきであるという意見であったが[28]、翌年にペリーが七隻の軍艦を率いて再度来航した際に、幕府は開国に踏み切り、三月に「日米和親条約」に調印するに至っている（これに際しての幕府の判断は、神奈川で交渉に臨んだ林大学頭の、「若シ之ヲ拒絶シテ（中略）戦ヒ敗レハ必ス和議ノ説起ル、敗レテ和スレハ豈今日ノ条約ニシテ止マランヤ」という言葉によく示されている）。本条約によって幕府は、下田・箱館の二港を開いて、アメリカの要求のうち②と③には応じ、①については、両港において（「日本政府の規定」のもと）限定的にこれを認めることになったのである。これに続いて幕府は、同年内にイギリス・オランダ・ロシアとも「和親条約」を締結するに至っている。

ところで、谷三山は、その前年の九月二十七日、『靖海芻言』と題する意見書[29]を、田原本を本拠としていた交代寄合の旗本平野氏（釆地は五〇〇〇石で、「賤ヶ岳」の「七本槍」の一人に数えられる長泰を祖とする）に提出している（彼を支え続けてくれた兄重絹〔厚亭〕がこの世を去ってから数か月後のことである）。三山が、起草した意見書を、藩儒をつとめていた高取藩にではなく、同氏へ提出したのには理由があった。幕府はペリーの再来航に向けて幕臣にも意見を求めていたが、これに応じて意見書を提出しようとする動きが平野氏家中にもあり、三山の高弟の一人であった吉村柳亭が、その草稿の執筆にあたっていた。ところが、稿半ばにして病気になってしまったため、彼の懇請もあって、三山が起草文の作成を引き受けることになり、平野氏へ提出するはこびとなったのである（残念ながら、この意見書は、平野氏から幕府へ提出されることはなかった）。

三山が、高弟とも議論しながら心血を注いで数か月で書き上げた『靖海芻言』は、一万六千語にも及ぶ膨大な意見書であった。その冒頭で三山は、「統領美辣ガ上書ノ呼称自ラ尊大ノ処モアレド、彼モ大国トミユレバアナガチ咎ムベキニアラズ」としながらも、使者ペリーの上書については、「甚悖慢ニテ、コレヲ読メバ人ヲシテ気沸髪立シム」と評しており、「兵船ヲモテ来リシ上、カヽル言ヲ出スモノ」の要求に応じるならば、「皇国ノ大辱、笑ヲ万国ニ取ニ至ラン」と述べている。そのあと、アメリカへの対応のあり方をめぐるいくつかの言説――「試ニ五、七年互市ヲ許シ、権ニコレト相親厚シテ、悉クカレガ長技ヲ得ルヲ竢テノチ、吾国ニ利ナシトシテ忽チ互市ヲ絶ベシ」など――を紹介し、それらに批判を加えながら自説を展開している。三山が導き出した結論は、アメリカの「通好」要求には断じて応じるべきではない（「断々御拒絶ヲ是ト覚エ候」）というものであり、これは「大抵通好ヲ絶ノ害ハ近クシテ小ナリ、通好ヲ許スノ害ハ遠クシテ大ナリ、禍ヲ択ブハ軽キニシクハナシ」という認識にもとづくものであった。

しかし、彼の拒絶論は闇雲なものではなく（大月明氏は「攘夷論は見られるものの、明確な尊王攘夷思想の観念はまだ登場していない」と述べている）(30)、当時の国際情勢とわが国の現状をふまえたうえでの見解であった。これにかかわって注目されるのは、兵備と学問のそれぞれに関して、「たとえ通好を許されることになっても、兵備を整えていくことが必要であり、拒絶される場合には、海辺は言うまでもなく内地においても、しっかりとした防御の策を講じ、精兵を的確に配置して要所を固めなければならない」、「現時点での通好には反対だが、西洋の学問に目を向けて優れたところを学び、積極的に活用して国力の充実をはかるべきである」と述べている点である。

これらは、アメリカをはじめとする欧米列強諸国の動向（歴史や現況）に関する知識をふまえた主張であり、前者に関しては、アメリカからは十八日あれば「火輪船」でわが国に来られるとし、八丈島の東の無人島を奪われ軍事的な拠点にでもされたら「国家東顧ノ患」となるので、速やかに諸侯に命じて島の防御にあたらせるべきであると述べている点や、欧米各国のアジアへの進出状況について言及している点が注目される。なお、三山は、これに関連して、海防に要する費用を軍用金などと称して窮乏している領民から「過分」に取り立てることには異を唱えており、また領主（「就中小諸侯」）による苛斂誅求にも言及して、「課役ヲ寛ニシテ、ソノ民ヲ暴スルノ戒ヲ厳ニセラレ度モノ也、然ラズンバ平時スラナホ煩苛ニ堪ザル民ノ一朝兵革ノコトアラバ、イカヾ苦ヲウクベキ」と述べている。これらは、先に紹介した嘉永元年（一八四八）の意見書にも見られた、「民」の立場をふまえた主張として注目される。

後者の学問についての記述は、「西洋ノ学、天文、地理、算術ニ長セリ、医方モ亦精緻ナル処アリト承ル」という一文で始まっており、本意見書の卓尾を飾る内容となっている。ここで三山は、「天文」「地理」「算術」「医方」の各分野における「西洋ノ学」のあり方について、わが国の学問や「漢方」と比較する形で論じており、「西洋ノ学亦大ニ用フベキトコロアリ」と評している。注目されるのは、これをふまえて、「官」に「西洋学」を設けて「儒学」の下に置き、西洋の学問に精通した者を集めて、オランダから献上させた書物の翻訳にあたらせ、『西洋本草』『西洋医方大成』『西洋地理大全』『西洋軍器考』『西洋兵学大成』などにまとめて「カノ長ズル所ヲ尽シ」、「諸国興亡治乱ノ蹟」を集成した『西洋通鑑』とともに刊行していく必要があると、提言していることである。

こうした三山の「西洋」に関する言説の多くは、彼自身の豊富な知識に裏付けられたものであった（なお、「西洋ノ学」、なかでも「医方」については、彼自身が「弊門ノ西洋ノ医方ヲ主張スルモノ愚ニ語ツテ之ヲ嗟セリ」と記しているように、門弟であった宇陀松山の蘭方医久保耕庵のサポートによるところが大きかったように思われる）。彼は、弘化四年（一八四七）の森田節斎との対談以降、対外問題について深い関心を寄せるようになっており、海外の歴史や地理について探究し（『靖海芻言』の執筆に先立って『海外異伝商推』を著し、斎藤拙堂の『海外異伝』の誤謬を批正している）、欧米列強諸国の現況についてもよく把握するようになっていた。三山は、「相在室」の扁額が掲げられた一室で、ほとんどの時間を過ごしながら、世界の動きを見つめていたのである。

このことは、以下に紹介する築山愛静宛の三山の書状(31)の文面からもよくうかがえる（年月日の記載が見られないが、開国後程ない時期の書状と見倣される）。

（上略）近来英吉利、米利堅の強盛なるも、亦ゆゑあることにぞ。いづれも処々に学校を設け、国中の俊秀を其中に教育して、治彊の術を講磨す。就中米利堅の学尤盛にして、其一部生徒五十余万人に至るものありと承る。（中略）米利堅、遷移之氓、烏合之衆を以て英吉利陵虐之罪を諸国に明告し、党を糾してこれに叛く。遂に英夷の大兵を破り、羈縻の州を変して、自立の国となし、爾後生歯に繁く、技工月に開け、崎嶇六七十の間にして、天下の強国となり、駸々然として欧羅巴を駕して上る。これそも何の故ぞや、たゞ船堅く礮利なるばかりにてはあるべからず、必其説あらん。かの稊稗の秋あるを見て、わが稲梁の未だ熟せざるを思ひ、大に学校を興し、盛んに生徒を聚め、厳に学制を立て、教育の方を尽し、務て浮華を斥けて実効を収めん。（下略）

このなかで、三山は、イギリスやアメリカの「強盛」は軍事力だけではなく、学校教育によって支えられていることに注目しており、特にアメリカに学んで学校教育制度の整備をはかることが肝要であると述べている。また、築山愛静宛の他の書状(32)では、「近年互市を許されし三国、みな世界に一、二を争ふ強虜なれば、国家一日も油断はならず」と指摘し、そうした「洋夷」と対峙するためには、「武備はいふに及ばず、文治を隆して国本を固くすること尤方今の急務」であると述べている。このように三山は、欧米列強の国内事情にもよく通じており、そのうえで立論していたのである。

ところで、三山が『靖海芻言』の執筆に着手するようになった数か月前に、長州藩の吉田松陰が三山のもとを訪れている。嘉永六年（一八五三）五月二日のことで、松陰二十三歳、三山五十二歳の時であった。松陰は、三年前から諸国を遍歴し、各地の学者を訪ねるようになっており、その一環として、三山のもとにも足を運び、教えを乞うことになったである。これが実現したのは、松陰がしばらく滞在していた五條の森田節斎の紹介によるものであった（その期間中に松陰は、数度にわたって高市郡田井庄村へ赴き、三山の高弟の一人であった森竹亭と『孫子』をめぐって議論している）[33]。

この時の、松陰と三山との筆談の内容については、関係史料がごく一部しか残っておらず、詳しいことは分からないが、三山が著した『海外異伝商搉』や『洋外紀略』（安積艮斎著）が話題となり、また松陰が直接に会った会沢安（正志斎）の『新論』をはじめ、水戸学にも話が及んだことが判っている[34]。三山は海外事情によく通じており、この時の彼の言説が、佐久間象山のそれとともに、松陰のその後の行動＝海外渡航の企てに影響を与えたのではないかと推察される[35]（松陰は、同年十月に長崎に赴き、ロシア船に乗って外国に行こうと企てたが果たせず、さらに翌年三月には下田に赴いて、米艦ポーハタン号に乗りこんで海外に渡航しようと試みたが失敗に終わっている）。

松陰に続いて、同年十月には、松浦武四郎（伊勢出身の北方探検家で、幕府蝦夷地御用掛を経て、維新後には開拓判官に登用され、蝦夷地を北海道と改称すべきことを提案した）も、三山を訪ねており、北方問題について意見を交わしている。その際の筆談記録に関して注目しておきたいのは、三山が『環海異聞』の記事をもとに武四郎に質問している箇所が見られることである[36]。本書は文化四年（一八〇七）に大槻玄沢が編集した世界地理書で、こうした書物が三山の海外に関する知識の源泉となっていたのである。

三　尊王攘夷運動の高揚と谷三山

(1)　通商条約の締結と尊王攘夷運動の展開

安政五年（一八五八）の六月、幕府（大老井伊直弼）は、アメリカ総領事ハリス（「日米和親条約」第十一条にもとづいて二年前の七月から来日していた）の要求に応じて開港に踏み切り、「日米修好通商条約」に調印することになった。続いて、オランダ・ロシア・イギリス・フランスとも通商条約を結び、翌年から貿易を開始するはこびとなった。当時、イギリスをはじめとする欧米列強諸国は、産業革命を背景に、「増大する欲求や生産能力に応じるために」「つぎつぎに新しい市場をさがしもとめる」ようになっており、「極東」にも競って進出するようになっていた(37)。わが国の開港も、そうした動き（資本主義的世界市場形成）の一環として捉えることができる(38)。

幕府は、開港に踏み切る前年、安政四年（一八五七）の二月に、オランダのクロチウス（カピタン）から、アロー号事件（「英人広東を焼払候一条」）についての報告を受けており、その忠告をふまえて、「寛永以前之御振合も有之、御扱方も亦随而御改革無之候而ハ相成間敷、然ルヲ兎角仕来ニ拘泥致し、瑣末之儀迄六ヶ敷差拒、追年外夷之怒を醸し候ハヽ、無算之至りニ而、万々一砲声一響候ハヽ、最早御取戻も難相成候(39)」という認識のもと、開港に向けての準備を進めるようになっていた。そうしたなかで、開港後の貿易形態については、幕府主導による「管理貿易」を構想するようになっていたが、これが実現することはなかった。交渉の結果、実際の貿易は、欧米列強からの強い主張にもとづいて、「自由貿易」という形で行なわれることになったのである。

安政の五か国条約は、当時の国際情勢のもと、外圧に屈する形でやむなく締結するに至ったものであり、内容面でも、わが国にとって不平等な条項（領事裁判権の認可、関税自主権の欠如、片務的最恵国待遇の認可）を含むものであった。また、幕府（大老井伊直弼）が勅許を得ることなく断行したものであり、前者に対しては「国位」を問題とする立場から、後者に対しては「国体」を問題とする立場から批判の声が上がった。そして、こうした形で行なわれた通商条約の締結を契機として、「尊王」論と「攘夷」論とが結びつくようになり、「尊王攘夷」を政治的スローガンとする運動が展開されるようになったのである。

当時幕府の実権を握っていた大老井伊直弼は、「安政の大獄」によって批判勢力を弾圧し、その急先鋒であった尊王攘夷派の志士（吉田松陰や梅田雲浜・頼三樹三郎・橋本左内ら）を投獄・処刑するとともに、将軍慶福（家茂）の擁立に異を唱えていた「一橋派」の大名（徳川斉昭や松平慶永ら）も処罰するに至ったが、これに激昂した水戸の浪士らによって、安政七年（一八六〇）三月三日に「桜田門外」で暗殺されてしまった。尊王攘夷運動は、これ以降、開港による影響が各地に及び、経済が大きく混乱するなか、公武合体運動と対抗しながら高まるようになっていき、文久年間には、朝廷内でも、長州藩などとの結びつきを強めながら、尊王攘夷派の公家（三条実美ら）が力を振うようになっていったのである。

こうした情勢のもと、文久三年（一八六三）三月に上洛した将軍徳川家茂は、朝廷（孝明天皇）から攘夷の決行を強く迫られ、やむなくこれを受諾して、五月十日を期日としてこれを実行するよう諸藩に命じるに至った（結局のところ、決行に踏み切ったのは、長州藩のみであった）。また、攘夷祈願のために、三月に賀茂社、四月には石清水八幡宮への行幸が行なわれ、八月十三日には孝明天皇の大和行幸（春日大社・神武天皇陵への行幸）の詔が発せられるはこびとなった。大和を舞台として、後述する天誅組の変が起き、幕府の五條代官所が襲撃されたのは、その四日後のことであった。

(2)　谷三山による攘夷策の提言

尊王攘夷運動がピークに達した文久三年（一八六三）の前後に、三山は活発な献策活動を展開している。献策は、以下に記すように(A)～(D)の四回にわたっているが、この頃の三山は、目もほとんど見えなくなっており、(B)～(D)の上書は門人によって代筆され、提出された(40)。

(A)　文久二年（一八六二）冬　「攘夷三策」を高取藩主へ献言
(B)　文久三年（一八六三）五月　高取藩主へ上書
(C)　元治元年（一八六四）五月　「天朝」へ上書
(D)　元治元年（一八六四）六月　京都所司代へ上書

これらのうち、(A)～(C)は、対外問題に関する献策であり、「文久の修陵」によって修造された神武天皇陵への奉幣使派遣に伴う地元（特に今井や八木）の費用負担の軽減を願って作成された(D)のみが、国内問題に関するものであった。ここでは、前者のうち、(B)と(C)の内容を中心に紹介・検討することにしたい。なお、(A)の「攘夷三策」は、三山が高取に赴いて藩主（植村家保）へ直接に進言したものであり、同内容の提言を「天朝」宛の(C)でも行なっているので、そのなかで紹介することにしたい。

高取藩主へ提出された(B)は、（『靖海芻言』にははるかに及ばないが）三千五百語を数える長文の上書であり、高弟の助けも得て作成された。その冒頭で三山は、幕府が「外夷拒絶」を決定したことについて、「実ニ徳川家万世ノ基ヲ被開候義ニテ、深ク国家ノ為ニ賀候」と歓迎の意を表しており、続いて「幕府が攘夷の決行を躊躇しているという説があるが、この状態が続けば過激な浪士が横浜等の居留地を襲撃しかねず、兵端が開かれることになるのは必定である、幕府が牽引して攘夷を決行すべきであり、そうすれば幕府の威信の回復にもつながる」と述べている。また、「攘夷ノ心切々タルモノ豈惟浪士ノミナランヤ。世ノ愚婦愚夫ニ至ルマデ洋夷ノ猖獗ヲキカバ切歯扼腕シ、攘夷ノ令下ルヲキカバ歓喜踊躍ス」とも述べ、「此上攘夷ニ心力ヲ被竭候ハヾ人心帰服、孰カ幕府ヲ奉ゼザラン」と説いている。そして、「臣ガ常ニ学ブトコロ聖賢ノ道ニテ、其帰ヲ要スルニ亦尊王攘夷ニ外ナラズ」と、自らの立場を明確に示したうえで、「君侯愈尊攘之ヲ為ントナラバ、臣亦犬馬ノ用アリ。若不然バ譬ヘバ稲ヲ播シテ其麦タランヲ望ム如シ、無益ノミ。速ニ名字帯刀等御取上可然ト奉存候」と述べ、前者にもとづいて幕府に攘夷の決行を促すよう藩主に求めているのである。それができなければ、幕政に関与せず、藩政に専念して「富国強兵」に努めるべきであると進言しているわけだが、「強兵」をはかるためには「安民ノ政」を行なうことが不可欠であるとして、前年の冬に「莫大ノ用金」を領民に賦課したことを批判し、上洛に伴う莫大な出費にも言及して、「カク国ヲ疲弊セラレ候テハ、他日急事アラバ何ヲ以テ之ニ応ゼン」と述べている点にも注目しておきたい。

(C)は、「眼気悪敷、人面モ難弁」困難な状況下で作成された、一万八百語にも及ぶ長文の上書であり、(B)の一年後に、高取藩主ではなく「天朝」へ提出された。三山は、「万死ヲ犯シテ」提言した(B)に対する藩主の対応が自らの意に沿うものではなかったことや、天誅組の変（尊王攘夷派の志士たちによる反幕府武装蜂起）に際しての藩の対応のあり方（幕府の命を受けてその鎮圧にあたり一戦を交えていたこと）をふまえて、藩主へ上書を提出しても願いが叶わないと判断し、当時「国事」に大きくかかわるようになっていた「天朝」（その中心には「攘夷御叡念堅キ」孝明天皇が存在した）へ、直接に差し出すことにしたのであろう。

(C)の上書において、三山は、まず欧米列強のアジアへの進出状況について言及しており、わが国も「神州開闢以来ノ一大厄」に直面しているとして、注意を喚起している。続いて、外圧に屈して開港し、貿易を開始するようになって以降、国内では物価の騰貴が進み、「兆民」が困窮するようになったことを指摘し、こうした苦況に陥りながらも、なお攘夷が実現していない現状を問題視して、つぎのような内容の攘夷の「三策」を提言している（「三策」のうち、できることなら第一の策をとりたいが、事情を斟酌して他の策も立てたとしている）。

（第一）諸藩が力を合わせて応戦し、武力で「洋夷」を「雲散霧消」させて、「永ク日本海ニ近クコトナカラシム」。

（第二）横浜港をまず閉鎖し、長崎・箱館二港の貿易額を減少する。その一方で、諸藩に命じて兵備を整えさせて、二、三年後に箱館を鎖港し、一、二の「恭順ナル者」を選んで長崎への外国船の来航を許し、「寛永ノ旧」＝「鎖国」の状態に戻す。もしこれに従わない者があれば、武力を用いて殲滅する。

（第三）しばらくの間は三港での貿易は認めるが、輸出額と来航者を減らすことにつとめ、三年のうちに武備の充実を待って横浜と箱館を鎖港し、長崎の防御を固めて「鎖国」の状態に戻す。

これに続いて三山は、「今ノ洋夷ハ君臣上下一心、事ナケレバ貿易ヲ以テ富ヲ欲シ、一タビ隙ノ乗ズベキヲミレバ、漂忽トシテ来襲、千里、一瞬其疾キコト箭ノ如シ」と指摘するとともに、かつてわが国に襲来した蒙古と比較して、「蒙古ノ毒ハ急ニシテ其害浅シ。洋夷ノ毒ハ緩キニ似テ其害深シ」と評しており、「故ニ夷ハ攘ハズンバアルベカラズシテ、之ヲ攘フコト速ナラズンバアルベカラズ」と述べている。このほか、(C)には、軍備の増強に充てる経費を「民」への「重斂」によって賄ってはならないとする記述や、辺境島嶼部と蝦夷地の防備に関する記述も見られ、注目される。また、「漢土」の「古今ノ形勢」をはじめ、アメリカの独立戦争やナポレオンのロシア遠征などについての言及もあり、興味深く思われる。

(3)　「攘夷」と「強兵」と「安民」

三山は、文久・元治期の上書では、「尊王攘夷」を明確に唱えるようになっており、攘夷の決行を強く求め

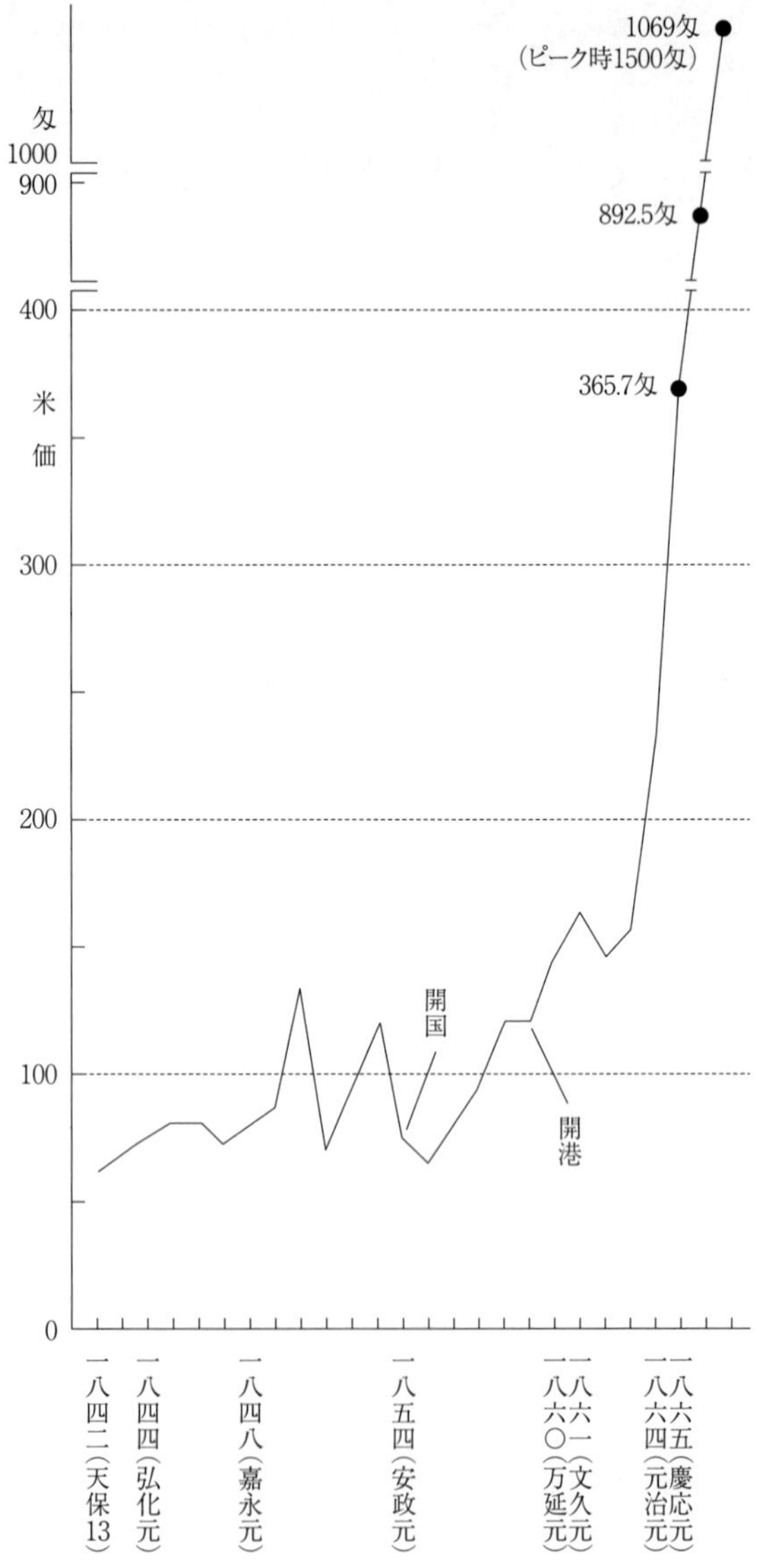

図　幕末期における米価の高騰

註「西村手覚年代記」（旧山辺郡福知堂村）より作成。

るようになっていた。『靖海芻言』に代表される開国期のそれに比べると、変化のあとがうかがえるが、その背景には尊王攘夷運動の高揚とともに、開港以降の経済の激変に伴う窮民の増加という事情が介在していた。

周知のように、わが国では、開港以降、欧米列強諸国との貿易開始に伴う流通構造の変容や、幕府が実施した貨幣改鋳の影響で、米穀をはじめとする猛烈な物価騰貴が生じるようになった（グラフ参照）。また、生糸や茶などが海外へ輸出される一方、綿製品（機械を使って大量生産された綿糸や綿布）が国内へ大量に流入するようになり、在来の綿業が深刻な打撃を蒙ることになった[41]（三山の(C)の上書のなかにも、「貿易益盛ンニテ百貨益踴ル。国宝日ニ減ジテ民用日ニ蹙マル。其景象殊ニ畏ルベシ」といった記載や、奈良盆地の主要な産業であった綿業の動向に関する記述が見られる）。これに伴って、飯米にもこと欠く窮民が、町方のみならず村方にも満ち溢れるようになり、彼らを主体とする騒擾が、各地で発生することになったのである[42]。ちなみに、(B)や(C)よりも後のことだが、三山の居村であった八木でも、慶応二年（一八六六）の四月下旬に米屋の打ちこわしが起きていることが、『竹園日記』の記載によって判明する（大坂周辺地域では、この頃から一か月ほどの間に騒擾が連鎖的に発生しており、「大坂十里四方一揆おこらざるはなし」と言われる状況になっていた。大坂に在陣していた幕府軍が、第二次長州戦争に向けて兵糧米を買い占め、米価が一挙に暴騰するようになったことが、その主な原因であった[43]）。

開港以降、経済が激変するなかで、生活を大きく圧迫され、窮地に追い込まれるようになった多くの民衆は、「万物高値なるは交易の所為なり」（「藤井此蔵一生記[44]」）として、開港に踏み切った幕府に対する批判を強めるようになるとともに、「異人打払」を願って、「攘夷」を標榜する勢力に大きな期待を寄せるようになっていった。なかでも、文久三年（一八六三）五月十日を期して、長州藩が攘夷決行に踏み切った後には、「長州様は異人御打払の方故、万人長州江随気する」（同前）とあるように、同藩への贔屓の声が一挙に高まるようになり、その後同藩が、八月十八日の政変、四国艦隊下関砲撃事件、第一次長州戦争によって、窮地に追い込まれるようになってからも、民衆の「長州贔屓」の声は高なり続けた。元治元年（一八六四）七月の禁門の変から翌年にかけて、京都で「長州おはぎ」が爆発的に売れる現象が起きたのをはじめ、禁門の変で敗走し尼崎で自害した長州藩士山本文之助の墓への群参（「残念さん」参り）、禁門の変後に取り壊された同藩大坂蔵屋敷跡の柳の木（「無念柳」）への群参などが流行し、播州などでは「長州カチジャ〳〵」とはやしての「長勝踊り」の流行が見られた(45)。また、大和では、天誅組の変で志を果たせず吉野郡鷲家谷で憤死した尊王攘夷派の吉村虎太郎が、「天誅吉村大神儀」として仰がれるようになり、その墓所へ多くの人々が参詣するという現象が見られた。参詣者は、大和に止まらず、「河内・和泉・伊賀・伊勢」などにも広がり、最盛期には日に「三千人」にのぼったという(46)。

三山が「尊王攘夷」の立場を明確にし、「攘夷」の決行を強く主張するようになった背景には、前述したような開港以降の社会状況の変化と民衆の動向があった。彼は、「百貨」の騰貴と「兆民」の困窮が進むなか、民生の安定をはかるためにも、「攘夷」を急いで決行しなければならないと、考えるようになったのであり、彼の「攘夷」論のベースには「安民」論が存在したのである。また彼は、(B)の上書のなかで「強兵安民」という言葉を用いているが、「攘夷」を実現するために必要不可欠な「強兵」もまた、彼にあっては民生の安定をベースにしたものであった。そのことは、(C)のなかのつぎの文章からよくうかがえる。

攘夷ノ計ハ諸藩ノ勇気ヲ鼓舞スルヲ以テ先要トストイヘドモ、亦須ク諸藩ヲシテ財用豊瞻ナラシムベシ、財用タラザレバ武備モ意ニ任セズ、叡旨ヲ奉ゼント欲ストイヘドモ勢及バザル所アリ。且財用タラザレバ必重斂ス、重斂スレバ民貧シ、民貧シケレバ君ヒトリ富ムコトアタハズ、亦コレト偕ニ貧シ、君民倶ニ貧クシテ自ラ支ルコトアタハズンバ、何ゾ武備ヲ修ムルニ遑アラン、又何ゾ外攘ヲ論ゼン。

「藩を下から支える『民』が貧しければ、『武備ヲ修ムル』ことも不可能である」、言いかえれば、「民生の安定があってこそ『強兵』をはかることができる」というのであり、彼が「民」への「重斂」を強く戒めているのはそのためであった。「聚斂」を行なわず、むしろ「賦ヲ省キ税ヲ薄ク」することによって、「民生」の安定をはかることが大切であるという主張は、嘉永元年（一八四八）の上書以降、一貫して見られるものであり、彼の立論（「強兵」論や「攘夷」論）のベースには、こうした考えが存在したという点に注目しておきたい。

(4)　天誅組の変と谷三山

三山が、(B)の上書を高取藩主へ提出して、自らの尊王攘夷論を説き、攘夷の決行を幕府に促すように求めてから三か月後、文久三年（一八六三）八月に、大和を舞台として衝撃的な事変が起きた。天誅組の変である（この変は、後述するように、三山とも大きなかかわりがあった）。

天誅組は尊王攘夷派のなかの過激派で、その中心メンバーは、吉村虎太郎（土佐藩出身）・松本奎堂（苅谷藩出身）・藤本鉄石（岡山藩出身）をはじめとする脱藩浪士らであった。彼らは、孝明天皇の大和行幸に先立って、急進派の青年公卿中山忠光（後に明治天皇となる祐宮の叔父）を擁して、「皇軍御先鋒」として挙兵し、大和の地を制圧するとともに、幕府に攘夷不履行の罪を問い糾し、さらに兵を募って（状況によっては）遠征の軍を起こそうとしたのである。

八月十四日に京都を出立した天誅組は、河内から千早峠を越えて大和に入り、十七日の夕刻に、五條代官所を急襲した。天誅組が当地を蜂起の地として選び、最初の攻撃対象として代官所に狙いを定めた理由として考えられるのは、以下の三点である。

①当地は、尊王攘夷論を唱導していた儒者森田節斎や、その薫陶を受け天誅組に参加することになった乾

十郎や井澤宜庵の出身地であったこと。

②　当地は、「紀州国境之咽喉首」にあたる水陸交通の要衝（物資の集散地）であり、天誅組が恃みとした十津川郷士の居住地である十津川への玄関口にあたっていたこと。

③　当代官所は、当時大和で唯一の幕府代官所であり、宇智郡・吉野郡を中心とした南大和の幕領を支配していた。代官所は民政のための役所であり、役人も少なく警備が手薄であったため、容易に制圧できると判断されたこと（北大和には、大和一国の行政や裁判を担っていた幕府の奉行所＝奈良奉行所が存在したが、さほど離れない場所に郡山藩なども所在したため、当奉行所を直ちに攻略することは困難であると判断されたものと思われる）。

こうした理由により、五條の地で蜂起した天誅組は、代官鈴木源内らを殺害するとともに、代官所を焼き払った。そして、すぐ近くの桜井寺を本陣とし、同夜のうちに、「主将」（中山）・「総裁」（吉村・松本・藤本）をはじめ、一同の役割を決定した。総勢は、京都を出立した時には四〇名ほどであったが、この時点では七〇名ほどになっていた。

天誅組の中心メンバーは、各地から集まってきていた浪士らであったが、医者・僧侶・神官や豪農商といった、士分ではない在野の人々もこれに加わっており、(47) 大和からは、乾十郎（宇智郡五條村出身、医者）・井澤宜庵（同）・林豹吉郎（宇陀郡拾生村出身、父は鋳物師、大砲の技術を習得）・平岡鳩平（平群郡法隆寺村出身、「中宮寺宮へ出入」、後の北畠治房）・三枝蓊（市川〔青木〕精一郎、平群郡椎木村出身、浄蓮寺住職）・伴林光平（河内国志紀郡林村出身、渋川郡成法寺村の教恩寺住職、当時平群郡東福寺村の駒塚付近に居住）、橋本若狭（宇智郡瀧村出身、丹生川上神社の神官）らが参加していた。彼らのほとんどは、三山と親交のあった五條の森田節斎、もしくは平群郡東安堵村で「晩翠堂」を開いていた今村文吾に連なる人々であり、このうち乾・井澤・林の三名は、三山の高弟の一人であった森竹亭（高市郡田井庄村）の門人でもあった。三山の門人のなかでは、備中松山の出身で、高弟の一人となっていた原田亀太郎（かつて節斎のもとでも学んでいた）が、天誅組に馳せ参じており、注目される。

天誅組は、代官所を襲撃した翌日に、「五條御政府」の表札を本陣に掲げるとともに、挙兵の趣旨を布告して、「大和国中諸大名其外士人」に参陣するように呼びかけ、民衆に対しても、参加する者には苗字帯刀を許し「五石二人扶持」を支給する旨を通達した。また、五條代官所の支配地を「天朝」の直轄地とし、その「御祝儀」として当年の年貢を半減することを宣言するなど、民心の収攬にもつとめようとしていた(48)。

ところが、そうした矢先に、京都では、中川宮や公武合体派の公家、薩摩・会津両藩によるクーデター（「八月十八日の政変」）が起こり、尊王攘夷派の公家（三条実美ら「七卿」）や長州藩士らが京都から一掃されるという、思いもかけない事態が発生した。これに伴って、天皇の大和行幸は中止されることになり、天誅組は「皇軍御先鋒」という大義名分を失って、孤立するようになったのである。さらにこの後、幕府によって、中山忠光らの行動は勅命によるものではないことが公布され、朝廷からも天誅組は「国家の乱賊」であるとしてその鎮圧が督促されるようになった。

こうした状況に直面するようになった天誅組は、追討軍との戦闘に備えて本陣を五條から天辻（要害の地、標高約八〇〇メートル）に移すとともに、恃みとしていた十津川郷士らに強く参陣を呼びかけた。その甲斐あって、二十四日には野崎主計・深瀬繁理らに率いられた十津川郷士が参陣して、総勢は千余人となり、二十六日には高取城（難攻不落の山城）を奪取するために「鳥ヶ峰」まで押し寄せた。しかし、迎撃体制を整えていた高取藩兵から大砲を打ち込まれて「四分五裂」の状態に陥り、敗走を余儀なくされた。その後、天誅組は、本陣をさらに「南山」の奥深くへ移しつつ追討軍を相手に奮戦を続けたが、戦局はますます不利となり、河内勢が離脱したのに続いて、十津川郷士も離反してしまうことになった。残った面々は、退路を求めて南下しようとしたが、新宮方面への脱出はすでに不可能な状況になっており、北山を経由して北上せざるをえなくなった。しかし、その行く手にあたる東吉野の鷲家口には彦根藩兵、鷲家には和歌山藩兵が待ち構えており、九月二十四日の鷲家口での一戦で那須信吾（土佐藩出身）らの決死隊が全滅した後、二十五日から二十七日にかけて、松本・藤本・吉村の三総裁も相次いで戦死し、天誅組は終焉の時を迎えるに至ったのである。

以上が天誅組の変の概要であるが、この変に際して三山は、難しい場面に直面し、苦慮することになったのではないかと思われる。高弟の一人であった原田亀太郎や、森竹亭の門人らが天誅組に参加するようになり、さらに自らが禄を給されていた高取藩とも砲火を交えることになったからである。三山自身も、尊王攘夷の立場に立つことを表明していたが、天誅組の変に際しての彼の見解は、「討幕之戦尚早」「不可参此徒党」というものであった(49)。同年五月に高取藩主へ提出した(B)の「上書」の文面からうかがえるように、彼の尊王攘夷論は幕藩体制の存在を前提としたものであり、「苟モ幕府能ク天子ヲ尊メバ孰カ亦幕府ヲ尊マザラン。近来幕府ノ御威権差々以前ニ不及。之レ無他、尊王ノ義未至シテ洋夷ヲシテ猖獗セシメ、天下ノ人、心ニ不満ヲ懐クノ由テ致ストコロナリ。（中略）此上攘夷ニ心力ヲ被竭候ハヾ人心帰服、孰カ幕府ヲ奉ゼザラン」とするものであった。こうした立場から三山は、天誅組による反幕府武装蜂起には異を唱えたのである（その一方で、この変は、前述したように、彼のその後の献策活動に影響を及ぼす一因ともなった）。

天誅組の変は、最初の反幕府武装蜂起であり、（これに続いて起きた生野の変とともに）「明治維新の魁」をなす挙兵であったとされるが、わずか四十日ほどにして壊滅するに至った。当然のことながら、このような脱藩浪士を中心とした「草莽崛起」型の蜂起では、討幕を実現することなど不可能であり、藩を動かし藩権力をバックとした討幕運動への転換が、後年にはかられるようになった（藩は「皇国の病」を治す「よき道具」であるという長州藩士木戸孝允の言を想起されたい）。この後、対外姿勢についても、攘夷から和親への大転換が見られるようになった（薩摩藩も、攘夷を唱えていた長州藩も、列強と直接に砲火を交えたことにより、その力の強大さをまざまざと見せつけられたことによる）。木戸は、慶応四年（一八六八）正月十一日に起きた「神戸事件」について、「我藩で申候得は五、六年前之光景に而、（中略）其起り候処は攘夷より生れ出候次第に而、（中略）日本之有志家にも込《困》り入候ものに而御座候」と評しているが[50]、その後の長州藩の転身ぶりが如実にうかがえる記述として注目される（数少ない天誅組の生き残りの一人であった三枝蓊が、同年二月末日に、参内するために御所に向っていた英国公使パークスを襲撃し、殺害しようとしたのとは対照的である）。このように、明治維新への道はストレートではなく、天誅組と明治維新の主体となった討幕派との間には、以上のような大きな相違点が存在するという事実を、見落としてはならないのである。

おわりに――谷三山と門人たちの足跡

谷三山は、王政復古のクーデターにより新政府が成立した二日後、慶応三年（一八六七）十二月十一日に、六十六歳でこの世を去った（最晩年の彼の活動ぶりについては不明であるが、視力も失ってしまったため、これといった活動はしていなかったものと思われる）。

それから一か月余の後、翌年一月十五日に、新政府は布告を発し、対外和親の方針を表明した。これは、もはや攘夷は行なわないという宣言であり、三山の言説とは相反する結果となったのである（この布告は、三山のみならず、多くの民衆の期待を裏切るものであり、「人心」不服という状況が生じることになった[51]）。もう一点、新政との関連で見落としてはならないのは、三山は世界情勢を見据えており、攘夷を唱える一方で、欧米列強の優れたところに学び、富国強兵に力を入れるとともに、学校教育制度の整備・充実をはかることが肝要であると力説していたことである。このことからすれば、明治新政府によってその後推し進められていった開化政策は、三山の、特に開国期の言説に沿うものであった、と言うこともできよう。

明治の新時代にかけて、三山の薫陶をうけた高弟らもそれぞれに、以下のような足跡を残した[52]（なかには、原田亀太郎のように天誅組に加わって落命した者や、吉村柳亭のように三山よりも早く亡くなった者も存在した）。

〔森竹亭〕　高市郡田井庄村の人で、篠崎小竹のもとで詩文を学んだ後、三山の門人となった。三山が「古書を研究いたし、字義訓詁に明なること、他国は知らず、京阪には敵手なからんと存候」と評していた高弟で、『孫子』にも精通しており、吉田松陰とも議論を交わした。自身の門人も多く、陸奥宗光もその一人であったと伝えられる。五條主善館の教授、河内狭山藩の藩儒、堺県立学校の教頭を歴任した後、明治六年（一八七三）に六十一歳で没した。著書に『詩文遺稿』がある。

〔上田淇亭〕　山辺郡備前村の農家に生まれた。三山が「此の人、後来必ず本州一の学者ならん」と評していた高弟であり、慶応元年（一八六五）に高取藩校（講文所、のち明倫館）の教授となって、文教をつかさどるとともに、『石上布留神社縁起』や『神剣考』などを著し、明治九年（一八七六）に六十二歳で没した。

〔西谷綱菴〕　十市郡田原本村を本拠とした平野氏の家臣の家に生まれた。慶応四年（一八六八）に田原本藩の学問所教授になるとともに、『大日本史考証』（全七巻）や『陵墓所在考』（全二巻）など多くの著作を残し、明治二十七年（一八九四）に六十四歳で没した。

〔前部重厚〕　高市郡小房村（高取藩領）の大庄屋の家に生まれた。芝村藩の藩儒に招聘された後、維新後には奈良県大属や大阪府会議員をつとめ、奈良県再設置運動に奔走した後、明治二十二年（一八八九）に初代八木町長に就任した。その後、奈良公園の造成に大いに貢献して、「奈良公園の父」と仰がれ、明治四十一年（一九〇八）に八十一歳で没した。妻は三山の姪にあたる。

〔岡本通理〕　葛下郡高田村で煙草屋の二男として生れた。国学に通じるとともに、史籍に詳しく、森田節斎らとも交流があった。安政三年（一八五六）に、三山の門人であった葛上郡名柄村の中野利兵衛（利右衛門の兄）の依頼に応じて、『振濯録』を著した（開版は同五年）[53]。その後、紀州田辺藩儒に招かれ、堺県庁に奉職した後、明治十五年（一八八二）に大和へ帰り、柿本神社に寓居して、子弟の教育にあたった。

〔久保耕庵・良平〕　宇陀郡松山町の人。兄弟ともに、儒学を三山に学ぶ一方、蘭学を大坂の緒方洪庵に学び、蘭方医を業として、大和国内への種痘の普及につとめた。

三山の高弟の多くは、大和や近国の藩儒となって文教面で活躍したが、前部重厚や久保兄弟のように、政治や社会、医療の分野において、それぞれ大きな足跡を残した人物も存在した。

注目されるのは、彼らのなかに、久保兄弟のように「蘭学ニ精シク洋医ヲ業」とする者や、岡本通理のように国学に通じていた者も存在したという事実である（このほか、葛下郡畑村の楠奈良之助についても、「国学ニ達ス」という記事が見られる[54]）。当時にあっては、いずれの学問を究めようとするに際しても、儒学（漢学）が不可欠な教養となっていたが、三山の「興譲館」での教育方針（指導者としての懐の深さ）も、これに関係していたものと思われる。「学問の目的は、『聖人之道』を守り、『古道』に照らして自ら善処し、『君子』の域に近づくことにある」（「興譲館塾約」）としていた三山は、「興譲館」での教育において、門人それぞれの個性や主体性を尊重する方針をとっており、彼らを自らの世界に押し込めようとはしなかった（天誅組の変のケースのように、自らの見解を強く主張し、門人の行動を制止しようとするようなことも、めったになかった）。逆に、『靖海芻言』を起草するに際して、「西洋ノ医方」に通じていた久保耕庵に教示を仰いだように、門人たちの言説に耳を傾けて、それぞれの秀でた部分から学ぼうとしており、これによって自らの世界を拡げるとともに、見識をさらに深めようとしていたことが、うかがえるのである。

ところで近年、谷家文書を調査した際に、三山宛の石河確太郎(正竜)の書状三通と、弟の武次郎の書状一通が見つかり、すでに三山の門人であったことが知られていた武次郎に加えて、確太郎も門人であったことが、新たに判明するようになった(欠年ながら、確太郎が、薩摩藩に召し抱えられて以降に、鹿児島から出した十月一日付の書状のなかで、「万一再弟子之末席ニ還り候事モ出来候ハヾ、如旧御教養被成下度奉願上候」と記していることから、その事実が明らかになった)。文政八年(一八二五)に高市郡石川村で生れ成長した彼は、三山の門人となった後、弘化三年(一八四六)に郷里を離れ、江戸や長崎に赴いて蘭学を学んだ。その後、安政四年(一八五七)に薩摩藩(藩主島津斉彬)に召し抱えられ、諸方交易方や開成学校の教授などを歴任し、幕末・維新期の当藩の殖産興業政策を主担した。特に注目されるのは、薩摩と「和州・河州」・「奥州・羽州」との物産交易(三角交易)を企画し、その実現のために奔走するとともに、世界の動きを見すえて、綿を買い集めてイギリスに売り込むことや、同国から紡績機械を輸入して紡績業を興すことを提言し、当藩の鹿児島紡績所や堺紡績所の開設・運転に携わったことである。廃藩置県後にも、各地の機械紡績所や富岡製糸場の開設に際してその指導にあたり、明治二十八年(一八九五)に七十一歳でこの世を去った。(55)彼が三山の許で学んだのは、弘化三年(一八四六)までの時期であり、三山が尊王攘夷の立場を明確にする以前のことであるが、三山の薫陶をうけた門人のなかに、後にわが国「近代紡績の父」と称されるようになった、彼のような人物も存在していたことが、注目されるのである。

周知のように、わが国では、近世後期から幕末期にかけて、内憂外患の深まりとともに、献策と人材登用の動きが進むようになった。本章で光をあてた谷三山は、まさにそうした動きを体現した人物であり、身体的な障害をもちながらも、ほとんど独学で学問を究め、家塾を開いて多くの門人を育成するとともに、高取藩に出仕し、明治維新に向けて時代が大きく推転していくなかで、活発な献策活動を展開した。その言説は、国内外の情勢の変化を背景に、天保改革期から開国期、さらには開港以降へと変化し、ついには尊王攘夷の立場を明確にするに至ったが、地域に生きる人々の生活に思いを馳せ、「民生」の安定をベースに立論するという姿勢は、一貫して保持していた。

三山の薫陶を受けた高弟らも、明治の新時代にかけて、文教面を中心にそれぞれに活躍したが、彼らのなかには、蘭学や国学に通じていた者や、わが国近代化の経済面でのキーマンの一人に数えられるようになった石河確太郎のような人物も含まれていた。また、他国からの一部の入門者も含めて、武士、百姓、町人、医者、僧侶、神主など、多様な人々が三山の門人となっており、彼を中心に、身分や職業という枠組や、地域を超えた学びの場が形成されるようになっていたことも、注目される。こうした身分や職業、地域を超えたネットワークの形成は、幕末期あっては、学問塾に止まらず、他の分野でも見られるようになっていた（幕末期に農事改良活動を本格的に展開するようになった大和国山辺郡永原村の老農中村直三のケースについては、かつて検証したことがある(56)）。それ故に、特定の人物に焦点を定めて、当該期の活動のあり方と意義を探究しようとするにあたっても、当人のみならず、その人的ネットワークにも光をあてて、分析を行なうことが肝要であると言えよう。

私は、本書第四章でも述べたように、近世後期の地域社会史研究を活性化するためには「動的な地域社会史」の構築が必要であり、そのためには、地域社会の内部構造分析をふまえ、民衆運動史、さらには政治史との連接をはかりながら、近代への展開を見据えつつ研究を進めていくことが肝要であり、また地域リーダーの活動に焦点をあてながら分析することが有効であると考えている。不十分な内容ではあるが、本章はそうした思いにもとづくものであり、また岩城卓二氏による近年の「幕末畿内社会論[57]」に刺激されたものでもあることを付言しておきたい。

〔註〕

（1）佐々木潤之介『幕末社会論』（塙書房、一九六九年）、同『世直し』（岩波新書、一九七九年）など。
（2）堀井義治『伝記谷三山』（谷三山百年祭記念事業推進会、一九六六年）九六頁。
（3）西村時彦『谷三山』（大阪国文社、一九〇八年）、加藤正一『聾碩学谷三山』（長野盲唖学校聾部研究会、一九二九年）、大伴茂『聾儒谷三山』（平凡社、一九三六年）。
（4）堀井義治『伝記谷三山』（谷三山百年祭記念事業推進会、一九六六年）、卜部和義『谷三山と吉田松陰の出逢い』（谷三山遺徳顕彰会、一九七四年）。
（5）梅村佳代「家塾の隆盛―興譲館と谷三山―」（『江戸時代人づくり風土記 29 奈良』所収、農山漁村文化協会、一九九八年）。
（6）大月明「谷三山の尊王攘夷思想について」（『近世日本の儒学と洋学』所収、思文閣出版、一九八八年）。
（7）塚本学『地方文人』（教育社、一九七七年）、田﨑哲郎『地方知識人の形成』（名著出版、一九九〇年）、川村肇『在村知識人の儒学』（思文閣出版、一九九六年）、宮地正人『幕末維新期の社会的政治史研究』（岩波書店、一九九九年）など。
（8）鈴木理恵『近世近代移行期の地域文化人』（塙書房、二〇一二年）参照。
（9）「三山谷先生傳記史料」（橿原市八木町・谷道央氏所蔵）。
（10）暁鐘成『西国三十三所名所図会』（臨川書店、一九九一年）。
（11）『橿原市史』史料第三巻（橿原市、一九八六年）による。
（12）『橿原市史』上巻（橿原市、一九八六年）二三三～二三四頁。
（13）大伴前掲註（3）書八一～八四頁

(14) 前掲註(9)と同史料。
(15) 奈良県高市郡教育会編『三山谷先生遺稿』(奈良県高市郡教育会、一九一七年)一二〇頁。
(16) 大伴前掲註(3)書一八頁。
(17) 堀井前掲註(4)書五〇～五一頁。
(18) 大伴前掲註(3)書四一頁。
(19) 大月前掲註(6)論文二六二～二六三頁。
(20) 前掲註(9)と同史料。
(21) 前掲註(9)と同史料、大伴前掲註(3)書九二～九四頁所収。
(22) 前掲註(15)書八八頁所収。
(23) 前掲註(9)と同史料、前掲註(15)書二五一～二五九頁所収。
(24) 前掲註(15)書一五～三〇頁所収。
(25) 『愛静館筆語』。
(26) 東京大学史料編纂所編『大日本古文書　幕末外国関係文書之一』(東京大学出版会、一九七二年覆刻再刊)。
(27) 同前四七三～四七四頁所収。
(28) 原剛『幕末海防史の研究』(名著出版、一九八八年)参照。
(29) 前掲註(15)書および大伴前掲註(3)書附録に収載。
(30) 大月前掲註(6)論文二六七頁。
(31) 前掲註(15)書四三～四七頁所収。
(32) 同前四七～五一頁所収。
(33) 吉田松陰「癸丑東遊日記」。
(34) 大伴前掲註(3)書および堀井前掲註(4)書参照。
(35) 同前。
(36) 同前。

(37) オールコック『大君の都　幕末日本滞在記　下』（岩波書店、一九六二年）二八九～二九〇頁。
(38) 芝原拓自『日本近代化の世界史的位置』（岩波書店、一九八一年）。
(39) 安政五年二月「老中達」（『大日本古文書　幕末外国関係文書之十五』（東京大学出版会、一九七二年覆刻再刊）五六七～五六八頁所収）。
(40) 前掲註(15)書および大伴前掲註(3)書附録に収載。
(41) 中村哲「開港後の貿易と世界市場」（『岩波講座日本歴史』近世5所収、岩波書店、一九七七年）、山崎隆三「幕末維新期の経済変動」（同前所収）など。
(42) 酒井一「開国と民衆生活」（『日本民衆の歴史』5所収、三省堂、一九七四年）、谷山正道『近世民衆運動の展開』（高科書店、一九九四年）第三部第一章など。
(43) 酒井一「慶応二年大坂周辺の打毀しについて」（『国史論集（二）』所収、京都大学読史会、一九五九年）、澤井廣次「慶応二年大坂騒擾と戦時下の社会変容」（『大阪の歴史』八二号、二〇一四年）など。
(44) 『日本庶民生活史料集成』第二巻（三一書房、一九六九年）に所収。
(45) 頼祺一「民衆思想論」（『講座日本近世史』9所収、有斐閣、一九八一年）、三宅紹宣『幕末・維新期長州藩の政治構造』（校倉書房、一九九三年）、廣吉壽彦・谷山正道編『大和国高瀬道常年代記』（清文堂出版、一九九九年）など。
(46) 久保田辰彦『いはゆる天誅組大和義挙の研究』（大阪毎日新聞社、一九三一年）、廣吉壽彦編『甚太郎一代記』（清文堂出版、一九九四年）など。
(47) 原平三「天誅組挙兵始末考」（『史学雑誌』四八巻九・一〇号、一九三七年）など。
(48) 竹園日記を読む会編『竹園日記』二（大和高田市、二〇〇一年）など。
(49) 堀井前掲註(4)書一七〇～一七一頁。
(50) 日本史籍協会編『木戸孝允文書』三（東京大学出版会、二〇〇三年覆刻再刊）六～九頁所収。
(51) 青山忠正「大阪開港」（『大阪商業大学商業史研究紀要』創刊号、一九九〇年）、谷山前掲註(42)書第三部第一章。

(52)『大和百年の歩み　社会・人物編』(大和タイムス社、一九七二年)、奈良県編『大和人物志』(名著出版、一九七四年)など。
(53) 吉田栄治郎氏の御教示による。中野利兵衛は、その執筆を三山に依頼したが、体調がすぐれなかったため、門弟の岡本通理が代わって執筆することになったという。
(54) 前掲註(9)と同史料。
(55) 絹川太一『本邦綿絲紡績史』第一巻(日本綿業倶楽部、一九三七年〔復刻版、原書房、一九九〇年〕)、芳即正「石河確太郎と薩摩藩」(『尚古集成館紀要』七、一九九四年)、長谷川洋史「大和薩州産物会所取建の時期と場所について」(『東亜大学研究論叢』二一巻二号、一九九七年)など。
(56) 谷山正道「『御一新』と地域リーダー」(平川新・谷山正道編『近世地域史フォーラム 3 地域社会とリーダーたち』所収、吉川弘文館、二〇〇六年)《本書第一〇章》。
(57) 岩城卓二「幕末期の畿内・近国社会」(『ヒストリア』一八八号、二〇〇四年)、同「畿内の幕末社会」(『講座明治維新』第二巻所収、有志舎、二〇一一年)、同「幕末畿内社会論の視点」(『日本史研究』六〇三号、二〇一二年)。

〔付記〕 近年、吉田栄治郎氏とともに、橿原市八木町の谷家文書の調査を実施した。当家には、未公刊の文書も残っているが、本章ではその一部を活用するに止まった。今後、それらもフルに活用して、さらに研究を進めていきたく思っている(昨年より奈良県立大学ユーラシア研究センターで、「谷三山研究会」が始まっている)。最後になったが、谷氏および八木まちづくりネットワークの方々に対し、この場を借りて感謝の意を表したい。

第七章　「矢野騒動」研究序説

はじめに

生駒の、明治維新期の歴史について語ろうとするとき、まず第一に取り上げるべきは、慶応四年（一八六八）正月の鳥羽・伏見の合戦後、新政府による鎮撫の手がさしのべられるなか、旧旗本松平氏領で起きた、「矢野騒動」と称される一揆であろう（「矢野騒動」という呼称は、平群郡辻村の陣屋にあって苛政を行なってきた代官矢野弥平太らが攻撃対象とされたことによる）。その首謀者は、平群郡小瀬村の宮大工与兵衛ほか五名で、一揆の主な経過は、『奈良県の百年』の記述によれば以下のようであった(1)。

慶応四年（一八六八）一月十九日、ついに与平《(与兵衛)》らは領内一一ヵ村の農民の署名を集めた傘形連判状をつくり、大坂の長州藩陣屋に年貢の減免と代官の苛政を訴えでた。そして二十一日、一一ヵ村の農民約五〇〇人が、蓑笠《みのがさ》に竹槍《たけやり》という恰好で生駒《いこま》神社に集まり気勢をあげ、その後、農民たちは陣屋をとりかこんだ。これにおどろいた陣屋では郡山藩に救援を依頼し、二十二日には郡山から一〇〇人余の藩兵がかけつけたが、農民たちは包囲を解かず、相対峙したままであった。翌二十三日に長州藩の一隊が到達し、長州・郡山両藩兵が協議にはいった。その結果、代官矢野弥平太ら五人は大坂へ連行され、長州藩陣屋の吟味をうけることになった。一方、与平は一揆の責任を一身に負い、郡山藩の吟味をうけたが、長州藩からの抗議もあって六〇日あまりで釈放となった。この一揆は生駒一揆とよばれるが、維新の動乱期にあたったことが幸いして、ほとんど犠牲者をださずにすんだ。

「生駒一揆」とも称されるこの一揆に関する研究成果としては、①杉島平晴「矢野騒動について」(『奈良県高等学校教科等研究会歴史部会紀要』六、一九六九年)、②『生駒市誌』資料編Ⅰ(2)(生駒市役所、一九七一年)、③東義和「明治元年の世直し—生駒谷矢野騒動の分析を中心として—」(『歴史学研究』四一六号、一九七五年)、の三つがあげられるが、②はもとより①も史料紹介というべきものであり(①では傘形連判状〔七か村分〕や「義俠与平実伝記」〔与兵衛の孫にあたる中川吉治郎氏の手になる〕などが紹介され、②では①で紹介された史料に加えて慶応四年正月「発端一件写」などの関係史料が収載されるとともに、「生駒陣屋と矢野騒動」に関する叙述がなされている)、唯一先行論文といえるのは、②に収載された史料に依拠しつつ「世直し」という観点からこの「騒動」について分析を行なった③のみである。その③も、限られた史料をもとにまとめられたものであり、③の発表後長年にわたる研究の空白状況を打ち破って、「矢野騒動」に関する研究を前進させ、さらに深化させていくためには、関係史料の新たな発掘と蓄積がやはり不可欠であろうと思われる。

私自身、そうした作業をふまえて、いずれこの一揆に関する本格的な分析を行ないたいと願っているが、まだ作業のスタート地点に立ったばかりであり、現時点では旧来の史料に立脚しつつ論を展開せざるをえない。『矢野騒動』研究序説」と題した所以である。以下本章では、行論の都合上この一揆の背景について述べるとともに、近年の民衆運動史研究の成果をふまえ、また他の史料も援用しつつ、この一揆に関して従来あまり注目されてこなかったいくつかの問題について論及することにしたい。

一　一揆の背景

「矢野騒動」が展開された旧旗本松平氏領は、延宝七年（一六七九）に成立した。郡山藩主の交代に際して、新藩主となった松平信之（もと明石藩主）の弟信重が、旧郡山藩領のうち添下郡北田原村・南田原村の二か村と平群郡小明村など九か村、計一一か村（五〇〇〇石）を采地として拝領したことによる。

同年以降当地域の村々を領有するようになった旗本松平氏は、辻村（村名からもうかがえるように、西山中のなかでは交通の便に恵まれた場所であった）に陣屋を設けて領地の支配を行なった。この生駒陣屋は豪農矢野氏の屋敷を利用して設けたもので、矢野陣屋とも称される。松平氏は、当初は江戸から役人を派遣して支配を行なっていたが、のちには領内の有力者のなかから陣屋役人を任命するようになった。その筆頭が矢野氏で、安永三年（一七七四）に弥藤太が大庄屋から陣屋役人に取り立てられて以降、代々にわたり同役人に登用され、弥平太の代（文化八年〔一八一一〕に家督を相続、「矢野騒動」時の弥平太の先代）からは陣屋の主役人＝代官として権勢をふるうようになった(3)。

この旗本松平氏領では、江戸中期には徴租法として「土免」法が採用されるようになっていた。村ごとの「土免」が定められ、毎年五月に陣屋役人から提示された後、秋作に「大損」が生じた場合（→検見を行なって減免がほどこされる）以外は、予定どおり「土免」が適用され年貢が賦課・徴収される、というシステムである(4)。「土免」自体も村ごとに固定していたようであり（各村の「土免」は表1参照。上は谷田村の七ツ九分（年貢率七九パーセント）から下は南田原村の三ツ九分（同三九パーセント）まで村ごとに「土免」の率に差があるが、生産条件とともに、二割半無地増高の有無も[5]関係していた)、松平氏領では江戸中期以降本年貢額そのものの上限は固定された状態になっていたとみることができる。

しかし、国中《くんなか》(奈良盆地)の村々と比べて、米の品質はよいが[6]反収という面で劣り、また生活を大きく潤おすような特産物(たとえば国中における木綿など)に恵まれなかった[7]当地域の百姓たちにとっては、それでもかなりの負担であったと思われる。

表1　各村の土免

村　名	土　免
※北田原	4ツ7分
※南田原	3ツ9分
小　明	5ツ2分
俵　口	6ツ3分
谷　田	7ツ9分
辻	5ツ3分
菜　畑	6ツ4分
※有　里	4ツ1分
※萩　原	5ツ9分
※小　瀬	4ツ2分
※小平尾	4ツ3分

註　安永3年「毎年五月土免証文様」(『生駒市誌』資料編Ⅰ所収、339頁)から作成。※印を付した村は村高の内に二割半無地増高を含む。

これに加えて、同領の百姓たちは、江戸後期には領主財政の悪化に伴う負担増を強いられるようになった。文政二年(一八一九)正月「御米当暮御渡し方積り帳」には、つぎのような記述がみられる[8]。

近年先納銀等被申付百姓一統困窮仕候上、去々丑年(文化十四)金八百五拾両余永納仕、尚又去寅(文政元)冬先納銀并新借とも千三百両余、此奥に御座候通り先納仕候へ共、何分御大借之儀に付、右にては諸方渡方行届兼候に付、当正月四日より江中(郷)一統寄合相談仕、諸名目京都・大津・奈良其外国々之分三百〆(貫)目程村々江割付仕候、残り平銀年越銀調達銀其年々済方掛ケ合仕度積り奉存候

領主が「御勝手向御不女(如)意」に陥るなか、領民が年貢銀の先納を申し付けられるとともに、領主の莫大な借銀の尻ぬぐいをさせられ、苦しめられていく様が端的に記されている。

さらに、幕末期になると、同領民は、開港以降の物価騰貴によって生活を圧迫される(特に中下層)とともに、政治情勢が緊迫化し領主側の出費がかさむなか、おびただしい負担増を強いられるようになった。これに

関して、「矢野騒動」の際の願書(9)には、つぎのような点が列挙されている。

①近年、年貢米の納入に際して、米は一粒よりかつ厳重な俵仕立て（「二重俵并大縄に而立縄」）を命じられるようになった。

②年貢米の計量を行なう際、升取が一石に付五升宛計り増し、さらに込米として同じく五升を加徴されるようになった。

③宿々から増助郷を命じられ、その入用として四、五〇〇〇両を割りあてられた。

④領主の持馬（一升）の「一足飼葉料」として、三〇〇両ばかりを課せられた。

⑤御用金として、一五〇〇両ばかりを一一か村へ賦課された。

⑥近年領主が京・大坂へ「出勤」した際の地方役人の「上下」の費用として三〇〇両、また地方役人が大坂へ赴いた際の飯代諸入用として一〇〇〇両ばかりを賦課された。

⑦施行米として八〇石を取り立てられ、このうち三〇石は難渋人へ施与されたが、残りの五〇石は地方役人が売り払い、代銀を取り込んだままになっている。その代銀を下げ渡してほしいと頼んだが、かえって御用意米として一〇〇石を取り立てられる始末で、その下げ渡しを重ねて願い出たが、いっこうに応じてくれなかった。

⑧領主側から新池を築調したり用水施設を整備しようとする場合には入用金を下付するとの通達があったので、「新溜池古池水取井戸等新普請」を行ない、それに要した三五〇貫目ほどの下付を願い出たところ、全く応じてもらえなかった。

これらに加えて、格別不作であった慶応二年（一八六六）の「取延」分（年貢米一石に付五升）を、領民の困窮が「弥増」なか「鳥の毛をみすることく」領主側が取り立てようとしたこともあって、領民の領主と陣屋役人に対する不満と不信感が高まっていった。

そうしたなか、同三年十二月九日の王政復古のクーデターにより新政府が成立し、鳥羽・伏見の合戦後、旗本松平氏領の村々は「南都興福寺東室十津川様出張御役所預り」となったが、領民が不信の思いをつのらせていた矢野弥平太らの陣屋役人は罷免されず、「如元役付」となった。そして、「是まで通毎年貢御上納之儀大切ニ可致」と指示されたことから、「地方役人如元ニ取立被成候儀ハ拾壱ヶ村百姓（中略）不承知」として、「矢野騒動」が生起するに至ったのである。ちなみに、この一揆の「発端一件写」には、「今般百姓一揆と申ハ、元来大和・河内此近辺之御殿様方之御上納向格段相かわり、助郷一件ニ付地頭役人過分之諸入用等在之、何事も勝手取計ひ向有之、尚又近国近辺之百姓と違、誠以極々難高ニ而至而困窮弥増候」云々という記述を見い出すことができる。(10)

二　傘形連判状・竹槍・長州藩

つぎに、近年の民衆運動史研究の成果をふまえ、この一揆を特色づけている傘形連判状・竹槍、そして長州藩陣屋への歎願の意味するところについて、少しく考察を加えてみたい（他に、生駒谷の郷社である生駒神社が一揆勢の結集の場となり、合図に「越（輿）山のつり鐘」が使われていることも注目される(11)）。

一揆などの際に作成された傘形連判状は、参加者が円形に署名・連判したもので、その形状から車連判状とも称される。なぜそのような形をとるのかについては、①頭取（首謀者）が誰かわからないようにするため、②一揆参加者の平等性（「一列」）を表現するのにもっともふさわしい形であるから、という二点が指摘されている。従来①に力点をおいて説明されることが多かったが、ある村の惣百姓が車連判したうえで領内全体の一

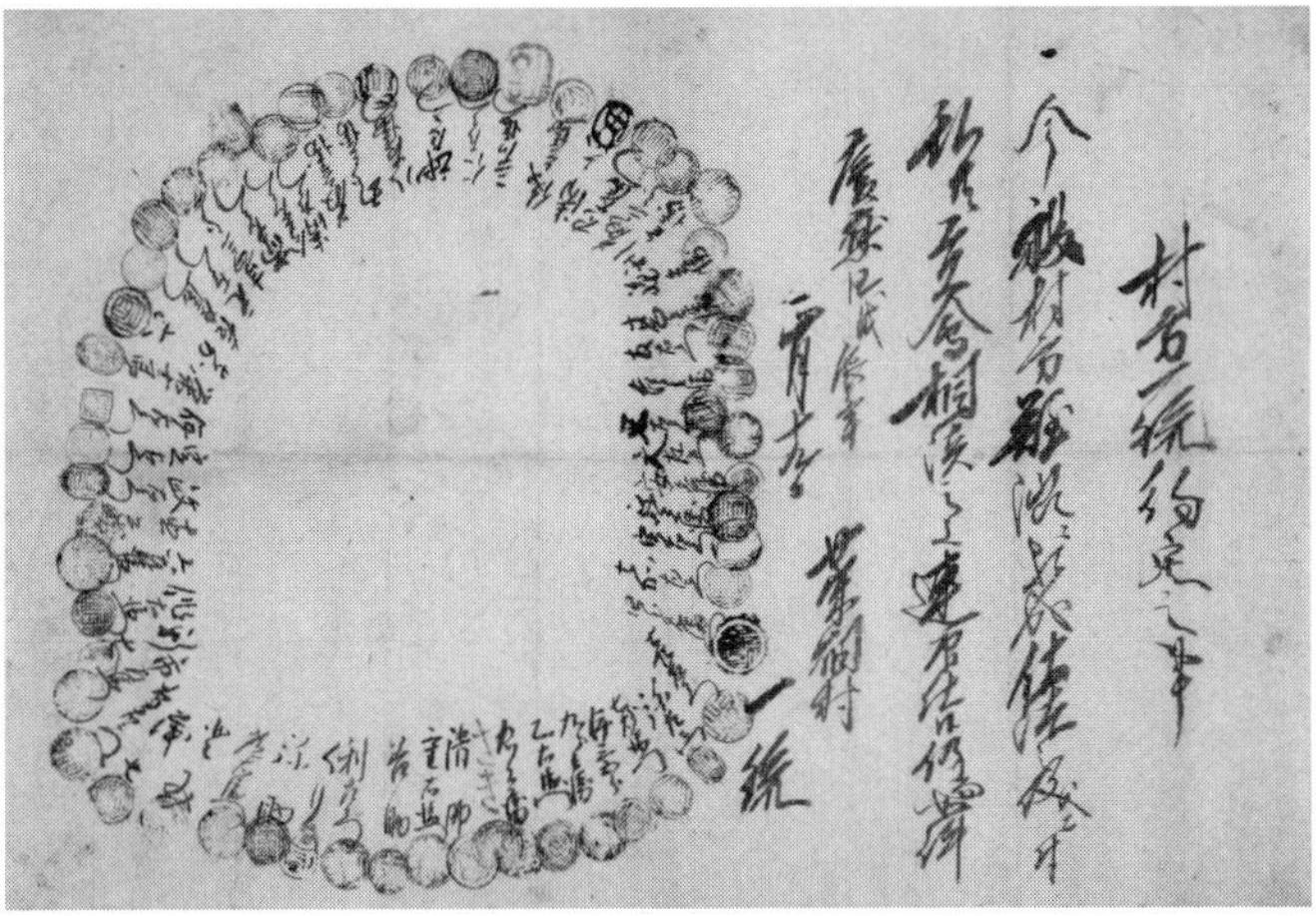

「矢野騒動」傘形連判状（菜畑村）

揆頭取の一人（名前判明）にあてて提出するという形をとったものも見つかっており、[12]むしろ②のほうに力点をおいて、一揆参加者の平等性と団結の様（現在でも試合の前に円陣が組まれることを想起されたい）を表現するのにもっともふさわしい形であるから、と理解したほうがよいように思われる（なお頭取隠しの意図を全く否定するものではない）。

「矢野騒動」においては、正月十九日付で村ごとに傘形連判状が作成され、与兵衛らが大坂の長州藩の陣営へ歎願に赴いた際にこれを携えていったとされている。一一か村のうち、南田原（連判者八五名）・小明（五三名）・辻（二一名）・菜畑（五六名）・有里（一七名）・萩原（三二名）・小瀬（六二名）の七か村分が今日までに見つかっており、杉島平晴氏によって紹介されている。

ここで問題となるのは、各村民のうちどれだけが連判状に名を連ねたのか、という問題である。この点についての分析は、一揆の性格について論じるうえでも不可欠であるが、現在のところ同年の「宗門改帳」など分析に必要な関係史料を欠いていて、詰めた作業を行なうことができない。しかし、各村の連判状に、「南田原一同ニ連印承知致し候」「小明村一同連印名前書」「菜畑村一統」「萩原村一統約定連印」などと記されており、また各村の連判者の数とやや年代が離れるが前後の時期の戸数との比較から、地方役人となっていた者を除く、各村の全戸主が連判状に名を連ねたとみてほぼ誤まりはないだろう。まさに、「村方一統」の参加のもとにこの一揆は展開されたのであり、連判者のなかには庄屋・年寄といった村役人も含まれていた。ちなみに、小明村の連判状には「庄屋」「年寄」「村惣代」とそれぞれ肩書された人物名が見い出され（傘形連判状にこうした肩書が記されているケースは珍しい）、他村の場合にも、慶応三年（一八六七）四月の時点で庄屋・年寄であった者[13]の名前を連判者のなかに見い出すことができる。

「矢野騒動」の首謀者は、小瀬村の宮大工与兵衛らで、長州陣屋への歎願書には、「拾壱ヶ村百姓惣代」として、彼のほかに小瀬村九郎兵衛・太郎右衛門と小平尾村浅助・八郎兵衛・忠七の名前が記されている。彼等の村内での位置（階層）や存在形態を今後明確にしていく必要があるが、当時村役人にはなっておらず、村方小前のなかの有力者であったと考えられる。[14]「矢野騒動」は、彼等を中心に、当時の社会状況下、困窮に喘いでいた「小前百姓共」を主体勢力として、村役人層をもまきこむ形で展開された、と見なされるのであり、また、「御一新」が行なわれようとするなか、旧来の陣屋役人による支配を拒否し、「世直り」を求めて、「長州様之御下の百姓ニ相成度候」と願い出ていることから、その性格を世直し一揆として評価することができよう。

つぎに、この一揆において、一揆勢が得物として竹槍を携えたことの意味するところについて、少し言及しておきたい。近年の百姓一揆研究では、百姓一揆固有の行動様式が問題とされるようになり、一揆勢の出立ちや得物などが分析対象とされるようになった。そうしたなかで、得物に関しては、百姓一揆に際して一揆勢が携えた基本的な用具は百姓道具としての農具であったという原則が確認され、「竹槍蓆旗《ちくそうせっき》」（竹槍とムシロ旗）という従来のイメージが根底から崩されるに至った。[15]農具は百姓身分を象徴するものであり、一揆に立ち上がった百姓たちは、蓑笠を着して百姓の出立ちをし、百姓道具と携えて領主のもとへ集団で押しかけ、領主に対して「御百姓」が「相続」できるよう「仁政」を要求したのであり、訴の方法は非合法であったが、領主そのものを否定しようとしたわけではなかった。「幕藩領主の存在は自明の前提とされ、その『御救』に期待するものであるから、（中略）みずからが百姓身分であることを強調することこそが求められた[16]」という脈絡のなかで、百姓一揆の得物原則が位置づけられるようになったのである。

　こうした典型的なあり方に比して、江戸後期には、たとえば文政元年（一八一八）の大和の龍門騒動（苛政を行なった代官所出役が「悪役人」と目され、一揆勢の標的となって竹槍で殺害された）の場合のように、一揆勢の得物として竹槍が目立つケースもみられるようになり、新政反対一揆においては、竹槍や鉄砲・刀剣が全面に出るようになった。本章で分析対象としている「矢野騒動」の場合にも、「義侠与平実伝記」の記述（後年のものだが）によれば、得物としては竹槍のみが記されているが、そのことから何を読みとることができるだろうか。「矢野騒動」において、百姓たちは、以前のように陣屋役人（↓領主）に対して「仁政」の実施↓「百姓成立《なりたち》」の実現を要求したわけではなかった。「拾壱ヶ村百姓共と首引ぬき合か伐（斬）合か致なくてハ治り付不申」（「発端一件写」）とあるような緊迫した状況下、旧来の陣屋役人による支配そのものを拒否しようとしたのである。得物としての竹槍、そこには彼等のそうした毅然とした意志がこめられているように思われるのである。

　最後に、与兵衛らが大坂の長州藩の陣営へ赴き、「長州様之御下の百姓ニ相成度候」と記された「拾壱ヶ村百姓中」からの願書を提出するに至った事情について、論及しておこう。当時、大和では奈良を拠点に新政府による鎮撫の手がさしのべられ（一月十七日に軍事参謀烏丸光徳が奈良に派遣され、翌十八日には、南都参謀役所から、管内の村々の動揺をふせぎ安堵して家業につとめるようにとの新政府の命令が伝えられた。奈良奉行は謹慎を命じられ、興福寺評定所に一時政務がゆだねられたが、二十一日に行政・司法・軍事をつかさどる大和鎮台が奈良に設けられるに至った(17)、旧旗本松平氏領の村々も「南都興福寺東室十津川様出張御役所預り」となっていたが、そうしたなかなぜ殊更「長州様」なのだろうか。

その事情について、「義俠与平実伝記」には、「なんとかいたしこの大ぜいの百姓達を助ける道なきやと考えておるやさき、与平《与兵衛》大阪へ行き寺町付近を歩行中、掲示板、百姓無法に取立てる城主あるなら申出で直ちに成敗す、長州藩大阪出張所と掲げてあった。与平帰宅、直ちに生駒、田原の五人組に右の由を相談する。各々同意種々と相談結果、各村々の連印状を持参いたし、長州藩にお願いすることになった」と記されているが、これだけでは願書に「是までも長州様江歎願奉申上候と存居候」「長州様之御下の百姓ニ相成度候」と記されていることを、十分に説明することはできない。以下、幕末の畿内民衆の意識について触れながら、なぜ「長州様」なのかという問題にアプローチすることにしたい。

大和をはじめ畿内の民衆は、幕末開港に伴う経済の激変によって生活が大きく圧迫されるなかで、幕府の開港政策に対する批判を強め、「異人打払」を期待して、民心は尊王攘夷派へとなびいていった。文久三年（一八六三）五月十日を期して長州藩が攘夷決行にふみきった後には、同藩へのひいきの声が一挙に高まり（「長州様は異人御打払の方故、萬人長州江随気する」(18)）、その後、同藩が、八月十八日の政変後の禁門の変、四国艦隊下関砲撃事件、第一次長州戦争によって窮地に追いこまれるようになってからも、民衆の長州びいきの声は高なり続けた。ちなみに、『北倭郷土誌』にも、「会津横縞、薩摩は絣、長州縞は誰も好く」などの当時の俗謡が収録されている(19)。元治元年（一八六四）から翌年にかけては、京都で「長州おはぎ」が爆発的に売れる現象がおきたのをはじめ、禁門の変で敗走し尼崎で自害した長州藩士山本文之助の墓への群参（「残念さん」参り）、禁門の変のあと取り壊された長州藩大坂蔵屋敷跡の柳の木（「無念柳」）への群参などが流行し、播州などでは「長州カチジャ〳〵」とはやしての「長勝踊り」の流行がみられた。

この後、長州藩は、藩論を攘夷から和親へと転回させ、薩摩藩と軍事同盟を結んで倒幕への道を突き進んでいくようになったが、困苦に喘いでいた多くの民衆の「世直り」への期待は強く、民心は幕府にかわる新たな政権の樹立をめざした薩長、特に長へとなびいていった。「大日記」と題する膨大な記録を残した大和国十市郡荻田村の高瀬道常は、第二次長州戦争における長州藩側の勝利に関わって、「三才之童子ニ至る迄西国之勝ヲ悦ひ、心ニ力を合せ無程長州御登り諸式下直ニ相成可申抔と、於二関東一もこぞって中立候よし」と書き留めており[20]、この後長州征伐の制札が取り払われた際に、京都・大坂とその周辺の人々が「長州様勝や〳〵や〳〵や」と口々に叫びながら歓喜した様も記している[21]。さらに、鳥羽・伏見の戦の様子を紹介したあと、「此度関東勢数ヶ所之戦悉く敗ヲ取、一度も不二勝利得一、四、五日之戦ニ数万之軍勢城ヲ明退、今古珍戦大敗軍、天之しからしむる処か、長州方ニ人気寄御城数百大筒引出候ニ付、市中より打こそり我も〳〵と手伝ニ参り嬉《(喜)》ひ踊り廻りける、国々同様長州様之御蔭ニ而世が直り可申と嬉《(喜)》こわぬものハなかりけり」と記している[22]。

これらの記事を通して、「世直り」を求める民衆の、(この時点における)「長州様」への期待の大きさがよくうかがえるが、そうした当時の民衆の意識状況をふまえて「矢野騒動」を見つめなおすとき、なぜ与兵衛らは大坂の長州藩の陣営へ赴き、「是までも長州様江歎願奉申上候と存居候」「長州様之御下の百姓ニ相成度候」と記された願書を提出するに至ったのか、というこれまで問われることがなかった一つの謎が解けるように思われる。

おわりに

以上、本章では、明治維新期に生駒の地で生起した「矢野騒動」を分析対象とし、その背景について述べるとともに、近年の民衆運動史研究の成果をふまえ、この一揆を特色づけている傘形連判状と竹槍、そして長州藩を切り口にして、若干の考察を行なった。すでによく知られている既刊の史料に立脚し、他の史料も援用しつつ論を展開したが、「序説」の域をこえて研究をさらに深めていくために、関係史料の新たな発掘と蓄積が不可欠であることは言うまでもない。今後、貴重な地域の文化財としての古文書（史料）の保存という面にも力を入れながら、「矢野騒動」のみならず、生駒の地域史の解明に取り組み、その書きかえを行なっていきたく思っている。

〔註〕

（1）『奈良県の百年』（山川出版社、一九八五年）二二頁。

（2）『生駒市誌』（通史・地誌編）Ｖ（生駒市役所、一九八五年）一四六～一四九頁でも、「矢野騒動」について概説されている。

（3）『生駒市誌』資料編Ｉ（生駒市役所、一九七一年）三一六～三一七頁など参照。

（4）前掲註(2)書一二五～一二六頁など。「土免」法とは、前年の収穫や農村の状況を勘案して春（旗本松平氏領では五月）にその年の年貢率（額）を決定する徴税法で、年貢率（額）の上げ下げが可能であったが、旗本松平氏領の場合には、本文に記したように、江戸後期には「土免」自体が村ごとに固定するようになっていた。

（5）旗本松平氏領となった旧郡山藩領の村々のうち、元和元年（一六一五）に幕領から郡山藩領となった村々（北田原・南田原・有里・萩原・小瀬・小平尾）は、寛永十六年（一六三九）に竜田藩領から郡山藩領に編入された村々（小明・俵口・谷田・辻・菜畑）とは異なって、村高のうちに二割半無地増高をかかえていた（検地を行なうことなく、寛永年間に村高を二割半水増しされていた）。

（6）寛延元年（一七四八）の郡山藩領村々からの願書（『上牧町史』史料編一一四～一一八頁所収）に「生駒谷より五畿内ニ無比類上米弐斗三斗宛持出し」云々とあり、明治三年（一八七〇）の「郡山蔵御収納印之訳」

（同史料編四二三頁〜四二六頁所収）によれば、同領の生駒谷の村々の米の品質は全村ともに「〓印」（極上）であった。それ故に、生駒の米は酒米や鮓米として使われた。

（7）農業では主穀の生産が中心であり、余業としては、「縄莚かせぎ」（男）や、「苧かせぎ」（女）などが行なわれていた。なお、享保二十一年（一七三六）刊行の『大和志』には、生駒谷の「土産」として「牛蒡」と「薯蕷」、「製造」品として「稲艸席」の名前がみえる。

（8）前掲註（3）書四六七頁。

（9）「発端一件写」（同前四七二〜四七六頁所収）。

（10）同前史料。

（11）「義侠与平実伝記」（同前四八〇〜四八六頁所収）。

（12）明治二年（一八六九）上州高崎五万石騒動の際の傘形連判状。『日本の近世』（梓出版社、一九九五年）一一九〜一二〇頁参照。

（13）慶応三年（一八六七）四月「差上申一札之事」（前掲註（3）書四四八〜四四九頁所収）参照。

（14）与兵衛について言えば、所持田畑は一町四、五反で、他に山林も有していた（註（11）と同史料）。

（15）藪田貫『国訴と百姓一揆の研究』（校倉書房、一九九二年　新版・清文堂出版、二〇一六年）など参照。

（16）保坂智「百姓一揆—その虚像と実像—」（『日本の近世』10所収、中央公論社、一九九三年）二一六頁。

（17）前掲註（1）書二二一〜二二三頁参照。

（18）「藤井此蔵一生記」（『日本庶民生活史料集成』第二巻所収、三一書房、一九六九年）七七三頁。

（19）『生駒市誌』資料編Ⅱ（生駒市役所、一九七四年）一一〜一二頁。

（20）廣吉壽彦・谷山正道編『大和国高瀬道常年代記』上巻（清文堂出版、一九九九年）八九頁。

（21）同前一〇一頁。

（22）同前一二三頁。

第八章　幕末維新期の領主と領民
――旗本松平氏領と堀田氏領の動向――

はじめに

一九九九年に「矢野騒動研究序説」と題する小稿（本書〔第七章〕にあたる。以下、前稿と称す）を草した際、その稿末に私は「今後、貴重な地域の文化財としての古文書（史料）の保存という面にも力を入れながら、『矢野騒動』のみならず、生駒の地域史の解明に取り組み、その書きかえを行っていきたく思っている」と記しておいたが、いまだに「書きかえ」を果たしえていないことを恥じ入るばかりである。しかし、この間に私は、生駒市内に伝存する古文書の発掘と保存について微力を注いできた。その過程で注目すべき古文書が少なからず見つかってきており、近世・近代の「生駒の地域史」関わる新たな事実も次々に浮かびあがりつつある。

本章では、不十分ながら、そうした調査をふまえ、関係史料を活用して、「幕末維新期の領主と領民」というテーマにアプローチすることにしたい。分析対象とするのは、生駒市域に存在した旗本領のうち、松平氏領（前稿でも取り上げた）と堀田氏領であり、幕末の政治・社会・経済情勢のなかで当地の旗本領民がどのような状況に置かれ、維新期にはどのような動きを示すようになったのかを具体的に明らかにすることを課題としたい。

一　幕末の政治・社会・経済情勢と旗本領民

本論に入る前に、生駒市域における旗本松平氏領と堀田氏領の所在状況と幕末までの概況について、まず述べておきたい。

当市域には、太閤検地の時点で二一か村（大和国添下郡内に四か村、平群郡内に一七か村）が存在し、延宝六年（一六七八）に添下郡東田原村が北田原村と南田原村とに分村して以降は二二か村となった。江戸時代における各村の村高と領主の推移は表1に示したとおりであるが、享和元年（一八〇一）の「御代知」によって幕領であった平群郡乙田村が郡山藩領に編入されてからは、本市域には郡山藩領（一〇か村）と、旗本松平氏領（一一か村）、堀田氏領（二か村）、森氏領（一か村）とが存在していた（括弧内の村数を合計すると二四になるが、これは、添下郡高山村が旗本堀田氏と森氏、平群郡菜畑村が郡山藩と旗本松平氏の「相給」地になっていたためである）。

これらのうち、旗本松平氏領は、延宝七年（一六七九）に成立した。明石藩主松平信之の大和郡山への転封に伴い、その弟信重が、本市域のうち計五〇〇〇石の地（添下郡二か村・平群郡九か村の計一一か村（表1参照））を采地として拝領するようになったことによる。旗本の場合、江戸を本拠地としたため、領地内に支配の拠点を定めることが必要であり、松平氏の場合には、領内のほぼ中央に位置し比較的交通の便に恵まれていた平群郡辻村（具体的には豪農矢野氏の屋敷地内）に生駒陣屋を設け、支配を行なうようになった(1)。当初は江戸から役人を派遣していたが、やがて矢野氏や俵口村の楠田氏、菜畑村の朴木氏など領内の豪農のなかから陣屋の役人を取り立てるようになった。なかでも矢野氏は、安永三年（一七七四）に弥藤太が大庄屋から陣屋役人に登用

表1　村高と領主の推移（現生駒市域の村々）

郡	村　名	慶長御帳	元禄郷帳	領主の推移
添下郡	鹿ノ畑	360.3(石)	360.3(石)	旗本堀田氏領→
添下郡	高　山	687.62	687.62	旗本堀田氏領→
添下郡	高　山	743.31	743.31	旗本森氏領→
添下郡	上	751.864	945.655	幕領→元和元年(1615)郡山領→
添下郡	東田原	1072.52	北田原 650.906	幕領→元和元年(1615)郡山領→延宝7年(1679)旗本松平氏領→
添下郡	東田原		南田原 694.25	幕領→元和元年(1615)郡山領→延宝7年(1679)旗本松平氏領→
平群郡	小　明	306.6	306.94	竜田藩領→寛永16年(1639)郡山藩領→延宝7年(1679)旗本松平氏領→
平群郡	俵　口	421.51	423.01	竜田藩領→寛永16年(1639)郡山藩領→延宝7年(1679)旗本松平氏領→
平群郡	谷　田	283.73	284.88	竜田藩領→寛永16年(1639)郡山藩領→延宝7年(1679)旗本松平氏領→
平群郡	山　﨑	283.83	283.627	竜田藩領→寛永16年(1639)郡山藩領→
平群郡	辻	228.4	228.29	竜田藩領→寛永16年(1639)郡山藩領→延宝7年(1679)旗本松平氏領→
平群郡	菜　畑	617.7	192.375	竜田藩領→寛永16年(1639)郡山藩領→
平群郡	菜　畑		426.411	竜田藩領→寛永16年(1639)郡山藩領→延宝7年(1679)旗本松平氏領→
平群郡	壱　分	579.206	726.258	幕領→元和元年(1615)郡山藩領→
平群郡	有　里	219.432	274.79	幕領→元和元年(1615)郡山藩領→延宝7年(1679)旗本松平氏領→
平群郡	萩　原	264.467	337.511	幕領→元和元年(1615)郡山藩領→延宝7年(1679)旗本松平氏領→
平群郡	藤　尾	110.96	138.85	幕領→元和元年(1615)郡山藩領→
平群郡	大　門	160.52	200.65	幕領→元和元年(1615)郡山藩領→
平群郡	鬼　取	77.338	97.498	幕領→元和元年(1615)郡山藩領→
平群郡	小倉寺	70.01	87.663	幕領→元和元年(1615)郡山藩領→
平群郡	小　瀬	358.28	497.85	幕領→元和元年(1615)郡山藩領→延宝7年(1679)旗本松平氏領→
平群郡	小平尾	700	875.162	幕領→元和元年(1615)郡山藩領→延宝7年(1679)旗本松平氏領→
平群郡	乙　田	200	284.578	吉田源左衛門領→幕領→享和元年(1801)郡山藩領→
平群郡	乙　田	44.78		御餌指新三郎領→貞享5年(1688)幕領→享和元年(1801)郡山藩領→
平群郡	乙　田	19.738	25.295	幕領→元和元年(1615)郡山藩領→
平群郡	西　畑	222.089	277.736	幕領→元和元年(1615)郡山藩領→

されて以降代々同役人に任じられるようになり、文化八年（一八一一）に家督を相続した弥平太の代からは陣屋の主役人＝代官として権勢をふるうようになった。

本市域における旗本堀田氏領の成立は、松平氏領のそれよりも早く、関ヶ原合戦の翌年、慶長六年（一六〇一）のことであった。堀田一継が、戦功により、高山村（村高一四三〇・九三石）のうち六八七・六二石（東方）と鹿畑村（村高三六〇・三石）を含む三〇〇〇石の加増を受けたことによるものである。その後両村は、一継の隠居領となったあと、三男一純の系統に引き継がれていくことになった。この一純系堀田氏領の石高合計は四二〇〇石余（一〇か村）で、本市域の二か村以外は近江国甲賀郡内に所在しており、儀峨上田村（現滋賀県甲賀市水口町内）に陣屋が設けられていた。[2] また、大和の高山村にも陣屋が設けられ（享保期までは大北の小字「井ノ上」に存在していた）、当地の代官職は東氏[3]から久保氏[4]、そして篠原（有山）氏[5]へと変遷していった。

旗本松平氏領の幕末を迎えるまでの状況については、前稿において、①江戸中期には徴租法として「土免」[6]法が採用されるようになっており、これ以降本年貢額そのものの上限は固定される状態にあったが、（奈良盆地あたりの村々と比べて米の品質はよいものの反収という面で劣り、また生活を潤すような特産物に恵まれなかった）当地の領民にとっては、それでもかなりの負担であったと考えられること、②江戸後期になると、領主財政の悪化がさらに進行するようになり、[7] 領民はしばしば年貢の先納や御用金の上納を命じられるとともに、領主の莫大な借金の尻ぬぐいもさせられるようになり、大いに苦しめられるようになったこと[8]、を指摘しておいた。

旗本堀田氏領の場合にも、よく似た状況にあったようで、①高山村では寛延年間（一七四八～五一）から「定免」法が採用されるようになり、年貢率は宝暦九年（一七五九）に六二・五パーセントから六三・二パーセントに若干引き上げられたが、その後変更されることはなく、本年貢額そのものの上限は固定された状態になっていたこと[9]、②江戸後期になると、領主財政の悪化[10]に伴って、御用金がしばしば賦課されるなど、本年貢以外の負担が増加するようになり[11]、領民は大いに苦しめられるようになっていたこと、が判明する。

②の動きは、幕末を迎えるとさらに強まるようになった。表2は、「御吉凶御入用金取調帳[12]」をもとに、嘉永五年（一八五二）閏二月から安政三年（一八五六）八月にかけて領民が負担を強いられた旗本堀田氏の臨時入用金を示したものだが、その総計は三五六四両余にのぼっていた。法事や祝事の費用、通常の屋敷普請費のほかに、安政二年（一八五五）十月二日に発生した江戸大震災に伴う屋敷修復費（計一五九四両余）、異国船渡来に対応した軍事面での整備費（計六九一両余）が含まれており、かなりの比重を占めていたことが注目される。軍事費は、政治情勢の緊迫化に伴って、その後さらに増大するようになり、つぎに紹介するケース[13]のように、領民の肩に覆い被せられるようになっていった。

請取申上納金之事

一　金千両也

右者此度両村江被仰出候軍用御手当金上納之分請取申処依而如件

亥五月　　地方　御役所　印

高山村　中谷吉兵衛殿

鹿畑村　吉川善右衛門殿

年度については「亥」とあるのみであるが、これは、長州藩による攘夷決行（下関海峡を通過する外国船への砲撃）や薩英戦争、「八月十八日の政変」といった重大事件があいついで起きた文久三年（一八六三）の史料であると考えられる。この時上納を命じられた金額は高山・鹿畑の両村で計一〇〇〇両と多額であり、政治情勢

表2　旗本堀田氏の臨時入用金（嘉永5年～安政3年）

年　月	入用金額	使　　途
	（両）（歩）（朱）	
嘉永5・閏2	307・1・2	俊林院様御逝去之節諸御入用
4	42・1余	乗陽院様御死去之節諸御入用
4	181・1余	御奥御住居御模様替之節御普請御入用
6	75・2・2余	御家督御礼之節諸御入用
8	20・2・2余	御勤用御年番中御手限り御入用分
8	19・2余	前同断之節御立替切之分
9	5	御菩提所院主より被頼御寄進之分
12	13・1余	お操様御三才御内祝之節御衣服料其外御入用共
6・2	37・2余	俊林院様御一周忌鳳林院様十七回御忌御法会御入用
4	50・1・2	奥方様御安産之節品々御入用
4	63・3余	御小座敷并御廊下共御普請御入用
5	34・2・2余	若殿様御初節句御幟一式代
6	280・0・2余	御添屋鋪東ノ方御長屋并ニ御殿御普請御入用
6より	442・3・2	異国舟渡来ニ付御武器御買上并御修復代共
9	29・3・2余	御下屋鋪御用意蔵新規御取立御入用
9	10・2・2余	御同所御座敷其外所々御取繕御入用
10	21・0・2余	戒浄院様御葬送之砌御入用
7・4	14・3・2	俊林院様乗陽院様三回御忌御法事御入用
閏7	53余	霊光院様御病中より御死去之節御入用
安政2・9	228余	御馬揃ニ付御武器馬具其外品々御入用
10より	265・3	大地震ニ付表御座敷并御玄関御台所根継御修復
10 （～3・8）	249・1	右同断奥向仮御修復御長屋御土蔵瓦屋根仮養并御寺御宝塔同所御位牌根継御寄進其外諸御入用共
3・2	10	鉄砲弐挺御買上代
2	18余	御中ノ口前井戸御修復御入用
2より	489・03	御上屋敷裏御門より御長屋弐棟御普請御入用
4	11余	銃陣調練ニ付御入用
（小　計）	（2974・3・1）	
		〔外ニ積立御入用之分〕
	150	御添屋敷北ノ方表通御長屋一棟根継御修復
	120	御納戸蔵壱ヶ所新規御取立之分
	100	御広鋪長屋向御修復之分
	150	御下屋敷御殿向より御長屋御修復之分
	70	八月廿五日大風雨御破損所御取繕之分
（小　計）	（590）	
（惣　計）	（3564・33）	（内　1004・0・3　震災皆払之分、590　同断并風損積立之分、二口〆1594・0・3）

註「嘉永五年より安政三年辰年迄　御吉凶臨時御入用金取調帳」（中谷家文書1406号）から作成（『生駒市古文書調査報告書』Ⅱより）。

の緊迫化に伴う領主の軍事面での出費の増大を背景とする、こうした御用金の度重なる賦課によって、領民は苦しめられることになったのである。

旗本松平氏領の領民も、幕末期に、度重なる御用金の賦課や年貢の先納、文久三年（一八六三）以降の「兵歩人足」や「非常御手当人足」の徴発（関係費用の村入用による補塡）などによって、多大の難渋を強いられていた。その様子については、慶応元年（一八六五）十二月付の道中奉行宛領内八か村願書案[14]の記載によって具にうかがうことができる。さらに、「矢野騒動」に際して提出された同四年（一八六八）正月付の願書[15]には、①御用金として一五〇〇両ばかりを賦課されたこと、②領主が京都・大坂へ「出勤」した際の地方役人の「上下」の費用（三〇〇両）や、地方役人が大坂へ赴いた際の飯代諸入用（一〇〇〇両ばかり）を賦課されたこと、③領主の持馬一疋の「人足飼葉料」として三〇〇両ばかりを賦課されたこと、が記されている。内乱期に入り、軍事面での出費が嵩むようになったことによるものである。また、④近年、年貢米の納入に際して、厳重な俵仕立てを命じられるようになり、納籾の品質チェックも厳しく行なわれるようになった、⑤計量の際に、一石について五升宛の量り増しが行なわれ、さらに込米として五升宛加徴されるようになった、とあるように、年貢米の取り立ても厳しくなったことがうかがえる。さらに、⑥「宿々」（前出の慶応元年願書案には、東海道草津・土山・坂下宿の名前が記されている）の増助郷に指定され、その費用として四、五〇〇〇両の醵出を命じられた、とあることにも注目しておきたい。内乱期に入り、東海道の通行量が激増するなか、宿駅の負担が増し、旧来の助郷だけではとてもフォローできなくなったため、幕府道中奉行の命によってはるかに離れた当地域の村々も新たに助郷に加えられ、費用の負担を強いられるようになったものである。こうした様々な負担増によって、領民は「誠ニ迷惑難渋」することになったのである。

さて、当地の領民の側に目を向けると、幕末期には、数多くの人々が窮乏の淵に追いやられるようになっていた。前述した負担増に加えて、開港以降の経済の激変、とりわけ猛烈な物価騰貴（幕府が実施した貨幣改鋳の影響などによる）が、その主な原因であった。諸物価のうち米穀の高騰（本書第六章二四八頁掲載グラフ参照）は、自家消費分以上に貯えがありこれを売ることができる有力な農家にとっては大きなプラスとなったが、逆に買わなければならない零細な農家にとっては大きな桎梏となったのであり、それ故に飯料にもこと欠く「極難渋人」が増加するようになったのである。

幸いなことに、旗本松平氏領の大庄屋をつとめていた平群郡小瀬村の川久保政助が書き残した慶応二年（一八六六）の役用日記[16]が残っているので、これによって当時の領内の状況について見ておこう。

同年は、第二次長州戦争に向けて大坂に集結していた幕府軍が兵糧米を買い占めたこともあって、米価の高騰がピークに達し、各地で打ちこわしが頻発した年である。大和を含む大坂周辺地域でも、四月下旬から一か月ほどの間に、町場を中心に米屋などの打ちこわしが連鎖的に発生し、「大坂十里四方一揆おこらざるはなし」と言われる有様となっていた。五月二十一日には、当地域に隣接する富雄地域（具体的には旗本角南氏領の添下郡中村と藤木村）でも打ちこわしが起きたが[17]、川久保日記には、平群郡小平尾村のうちこれに加わった者がいるのではないかという噂が立ち、二十三日に同村の村役人ら（庄屋金五郎ほか四名）をはじめ領内各村の庄屋・年寄・村惣代（一名）を陣屋に呼び出して吟味が行なわれたという関係記事が見られる。

これは噂に過ぎなかったようであるが、当地域においても、飯米にもこと欠く「極難渋人」が数多く存在するようになっており、米屋などの打ちこわしが起きかねない状況になっていた。ちなみに、当時領内には、表3に見られるように、八か村に計一八軒もの米屋が存在していたが（なお、表中の数値は、五月二十九日に領内の米屋が陣屋へ呼び出され、それぞれ献納することになった米の額である）、このことから飯米を購入して生活する「買喰層」が数多く存在したことが想定される。そうした人々が、米価の高騰によって深刻な影響をこうむることになったのである。

さて、領内での騒動の発生を防止するために、生駒陣屋は各村の村役人に「極難渋人」の調査を命じ、二十四日にその名簿を提出させた。これによれば、「極難渋」として帳面に記載された家は領内で合計二三〇軒にのぼっており、その比率は全戸数の約三〇パーセントに達していたものと想定される。[18]「極難渋人」に対する救米（計八石五斗七升）は、「農業致し且ハ高有之候者」には一人あたり米一升、「農業致し不申且ハ無高之者」には同じく五合という割合で下付されることになったが、両者の間に二倍の格差があり、不公平なやり方であったため、より難渋していたと考えられる後者の人々から不満の声があがった。六月に入り、添下郡北田原村・南田原村と平群郡俵口村では、「御救米」をめぐって「乱言」する者があったようで、これに関わる記事が川久保日記に見られる。

このように、生駒陣屋は、不十分ながら「極困窮人」に対する救恤を行なったが、前述したような事情によ

表３　慶応２年５月
旗本松平氏領内の米屋と献米高

所在村	米屋	献米高
北田原	庄兵衛	0.3(石)
南田原	太兵衛	1.6
同	与右衛門	0.07
同	安右衛門	0.4
谷田	太郎右衛門	0.3
同	藤兵衛	0.15
同	平右衛門	0.05
同	藤右衛門	0.15
同	久十郎	0.15
辻	弥兵衛	0.3
菜畑	清助	0.07
有里	嘉右衛門	0.1
同	定右衛門	0.13
萩原	清兵衛	0.3
同	利右衛門	0.1
同	七右衛門	0.3
小瀬	庄十郎	0.5
同	三右衛門	0.03
計	18軒	5.0

註　慶応２年「(川久保日記)」(『生駒市誌』資料編Ⅲ所収）から作成。

表4　慶応2年6月10日に生駒陣屋へ召喚された人々

村名	名　前
北田原	卯兵衛・新左衛門・惣兵衛・庄屋・年寄
南田原	源左衛門・幸右衛門・七左衛門・庄屋・年寄
小　明	新左衛門・太右衛門・庄左衛門・庄屋・年寄
辻	善七・卯兵衛・庄屋・年寄
俵　口	政右衛門・弥右衛門・藤右衛門・庄屋・年寄
谷　田	孫右衛門・利兵衛・藤右衛門・庄屋・年寄
菜　畑	七右衛門・藤之助・善助・庄屋・年寄
有　里	利右衛門・庄屋・年寄
萩　原	久右衛門・清右衛門・庄屋・年寄
小　瀬	惣兵衛・直右衛門・九郎兵衛・常右衛門・庄屋・年寄
小平尾	忠七・栄三郎・八郎兵衛・弥四郎・兵助・正作・庄屋・年寄

註　慶応2年「(川久保日記)」(『生駒市誌』資料編Ⅲ所収) から作成。

り、領主財政はまさに火の車というべき状況にあり、自前でこれを行なうことができなかった。それ故、領内の「身元よろしき者」からの「献米」に頼らざるをえなかったのであり、六月十日には表4に示した人々を陣屋へ呼び出して、「献米」の額が少ないから増額するようにと直々に命じていることが知られる(「小瀬村格別ニ献納米些少ニ付御利解別段ニ被仰付候」という記事も見られる)。

こうした窮民救済のための「献米」の強制は、この時に止まらなかったようであり、「矢野騒動」に際して提出された願書には、「施行米として八〇石を取り立てられ、このうち三〇石は難渋人へ施与されたが、残りの五〇石は陣屋役人が売り払い、代銀を取り込んだままになっている。その代銀を下げ渡してほしいと頼んだが、かえって御用意米として一〇〇石を取り立てられる始末で、その下げ渡しを重ねて願い出たが、いっこうに応じてくれなかった」という記述が見られる。

「矢野騒動」に際して、当時の社会経済情勢下で困窮に喘いでいた人々のみならず、「献米」を行ないえた人々もこれに参加しており、小瀬村の九郎兵衛や小平尾村の忠七・八郎兵衛（いずれも組頭をつとめていた）のように惣代となった者の名前も見られるが（表４参照）、その背景には、様々な負担増という事情に加えて、（窮民救済用に献納した米の取り扱いをめぐる）こうした記述[19]からうかがえるように、陣屋役人に対する不信感の高まりが存在したのである。

二　領主（陣屋役人）への不帰依と雄藩への接近

社会が前述したような騒然とした状況にあった時、政治の世界では、ウエスタン・インパクトのもと、維新変革に向けての大きなうねりが生じるようになっていた。

幕末を迎えると、政局は、幕府（武）、台頭してきた長州藩や薩摩藩などの雄藩（武）、政治権力化するようになった朝廷（公）という三勢力のバランスオブパワーのなかで変動するようになり[20]、開港後には公武合体運動と尊王攘夷運動とが対抗しつつ展開されるようになった。幕府や薩摩藩によって推進された前者は、朝廷に接近しその権威を利用して自らの権力の強化をはかりつつ、国内の支配体制を再強化しようとするものであり、長州藩を中心に展開された後者は、幕府の開国・開港政策を批判し、朝廷を中心に支配階級が結集して攘夷を決行しようとするものであった。文久三年（一八六三）の五月十日を期して、長州藩は攘夷決行に踏みきったが、その報復として翌年八月に四か国の艦隊に下関を砲撃され、欧米列強の力の強大さをまざまざと思い知らされることになった。こうした体験をふまえて、その後出現するようになったのが討幕派であった。列強に対峙するために、旧来の幕藩割拠体制を改め、天皇を頂点とする統一国家の形成をめざすようになったのである。

慶応二年（一八六六）正月には、それまで対立していた長州藩と薩摩藩（生麦事件の後、文久三年七月に薩英戦争を体験していた）との間で同盟（密約）が成立し、六月から八月にかけての第二次長州戦争で長州藩側が勝利してからは、討幕に向けての動きが進むようになった。その機先を制するために、将軍徳川慶喜は翌三年（一八六七）十月十四日に大政奉還を行なったが、薩長を中心とする討幕派は、十二月九日に王政復古のクーデターをおこして、天皇を中心とする新政府を樹立するに至った。そして、これに抗する旧幕府側との間で、ついに戦端が開かれることになったのである。

以上、維新期にかけての政治史についてごく大まかに述べたが、生駒の地において「矢野騒動」が起きたのは、戊辰戦争の初戦となった鳥羽・伏見の戦い（慶応四年〔一八六八〕一月三日に勃発）の約半月後のことであった。「矢野騒動」は、この戦いが旧幕府側の大敗北に終わり、新政府による鎮撫の手がさしのべられるなか、旗本松平氏領で起きた一揆であるが、代官矢野弥平太をはじめとする生駒陣屋の役人が直接の攻撃対象とされたことによりその名がある。前述したように、同領民は、（幕末の動乱によって領主側の出費がかさむようになるなか）おびただしい負担増を強いられるようになり、陣屋役人による不正もあって、領主と陣屋役人に対する不満と不信感を募らせていた。鳥羽・伏見の戦後、同領は「南都興福寺東室十津川様出張御役所」の預かりとなったものの、矢野代官をはじめとする従来の陣屋役人は罷免されず「如元役付」とされた。これを「不承知」とし、小瀬村の与兵衛ら惣代が大坂の長州藩の陣営へ赴いて、「長州様之御下之百姓ニ相成度候」[21]と願い出るに至ったのである。

明治維新期の生駒の歴史を語る上で欠かすことができない「矢野騒動」については、前稿において分析対象とし、この一揆を特色づけている傘形連判状[22]と竹槍、そして長州藩を切り口として若干の考察を行なった。[23]

「矢野騒動」については、『生駒市誌』でも記述され関係史料も紹介されているが、私が前稿をまとめるまでは、個別研究としては、杉島平晴氏の史料紹介[24]と東義和氏の論文[25]があるのみであった。その後、久保さおり氏が二〇〇六年に「矢野騒動とその背景」[26]を発表しており、これが現時点において「矢野騒動」に関する最も詳細な研究と言えるものである。その内容について、従前の研究と比較して評価できるのは、新史料の発掘につとめ、①金融をめぐる生駒陣屋と伊丹の造酒屋小西家との密接な関係をはじめて明らかにするとともに、幕末にかけて旗本松平氏の財政が逼迫していく様相をより具体的にあとづけたこと、②一揆をめぐる階層配置について考察し、一揆を主導したメンバーを明確にするとともに、彼らの村内での立場（組頭クラスであったこと）や所持石高についても、これをかなり明らかにしたこと、③一揆後の動向についても論及したこと、などである。なお、同氏が本研究に取り組むに際して、私も史料調査に同行し、関係史料の発掘に努めたが、十分とは言えず、今後さらなる史料調査をふまえた研究の深化が必要である。

ところで、生駒市の「古文書調査」で高山の中谷家文書を調査した際、「矢野騒動」と時を接して、旗本堀田氏領でも不穏な動きがあったことを示す、つぎのような史料[27]が見つかった。

両村取締
中谷吉兵衛

当正月上方筋動乱ニ付村々騒立候処、壱人上坂其筋江歎願致置、利解申諭、両村無難治り候段達御聴、格別骨折候段全平常之心懸行届御安心思召候、依之書面之通被成下候間、猶此上出情可致候

辰四月

御近習格別段壱人扶持被下
両村大庄屋
思召を以御紋付御小袖被下

これは「辰四月」（慶応四年四月）に、領主堀田氏から中谷吉兵衛宛に出された辞令であり、「当正月」の「上方筋動乱」（鳥羽・伏見の戦）に際して村々の百姓が騒ぎ立てたところ、単身上坂して「其筋」へ届け出たうえ、百姓らを説諭し、両村（高山村と鹿畑村）を無難に治めた功により、「御近習格」として遇し、一人扶持

を給するとともに、「両村大庄屋」に任命し、「御紋付御小袖」を下付する、という内容である（この時、同様の功績により、慶応元年（一八六五）以来「庄屋役見習」として一人扶持を給されるようになっていた倅政吉も、「御徒格庄屋」に任じられるとともに、「御紋付麻羽織」を下付されたことが知られる）[28]。「上方筋」の「動乱」期に、旗本堀田氏領（高山・鹿畑の両村）も不穏な空気に包まれ、「矢野騒動」のような一揆が起こりかねない状況にあったことは、大いに注目されてよいだろう。なお、中谷吉兵衛が大坂のどこへ届け出たのか、気になるところであるが、現時点では「其筋」を特定できていない（後述する事実からして、薩摩藩の陣営に向かったのではないかと思われる）。

この時、「両村取締」役をつとめており、息子とともに両村の鎮静に尽力した中谷吉兵衛は、高山村久保の小字切池に居を構え、醤油醸造も行なって蓄財し、土地集積を進めつつ頭角をあらわすようになった豪農であり、嘉永三年（一八五〇）に村役人の年貢取立方に問題があるとして、両村民を代表して江戸の領主のもとへ直訴に及んだメンバーの一人であった。この一件[29]は、事実調査の後、吉兵衛らの訴えが聞き届けられる形で落着したが、それから七年後の安政四年（一八五七）四月に、吉兵衛は高山村の年寄役に任じられるとともに、献金の功によって領主から裃を拝領し、苗字帯刀も許されるようになった。さらに、しばらくして庄屋役に任じられるとともに、村政面での活躍や領主への献金の功が認められ、表5に見られるように、昇進等を重ねていった。

このように、中谷吉兵衛は、その経済力を背景に「勢威」をのばし、有山氏が「不調法之廉」により失脚した[30]あと、旗本堀田氏の地方支配機構に連なる在地の役人として、維新期には村政面でも大きな役割を果たすようになっていた。慶応四年（一八六八）正月には領内での一揆の勃発を防ぎ、領主から褒賞されるに至ったわけだが、そうした彼について、是非とも指摘しておかなければならないのは、（当時自らの領主と敵対してい

表５　中谷吉兵衛の昇進(等)

年　月	内　　容	典　拠
安政４年４月(1857)	高山村の年寄役に任じられるとともに、献金の功によって領主から裃を拝領し、苗字帯刀も許される。(その後、しばらくして庄屋役に任じられる)	380 2356
文久元年４月(1861)	前年秋に傍示でおきた「神事着座席」をめぐる村方小前と源兵衛との争論をすみやかに解決した功により、褒美として金100疋を拝領する。	1422
文久２年４月(1862)	高山・鹿畑「両村取締役兼帯」を命じられ、手当として１年に米１石８斗を支給されるようになる。	1436
文久３年10月(1863)	同年春の献金の功により、「其身一代御徒士格」となり、「御上下料金千疋」を下される。	1409
慶応４年４月(1868)	正月の「上方筋動乱」に際して、村々の百姓が騒ぎ立てたところ、単身上坂してその筋へ届け出た上、百姓らを説諭し、両村を無難に治めた功により、「御近習格」として遇され、一人扶持を給されるとともに、両村大庄屋に任じられ、「御紋村御小袖」を下される。	1488
慶応４年５月(1868)	「一家中内用目付役」を申し付けられるようになる。	2354
明治元年12月(1868)	金200両を翌年の「御収納之内」から頂戴するようになる。	1407
明治２年正月(1869)	中岡九兵衛とともに、「黒添池修復世話」役を命じられる。	1455 3104
明治３年10月(1870)	堀田氏領の上知に際して、領主から「御掛物」(二幅対)と「御重箱」(一組)を拝領する。	1424

註　中谷家文書の辞令類より作成。典拠の数字は文書番号。

た）薩摩藩とも深い関わりを有するようになっていたという驚くべき事実である。この点を含め、大正四年（一九一五）に編纂された『北倭郷土誌資料』には、吉兵衛に関するつぎのような興味深い記述が見られる。(31)

吉兵衛ハ中谷政吉氏ノ先代ニシテ、幕府ノ末頃ヨリ維新ノ初期ニ至ル迄、旗下（本）堀田家ノ庄屋ヲ務メ其ノ大庄屋格タリシヲ以テ、勢威権力一時隆々タルモノアリキ。俗ニ切吉ト称スルハ、其居宅ガ切池ニ在ルヲ以テナリ、又醤油屋ト称スルハ、嘗テ醤油製造ヲ業トセシヲ以テナリ。吉兵衛人トナリ寛弘円満ニシテ威容厳然タリ。裏ニ一道ノ和気ヲ含ミ、一タビ之ニ接スルモノハ男女トナク老若トナク推服景（敬）慕復々之ト離ル、ニ忍ビザル、底ノ一種ノ力ヲ有シタリシヲ以テ、内外ノ信望又尋常ナラザルモノアリシナリ。何時ノ頃ヨリ薩藩ノ出入ヲ務メテ同藩ノ重ンスル所トナリ、彼ノ島津家ガ率先シテ始メテ堺大浜ニ洋式製糸場ヲ創立スルヤ、吉兵衛ハ挙ゲラレテ同地青木久三郎（大醤油屋）大徳（川尻筋回船問屋）ト倶ニ之ガ監督ヲ托セラレタリ。又旧主堀田主計ガ維新ノ際朝廷ニ帰順シテ少額乍ラモ家禄ヲ下賜セラレ、祖先ノ祀ヲ絶タザルヲ得シモ、実ニ吉兵衛ガ薩藩ニ対スル縁故ニ因リテ斡旋大ニ努ムル所アリタルニ頼レリ。又旧幕時代ニ在リテ吉兵衛ガ其ノ名義ヲ以テ堀田家ノ金札ヲ発行シ、附近一帯ニ信用ヲ得テ弘ク通用シタリ。吉兵衛又事業経営材幹ニ富ミ、維新ノ初、率先シテ牧牛養豚ノ事ニ従ヒ、又若州ヨリ金扱（農具）及ビ鰤ヲ取寄セテ売弘メ、又米買ヒ山買ヒ等ニ手出シ、且ツ京都西陣織物ニモ関係シ、其間失敗ナキニシモ非ザリシガ成功セシコトモ亦尠カラザリシトイフ。当時同人ノ部下ニ在リテソノ指揮ノ下ニ活動セシハ、加納久三郎（会計係）窪田清兵衛（金札係）吉岡勘平（山林係）井上楢三郎（刻印打）等ナリキ。又金札発行ノ際ニ於ケル警護ニハ、専ラ村ノ若者召集シテ之ニ当ラシメタトイフ。

引用が少し長くなったが、ここには、吉兵衛（「切吉」「醤油屋」）の人となりをはじめ、堀田氏領での役務、金札の発行、着手した事業など、その旺盛な活動ぶり（「威勢権力」「隆々タル」有様）が述べられており、薩摩藩との関係についても記されている。記載事項のなかには、現存する同家文書では検証できないものもあるが[32]、幸いなことに、薩摩藩との関係については、その裏づけとなる文書が計六一点伝存している[33]。「薩州　石河確太郎・武次郎御両人ヨリ書類入」と表書された袋にまとめて入れられていた石河兄弟からの書状が、その大部分を占める。

兄の石河確太郎（正竜）[34]は、大和国高市郡石川村の出身で、蘭学の俊才であり、苦難の時を経て、開明的な名君としてよく知られる島津斉彬により、安政四年（一八五七）に薩摩藩士として召し抱えられた。その後、「御庭役」・「諸方交易方」や開成学校の教授に任じられ、維新期にかけて藩営の鹿児島紡績所や堺紡績所の開設にあたるなど、殖産興業政策の推進に大きく貢献した。薩英戦争後の文久三年（一八六三）十一月には、グローバルな視野のもと、国内の綿を買い集めてイギリスに売り込むことと[35]、外国（イギリス）から紡績機械を輸入して紡績業を興すことを[36]建言している。また、同二年の十二月を[37]嚆矢として、同三年の九月[38]、十一月[39]、元治元年（一八六四）の五月[40]に、大和をはじめとする他地域との物産交易について献策し、薩摩藩が大和の豪農商と物産交易を行なうに際しては、弟の武次郎（正昭）とともに、交渉の窓口となっている。その相手となったのは、奈良町の辻川半兵衛や、葛下郡高田村の村島長三郎・田中半助、下田村の村井又次郎、長尾村の椿本伊右衛門といったメンバーであったが[41]、高山村の中谷吉兵衛も当藩との物産交易に関わっていたという事実が、上記の一連の文書によって新たに浮かび上がってきたのである。

現時点では、中谷吉兵衛と薩摩藩（その窓口となっていた石河兄弟）との関係が、どのような契機により、いつ形成されるようになったのかを正確にあとづけることは困難であるが、禁門の変について報じた元治元年（一八六四）七月二十六日付の石河武次郎の書状[42]が残っていることから、少なくともこれ以前のことであったことが判明する。また、その数か月後に中谷吉兵衛が石河確太郎に送った、次のような内容の書状の控(43)も残っている。

一筆啓上仕候、寒冷之節御座候処、益御機嫌能被成御座珍重之御儀奉存候、先日者於南都御会所緩々拝顔被仰付難有仕合奉存候、然者今般大和表ニて御銀札御取行之道御開立ニ相成、御都合能御事済ニ相成候段恐悦至極奉存候、就而者往々御手広ニ御行立ニ相成可申奉存候、御案内通右通用之多少者世上気受而已ニて、気受者御引替第一ニ御座候、御大国之御威光決而彼是之儀有之間敷候得共、又乍恐御威光而已ニて難相済時宜も有之、爾後右御銀札ニ付万一世上不事申立候節者、私近郷拾五ヶ所之庄屋・百姓へ申付、雑説相立申間敷者勿論、私家へ引受一人たり共引替ニ罷出申間敷様取押可仕、左候而不事之噂相聞候得者、御沙汰無之候共、往々之員数者兎も角差当五、六千両之金子早速御引替所へ持参可仕候、誠ニ些少之儀ニ御座候得共、一ヶ郷相鎮まり候得者二ヶ郷ニ相及、二ヶ郷より四ヶ郷ニ相及、百金を以千金を防き、一を以十を防き候儀ニ而、御趣法之一助ニも相成候得者難有仕合奉存候、右様之儀奉申上候而者、御大国様之御威光ニ奉対、誠以恐多奉存候得共、兼而御懇情ニ被仰聞候儀ニ御座候故、聊存寄之儘奉申上置候、右之趣先日南都表ニて粗奉申上候得共、多人数之御席柄ニ御座候得者不尽其意、且近々御帰国之趣承知仕罷在候ニ付、右之段尚又以書中奉申上置候、何れ近日御暇乞旁々罷出可奉得拝顔候、先者右奉申上度如此御座候、恐惶謹言

十月五日　　中谷　吉兵衛

石河確太郎様

御取次中

十月五日付のこの書状からは、①「南都」（奈良）に薩摩藩の「会所」が設けられ、「先日」に当所で会合が行なわれたこと、②物産交易を開始するにあたって、当藩の銀札が発行されるはこびになったこと、が知られる。(44) ①の会合には中谷吉兵衛が出席し、石河と面談したこと、また席上で②に関する存意を述べたことが記されているが、書中に「多人数之席柄」とあることから、彼以外にもこの会合に出席し、薩摩藩との物産交易に関わることになった豪農商が、少なからず存在したものと思われる。②に関する吉兵衛の「存寄」とは、銀札通用の多少（成否）は世間の信用の有無によるものであり、信用を得るためには兌換の準備をしっかりとしておくことが不可欠である、というものであった。これに関わって、吉兵衛は、万一当藩の銀札について「不事之噂(45)」が立つようなことがある場合には、近郷の庄屋や百姓らにそうした噂に惑わされないように申し付け、一人たりとも銀札の引き替えに行かせないように制止するつもりであると述べている。また、差し当たり五、六〇〇〇両の金子を引替所へ持参するつもりであると表明しているが、幕末のインフレの時期であるとはいえ、これほどの額を一度に用立てることができるという吉兵衛の資金力には注目すべきものがある。

この奈良での会合を契機として、高山村の豪農中谷吉兵衛と薩摩藩との物産交易は、開始されるようになったようである。中谷家文書によれば、前者から後者への取引品は綿・綿種・籾稲・茶種子・稲扱き・硝石など、後者から前者へのそれは石炭・海産物（鰹節・飛魚・塩付肴）・肥料（油粕・干鰯）・菊油・生蠟・いすばい・細上布・周防平織などであったことが知られる。(46)

さらに、中谷吉兵衛は、堺での薩摩藩の機械紡績所の建設に先立って、慶応三年（一八六七）十月に石河確太郎から「紡機方御用綿買円其外諸世話方」を命じられており、(47) これに先立つ九月には、北河内や南山城などで集荷した綿を「御試用」として鹿児島へ送っていることが知られる。[48] 当時高山村では綿作はほとんど行なわれていなかったが、国境の村であった当村は、綿作地であった北河内や南山城に程近く、綿の集荷には便利な場所に位置した。そうした土地で蓄財し、慶応元年（一八六五）には金札・銀札を発行するなど、大きな金融力を示すようになっていた彼に、白羽の矢が立てられるようになったものであろう。なお、堺紡績所の開業に向けての準備が進むなか、[49]「薩州紡機役所」が明治二年（一八六九）十一月に制定した「紡機用綿売納請取条定」[50]には、同所への綿の集荷・納入を請け負う「綿納方」（計五人）の一人として中谷吉兵衛の名前が見える。[51]

以上のように、中谷吉兵衛は、経済力を背景に「勢威」をのばし、維新期には旗本堀田氏の地方支配機構に連なる在地の役人として、村政面でも大きな役割を果たすようになっていたが、薩摩藩とも結びつき、関係を深めるようになっていたのである。

さて、旗本堀田氏は、慶応四年（一八六八）五月付で、「其方儀慶喜反逆ニ不従、大義ヲ存シ速ニ上京志願之趣達叡聞、神妙之至」として、新政府によって本領を安堵されるに至ったが、[52] 内戦に伴って軍事面での出費も嵩み、極度の財政難に陥っていた。同領民は、それ以前から領主の都合で多大な負担を強いられ、「長之迷惑」をこうむってきており、多くの民の心は、維新期には領主から離れるようになっていたものと思われる。

この後、明治三年（一八七〇）の上知によって領地を失うことになった堀田氏は、さらに悲惨な状況に陥り、数々の負債の返済を迫られるなか、「自今生計之目途如何トモ難相立」として、なお旧領民にすがらざるをえないような、哀れな状況に立ち至っている。[53] そうしたなか、堀田氏は旧領民に「献金」するように依頼したが、重ねての「献金」要請にもはや応じようとする者がほとんどない有様となっていった。そうした様子は、明治十四年（一八八一）と想定される「巳六月十日」付の堀田一儀宛中谷吉兵衛書状[54]によって、明瞭にうかがうことができる。長文にわたるが、実に興味深い衝撃的な内容であるので、以下に紹介しておきたい。

扨本月五日江州表御着之趣郵便ヲ以御達相成、奉拝見実ニ恐入候、猶中根氏義同月四日御出立後、柴田方及ヒ引続キ有万并ニ忠治方エ拙者同道両三度出張致、猶其後者中根氏独人ニ而数ヶ度依頼筋ニ御越し相成、然ル処面会右件物語相成候処、先方答左ニ

第一条

一　堀田氏義者御養子之身分ニして、御家付の奥様ヲ別レ御高并ニ御家名ヲ自由ナサルハ、是則御家禄横領人ト云ふ、依テ旧領之我等々ニおゐて必ス御依頼筋有之候トモ、万端相用ひ不申筈ニ候処、去年来者諸事不案内旁々以テ銘々相成丈ケ人力ヲ尽し献金等シテ差上候義も、全ク政吉・忠治両人者万端承知致しながら、其実際押隠しタルニより、両人之ものへ者大不足有之候也、乍併右等始末物語致スの際無之、今般幸ひ堀田事件物語之時ニ望（臨）ミ、右一ト通り忠治・政吉是ヲ承り被申候トの云々

第二条

一　去年来自筆御認メ被成候寿亀の一筆大キニ不都合、右者堀田家御代々様之御顔ヨゴし抔ト云ふ

第三条

一　去年当国以来献金トシテ差上候金員何等ニ御仕払相成候哉、定メテ芸者花代或ハ酒肴料ニ御用ひ被成候義ト銘々愚考仕居候、無其義屹度御自分様歟厚之助様之御為メニ御仕払被成候ハヽ、去年より此方何成共其功能可有之筈、方今ニ至り前年同様之御身分ニ而者、銘々際（察）シ之通可為ト云ふ

第四条

一　百三十里ヲ別テタル住居ト雖モ、御身分之始末追々ニ承り候ハヽ、去年献金ニ差出し候大切ナル金額

海川ニ捨ルモ同様ナルニ、又候本年当国へ御出張ハ如何之御心得哉、其意ヲ不得候ト云ふ

第五条

一 本年産もの御遣し被成候トモ、決而御餞別抔ト差上候心得者決而無之候得共、政吉より一筆ニ任セ寸志為一ノ品差送リタル都合ナリ、依テ誰ニしても御挨拶ニ罷出御面会不致心得之勢ひ也ト云ふ

第六条

一 右様之始末ニ付、今般中根氏旅行費依頼相受、大キニ〳〵心配致、何分之債主更々無之、皆々一向取扱呉不申、殆ト難渋仕、無全（詮）方中根氏より証書差出し被申、池田方ニ而金五両かり入、尤返済帰京早々差登セ被申候約定ニ而、拙者受人ニ相立置候間、夫是御承諾被成下度候、此末右様之不人気ニ而者、当国ニ於テハ何事御相談相成候トモ、再度決而聞入不申人気ニ付、此段上申致置候、猶委敷義者中根氏より御聞取可被成下候也

巳六月十日

堀田一儀様

ここには、間接的ではあるが、堀田氏側からの再度の「献金」要請に頑として応じようとしなかった当地の有力者の、旧領主（堀田一儀）に対する疑惑や率直な思いが記されている。第一条では、「御養子之身分」であった旧領主を「御家禄横領人」呼ばわりし、第二条では、自筆の「寿亀の一筆」について「堀田家御代々様之御顔ヨゴし」と評している。また、第三条では、前年に献金したが旧領主は「芸者花代或ハ酒肴料」に充てたのではないかとの疑念を述べ、第四条では、これでは「大切ナル金銀海川ニ捨ルモ同様」としている。さらに、第五条では、今回堀田氏が土産物を持ってきても餞別を差し上げるつもりはなく、挨拶に伺うつもりもな

い、との意向を表明している。これらをふまえて中谷吉兵衛は、「此末右様之不人気ニ而者、当国ニ於テハ何事御相談相成候トモ再度決而聞入不申人気ニ付、此段上申致置候」と述べているが、この書状から、旧領主の個人的な問題もあって旧領民の不信感が高まり、その権威が地に落ちるようになっている有様を、如実にうかがうことができよう。これは、堀田氏領の上知後すでに十四年を経た時期の様相であるが、その前提をなす状況は、維新期には醸成されていたものと思われる。

おわりに

以上、本章では、生駒市域に存在した旗本領のうち、松平氏領と堀田氏領とを分析対象にし、幕末維新期における領主と領民の動向について、新史料も活用しながら、具体的に明らかにすることに努めてきた。松平氏領で起きた「矢野騒動」は、時代が大きく移り変わろうとするなか、当地の人々が、その動きを見据えながら、よりよい生活の実現（「世直り」）をめざして立ち上がったものであり、旧来の陣屋役人による支配を拒否し、新たな領主を自ら選びとろうとしたことは、大いに注目されてよい。これと時を接して、堀田氏領でも領民の不穏な動きがあり、その鎮静にあたった高山村の中谷吉兵衛自身も、幕末以降大和出身の石河確太郎・武次郎兄弟を介して薩摩藩と深い関わりを有するようになっていた（石河確太郎は、長州藩とともに維新の主役を担った薩摩藩の経済面でのキーマンと言える人物であり、グローバルな視野のもと、当藩の殖産興業を牽引していった。廃藩置県の翌年、明治五年〔一八七二〕に新政府に出仕してからは、近代産業〔なかでも綿糸紡績業〕の育成のために奔走し、わが国「近代紡績の父」と呼ばれた。そうした石河と深い関わりを有し、旗本堀田氏領の在地の役人という立場にありながら、彼の構想に理解を示し助力を惜しまなかった、豪農中谷吉兵衛の活動ぶりも、瞠目に価する）。さらに、領民が領主に帰服しなくなっていった事実も注目されよう。旧来の領主（陣屋役人）への不帰依と雄藩への接近、その双方の動きが交錯するなかで、当地においても新しい時代が始まろうとしていたのである。

〔註〕

（1）生駒陣屋の役人として登用されるようになった矢野氏・朴木氏・楠田氏については『生駒市誌』資料編I（一九七一年）三一六〜三二五頁で紹介されているが、今後その存在形態や活動のあり方についてさらに明らかにしていく必要がある。なお、明治初年における矢野氏の所持田畑は約一〇町歩、山林は約二二町歩、楠田氏のそれはそれぞれ約二四町歩、約六〇町歩であったとされている。

（2）慶応四年四月「御取調ニ付御請書」（生駒市高山町・中谷家文書、文書番号二三三八〔以下、二三三八号というように表記する〕）。

（3）最初に当地の代官に任じられたのは東氏で、喜右衛門（「他国者ニ而高山へ参候而堀田殿ノ庄屋・代官ヲ相勤候由ニ御座候、元来ハ坊主落ニ而御座候由」）・四郎左衛門・四郎兵衛の三代にわたって代官をつとめたが、四郎兵衛の代に「悪逆無道」により役儀を召し上げられるに至った（「享保十六年辛亥年十二月六日和州高山和田村安右衛門并世悴亀之助死罪ニ相極り候所御赦免被仰付候品ノ覚書」〔生駒市高山町・法楽寺所蔵文書〕、会報『いこま』九号〔生駒市古文書を読む会、二〇一一年〕に翻刻掲載）。

（4）久保氏は、中世後期に当地の領主であった鷹山氏の旧家臣筋（「無足人座」の有力メンバー）で、大北の小字「和田」に居を構えていた。喜太郎が庄屋となったあと、その子太左衛門が代官東四郎兵衛の処分に伴ってその跡役に任じられ、喜太郎の曾孫にあたる安右衛門まで、都合三代にわたって代官をつとめた。また、一族の者が庄屋になるなど、「茶筅師中間ノ者共」をバックに権勢を誇ったが、享保十四年（一七二九）に「悪事」が発覚したため、安右衛門は役儀を召し上げられ、同十六年（一七三一）に処罰を申し渡されるに至った（法楽寺・阿弥陀寺両住職の奔走もあって、死罪は免じられたが、阿弥陀寺で剃髪することになった）〔註(3)と同史料〕。

(5)　久保氏の失脚に伴って、篠原精八郎が、享保十六年（一七三一）に「割本役」に任じられ（註(3)と同史料）、さらに代官に登用された（元文元年〔一七三六〕十二月付の高山村と鹿畑村宛の「年貢皆済状」の差出人が「篠原精八郎」となっており〔有井山家文書二五二三号〕、後年ながら天明元年〔一七八一〕の一史料に、「精八郎義者御代官役被為仰付置候」という記述が見られる〔同二四一七号〕）。篠原氏は江州佐々木氏の後裔で、庄田の小字「小森畑」に居を構えており、精八郎の代官就任に伴って、「井ノ上陣屋」は廃止され（跡地は高山・鹿畑両村の百姓らの労働力を駆使して「開発」された〔同三五七号〕）、同人の屋敷が陣屋として利用されるようになった。篠原氏は、精八郎の子精治（正宴）の代から有山氏と姓を改め、名跡は正宴から正義・正愛へと継承された。当主はいずれも精治を名乗り、村役人や代官をつとめるなど、地域運営や在地支配において重要な役割を果たした。なかでも正宴は、弟誠蔵とともに、黒添池の普請（改修拡張）や新池の築調などに心血を注ぎ、用水の整備という面で大きな功績を残した（有井山家には、彼が代官をつとめていた時期の、堀田氏の江戸駿河台屋敷や近江儀峨上田村陣屋役人から送られてきた御用状類が数多く残っている）。

(6)　毎年五月に各村の「土免」を決定し、秋作に大きな被害が生じなければこれにもとづいて年貢を賦課し、大きな被害が生じた場合には検見によって減免をほどこすという徴租法で、「土免」自体も村ごとに固定するようになっていた。なお、各村の「土免」については、前稿《本書第七章》の表1を参照されたい。

(7)　生駒市小明町の生田家には、これに先立つ元文三年（一七三八）の旗本松平氏の財政状況がうかがえる「午御物成御勘定仕上帳」が残されており、すでに借金の借り替えでなんとか帳尻をあわせる状態になっていたことがわかる。この史料は、会報『いこま』四号（生駒市生涯学習グループ「古文書を読む会」、二〇〇六年）に翻刻収載されており、これを分析した倉田啓司氏の「江戸中期旗本松平氏の財政状況について」も掲載されているので参照されたい。

(8)　これにたまりかねた領民は、莫大な額にのぼっていた領主の借財の返済に尽力するので、「御殿様」も江戸での「暮らし」を切り詰めてやってほしいと願い出、その仕送り費用を年間一〇五〇両に限定するということが、文政二年（一八一九）正月に領主との間で申し合わされるに至っている（「御米当暮御渡し方積り帳」〔『生駒市誌』資料編Ⅰの四六七～四七二頁に収載〕）。

（9）『生駒市古文書調査報告書』Ⅰ（生駒市教育委員会、二〇〇二年）四頁など参照。なお、堀田氏領の年貢米の大部分は「御売米」として在払いされ、銀納されていた。
（10）生駒市高山町・有井山家文書のなかに、「御地頭様江戸御屋鋪随分御倹約、殊ニ殿様御手賄ニも被遊候得共、何分御借財多ク」（寛政三年、文書番号一三三号）、「御殿様御借財相嵩、御賄金御差支ニ相成候」（文政四年、一一八八号）といった記事が散見される。また、領主の借財に関する文書として、寛政三年「堀田様方御地頭表御借財済方帳」（二四一六号）や文政五年（一八二二）「江戸御借入金元利取調帳」（二六七五号）なども見られる。
（11）寛政四年十二月「差引内証勘定帳」（有井山家文書二五一三号）によれば、臨時の御用金は、天明七年（一七八七）から寛政三年（一七九一）までの間に少なくとも四回賦課されている。その後も、寛政七年（一七九五）の江戸屋敷西長屋の建替え普請費（同九四号）、同十一年（一七九九）の「若殿様御居間所」仕替え要用金（同三二六号）、文政十三年（一八三〇）の「御殿様京都二条城大御番」勤役に伴う路用金（同九五号）等々、しばしばこれが賦課されており、幕末にはさらにその頻度を増すようになっていることが知られる。また、領民たちが領主借財の転嫁によって苦しめられていたことを示す文書も散見される（同一三三号、二五一三号、二六六五号など）。
（12）中谷家文書一四〇六号。
（13）同前二三七六号。
（14）生田家文書。会報『いこま』四号五〇～五三頁に収載。
（15）慶応四年正月「発端一件写」（生駒市北田原町・山口家文書一六三号）。『生駒市誌』資料編Ⅰ四七二～四七六頁、会報『いこま』四号一三～一六頁に収載。
（16）『生駒市誌』資料編Ⅲ（一九七七年）二一四～二四八頁に収載。
（17）これについては、木村博一「慶応二年富雄の一揆について」（『新しい歴史学』一〇号、一九五五年、のち『近世大和地方史研究』〈和泉書院、二〇〇〇年〉に収録）を参照されたい。
（18）年代が少しずれるが、文政五年（一八二二）の旗本松平氏領の人口は二八三三人であり（「十一ヶ村惣人別改帳」、生田家文書）、一軒の家族人数を仮に四人として計算するとこの数値となる。
(19) 註(15)と同史料には、陣屋から新池の築調など用水施設の整備費についてはこれを支給するという通達があり、これに要した費用三五〇貫目ほどの下付を願い出たところ、全く応じてもらえなかったことも記されている。
(20) 田中彰「幕府の倒壊」（『岩波講座日本歴史』近世5所収、岩波書店、一九七五年）など参照。
(21) 註(15)と同史料。
(22) 本一揆に際して村ごとに作成された傘形連判状のうち、南田原・小明・辻・菜畑・有里・萩原・小瀬の計七か村分が現存している。これらは一揆の「頭取」であった小瀬村の宮大工与兵衛の末裔である中川家に伝わったもので、現在では生駒市教育委員会の所蔵になっており、二〇〇九年一月に生駒市の指定文化財として登録されるに至っている。なお、傘形連判状については、「矢野騒動と傘形連判状」と題する小文（『日本歴史』六九〇号、二〇〇五年）も草しているので、参照されたい。
(23) 本一揆において、惣代となった与兵衛らがなぜ大坂の長州藩出張陣屋へ赴き、当藩の支配下の百姓になりたいと願い出るようになったのかといえば、前稿で詳しく分析したように、長州藩は攘夷決行にふみきった唯一の藩であり、開港以降経済が激変するなかで窮乏の淵に追いやられるようになっていた多くの人々の期待を集めるようになっていたからである。この点については、谷山正道『近世民衆運動の展開』（高科書店、一九九四年）第三部第一章も参照されたい。
(24) 「矢野騒動について」（『奈良県高等学校教科等研究会歴史部会紀要』六、一九六九年）。
(25) 「明治元年の世直し」（『歴史学研究』四一六号、一九七五年）。
(26) 『史文』八号（天理大学史文会、二〇〇六年）に掲載。二〇〇四年度に天理大学へ提出された卒業論文である。
(27) 中谷家文書一四四八号。
(28) 慶応四年四月「（褒賞状）」（同前一四〇八号）。
(29) 本件については、とりあえず、『生駒市誌』資料編Ⅳ（一九八〇年）五八五～五八六頁、『生駒市古文書調査報告書』Ⅱ（生駒市教育委員会、二〇〇四年）一三～一四頁を参照されたい。

(30) 文久二年六月「乍恐奉願上候（父引取加養仕度に付）」（有井山家文書二八五号）。

(31) 『生駒市誌』資料編Ⅳ（一九八〇年）五九八～五九九頁に収載。

(32) 「牧牛養豚」以下の彼の活動については、養豚場に関する午五月「（養豚場建設に付）口上」（中谷家文書二四一七号）と「米買ヒ山買ヒ」に関するものを除き、これを裏づける文書は見あたらない。

(33) 中谷家文書のうち、三一八三、三一九六、三二一八～三二二〇、三二二六～三二二八、三四九九～三五五〇、三六九九号（『生駒市古文書調査報告書』Ⅱ掲載の中谷ミヨ氏所蔵文書目録参照）。このうち、五一点については、会報『いこま』八号（二〇一〇年）に翻刻・掲載されている。

(34) 石河確太郎の経歴や活動については、絹川太一『本邦綿絲紡績史』第一巻（日本綿業倶楽部、一九三九年、のち原書房から一九九〇年に復刊）、芳即正「石河確太郎と薩摩藩」（『尚古集成館紀要』七号、一九九四年）などを参照されたい。

(35) 絹川前掲註(34)書二一一～二一二頁掲載史料。「近年米国之戦争（南北戦争）にて綿仕送全く不相叶、瑛国礑と相困候」という一文が見られるように、世界情勢を見すえて献策していることが注目される。

(36) 同前一四六～一四八頁掲載史料。「凡地球之出す所之産物にては綿最大なる者（物）と申候も、（中略）器械相開候てよりの事に候」「（薩摩にて）追々器械相整候上は、日本中之綿も御国江引候様相成可申候」という記述が注目される。この献策は採用されるところとなり、イギリスから紡績機械を購入のうえ、技師を招いて鹿児島の磯で紡績工場（わが国で最初の機械紡績所）の建設に着手し、慶応三年（一八六七）五月に竣工するに至っている。

(37) 「口上覚」（『鹿児島県史料　玉里島津家史料二』（鹿児島県、一九九三年）九〇～九四頁所収）。大和との物産交易にあたって、高市郡曽我村とともに郡山城下にも産物会所を設ける必要性を説き、交易を軌道に乗せるために、まず薩摩から「牛馬皮」「塩魚」「藍玉」を送って、大和方の「人心気受」をよくすることを提言している。

(38) 芳即正翻刻「石河確太郎文書」の「七」（『尚古集成館紀要』八号の八～九頁に所収、一九九六年）。薩摩の物産を「和州・河州」へ販売して「綿・木綿」を購入し、これを「奥州・羽州」へ転売して「米・大豆」を購入し、国元に送ることを提言しており、そうすれば「上方筋中国筋等に事ある時」にも国元への「食道」は絶たれず、「富国強兵の一端長久安国の道に可有御座哉に奉存候」と述べている。

(39)　同前の「十」（同前の一〇～一四頁に所収）。伊地知壮之丞宛の建言書で、大和との交易品と取引方法についての試案を提示している。

(40)　同前の「十三」（同前の一七～二二頁に所収）。

(41)　『改訂大和高田市史』後編（一九八七年）および「大和薩州産物会所取立の時期と場所について」（『東亜大学研究論叢』二一巻二号、一九九七年）をはじめとする長谷川洋史氏の一連の研究を参照。

(42)　中谷家文書三五二九号。

(43)　同前三五二六号。

(44)　石河確太郎自身は、同年五月十三日付の伊地知壮之丞宛の建言書（註(40)と同）のなかで、大和の北方の産物会所は南都ではなく郡山城下（「大和中最繁昌之地」）に設けるべきであるとし、また銀札の発行は「人民一統安堵帰服」の後に行なうべきで、時期尚早であると主張していた。

(45)　同前建言書では、「近比薩州様異国交易被為遊候故ヲ以て諸色高料ニ相成との巷説」や、「薩州様銀札御取行ニ相成、是ヲ以上方辺産物御絞り取に相成、異国江御渡ニ相成」といった「下評」が見られるという指摘がなされている。

(46)　列挙した取引品には、計画段階のものも含まれている。詳しくは、仙田博美「幕末維新の高山の豪農と薩摩藩との交易」（会報『いこま』八号）を参照されたい。

(47)　慶応三年十月「薩州より之御達入」（同前三五一〇号）。

(48)　慶応三年九月「覚（紡器御試用南山城・北河内産綿送り状）」（同前三五〇八号）、同「覚（紡器御試用北山城産繰綿・実綿送り状）」（同三五〇九号）。同月に「御試」用として「稲扱五百四拾挺」も鹿児島に送っている（「預」（同三五一八号））。

(49)　石河確太郎は、鹿児島から中谷吉兵衛に宛てた慶応四年（一八六八）三月十八日付の書状（中谷家文書三五一一号）のなかで、二月六日に天保山を出帆し、同十七日に無事鹿児島に帰着したことを報じ、「逗留中者種々自儘ノミ申上、殊ニ御宅迄も罷出御厄介ニ相成、実々御礼之申上様も無御座候、御気像《性》ニ相任親類同様ニ相考、万事無遠慮之段呉々御海容可被成下候」と述べるとともに、①「紡器組立」入用金として金一万両を醵出しようというご意向を、早速に伊地知壮之丞と小松帯刀に申し出たところ、吟味の結果、まことに有難い話であるが「一先」断ろうということになったこと、②目下紡績「器械」の「仮組立」に取りかかっており、閏四月下旬ないし五月上旬には船に積んで堺へ向かう予定であること、などを記している。②で話題になっている紡績「器械」は、薩摩藩がイギリスのヒンギス社から購入したもので、二〇〇〇錘のミュール紡績機である。これに関連して、②には、「此表紡器・織器成就ニ相成有之、日々糸引・木綿織有之候、誠以カラクリ之次第感心々々口ニハ不被申候、綿多キ国柄と申御一列様之御骨折と申、堺方追々洪大之儀ニ相及可申、此段相楽罷在候」という興味深い記述が見られる。また、同年閏四月十五日付の書状（中谷家文書三五〇一号）では、①堺へ設置する予定の「紡績器械」を「此表」（鹿児島）で現在「仮組立中」であり、遠からざるうちに堺へ運ぶ心積りである、②紡績に用いる綿の集荷については、「貴処様」（中谷吉兵衛）と箭寺氏とが引受けてくれているので、家老をはじめ皆安心している、③過日「見本用」として送ってもらった綿を、家老に見せたうえで「紡績器械所」へ送ったところ、「誠ニ最上之綿」という評価をうけ、安心した、④その綿を用いてできた紡績糸は、上坂の折に持参する予定である、と記しており、明治元年（一八六八）十一月五日付の書状（中谷家文書三五〇一号）では、自分も乗り込んでいた紡績機械を積んだ船（二艘）が前月二十六日に堺へ無事着港したことを報じるとともに、種々相談したいことがあるのでご苦労ながら都合がつき次第出坂いただきたいと述べている。この後、十一月十日から堺の戎嶋で紡績機械の仮組立が開始され、翌年九月二十五日には、紡績所本館の上棟式が盛大に行なわれるに至っている（絹川前掲註(34)書一六五～一六六頁）。

(50) 同前三四九九号。この「条定」では、「綿納方」各人の納入綿の保管場所、同じく「妨機方通用之銘」、繰綿一本の正味目方、綿納入予定報告の仕方、「綿納手形」の雛形、「綿代金手形」の雛形、掛屋などについて細かく規定されており、綿荷着の際には「綿納方」の面々を信用して綿の「性合撰方」（品質）に関するチェックは行なわない、「融通之都合」によっては藩側から綿の購入資金を貸し下げることもある、という記述もみられる。なお、蒸気機関の試運転が行なわれたのは翌三年（一八七〇）四月、本格的な操業が開始されるに至ったのは当年末のことであった（絹川前掲註(34)書一六六～一六七頁参照）。

(51) 絹川前掲註(34)書の第三章「堺紡績所」に関する記事のなかにも、「棉花買入方として箭寺重次郎、中谷吉兵衛といふ人々も雇入られた」という一文が見られる（一四九～一五〇頁）。

(52) 慶応四年五月「(堀田主計本領安堵に付太政官達)」（中谷家文書二二三四一号）。これに関わって、『北倭郷土誌資料』（註(31)と同）には、「吉兵衛ガ薩藩ニ対スル縁故ニ因リテ斡旋大ニ努ムル所アリタルニ頼レリ」という記述が見られるが、定かではない。

(53) 欠年「(窮迫に付助勢依頼状)」（同前二二三四六号）。

(54) 同前二二三七一号。

第九章　幕末維新期における旗本松平氏領の動向

はじめに

奈良県生駒市北田原町の山口忠夫家には、計八三四点にのぼる古文書が伝存している。その多くは幕末から明治前期にかけてのものであり、『生駒市誌』資料編Ⅰ（一九七一年刊）に収録されている慶応四年（一八六八）正月「発端一件写」[1]をはじめ、維新期に旗本松平氏の知行所で起きた「矢野騒動」に関する史料も見られる。以下、本章では、大和国添下郡北田原村の概況と今井（山口）家について述べるとともに、幕末維新期における旗本松平氏領の動向と今井孫左衛門・六右衛門父子の活動のあり方について、関係史料を紹介しながら、検討することにしたい。

一　北田原村の概況と今井家

北田原村は、大和国の添下郡に属しており、延宝六年（一六七八）に東田原村が南田原村と当村とに分村したことによって成立した。東田原村の太閤検地時の村高は、一〇七二・五二五石であったが、幕領をへて元和元年（一六一五）に郡山藩領となった後、寛文十二年（一六七二）に検地を実施することなく二割半水増しされ、分村時の石高は一三四五・一五六石になっていた。そのうち六五〇・九〇六石が北田原村、六九四・二五石が南田原村の石高となったのである。

その後、北田原村は、延宝七年（一六七九）に、南田原村や平群郡内の小明・俵口・谷田・辻・菜畑（一部）・有里・萩原・小瀬・小平尾の九か村とともに、旗本松平氏領となり（明石藩主松平信之の大和郡山への転封に際して、その弟信重が計五〇〇〇石の地を与えられたことによる）、明治維新に至るまでその支配下に置かれることになった。

北田原村の「村鑑明細帳」は見つかっていないが、安永三年（一七七四）の「（十一ヶ村村鑑）[2]」の記載によって、当時の村の概況を知ることができるので、以下に紹介しておくことにしたい。

当村の村高は、「本高」である五二一・五石に、一二九・八五六石の二割半無地増高を加えて、六五〇・九〇六石となっていた。そのうち課税対象から外される「田畑永荒」高が二五六・八五石も存在し、その他の諸引高もあって、課税対象となる「毛付高」は三九〇・八六四石にすぎなかった。「毛付高」に入っていた田方の総面積は二〇町四畝七歩で、うち上田が五町一反五畝（斗代二石）、中田が九町八反五畝（同一・七九石）、下田が五町四畝一七歩（同一・五石）となっており、中田が半分近くを占めていた。また、畑方のそれは三町九反八畝二歩で、うち上畑が一町三反二畝二〇歩（同一・二五石）、中畑が一町三反二畝二二歩（同一石）、下畑が一町三反二〇歩（同〇・七五石）となっていた。このほか、「野山」や若干の「新開」地が存在した。

村高に対する「土免」は「四ツ七分」で、本年貢額そのものの上限は固定された状態になっていた。これ以外に、「小物成」として「渋柿七斗」が課されており、「小役銀」とともに銀納されていた。なお、郷蔵屋敷（一八歩）は「往古より除地」とされていた。

家数は六〇軒で、村内に生玉寺（融通念仏宗）のほか、長福寺薬師堂と観音院が存在しており、境内地はいずれも「往古より除地」とされていた。

庄屋給は、年額六・一三八石となっていた。

池は二八か所、伏越樋は三か所、筧は一か所あり、天の川筋に大川堤、守屋川筋・山口川筋・穴虫川筋・八竹川筋にそれぞれ小川堤が存在した。また、「字北源五郎」をはじめ、二八か所が「土砂留所」に指定されていた。

このほか、村内には「坂上丹後守殿城跡」が存在した。

以上が、安永三年（一七七四）当時の村の概況である。ここには物産についての記述は見られないが、参考までに明治六年（一八七三）の当村の物産に関して述べておくと、米一二一〇石（収穫高は六五〇石）・菜種一八石と莚二〇〇〇枚・薪一五〇駄・松茸二三〇斤・柿六〇貫目が「売出シ之分」となっていた(3)。

次に、文書所蔵者である山口家について述べておきたい。同家には安政元年（一八五四）に当主六右衛門（直治）が取りまとめた「今井家古傑霊廟遠期(忌)・今井家系図委伝来」と題する冊子が残っており(4)、当時はまだ今井姓であったことが知られる。山口と名乗るようになったのは、明治に入ってからであり（正確な年度は今のところ明らかではない）、長らく居住していた「山口」という地名に因んで改姓するようになったものと思われる。この冊子に記された系図によると、今井家の元祖は近江国の浅井長政の家臣今井直之になっており、その長子直正の三男直高の代に大和国添下郡東田原村に移るようになったとある。直高の嫡男直近以降の当主については、家督を継いだ年度、死去した年月日と戒名が記されており、記述は確かであるように思われる。これを整理すると、次のようになる（戒名については省略する）。

明暦二年（一六五六）より　当主孫左衛門直近　元禄三年（一六九〇）九月二十四日没
元禄四年（一六九一）より　当主孫左衛門直元　延享元年（一七四四）七月十一日没
延享二年（一七四五）より　当主孫左衛門直久　明和五年（一七六八）七月十一日没
明和六年（一七六九）より　当主孫左衛門直保　寛政七年（一七九五）二月十一日没
寛政八年（一七九六）より　当主孫左衛門直道　文政六年（一八二三）九月十六日没
文政七年（一八二四）より　当主孫左衛門直重　慶応二年（一八六六）九月四日没
嘉永五年（一八五二）閏二月七日より　当主六右衛門直治

系図を作成した六右衛門直治以外の当主は、代々孫左衛門を襲名していた。百姓として支配される立場にあったため、公式には今井姓を名乗れなかったが、六右衛門の父孫左衛門直重の代に苗字帯刀を許されるようになった。直久が当主であった宝暦三年（一七五三）には、「小百姓」として「孫左衛門」の名前が見られ[5]、直道が当主であった文政二年（一八一九）には「年寄[6]」として、同六年（一八二三）には「庄屋[7]」として「孫左衛門」の名前が出てくる。直重と直治については、後で詳しく述べることにしたい。所持高は、天保六年（一八三五）には一〇・六五六石[8]、文久二年（一八六二）には八・五六石[9]であった。当家の生計の支えは農業であったが、嘉永五年（一八五二）の一史料[10]に「中井家御支配御用役大工孫左衛門」とあることから、直重は宮大工もつとめていたように思われる[11]。

二　旗本松平氏の支配と今井孫左衛門――幕末期の動向

先に紹介した今井家の系図の末尾には、今井孫左衛門直重（以下今井孫左衛門と記す）が、「出情相勤」という理由により、安政二年（一八五五）十一月に苗字帯刀を許されるようになったことが記されている。しかし、同年三月付の「往来手形」[12]に「今井孫左衛門」と記されていることから、苗字帯刀を許されるようになった時期は、これよりも遡るものと考えられる。また、この「往来手形」を（庄屋や旦那寺の住職ではなく）旗本松平氏の用人が発行していることから、この時点で彼は領主に仕える立場にあったことがうかがえる。

旗本松平氏は、平群郡辻村の豪農矢野氏の屋敷内に陣屋を設け、当初は江戸から役人を派遣して支配を行なっていたが、江戸後期からは矢野氏をはじめ領内の有力者を陣屋の役人に取り立て、領地の支配にあたらせるようになっていた。年代は定かではないが、今井孫左衛門も、陣屋の役人として登用されるようになったものと思われる。当家に伝存している「生駒陣屋内今井直重」と墨書された文箱[13]や、「南都行」の御用のために五月十日付で矢野弥平太から今井孫左衛門宛に出された召喚状[14]は、これを裏付ける証左となろう。

さらに、今井孫左衛門は江戸勤めを命じられ、下谷三味線町にあった旗本松平氏の上屋敷で、「奥御女口役」[15]などの職務に励むようになった。安政二年（一八五五）八月付の『自遣往来』[16]と題する往来物には、江戸の「上御屋敷にて今井直重所持」という書き込みが見られ、また江戸で直下型の大地震が発生した後、同年十月二十六日付で古館九兵衛から今井孫左衛門に出された役用書状[17]に、「過日者御発足、御旅中無御滞今程ハ貴地御帰着之事と奉存候、（中略）当月二日亥ノ上刻頃大地震ニ而御座候処、上々様初御家中一同無難ニ而御座候、御安慮可被下候、実以御当地ニ者古来より珍敷大地震、直様御火之見江登り見候処、四方八面ニ数ヶ所之火口凡三拾五六ヶ所、後ニ者口数不相分、実以恐敷事ニ御座候、死人怪我人夥敷車江載せ寺江送り候抔、眼も当られぬ事共ニ御座候、貴公抔御発足今少し御延日ニ候ハヽ、御屋敷も御取込故、急ニ御出立ニ者相成申間敷、先能キ折柄と御噂申暮候事ニ御座候」とあることから、今井孫左衛門は、同年には江戸拠点として御用をつとめるようになっていたことがうかがえる。[18]

以上のように、今井孫左衛門は旗本松平氏の役人に取り立てられ、生駒陣屋さらには江戸屋敷で御用をつとめるようになったが、山口家文書のなかには、これにかかわる文書が数多く見られる。[19]

注目されるのは、①江戸役人（今井孫左衛門）と生駒陣屋役人（矢野弥平太・楠田良右衛門・朴木一郎右衛門・岩瀬岩蔵ら）との間で遣り取りされた役用書状や、②今井孫左衛門と子息六右衛門との間で遣り取りされた書状、③幕末の事変や災害についての覚書（写）、などがかなり伝存していることである。[20]

①は、幕末の旗本松平氏領の動向を知る手掛かりとなる貴重な文書群である。その一例として、三月十三日付の今井孫左衛門宛楠田良右衛門役用書状[21]を以下に紹介しておきたい。

以手紙得御意候、暖気御座候処、弥御安勝ニ御勤被成候由、珍重目出度奉存候、然者先月六日出御書面委細承知致し居候得共、郷中村々相談中ニ而、得御返事不申処、尚先月廿六日御遣し御書面致拝見候、何歟人足之もの共過半御暇奉願上居候段御申越、是等之儀御聞届ニ相成候儀トハ不覚、乍去押而歎願も候得者難計、国元江引取候迚、其儘御差置ニ相成ト申儀共更々無之哉ニ奉存候、却而身之難儀ト存候、一旦承知致し罷下り候而、今更弱心ヲ構候儀者、除（余）り誉とも不申、心ヲ直し御用太切ニ可勤様、一同へ堅御申入可被下候、右ニ付郷中村々より書附差出し候ニ付、御屋敷より被仰渡候儀も有之儀ニ奉存候

一　先達而増給金御申越、段々評議之上承知ニ相成、壱人ニ金五両ツヽ、郷弁にて可遣筈相成、此段夫々へ

御申渡頼入候
一　人足之もの共御屋敷ニ而拝借仕候金高付御申越、中ニ者多分之借入も有之、身分不相応之拝借等仕、後日返済方ニ困り候儀既ニ相見へ、随分後日ヲ承知致し相慎候様、夫々江御諭可被下候
一　人足之もの共親里何れも無異ニ付、安心致し候様、一同へ御伝舌可被下候
右荒々用事申上候、余者後便可申伸候、以上
三月十三日　　楠田良右衛門
今井孫左衛門様

ここには年度は記されていないが、記載内容などから文久三年（一八六三）の書状と判断される。この年は、将軍家茂の上洛、長州藩による攘夷決行、薩英戦争、天誅組の変、八月十八日の政変、生野の変など、大きな出来事が相次いで起きた年であり、尊王攘夷派の動きが活発になるなか、江戸でも社会不安が高まるようになっていた。文中に「人足」とあるが、平常のそれではなく、領内から徴募された有給の兵歩人足であり、この書状からもそうした時代の雰囲気が看取される。ここでは、「人足」の給金や拝借金についても問題となっているが、注目されるのは、「人足」の「過半」が「御暇」を願い出ているというくだりである。彼らは、軍用夫となることを「一旦承知」し、同年正月五日に国元を出立して江戸に下っていたが[22]、恐れをなして、帰郷することを願うようになったものであろう。

兵歩人足に関する記事は、①の他の役用書状だけではなく、②の書状のなかにも散見される。次に、後者のうち、同年三月二十日付六右衛門宛今井孫左衛門書状[23]を紹介しておこう。

尚々岩瀬氏・楠田氏江も序之砌宜敷伝言可被下候、書面差出度存候へ共、何分軍用ニ而一時之ひまも

無之候間、宜敷此趣御伝言可被下候、先ハ気急儘ニ而

三月朔日認メ之書状同十六日江戸屋敷到着致、被見致候処、家内之者共諸親類迄無事之由申来り、安心仕候、親共義無別条も相勤罷居申候間、安心可被下候、左様候ハヽ、京都表并権右衛門死去宗兵衛一条之義も申来り、承知致候、扨此度歩兵人足拾四人之内七人御用場所より逃去、行衛(方)知レ不申、残り人足之内ニ而五人大筒懸り、三月十九日出立ニ而京都詰被仰付、幸便ニ而手紙差出、此度異国合戦ニ付、江戸屋(敷脱カ)奥方様下総国水野日向守様御城内御殿江御入らせ被成候、其外諸家中女中一統ニ惣賀(草加)宿在名主江御引移り被成、江戸御屋敷ハ男計ニ御座候、依之鳥渡相知らせ申入候、逃去り候名前、北田原村久蔵、南田原村定五郎・重次郎、小明村利助、俵口村秀十郎、小瀬村与一郎、小平尾村巳之助、メ七人、此分逃去候人、京都大筒掛り上京之人足、辻村定右衛門、菜畑村忠右衛門、俵口村新五郎、有里村平兵衛、上総国買人甚右衛門、メ五人、京都大筒懸り人足上京

一　親共江戸下り之節金子弐両持参致候金子者、今井分之金子か大角武兵衛之銀子歟、一寸尋申候、若今井手金ニ候ハヽ、金壱両壱朱久蔵江貸付候間、国元ニ而受取可被成候、右武兵衛金か今井手金か御知らせ之御返事、次之御用状ニ御返事可被下候、已上

三月廿日　　今井親共より

六右衛門殿

ここではまず、一四人の「歩兵人足」のうち七人が逃亡したこと、残りのうち五人が「大筒懸り」として「京都詰め」を命じられ、三月十九日に江戸を出立したことが報じられ、それぞれの名前も記されている（なお、前者は同月十五日に逃亡し、うち六人は晦日に帰村したが、説諭に応じて「得心」し、新たに選ばれた三人ととも

に、四月四日に国元を出立し、十五日に江戸屋敷に戻っている。また、この時、北田原村庄屋利左衛門がこれに付き添ったが、江戸屋敷へ参上し「御用人」に面会した際に「帯刀」していたことが問題視されるに至っている[24]。さらに、「京都大筒掛り上京之人足」の一人であった俵口村新五郎は、その後、江戸表で病死していることも知られる[25]。続いて、攘夷への動きが強まるなかで、「異国合戦」に備えて、領主の「奥方」が下総国結城の水野日向守（勝知）の居城へ身を寄せ、家中の女性も残らず草加宿の名主方へ移ったため、江戸屋敷は男ばかりになったことが報じられている。

次に、もう一点、これより一か月余の後、四月二十五日付で今井孫左衛門から今井六右衛門宛に出された書状[26]を紹介しておきたい。

四月四日出之手紙同十五日ニ到着致、被見致し候処、薄暑之時節ニも六右衛門始家内之者共無別条、農業出情可致趣承り、安心致申候、次親共義も不相替御用相勤罷居候間、安心可被下候、扨御西御殿保寿院様御義、総州結城水野日向守様御城内江御引移り被為遊候ニ付、品ニ従拙者罷越候義も有之候間、一寸御知らセ申上候、此度若罷越候共御用済次第江戸表江下り候間、先暫之間ニ御座候、左様御安心可被下候

一四月三日四日頃、諸浪人共江戸洛中大商人方江参り、夫々身元相応ニ軍用金抔と申、五千両、壱万両、弐三千両、四五百両、夫々分限相応ニ借用証文差入相頼ニ廻り、金子請取者町奉行所ニ而請取抔と申、夫々町年寄案内為致罷通り、其跡ニ而新浪人共廻り、四五百両も受取候趣ニ而、頭浪人手討致、両国橋西詰ニ而獄門ニ懸置候ニ付、御老中方江相聞江、浪人頭分四五拾人御召捕ニ相成、其御役懸り大久保加賀守殿、加藤能登守殿、松浦肥前守殿、酒井左衛門尉殿、右之御大名方御家来衆中抜身鎗着込鎧ニ而、

御召捕可被成候、四月十五日本所小笠原下屋敷ニ而、拙者御用先ニ而慥ニ見届候間、鳥渡相知らセ申入候

一 此度天下様大坂城江御入之噂有之、御知行所ニ而左様之噂有之哉、一寸尋度存候、若左様相成候得者、御殿様不残諸家中不残大坂表御引越シ相成候歟も不存、夫故一寸御尋申候

四月廿五日　　　　　　　　　　　　　今井親

今井六右衛門殿

ここではまず、場合によっては（「奥御女口役」に任じられている）自分も結城へ赴くことがあるかもしれないが、そうなっても長く滞在することはないだろうと述べられており、続いて（攘夷派の）浪士らが江戸市中の「大商人」方へ赴いて軍用金を略奪してまわり、捕縛されるに至った経緯が記されている。当時の騒然とした様子がよくうかがえる記述と言えよう。なお、上洛していた将軍家茂は、この書状が認められた五日前に、攘夷決行の期日を五月十日にすると孝明天皇に約束するに至っている。江戸にはまだこの報が届いていなかった筈だが、文中にある「天下様大坂城江御入之噂」は、攘夷に向けての動きが強まるなかで浮上してきたものと思われる。

以上、数ある書状のなかの三点を紹介するに止まったが、①と②は、幕末の旗本松平氏領の動向、江戸や国元の様子をうかがうことができる貴重な文書群と言えよう。[27]

三　「矢野騒動」と今井六右衛門――維新期の動向

旗本松平氏の役人に取り立てられ、士分として半生を送った今井孫左衛門は、慶応二年（一八六六）九月四日にこの世を去った。その子六右衛門は、嘉永五年（一八五二）閏二月七日に父から家督を譲り受けて以来、先に紹介した文久三年（一八六三）四月二十五日付の書状の文面からもうかがえるように、北田原の家を守って農業に「出情」していた。当時、六右衛門も今井姓を公式に名乗ることを許されていたが、父とは違って百姓身分であり、年貢を負担する存在であった。彼は日記を書いており、天保十五年（一八四四）・安政六年（一八五九）・同七年（一八六〇）・慶応三年（一八六七）の分が現存している[28]。これらには、それぞれ簡単な記事ながら、日々の天候や農作業をはじめとする活動が欠かさず記されており、当時の農業生産や生活のあり方を知る手がかりとなる貴重な記録と言えよう。また彼は、これ以外に「大福帳」「当座帳」「入用金銀銭受取控帳」「出用金銀小遣銭控帳」「買物帳」「農作物揚帳」「所台喰費日数帳」なども毎年作成しており[29]、しっかりと家の経営にあたっていたことがうかがえる。

そうした彼の行動について注目されるのは、慶応四年（一八六八）正月に旗本松平氏領で起きた「矢野騒動」と呼ばれる百姓一揆において、「魁首」の一人として指導的な役割を果したことである。

この一揆は、鳥羽・伏見の戦（同年一月三日）の約半月後に発生した、生駒地域における代表的な百姓一揆で、その呼称は同領の生駒陣屋の代官であった矢野弥平太らが直接の攻撃対象とされたことによる。その背景には、開港以降の経済の激変、とりわけ猛烈な物価騰貴の進行に伴って、困苦に喘ぐ人々が増加するようになっていたことや、幕末の動乱によって領主側の出費がかさむなか、おびただしい負担増を強いられるようになっていたという事情に加えて、陣屋役人に対する不信感の高まりが存在した。一揆に際して提出された願書にも、このことを示す、「施行米として八〇石を取り立てられ、このうち三〇石は窮民救済にあてられたが、残りの五〇石は陣屋役人が売り払い、代銀を取り込んだままになっている。その代銀を下げ渡してほしいと頼んだが、かえって御用意米として一〇〇石を取り立てられる始末で、その下げ渡しを重ねて願い出たが、いっこうに応じてくれなかった」という内容の記事が見られる。(30) この一揆に、困苦に喘いでいた人々だけではなく、「献米」を行ないえた人々も参加し、惣代となる人も出るようになった背景には、こうした事情が介在していたのである。

この一揆の大きな特色は、新政府による鎮撫の手がさしのべられるなか、松平氏領の百姓らが旧来の陣屋役人による支配を拒否し、惣代が大坂の長州藩の出張所へ赴いて、「長州様之御下之百姓ニ相成度候(31)」と願い出たところにあった(「世直り」を希求した当地の百姓たちの、この時点における同藩への期待の大きさがよくうかがえよう)。長州藩の一隊は、その数日後に辻村に赴き、蜂起し参集していた約五〇〇人の百姓たちが見守るなか、陣屋を差し押さえ、矢野代官らの身柄を拘束するに至った。その様子とその後の経過については、同年四月九日に小瀬村の川久保政助と北田原村の六右衛門ら一揆の首謀者が奈良の鎮撫総督府に召し出され、吟味を受けた際の返答書(32)に、次のように記されている。

当正月廿四日頃長州様御家来御出張相成、松平徳(篤)三郎陣屋表門江長州下陣被掛札被致、同月廿七日頃陣屋役人楠田良右衛門・矢野弥平太・大庄屋楠田升蔵・同祐助、右四人方居宅封込被致、徳三郎蔵米并に焔硝鉄炮琉手理鈿弐本分取相成、然る処右四人之もの郷中村々取立方に付甚紛敷取事有之、依て右四人之手元帳面川久保政助江御預け相成、長州様御家来御帰坂被遊候に付ては、右分取之品并に長州様御家来荷物諸とも郷中村々之ものあり大坂表へ運送仕、此外之儀は不奉存候、然る後二月二日頃尚又長州様御家来御出張相成候節、川久保政助御召出之上、銀勘定帳面并に郷蔵入米取調方被申付候処、右陣屋より大坂米屋平右衛門方江預け金有之、且又松平徳三郎収納米売払残銀弐百拾四〆目余在之候処、右取立方政助へ被申付、依之右残銀高之内百六拾五貫目余政助より及取立、同人より長州様へ御上納仕、然る処郷中池川堤其外普請入用夥鋪相費、郷中難渋仕居候故、前書之銀子郷中江御下け渡被成度段奉歎願候処、御聞届之上右金高之内五百拾四両御下け渡被成下頂戴仕、右義御仁恵普請入用又は困窮人江割渡し、尚又郷蔵入米之内三百拾壱石六斗は長州様より御沙汰に付、大坂あじ川肥前屋平九郎方江積出し申候、又郷中村々百石又百三拾壱石壱斗五升七合九勺、都合弐百三拾壱石余御救米・溜池川堤普請其外入用に御下け渡し被成下、依之小前末々に至迄割渡し候

ここには、①松平氏領の村々はしばらくの間は長州藩の支配下に置かれ、（それまで大庄屋をつとめていた）小瀬村の川久保政助が現地での差配を命じられるようになったこと、②その後の調査の結果、大坂の米屋平右衛門方に年貢米売払い残銀が二一四貫目余あることが判明し、そのうち一六五貫目余を政助が取り立てて長州藩へ上納したが、郷中からの願い出により五一四両が下げ渡され、池川堤などの普請入用や困窮人の救済金として割り渡されるようになったこと、③郷蔵入米のうち三一一・六石を長州藩の命により大坂安治川肥前屋平九郎方へ積み出したが、二三一石余が郷中村々へ下げ渡され、御救米や普請入用として割り渡されるようになったことが記されている。こうしたことがあってから程なく、当該村々は大和国鎮撫総督府の支配下に移されるようになったのである。

この一揆の際の願書[33]に「拾壱ヶ村百姓惣代」として名前が記されているのは、小瀬村の与兵衛・九郎兵衛・

太郎右衛門と小平尾村の浅助・八郎兵衛・忠七であり（領内の村々のうち「小平尾・小瀬」の両村が「発頭頭取」であった）、なかでもこの一揆をリードしたのは小瀬村の与兵衛であった。彼は宮大工で、矢田寺の地蔵菩薩堂、東明寺本堂、榁木大師堂、往馬大社本社、小瀬村観泉寺本堂、信貴山多宝塔などの建築や修理にあたったと、「義俠与平実伝記」(34)に記されている。当時五十一歳で、仕事柄顔も広く、人々の信望も厚かったと思われる。また、小瀬村の残り二人と小平尾村の八郎兵衛・忠七は組頭、浅助は（浅右衛門と同一人物であれば）小前惣代をつとめており(35)、庄屋や年寄ではなかったが、それに次ぐ村内の有力者であった。この一揆は、そうした彼らの指導のもと、当時困苦に喘いでいた「小前百姓」を主体勢力として村役人をも巻き込む形で展開されたと考えられる。

これとかかわって注目されるのは、一月十九日に村ごとに作成されたと考えられる傘形連判状の存在である。これまでに、全一一か村のうち、南田原・小明・辻・菜畑・有里・萩原・小瀬の七か村分が見つかっており(36)、連判者数は、それぞれ八五人・五三人・二一人・五六人・二七人・三二人・六一人にのぼっている。南田原・小明・菜畑・萩原各村の連判状には、それぞれ「南田原一同ニ連印承知致し候」「小明村一同連印名前書」「菜畑村一統」「萩原村一統約定連印」という記載が見られ、各村の連判者数と前後の時期の戸数との比較から、「地方役人」（代官・同心・大庄屋・大庄屋目付）となっていた者を除く、各村の全戸主がこれに名を連ねたと見てほぼ誤りはないだろう。まさに、「村方一統」の参加のもとにこの一揆は展開されたと考えられるのであり、連判者のなかには庄屋や年寄といった村役人も含まれていた（小明村の連判状には、珍しく「庄屋」「年寄」といった肩書が付されている）。しかし、この一揆を主導したのは、領主の地方支配組織の末端に連なっていた彼らではなく、一般の百姓のなかの有力者（組頭クラス）であった。

「矢野騒動」の概要についての説明が長くなったが、山口家には、①慶応四年正月「発端一件写」(37)、②同「連判名前帳」[38]をはじめ、この一揆のあり方を探るうえで欠かせない貴重な史料が残されている。

今井六右衛門の手になる①は、この一揆に関する基本史料と言えるものであり、一揆が発生するに至る経緯が記されるとともに、惣代となった与兵衛らが大坂の長州藩出張陣屋へ出訴に及んだ際に提出した願書が書写されている。
②もこの一揆に関する基本史料と言えるが、傘形連判状とは違って、その存在が長らく知られてこなかったものである。ようやく近年になって注目され、一揆の惣代を明らかにする目的で活用されるようになったが[39]、記載内容の全体が紹介されたわけではない。以下、まず本史料の冒頭部分を紹介しておこう。

長州様江願人惣代
和州添下郡
北田原村
今井六右衛門
同州平群郡
俵口村
九郎兵衛
同州平群郡
小瀬村
中川与兵衛
久保九郎兵衛
同州同郡
上田太郎右衛門

小平尾村
忠　七
八郎兵衛
浅右衛門
〆八人
右名前之者共百姓一統之歎願惣代ニ御座候段奉申上候、
以来取締之儀右名前者共頭取大切ニ御奉公可仕候

ここには、「長州様江願人惣代」として、先に紹介した小瀬村与兵衛ら六人に、北田原村の今井六右衛門と俵口村の九郎兵衛を加えた八人の名前が記されている。当時組頭をつとめていた今井六右衛門も、大坂には赴かなかったものの、この一揆の惣代の一人であったのであり、小瀬村の川久保政助が翌年に「昨春長州様御鎮撫之砌世話致し居候八人之者」と述べているように[40]、彼を含めた上記の八人が「百性一統之歎願惣代」であったのである。さらに、引用箇所の末尾に「以来取締之儀右名前者共頭取大切ニ御奉公可仕候」とあるように、長州藩の支配下に入った後の領内の「取締」についても、この八人が中心となって行なおうとしていたことがうかがえる。傘形連判状とは違って、本「連判名前帳」の署名者（表1参照）が各村の庄屋・年寄・組頭・小前惣代に限定されているのは、このこととかかわりがあろう。なお、長州藩の支配下に入った後の差配は、前述したように、同藩の命を受けた川久保政助によって行なわれたが、「八人之者」も「村方混雑不仕様」「取締」を行なうように命じられ、これにあたっていたことが知られる[41]。①と②以外の関係文書や記事についても、紹介しておきたい。

表１　慶応４年正月　各村の連判者

村名	庄屋	年寄	組　頭	小前惣代
北田原	利左衛門	六兵衛・甚兵衛	今井六右衛門・善兵衛・新左衛門・儀兵衛・市左衛門・庄治郎・重兵衛・卯兵衛・利兵衛	庄兵衛・喜兵衛
南田原	孫右衛門	栄助	政右衛門・浅右衛門・仁左衛門・清兵衛・太兵衛・新四郎・藤兵衛・喜平治・仲右衛門	太吉・源左衛門
小明	庄左衛門	文左衛門・金兵衛	忠左衛門・久右衛門・松右衛門・太兵衛・善右衛門・新左衛門・重兵衛・孫右衛門・伊兵衛・四郎右衛門	久右衛門・幸助・与左衛門
俵口	松右衛門	惣兵衛	半兵衛・武兵衛・新右衛門・秀右衛門・仁左衛門・弥右衛門・政右衛門・孫兵衛・作兵衛・卯右衛門・五兵衛・吉右衛門・甚八	長左衛門・元右衛門
谷田	善兵衛	栄治郎	孫右衛門・与市郎・弥兵衛・元右衛門・太三郎・孫兵衛・嘉兵衛・利兵衛	平右衛門
辻	茂七	吉兵衛	宇兵衛・弥兵衛・善右衛門・忠左衛門・文左衛門・利助	
菜畑	甚兵衛	七郎右衛門	藤兵衛・友右衛門・善助・喜六・佐右衛門・武右衛門・藤三郎・茂兵衛・宇右衛門・喜兵衛・市左衛門・音右衛門	武右衛門・仁左衛門
有里	秀右衛門	勘右衛門	常右衛門・四郎兵衛・定右衛門・甚兵衛	利右衛門・宇兵衛・友右衛門
萩原	浅右衛門	利兵衛	清三郎・太郎右衛門・清兵衛・利右衛門・久兵衛	安兵衛・新右衛門
小瀬	庄助	四郎兵衛・藤右衛門	忠治郎・太郎右衛門・九郎兵衛・利右衛門・直右衛門・九兵衛・六右衛門・庄兵衛・惣兵衛・五兵衛	
小平尾	金五郎	忠左衛門・忠五郎	五兵衛・友右衛門・弥三郎・忠七・乙次郎・甚四郎・八郎兵衛・嘉左衛門	栄三郎・浅右衛門・長三郎
同	（取締役）正作		弥四郎・善蔵・善次郎・浅右衛門・藤右衛門・平七・庄兵衛	彦四郎・伊八

註　「連判名前帳」（162）から作成。

まず、今井六右衛門が慶応三年（一八六七）に書き残した「明細日記[42]」には、生駒陣屋の矢野代官に関する、(A)「矢野氏より御貸下銀ヲ以粕売得候ハ、金違ニ而儲相成抔、心得方六兵衛殿今聞コト」（正月十五日条）、(B)「当正月元日生玉寺ニおゐて利左衛門義、矢野様之悪口申、朴木様之事大誉スル事、源蔵より聞」（二月十八日条）、(C)「庄屋利左衛門儀申条、矢野弥平太内へ小平尾村より下女参候、此者イねムリ由ニ成ニ而、暇差出ニ相成、数多之人買入銀等相費、此等之仕業矢野仕コト甚々宜敷からす」（四月二十六日条）という記事が見られる。[43] (A)からは矢野代官の経済的な才覚に長けていたことがうかがえ、(B)と(C)はともに北田原村の庄屋利左衛門の「申条」であるが、矢野代官の評判が芳しくなかったことがうかがえる。「弁者」として知られ、一揆に際しては、有里村の庄屋浅右衛門とともに小前百姓らをなだめにかかった人物[44]が、こうした発言をしていることに留意したい。

次に、惣代が大坂に赴いて長州藩の陣営へ歎願に及んだ後、領民が蜂起するまでの間に出された大変興味深い廻状写[45]を紹介しよう。

甲斐守国役旗頭之訳を以、何事も御聞調有之候間、高橋治右衛門宅へ向早々可申出候、尤長州公者御越無之間、左様承知可致候、呉々何事も当方江可申出候、以上

正月廿一日夕　　郡山役所

矢野庄兵衛　在判

菜畑村

萩原村

小平尾村

小瀬村
有里村
辻　村
小明村
南田原村
北田原村
俵口村
谷田村
右村々
　　庄屋
　　年寄

慶応四辰年正月廿一日、右者郷中動乱之砌、高橋より之廻状也、写之置

これは、郡山藩役所から同藩の大庄屋であった高橋治右衛門を経て、正月二十一日付で旗本松平氏領の一一か村へ廻された廻状の写であり、これまで未紹介であった史料である。領民が蜂起する気配を察した生駒陣屋の役人が、最寄りの郡山藩（石高も大和国内で最も多かった）に助勢を仰ぎ、これに応じた同藩が「長州公者御越無之」との情報を流し、蜂起を未然に押えようとしたものであろう。しかし、この画策は失敗に終わり、一一か村の百姓たちは蜂起するに至った。そして、彼らが陣屋を包囲するなか、出張してきた長州藩兵によって生駒陣屋が差し押さえられ、陣屋役人の身柄が拘束されるに至ったのである。それに際して、大変緊迫した空

気が流れていたことは、大和国十市郡荻田村の高瀬道常が書き残した「大日記」の、次の記事[46]によってよくうかがえよう（なお、生駒陣屋の代官を楠田徳右衛門とする誤りも見られ、記載内容についてはさらに吟味を要する）。

生駒谷楠田徳右衛門旗本領代官相勤、収納米多分有之候ニ付、かゝる時節故領内より下ケ米相願候付、南都伺候処、追而沙汰可及旨領内疑惑浪花長藩へ願出、出役途中郡山領大庄屋具足ヲ着楠田江相詰候趣注進、依之引返多人数出張、郡山へ可及一戦抔之掛合ニ相成、楠田其外被召捕家財封付、此時手形とも一万五千両在金之由、在方ニ者能身代なり

しかし、この後、蜂起した百姓たちの期待どおりに事が運んだわけではなかった。同年四月九日に川久保政助と六右衛門ら「長州様御鎮撫之砌世話致し居候八人之者」が奈良の鎮撫総督府に召喚され、吟味を受けた際の返答書の文面（先の引用文）からうかがえるように、彼らが大きな期待をかけた長州藩は、領民の要求に応じて窮民救済や普請入用にあてる一定の米銀の下げ渡しを行なったものの、前年分の年貢米売払い残銀などの多くを取り上げていったのである（それらは戊辰戦争の戦費として使われたのではないかと思われる）。後年に山口忠治（今井六右衛門）が書き留めた文書に、「卯年貢米八分方旧地頭松平篤三郎取、残明辰年廻り弐分方長州公分捕ニ相成[47]」、「慶応四辰正月より御一新と改、長州公御分捕之後、奈良へ御引渡[48]」という表現が見られるが、双方で使われている「分捕」という言葉に、事の本質が示されているように思われる。

また、期待に反して、一揆後も相変わらず物価は高く、太政官札の発行などによって経済の混乱が続き、人々の暮らしは良くはならなかった。こうした「世直り」とはとても言えない現実に直面するなかで、不満を募らせ、「長州様江願人惣代」となり一揆後には領内の「取締」にあたるようになっていた「八人之者」に対して、反感を抱く人々も出現するようになったのである。また、混乱に乗じて、勢力の巻き返しをはかろうと

する元陣屋役人らの動きも見られるようになった。高瀬道常の「大日記」には、次のような関係記事[49]が見られる。

生駒谷五千石御旗本代官長野某取込抔申立、長州分取方六人之者頭取申立候ニ付、早速出張金壱万両余・米八百石分取、郷中打こほり大坂へ持運候処、右申分相立長野帰村候故、依之領主之金石減候上、夥敷失費出る処無之、却而郷中長野付と相成、六人之者相手として雑用之論ヲ起（候脱カ）しよし

これは閏四月の記事であり、「取込」をしたとされていた「長野」の言い分が通り、帰村を許されるようになったこと、これによって「郷中」がかえって「長野付」となり、長州藩の「分捕」に加担し「夥敷失費」を生じさせた「六人之者」を相手取って訴訟を起こすようになったこと、が記されている。なお、文中には「長野」とあるが、「矢野」の誤りであり、また訴えられたのは「八人之者」とすべきであろう。このように、記載内容についてはよく吟味する必要があるが、訴訟は実際に行なわれたようであり、先に紹介した四月九日付の川久保政助と六右衛門らからの返答書（鎮撫総督府宛）は、この訴訟に際してのものであろう。

さらに、『奈良県史料[50]』のなかには、これに関連すると思われる、次のような記事が見られる。

慶応四年四月十四日松平篤三郎采地平群郡之内生駒郷拾壱箇村混擾ニ因リテ、長藩ノ兵隊来リテ、矢埜弥平太外六名ヲ縛シ、揚リ屋ニ投ス、翌日春日讃岐守白洲ニ於テ糾弾ヲ遂、全ク小瀬村与兵衛・北田原村六右エ門両名奸党ノ魁首ナルヲ以、速カニ拘繋シ、更ニ弥平太外六名ヲ免シ、事終ニ平穏ニ帰ス

但此事件ノ起由ハ賦税ノ平等ナラサルヨリス

ここには、「四月十四日に松平篤三郎の采地で一揆が起き、出張してきた長州藩兵が矢埜弥平太ら六名を捕

縛し揚り屋に投じたが、その翌日に春日讃岐守が吟味を行なった結果、小瀬村の与兵衛と北田原村の六右衛門が『奸党ノ魁首』として拘繋されるようになり、矢野ら六名は放免されることになった」と記されている。一揆が起き、長州藩兵によって矢野代官らの身柄が拘束されるようになったのは、四月ではなく正月であり、この箇所は明らかに誤りである。文中に出てくる「春日讃岐守」は春日仲襄で、四月十五日の時点では大和国鎮撫総督府の参謀という立場にあった。この記事についてもさらに吟味を要するが、小瀬村の与兵衛については「義侠与平実伝記」のなかに六十日間入牢させられたという記事があり、これが事実であるとすれば、一揆直後ではなく、この時期である可能性もある。他の記載内容も含めて、後考を待つことにしたい。なお、明治三年(一八七〇)になっても、「辰年春動乱之節」に「書類」が紛失したとして、俵口村の二人の村民から九郎兵衛が訴えられ、これにかかわって川久保政助と六右衛門らも取り調べを受けるという一件が起きており、一揆後の新体制下でこうした問題が生じていたことが知られる(51)。

この後、元旗本松平氏知行所の村々は、五月十九日に奈良県(初代知事は春日仲襄)が設立されたことに伴って、その管下に置かれるようになった。その後、奈良県は奈良府に改まったが、その管下の村々は、明治二年(一八七九)四月に次のような請書(52)を提出させられるに至っていることが知られる。

御一新後奈良府御支配之義ニ付、他之御役方之名号を唱、村内へ罷越候とも、願筋其外等頼入候儀者勿論、聊之事件ニ彼是沸騰集寄ケ間敷義ハ決而不相成、万一心得違之もの有之候ハヽ、御召捕之上厳重之御所置可相成、且村内旅人宿之外他之御役方之旨申入候共、猥りニ止宿為致間敷、諸願筋者不及申、難決義も有之候ハヽ、奈良府へ申上、差図を奉受、筋違之方より指揮一切相受不申、以来村々一和銘々農業励精出候様御説諭之趣、恐入奉承伏無意失相守候様可仕候、依而以連印ヲ御請奉差上候、以上

表２　各村の年貢高

	北田原	南田原	俵口	小明	谷田	辻	菜畑	有里	萩原	小瀬	小平尾	計
村高 石．斗升合勺	650.9060	694.2500	423.0100	306.9400	284.8800	228.2900	426.4110	274.7900	337.51110	497.8500	875.1620	5000.0000
土免率	４ツ７分	３ツ９分	６ツ３分	５ツ２分	７ツ９分	５ツ３分	６ツ４分	４ツ１分	５ツ９分	４ツ２分	４ツ３分	
天保６年 (1835)(1)	334.0292	296.4587	288.1652	176.8053	234.2530	110.2465	293.5364	124.1249	172.8034	227.3094	398.2968	2656.0388
天保８年 (1837)(2)	334.0292	296.4587	288.7562	176.8053	234.2530	125.2465	293.5364	124.1249	132.0814	227.3094	365.5098	2598.1108
天保14年 (1843)(3)	334.0292	296.4587	288.1752	176.8053	234.2630	125.2465	293.2906	124.1249	172.0834	227.5829	398.2968	2670.3565
弘化３年 (1846)(4)	334.0292											
安政５年 (1858)(5)	334.8796	296.4587	288.1652	178.1053	234.2630	125.2465	293.5364	124.1249	172.0814	227.5829	400.0752	2674.5191
慶応２年 (1866)(6)	334.8796	296.4587	288.1652	178.7053	234.2630	125.2465	293.5364	124.1245	172.0814	227.5800	400.0752	2675.1158
慶応３年 (1867)(7)	334.0696											
明治２年 (1869)(8)	216.4500	197.7060	196.9900	114.0550	138.5510	69.7630	197.4220	72.1870	110.4828	151.2420	263.7818	1728.6306

年貢高は、本途物成に夫米・口米・目米を含む。

11か村の石高が5000石に対し天保６年の納辻の割合は53パーセント、天保８年は約52パーセント、天保14年は約53パーセント、安政５年は約53パーセント、慶応２年は約54パーセントと江戸期を通じてほぼ同じ割合となっている。しかし明治２年になると約35パーセントと大幅に納めた割合が減っている。
(1)(3)(5)(6)は杉島平晴「矢野騒動について」(『奈良県高等学校教科等研究会歴史部会紀要』６、1968年）57頁第１表から作成。
(2)は「物成高」(『生駒市誌』資料編Ⅰ、生駒市役所、1971年）416～420頁から作成。
(4)は弘化３年10月「大和国添下郡御物成免定之記録写」(北田原・山口家文書171）より作成。
(7)は明治元年９月「御年貢書上帳」(北田原・山口家文書172）より作成、(8)は明治２年７月「(御免定御下諭在之写)」(北田原・山口家文書164）より作成。

註　久保さおり「矢野騒動とその背景」(『史文』８号、2006年）31頁掲載の表を一部加工

明治弐年
巳四月
村
連印
奈良府
御役所様

「他の『御役方』の名前を唱えて、村内へやってくる者が、願い事などを頼んできても応じてはならず、『聊之事件』で血気立ち徒党がましい行為に及ぶようなことは決してあってはならない。もし心得違いしこれを守らない者があれば、召し捕えたうえ厳しい処分を行なうつもりである。また、願いたいことや決し難いことがあれば、奈良府へ申し出てその指示を受けるようにし、『筋違之方』から一切指図を受けてはならない」といった内容である。外部からの介入を排除して、管内の民衆を統制下に置き、非合法的な動きについては、これを強く規制しようとする意図を読み取ることができよう。

その一方で、年貢収奪の面では、手心が加えられるようになったようであり、旗本松平氏領であった幕末期と比べて、明治二年（一八六九）の年貢高が（凶作の影響も考慮しなければならないが）大幅に減少していることが知られる（表2参照）。

おわりに

以上、本章では、「北田原村の概況と今井家」について述べたうえで、幕末維新期における今井孫左衛門（直重）とその子六右衛門（直治）の、それぞれの活動のあり方について、関係史料を紹介しながら分析を行なった。

幕末期に旗本松平氏の役人に取り立てられ、士分としての道を歩むようになった父今井孫左衛門と、百姓仕事に「出情」して家を守り、父の死後、慶応四年（一八六八）正月に起きた「矢野騒動」に際しては、「魁首」の一人として指導的役割を果たすに至った子の六右衛門。山口家文書を通して浮かび上がってきたのは、こうした両者の対照的な生き様であった（まことに興味深い事象として注目されよう）。

子の六右衛門が、リーダーの一人として深く関与した「矢野騒動」は、まさに「御一新」が行なわれようとするさなかに当地で起きた、全国的にも注目すべき一揆であった。その大きな特色は、百姓たちが旧来の生駒陣屋役人（代官矢野弥平太ら）による支配を拒否し、惣代が大坂の長州藩の出張所に赴いて、「長州様之御下之百姓ニ相成度候」[53]と願い出たところにあった。その後の事態は、六右衛門や百姓たちの期待どおりに進んだわけではなく、その前途には厳しい現実が待ちうけていた。しかし、彼らが「世直り」を希求し、鳥羽・伏見の戦いが旧幕府側の大敗北に終わり、新政府側による鎮撫の手がさしのべられるなか、自らの手で新たな領主を選びとろうとしたことは、大いに注目されてよいだろう。

〔註〕

（1）『生駒市誌』資料編Ⅰ（生駒市、一九七一年）四七二～四七六頁所収。生駒市生涯学習グループ「古文書を読む会」の会報『いこま』四号（二〇〇六年）一三～一六頁にも収載されている。

（2）『生駒市誌』資料編Ⅰの三四〇～三六一頁（北田原村分は、三四三～三四五頁）所収。

（3）明治七年十一月「酉年物産取調（他綴）」（生駒市北田原町・山口家文書、文書番号二四五〈以下、山口家文書については、二四五号というように表記する〉）。なお、同五年八月の願書に「当村之義者山分之土地ニ而綿作不仕ニ付、早稲刈取直様跡江菜種蒔付候」（六六〇号）とあるが、綿作はわずかだけ行なわれていた。また、綿打・桶屋・鍛冶屋・杣・木挽が各一人存在していたことも知られる（このほか、同七年四月まで「髪結職」を営む者が一人存在していた〔二二八号〕）。

（4）一八九号。
（5）宝暦三年六月「一札之事」（『生駒市誌』資料編Ⅰの四五七～四六三頁所収）。
（6）文政二年「御米当暮御渡し方積り帳」（同前四六七～四七二頁所収）。
（7）文政六年八月「旱損御願帳」（一四〇号）。
（8）天保六年「高反別ひかへ」（二三九号）。
（9）文久二年「御給帳」（一九号）。
（10）嘉永五年十月「中井御支配御用役大工孫左衛門年頭八朔御益上納通」（三九三号）。
（11）年代は下がるが、当家は明治十年代の初めには絞油業を営んでいたことが知られる。
（12）安政二年三月「往来手形之事」（五九六号）。
（13）一五九号。
（14）年不詳五月十日「（召喚状）」（四六号）。
（15）年不詳「（松平家役人書上）」（四一号）。
（16）安政二年八月付『自遣往来』（八〇三号）。
（17）（安政二年）十月二十六日「（地震報告状）」（五八六号）。
（18）山口家には、「松平次郎内　今井孫左衛門荷物」「松平次郎様御内　徳永又右衛門様　今井孫左衛門様」と墨書された木箱も残っている。
（19）領主であった松平氏に関する文書としては、松平次郎宛の光成暑中見舞状（一一〇号）や用人挨拶状（五八七～五九三号など）のほか、今井孫左衛門が書き留めた安政二年「藤井姓松平次郎源信幹様御代々御親類御名前控」（一六五号）や、「御殿様家聞書」（五七九号）などが残っている。
（20）二二～七八号、四〇三～四一五号、五三六～五七三号、五八一～五九五号のなかに、まとまって見られる。
（21）（文久三年）三月十三日「（国元の様子書送り状）」（四八号）。

(22)（文久三年）四月四日「（江戸表より帰国者に関する書状）」（二九号）。
(23)（文久三年）三月二十日「（江戸屋敷へ到着に付報告状）」（五五一号）。
(24) 註(22)と同史料など。
(25)（文久三年）十一月七日「（国元の状況書送り状）」（三二号）など。
(26)（文久三年）四月二十五日「（江戸表の状況書送り状）」（五五三号）。
(27) これに関連する文書に、文久三年七月「御拝備割合貸付帳」（一一八号）や同年十一月「撤兵太鼓打方」（四号）などがあり、安政二年三月の「江戸出火」（四〇九号）、文久二年七月の島田左近の梟首（四〇八号ほか）、同三年八月の天誅組の変（四一四号ほか）、七卿落ち（四〇四号ほか）などについてそれぞれ書き留めた文書も見られる。なお、今井孫左衛門はわが国の歴史や文化に関心を有しており、彼が書写もしくは収集したと考えられる「東照神君御名写　全」（八七号）、「権現様御教訓」（三九四号）、「慶安太平記」（七七二号）、「播州赤穂城主江戸表義士伝」（一七九号）、「下総国佐倉騒動記」（八八号）、「禁中の故実」（五六〇号）、「二千年袖鑑」（八一九号）なども伝存している。
(28) 天保十五年「日記鑑」（一一号）、安政五年「日記鑑」（二一〇号）、同七年「日鑑諸事簿」（一六六号）、慶応三年「明細日記」（一六七号）。
(29) 安政五年「日記鑑」（二一〇号）末尾の「帳面目録」による。
(30) 慶応四年正月「発端一件写」（一六三号）〔註(1)と同史料〕。
(31) 同前。
(32) 慶応四年四月「乍恐奉申上候」（『生駒市誌』資料編Ⅰの四七六〜四七八頁所収）。
(33) 註(30)と同史料。
(34)『生駒市誌』資料編Ⅰの四八〇〜四八六頁所収。筆者は、生駒町舎（現在「生駒ふるさとミュージアム」として活用）や生駒小学校旧校舎などの設計施行にあたった中川吉治郎氏で、与兵衛の孫にあたる。
(35) 慶応四年正月「連判名前帳」（一六二号）。
(36) いずれも与兵衛の末裔である中川家に伝わったものである。現在では生駒市教育委員会の所蔵となっており、市の有形文化財に指定されるに至っている。
(37) 註(30)と同史料。
(38) 註(35)と同史料。
(39) 久保さおり「矢野騒動とその背景」(『史文』八号、二〇〇六年)。
(40) (慶応四年四月)「乍恐存意申上候」(『生駒市誌』資料編Ⅰの四七八～四七九頁所収)。
(41) 註(32)と同史料。
(42) 一六七号。
(43) (B)と(C)の記事については、久保氏が前掲註(39)論文のなかですでに紹介されている。
(44) 註(30)と同史料。
(45) (慶応四年)正月二十一日「(郡山役所矢野庄兵衛より廻状写)」(七六四号)。
(46) 廣吉壽彦・谷山正道編『大和国高瀬道常年代記』上巻(清文堂出版、一九九九年)一三四～一三五頁。
(47) 明治六年「(諸事)覚」(二一二号)。
(48) 明治二年七月「慶応四年辰正月より御一新と改、長州公御分捕之後奈良へ御引渡、奈良府租税御役所御支配と改、明治二巳年七月九日御免定御下諭在之写」(一六四号)。
(49) 註(46)と同、一三九～一四〇頁。
(50) 国立公文書館所蔵。
(51) 明治三年五月「帰村御暇歎願書控」(一八二号)。
(52) 明治二年四月「(奈良府役所より通達に付)請状」(六六六号)。
(53) 註(30)と同史料。
〔付記〕 山口家文書のうち、主要な史料(計四四点)については、会報『いこま』一一号(生駒市生涯学習グループ「古文書を読む会」、二〇一三年)に翻刻掲載されているので参照されたい。

第一〇章 「御一新」と地域リーダー
——老農中村直三の活動を中心に——

はじめに

明治維新期は、言うまでもなく日本歴史上の大きな変革期の一つであり、政治・経済・社会・文化といった様々な分野において大きな変動が生じた時期であった。これを外から促す力となったのが、欧米資本主義列強の進出という国際的な環境、すなわちウエスタン・インパクトであった。こうした情勢下で、幕末の動乱をへて誕生した維新政府は、戊辰戦争に勝利した後、欧米資本主義列強と対峙しうる強力な国家の形成をはかるべく、天皇を頂点にいただく形で中央集権化を推し進め、「国民」の統合に力を注ぐとともに、文明開化政策（上からの近代化政策）を展開していくことになったが、地域のリーダーたちは、「御一新」とその後の開化政策の展開をどのように受けとめ、これにどのように対応していったのだろうか。本章では、大和国（奈良県）という限られた地域の、限られた人物の分析を通してではあるが、この問題に具体的にアプローチすることにしたい。

本章で光をあてるのは、後年に奈良専二（香川）・船津伝次平（群馬）とともに「明治三老農」の一人にも数えられるようになった、山辺郡永原村（現天理市永原町）の中村直三である。彼は、文政二年（一八一九）に善五郎・サカ夫妻の長男として生まれ、激動の時代（近世から近代への転換期）を生き抜いて、明治十五年（一八八二）にこの世を去った。老農とは、在来農法を研究し、自ら工夫・実践して高い農業技術を身に付け、地域に根ざして農事改良活動をリードした農民をさすが、直三は、幕末・維新期には大和国の各地に存在した老農たちをリードする存在となり、晩年には全国各地へ農事改良指導に赴くまでになったのである。

このように彼は、著名な老農となったが、土地所有の面からすれば小農と言うべき存在であり[1]、幕末期においては、奈良奉行所配下の下級警察組織の重役としての、また心学道話家としての顔も併せもっていた。そうした彼が、いかなる理由から農事改良を志すようになり、大和国においてこれをリードする存在にまでなったのか。

本章では、まずこの点について述べるとともに、幕末期における彼の農事改良活動のあり方について、その活動を支えた人々のネットワークにも目を向けながら考察したい。その上で、彼が「御一新」をどのように受けとめ、新政の展開に対応して、どのような活動を展開するようになったのか（彼の活動のあり方にどのような変化が生じるようになったのか）を具体的にあとづけ、個別の事例を通してではあるが、「『御一新』と地域リーダー」というテーマにアプローチすることにしたい。

なお、農業の分野で活躍した「地域リーダー」として本章で取り上げる中村直三については、その偉大な業績を顕彰しようとする立場から伝記[2]が著されるとともに、農業史・民衆思想史・部落問題研究という各立場から数多くの研究[3]が積み重ねられてきたが、彼の活動のあり方を時期区分しながら段階的に考察するという面では、まだ不十分さを残しているように思われる。本章では、彼が全国区の老農として飛翔するまでの時期を対象として、この面についての前進をはかることもねらいとしている（なお、以下の本文中の引用史料のうち、注記なきものは、高木正喬氏が翻刻された写本『中村直三翁傳』[4]による）。

一　農事改良活動展開の背景

『中村直三翁傳』には、直三が祖母から聞いた同家についての話（歴史）が記されており、これによれば、曽祖父伝助の代に「不幸にして家産を失ひ」、これ以降村民の扶助を受けながら、「夜警番人」として糊口をしのぐようになったという。「夜警番人」とは非人番のことであり、大和では、元禄七年（一六九四）以降、奈良奉行所（大和一国を支配国とする幕府の地方行政機関）配下の下級警察組織として、長吏―小頭―各町・村の非人番という系列をもつ組織がつくられるようになっていた。非人番は、居住する各町・村から番給などの扶助を受けながら、異変はないかと居町・村内を徘徊し、無宿や盗賊の探索や捕縛、風紀や治安の維持、行倒人の処理、春日若宮祭礼・大宮神事の警護などの任務を遂行した(5)。

これに続く祖父善助の代の状況については、「善助夜警番人の月俸を以て家事の雑費に充て、農業事の作得を積みて、父祖の前年売却せし田地を買得、故とに復し、年を積みて、土蔵、稲小屋等を建築するに至り」という記述が見られるが、父善五郎（平群郡竜田村〔現生駒郡斑鳩町竜田〕から入家(6)）が当主となった直後の、文政二年（一八一九）の「宗門御改帳(7)」の記載によれば、「屋敷」は「長五間」に「横四間」、「本家」は「梁行壱間半」に「桁行弐間半」という狭さであり、「本家」以外の建物についての記載は見られない。善助と同じく「夜警番人」の小頭をつとめた父の代には、「家大に栄ふ」と記されているが、安政二年（一八五五）に直三が当主となった時に、多くの土地を引き継いだようには見うけられない。その後、直三の所持高は、明治四年（一八七一）の時点では、「本高」が五・四七五五石、「請高」が一〇・七二八石となっており、晩年に彼が息子の直平に譲り渡した土地は、田地三反六畝一九歩と宅地四畝一六歩であったことが知られている(8)。

このように、直三家は土地所有の面からすれば小農とも言うべき存在であり、居村において村役人をつとめるような有力な家ではなかった。そうした家の当主となった彼がなぜ幕末期に農事改良活動を活発に展開するようになり、大和においてこれをリードする存在にまでなったのか。以下、具体的に検証していくことにしたい。

中村直三が生まれた頃、奈良盆地の農民たちは、農業経営の危機に直面していた。①かげりをみせながらもなお当地の「第一之売物」であった綿（永原村でも稲と綿を輪作し、例年耕地の約半分を綿作地としていた）の価格をはじめ、農作物の価格が大幅に下落するようになったこと、②他地域での金肥の需要の増大に伴って、肥料代が高騰するようになったこと、がその主な原因であった。これによって潰百姓が多くなり、農業奉公人給銀の高騰などもあって、村落上層であっても農業一本で生計を立てていたような場合には、没落する者も少なからず見られるようになっていたのである[9]。

なかでも、直三の居村であった永原村は、「近傍無比之難村」と言われ、一八世紀初頭には一三〇余を数えた家数が一世紀ほどの間に半数近くにまで減少し、文化十四年（一八一七）の時点では、村の惣石高八六八・七五石のうち、村民が所持権を放棄し「村惣作」となっていた土地の石高合計が四二七・五六六五石にも及んでいた[10]。

このように、化政期において、永原村をはじめとする奈良盆地の農村は、厳しい状況にあったが、不況一色に包まれていたわけでもなかった。農業経営面での不振とは裏腹に、農業外の稼ぎの面では進展が見られたのである。特に盆地の中・南部では、木綿の紡糸や製織が盛んになり、織屋を専業的に行なう者も現われるようになった[11]。また、その外の稼業も広範に展開するようになり、「百姓を厭ひ」「品々外業に心掛け」「商人・職人と成」とあるように、村民の脱農化が進行するようになった[12]。農業経営規模を縮小し、農業外の稼ぎに従事

表1 天保14年 永原村の農業経営規模別階層構成と農業外の稼業

作付面積（畝）	戸数（戸）	（内）諸商・諸職	
		戸数	内訳
0	17	10	鍛冶屋(1) 大工(1) 果物屋・古手屋(1) 果物屋(1) 籠屋(1) 髪月代・福知堂村への出稼(1) 長柄村へ借家住居出稼(2) 丹波市村へ借家住居出稼(2) ※奉公人を出している家(6)
0～40	11	8	果物屋(2) 魚屋(1) 紺屋下働(1) 綿打(2) 酒小売(1) 瓦屋・古手屋(1) ※奉公人を出している家(4)
40～70	21	5	酒小売・酒造稼(1) 瓦屋下働(1) 豆腐屋(1) 綿繰屋(2) ※奉公人を出している家(4)
70～100	10	3	瓦屋(1) 大工(1) 綿打(1) ※奉公人を出している家(3)
100～150	6	1	大工(1)
150～200	4	0	
計	69	27	

註 「作付取調書上帳」（嶋田家旧蔵文書）から作成。

して収入を得、米穀を購入して生活する「買喰層」が増加するようになったのである（これに対応して、米をはじめとする食料品や日常必需品を販売する商人も農村内部に存在するようになった）。ちなみに、少し年代が下がるが、永原村においても、天保十四年（一八四三）の時点で、全六九軒のうち、耕作面積四反以下の家が二八軒もあり、うち一七軒が無作で、そのほとんどが農業外の稼ぎを生計の支えとするようになっていたことが知られる（表1参照）。

天保期に入ると、農作物をはじめとする諸物価が高騰するようになった。幕府が実施した貨幣改鋳などの影響もあったが、天保初期からの連続的な凶作がその大きな要因であった。大飢饉となり、いたるところに流民があふれ、捨子や餓死者がみちみちた東北あたりと比べれば、大和における被害はまだ軽いほうであったが、凶作そして米穀の高騰は、町場の住民のみならず、当時奈良盆地の農村部で広範に形成されるようになっていた「買喰層」や、耕地が少なかった吉野郡や宇陀郡など山間部の人びとの生活を直撃し、深刻な事態が生じるようになったのである。天保期に起きたこの飢饉は、連年の凶作に伴う米穀の欠乏と高騰によって生じたが、前述したような住民の再生産構造の変化もこれに関っており、商品経済が進展するようになっていたが故に生じた飢饉であったと言うこともできよう。

こうしたなかで、大和では、飯米にこと欠く窮民が増え、天保四年（一八三三）には米騒動発生寸前の不穏な形勢となった。この年はなんとか不穏な気配はおさまったが、大不作となった同七年（一八三六）の秋には再び不穏な空気に包まれるようになり、米穀が高騰するなか、ついに窮民の不満が爆発し、翌八年（一八三七）の二月から三月にかけて、郡山城下をはじめ大和の各地の町場で打ちこわしが発生するに至った（この二月に、大坂では有名な大塩平八郎の乱が起きている）。その後も大和では、「南都南大門垣軒下ニテ日ニ八、九人平シノ死人、郷中ニテモ一ヶ村ニ五、六人、七、八人位迄ニ餓死ノ者有之[13]」と記されるような深刻な状況がしばらく続いており、多武峯領では広瀬郡の領民による強訴が六月にかけて繰り返し起き、宇陀郡の松山町近在では六月に打ちこわしが発生している。

この天保七年から翌八年にかけての様子について、中村直三は、後年に「天保七申年天候不順五穀不熟ニよって、同八年米価沸騰、貧民餓死夥敷」と記している[14]。当時、十代後半であった彼は、こうした飢饉の有様（「貧民餓死夥敷」状況）を目の当たりにして大きな衝撃を受け、農業をいいかげんにしているからこうした状況に陥ったのだ（「全く農事ニ不行届より右様ニ立至り候」）という思いを強く抱くとともに、穀物の供給を他国にも仰がねばならない大和（「瑞穂之皇国」）の現状を憂え、農事改良の必要性を痛感するようになったのである（その一方で彼が、窮状に陥ればすぐ歎願に走り「御上」の力に頼ろうとする「村長」らの活動のあり方を、「巧言令色ニ移り凶作歎願書争論訴言之案文等ニ心を尽し候者も不少」として、痛烈に批判している点も注目される）。直三が農事改良活動を本格的に行なうようになったのは、後年（中村家の当主となってから）のことであるが、天保飢饉の体験はその後彼が老農として歩む上での原体験となったと言うことができよう。

その後、直三は、一時家を離れ、父の出身地である平群郡竜田村で鋳物商に携わったのち帰郷し、安政二年（一八五五）に中村家の当主となった。永原村では、この年から高取藩の預所となって、課税が強化されるようになり、同六年には年貢の減免を求める越訴が発生した。さらに、その後も不穏な情勢が続き、強訴がおきかねない状況となったが、直三は村役人（源四郎・孫四郎）とともにこれを制止し、村民に農事に出精し増産に努めることこそが大切であると説き、自ら率先して農事改良に精励するようになった。後年に彼自身が述懐しているように、(15)「不容の嘆願をなさんより寧ろ退て農業を改良するに如かず」という認識（天保飢饉の体験をして以来の信念）にもとづくものであり、そこには心学信奉者としての、また非人番としての彼の立場も反映されていた。

直三が幕末期に農事改良活動を本格的に展開するようになった理由は、これに止まるものではなく、彼の視線は村内にのみ注がれていたわけではなかった。周知のように、開港によって貿易が開始されるようになると、外国の綿製品が大量に国内に流入するようになり、大和においても在来の綿業が大きな打撃を受けるようになった。さらに流通構造の変容や貨幣改鋳などが原因で生じた米穀をはじめとする猛烈な物価騰貴が人々（特に「買喰層」）を直撃するようになり、飯米にこと欠く窮民が町方のみならず村方にも満ちあふれるようになった。永原村の場合にも、万延元年（一八六〇）の願書に、(16)「当正月以来より追々高直ニ相成、惣百姓共ニて余米も無御座候ニ付、壱升弐升宛日々高直之米ヲ小買ニ仕細々凌方仕居候処、当五月ニ者麦其外稀成凶作ニ而尚々米直段迄も高直ニ相成、日々凌方難出来必死難渋（中略）、小前百姓者不及申上、組頭百姓共ニ至る迄同様ニ付、役人共手元エ日々歎来候故、実以役人共心配仕候得共、何等之勘弁方も付不申」という記述が見られる。

こうした状況下、大和では、窮民による町・村役人に対する救恤要求、米屋や豪農商に対する米の安売り要求が高まり、打ちこわしや騒動が頻発するようになった[17]。

直三が本格的に農事改良活動を行なうようになったのは、まさにそうした時期であり、彼は、農事改良に精励し主穀の増産をはかることによって、窮状を打開しようとしたのである。

二 幕末期における直三の活動とサポーター

幕末期を迎え、農事改良活動に本格的に取り組むようになった直三は、自村から他村・他郡へと品種改良のネットワークを次第に拡げていくとともに、文久二年(一八六二)に『勧農微志』を著したのを皮切りに、明治初年にかけて、活動の成果を次々と公表していった(表2参照)。『勧農微志』に加えて、『大和穂』(同三年)や『伊勢錦』(元治二年(一八六五))『ちわら早稲』(慶応二年(一八六六))などが代表作であり[18]、そこでの彼の主眼は「命の親」たる主穀の品種改良と優良種の普及(→増産)による窮民の救済(→「世の賑わひ」の実現)に向けられていた。著作の刊行が、まさに米穀の値段が暴騰していた時期に集中して行なわれていることも、これと符合する(また、彼は、肥料の工夫の仕方や燃料の節約法などについても論じており、さらに、『気やしないらくなづくし』(慶応元年)などの著作を通して、日々の生活を送る上での心の持ち方についてもわかりやすく説いている)。

これらの著作に関して注目されるのは、『勧農微志』に代表されるように、多くの農民が関心をもって読んでくれるように、漢字にはふりがなを付け、挿絵や図を入れたり、『伊勢錦』や『ちわら早稲』などのように、

表２　中村直三の著作（幕末・維新期）

年度	著　　作
文久２(1862)	『勧農微志』『柴割木を焚きのばし功徳を積む話』
３(1863)	『大和穂』
元治元(1864)	『台所経済法』
慶応元(1865)	『伊勢錦』
２(1866)	『ちわら早稲』『お米に虫のいらぬ法』『熊野新宮在アシタカ村筆松といふもの和州に来り紀州の作り方をためしたる話』『いのちの母京女郎』
明治元(1867)	『陸稲　畑稲』『御代の恩』『口演』『乍憚口上』
２(1868)	『民益書』など

註　『中村直三翁傳』などにより作成。

稲の各品種の反収（試作田での比較実験の結果）を番付表の形式で示し、一枚摺りのちらしの形で配布するなど、さまざまな工夫をこらしている点である。

上記の著作名となっている「大和穂」と「伊勢錦」と「ちわら早稲」は、いずれも彼が試作した稲の優良種であるが、「大和穂」は宇陀郡小原村（現宇陀市室生小原）あたりで作られていたそれ（ルーツは伊勢の「榊原穂」）を永原村の忠三郎が、「伊勢錦」は伊勢国多気郡朝柄村（現三重県多気郡多気町朝柄）の木綿屋定七（後の岡山友清）が撰種したそれを宇陀郡萩原村（現宇陀市榛原萩原）の山根兵蔵が、「ちわら早稲」は四十年ほど前に河内から持ち帰り栽培しつづけてきたそれ（「河内早稲」）を葛上郡東茅原村（現御所市茅原）の彦左衛門が、それぞれもたらしたものであった。当時、彼の手元に寄せられた稲種のほとんどは、まだ大和国内のそれであったが、「伊勢錦」に代表されるように、近国の優良種が寄せられるケースも見られるようになったのである。

直三は、文久三年（一八六三）に山根兵蔵を通して「伊勢錦」の種を入手して以降、伊勢の木綿屋定七と交流するようになり、その活動ぶりから、大きな影響を受けた。定七は、不二道の信者であり（山根兵蔵とはこれを介するつながりがあった）、稲の品種改良に精力

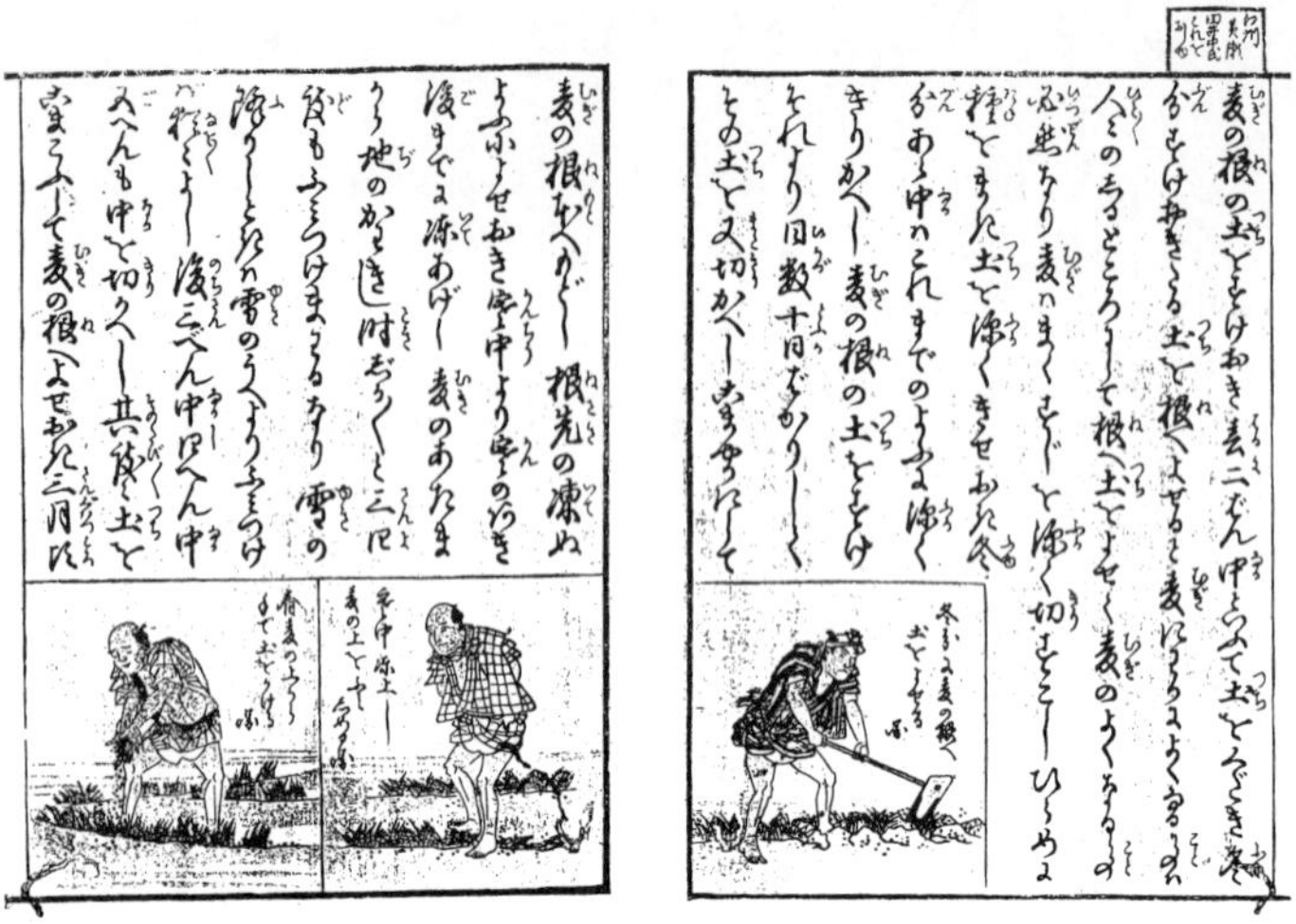

『勧農微志』

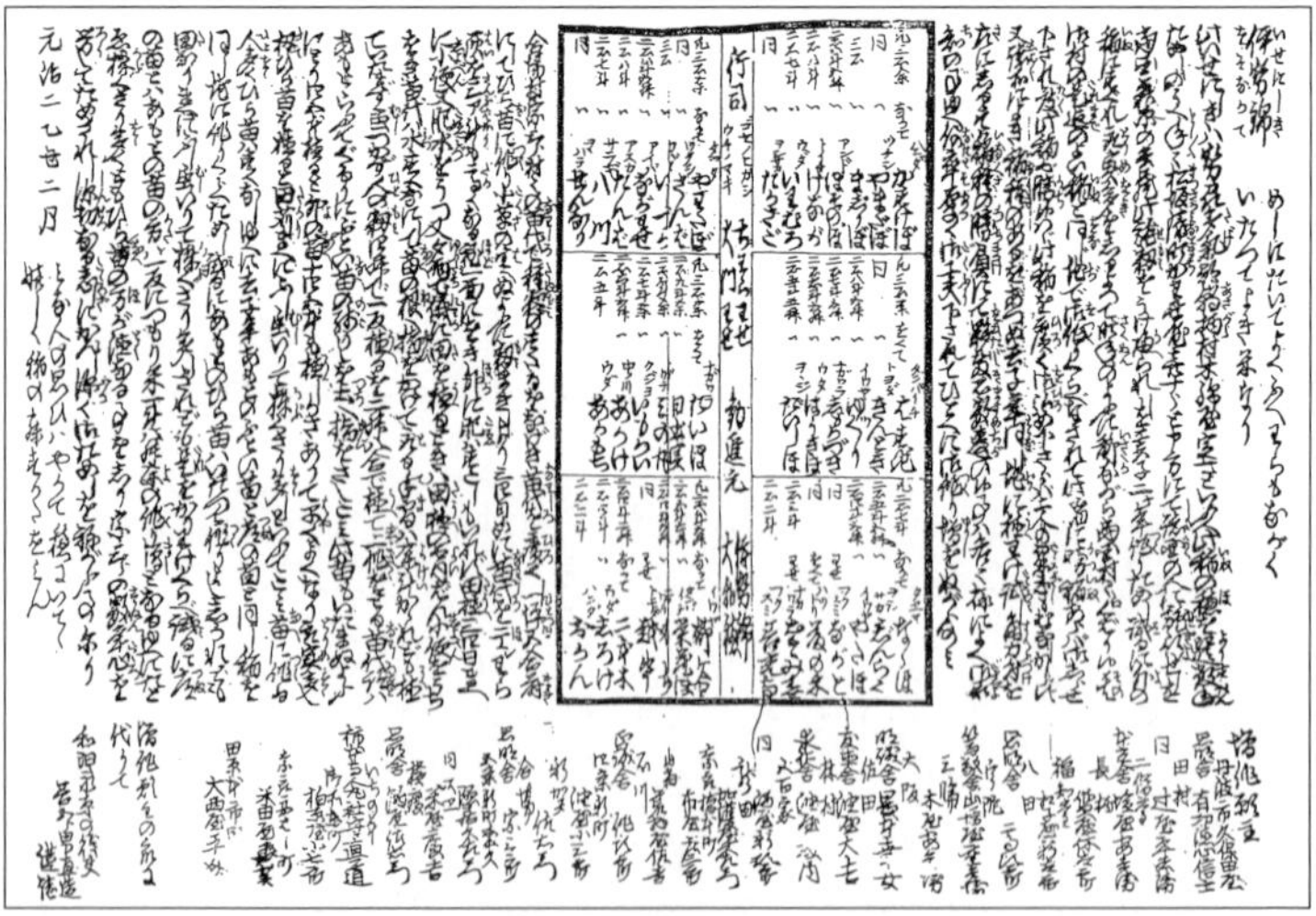

『伊勢錦』

（いずれも天理市永原町・中村家文書）

的に取り組んで、ついに優良種である「伊勢錦」を生み出し、万延元年（一八六〇）には宇治山田と松阪・津、その三年後には大坂に頒布所を設けるなど、その普及に精魂を傾けていた。これにかかわって注目されるのは、彼が「伊勢錦」の宣伝などを行なうに際して、一枚摺りのちらしを配布する（その印刷費用の負担も含めて不二道の同行がこれをサポートする）というやり方をとっていた点である[19]。直三がはじめて一枚摺りのちらしの形で優良種の宣伝を行なうようになったのは、『大和穂』を著した文久三年（一八六三）十一月のことであったが、これは彼のオリジナルではなく、定七のやり方を取り入れたものであった（また、後述する直三と心学仲間との関係は、定七と不二道の同行とのそれに対応する）。

さて、直三が農事改良を通してめざしたものは、「隣村無比の難村」といわれた居村の立て直しをはかるといったレベルに止まるものではなかった。彼が見据えていたのは、たとえばその代表的な著作である『勧農微志』に、「大和国中大村中村凡千ヶ村と見て、一村に十町の麦地一反に一斗の作り増しにても、一ヶ村に十石、千ヶ村に一万石の作り増しとなる。作り主ハ一万石の徳益ありて、其麦ハ国中の潤ひとなる」「雌穂の籾を種にすれバ、一反に二、三斗の作り増ができる。是も国中一躰にすれハ、年々数万石の作りましとなるなり」などとあるように、「大和国中」の「徳益」＝「国益」であり、目指していたのは、「国中一躰」の「潤」の実現であった（なお、引用文に記されているような「国益」の試算は、伊勢の木綿屋定七の著作にも見られる）。本書の末尾（「口上」）には、「近年諸式高直ニ付諸人の難義を御推量、五穀をはしめ諸品御作り増し、養水潤沢の御工夫、肥しの類手作り、薪類焚のばし、其外御国益ニ相成候義を、乍御面倒私方迄御知らせ被下度」という一文も見られ、彼が「国益」の増進につながる様々な情報の入手に努めていたことも知られる[20]。

彼は、著名な農学者であった貝原益軒や、佐藤信淵・大蔵永常の著作からも教えを受けたと自ら記しているが、「国益」に目をむけ、その増進をめざすというその活動ぶりには、大蔵永常の著作、特に『広益国産考』

（天保十五年〔一八四四〕刊）の影響を見てとることができよう。また、大和全体を見つめる彼の眼は、同国の非人番組織の重役としての活動を通しても培われてきていたのであり、このことも見落せない事実である。

大和という地域全体を視野に入れ、農事改良（特に主穀の品種改良）を通して、「世上の利益」（『大和穂』）の増進をはかり、「世の賑わひ」（『ちわら早稲』）を実現しようとした直三の活動は、彼が有した三つの顔に対応した、三つのネットワークによって支えられていた。

その第一は、言うまでもなく、老農のネットワークである。直三の活動は大和国内の「老農群によって支えられており、彼らの取りまとめ役として直三がいた」[21]のである。当時、直三のもとへは、大和の各地で農事改良に取り組んでいた老農たちから、その努力の結晶である良品種が続々と寄せられるようになってきており、彼自身も、配布するちらしに、「此稲に勝稲あらバ御しらせ下され度」（『伊勢錦』）、「此稲に勝稲の角力付にもれたるを御しらせ下され」度（『ちわら早稲』）などと記して、優良種に関する情報の提供を求め、その収集に努めようとしていた。なお、引用文中に「角力付」とあるのは、彼が様々な稲の品種を試作（比較実験）した結果をまとめた「番付表」のことで、『伊勢錦』には四四種、『ちわら早稲』には一〇〇種に及ぶ各品種の名前・反収と寄せられた地名が、それぞれ記されている。これらの地名により、直三にとって身近なところから老農群の組織化が始まり[22]、彼に連なる老農のネットワークが次第に拡がりをみせるようになっていったことがうかがえる。また、晩年に、直三が、「大和国葛下郡鎌田村澤井久太郎君、式下郡吐田村樋口嘉助君は（中略）衆に先じ良品種を遺与ありし人なり。爾後、続々数百人の多きに及ぶ故に枚挙に遑あらず」と記している点も付記しておこう。

第二は、心学信奉者のネットワークである。直三は、心学の道話家としても活躍しており、「心得方宜しく心学道執心之趣相聞へ奇特」の至りであるとして、万延元年（一八六〇）に支配役所であった高取藩預所から褒賞されたほどであった。そうした彼が試作した優良種を普及させようとするに際して、大和の各地の心学仲間が、篤志家とともに「増作願主」としてこれに協力し、費用面でも彼をサポートするようになったのである（ちなみに、『伊勢錦』には、二六名の「増作願主」の居所と名前が記されており、そのうち一二名については当人がかかわりを有していた心学舎の名前も記されている。「思明舎」「本立舎」「篤敬舎」「明誠舎」「友直舎」「求仁舎」「正誠舎」がそれで、大坂にあった「明誠舎」のほかは大和国内に所在した）。こうした直三と心学仲間との関係は、伊勢の木綿屋定七と不二道の同行とのそれによく似ているが、直三が定七のやり方にならって心学仲間に協力を仰ぐようになったものである。こうした関係が結ばれるようになったのは、「大和穂」を普及させようとした時が最初で、直三の求めに応じた心学仲間をはじめとする二三名の有志者が、計四貫九七八匁余の費用を負担し、大和国内を中心に、同種籾計五二石一斗四升を無償で頒布するのに協力したと、『中村直三翁傳』には記されている。このあと、「伊勢錦」や「ちわら早稲」などの頒布に際しても、これと同様の方式が採られたのである。

第三は、彼が所属した非人番のネットワークである。直三は、祖父善助・父善五郎のあとをうけて、永原村の非人番をつとめるとともに、大和の非人番組織のなかで、長吏の「次職」にあたる「六役」という重要なポスト（役名の由来は、今のところ明らかではない）につくようになっていた[23]。そうした立場にあった彼が、同国内に張りめぐらされていた非人番のネットワークも活用して、良品種の収集に努めていたことが、「直三各村番人をして、各村に在る所、良種を国内に需めしめ、専ら私田に試作を為す」という、『中村直三翁傳』の記述からうかがえるのである。

三　「御一新」後の直三の活動とその発展

幕末期に、中村直三は数多くの人々のサポートをえながら農事改良に精励するようになっていたが、奈良奉行所配下の下級警察組織の重役でもあった彼は、維新変革にむけての時代の動きと無縁ではありえなかった。『中村直三翁傳』には、国内情勢が緊迫し治安も悪化するなか、長吏の依頼により「捕亡の規則」を定め、大和国内の治安維持体制の整備につとめるとともに、非人番に「捕亡」術を習熟させ、奈良奉行の「高覧」にも供したことなどが記されている。

その後、幕末の動乱を経て、維新政府が樹立され、明治の新時代を迎えることになったが、中村直三は、これをどのように捉え、どのような動きを見せるようになったのだろうか。

慶応四年（一八六八）正月、鳥羽・伏見の戦いに勝利した新政府側は、いち早く大和国の鎮撫にも着手し、奈良奉行所を廃止するとともに、二十一日には行政・司法・軍事をつかさどる機関として大和鎮台（後に大和鎮撫総督府と改称）を奈良に設けた。直三が属した非人番の組織は、奈良奉行所配下の組織であったが、「官軍」による鎮撫が進むなか、彼は長吏に「勤王の真義」を説き、同組織ぐるみで、大和国内の鎮静のために尽力するようになったという。

この後、内戦（戊辰戦争）がさらに一年半近くにわたって続くことになったが、直三は、「御一新」を「聖世」の到来として肯定的に捉え、農事改良活動にも一層励むようになった。これにかかわって、『中村直三翁傳』には、「直三私かに謂へらく。陸羽鎮静必す年を累ねし、然らは東京粮米必す欠耗に至らん。嘗て、梅田氏に約せるあり、米を作りて分を尽すと。今や、其言を履むの時なりと。益々稲種を選択し、良種を各藩に献し、頗る勧農に刻苦熱中す」という、維新期の彼の動向に関する記述が見られる（なお、文中に「梅田氏」とあるのは、梅田雲浜のことで、直三は、弟淳蔵が一時弟子入りしていた関係もあって、彼と高田で面談したことがあった）。その時、直三の「志」の高さを看取した雲浜は、「仕官」して「其志」を遂げるように勧めたが、直三は、自分が貢献できるのは農事改良の分野であり、これに精励することにより自らの「分」を尽したいと述べて、「仕官」の話を断ったという。尊攘派の志士であった雲浜が安政の大獄によって捕らえられたのはこの一年後のことであり、幕府の地方行政機関であった奈良奉行所配下の下級警察組織に属した直三やその弟が、そうした人物とかかわりを有した事実は興味深い。さらに、『中村直三翁傳』には、この後、直三が「長藩」そして「薩藩」ともかかわりをもつようになり、「薩長」からの依頼により「稲種」などを「送進」した事実も記されている。

明治と年号が改まってからも、戊辰戦争の影響もあって、経済の混乱が続き、大和国においても、物価の高騰や、外来綿製品の流入による綿業への打撃、凶作などにより、苦境に陥る人々が増加するようになった。これに伴って、新政に対して不満を抱く人々が増え、騒動も頻発するようになっていった(24)。

こうした状況に直面した直三は、農事改良に一層力を入れるようになった。主穀の増産をはかることによって、窮状を打開し、「世の賑わひ」を実現しようとしたのである（また、居村の人々の宿願であった「畝不足」問題の解決→減租の実現にも尽力している）。老農としての彼の名は、明治と年号が改まる頃には、大和国内では広く知られるようになっており、彼は、奈良府（県）や大和に所領があった各藩から招かれて、国内の各所で農事改良指導を行なうようになった。明治二年（一八六九）以降廃藩置県が行なわれるまでの二年半ほどの間に、彼がかかわりをもった藩は、大和在藩の全て（芝村・郡山・高取・田原本・柳本・櫛羅・小泉・柳生の八藩）と久居・津の両藩、計一〇藩にも及んでいた。招聘した側のねらいは、農事改良のトレーガーであった彼を活用することによって領内の生産力を高め、「富」の増殖をはかろうとするところにあったが、直三のほうは、支配組織を活用して農事改良活動を有効に進めたいという思いにもとづいて、招聘に応じたものとみられる。招聘先で彼は、稲の優良種を提供したり、農事にかかわる献策を行なったり、巡回指導を実施したりしており、その功労により「御国益不少」などとして、奈良府（県）や各藩からあいついで褒賞されたことが知られる。

ここで、大和国内では最も大きな藩であった郡山藩において、彼が採用した農事改良指導の方法について、少し紹介しておこう。直三は、明治三年正月九日付で同藩に建言書を提出し、農事改良方法についての私見を披露するとともに、領内の「豪農富家」を除く「実意正路之老農」を「一村毎ニ両人宛」召し出していただき、私と対論させていただきたいと願い出ている。これを受けた同藩司民局は、直三の「建言之写」を領内各村に配布するとともに、直三が提案した農事討論会とも言うべき「衆議」により勧農にかかわる「良法」が定まることを期待して、その開催に応じている。実際には、三〇余名の「力農輩」が出席して、直三のリードのもと農事改良方法をめぐる「講究討論」が行なわれ、そこで導き出された結論の可否を確かめるために、「力農輩」がそれぞれ「試験」してみることになった。結果はいずれも「可」であり、同藩では翌年にその「良法」を「力農輩」の指導のもと、「領地内に広告」するようになったという。

『中村直三翁傳』には、これによって直三の「農師」としての力量を高く評価するようになった郡山藩が、藩士として彼を迎え入れようとしたが、拒否されたため、当藩に仕えれば試作田なども提供し「子孫一家」が生活できるほどの「作得」も与える、という好条件を提示して「領地内の農師」にならないかとさらに働きかけたが、直三は、「今若当藩に奉仕せは、只々郡山藩士直三となる。又、他に尽すの自由を得ず。直三甚だ之を憂ふ。今や大政維新、往時封建割拠の時に非す」として、これを固辞したエピソードが記されており、まことに興味深い。直三の視野の広さと、時代の推移を見つめる眼の確かさがよくうかがえる一話である。

その後、「封建割拠」の体制は、同四年七月に断行された廃藩置県によって最終的に解体されることになり、これに続いて同年十一月に実施された諸県の統合によって、当地では、大和一国を管轄範囲とする統一奈良県が成立するはこびとなった。この時、初代の県令として奈良に赴任してきたのが新進気鋭の四條隆平であり、本県では、この開明的県令のもとで開化政策が強力に推進されていくことになった[25]。

この時期に、近世身分制の解体→非人番制度の解体に伴って非人番（そしてその重役）ではなくなった直三は、新たに構築されつつあった県の警察組織には加わろうとはせず、農事改良活動にさらに精力を傾けるようになった。これにかかわって、彼が、同五年七月に奈良県から（「孝子・義僕・力農・篤志者の実効美事を聞く」ことを職務とする「監察定附」に補されるとともに）「勧業下用掛」に任じられ、同七年二月までつとめていることが注目されるが、彼を任用した県の側には、勧業政策を推進しようとするにあたって、大和における農事改良のネットワークの頂点に位置した彼の力を活用しようとする意図があり、直三の側には、行政を活用することによって、農事改良活動を広くかつ有効に進めたいという意図があったものと思われる。

直三は、その後、一時「穴師神社祠官」に任じられた後、同八年三月に奈良県庶務課に雇い入れられ、「植物試験の主任」に抜擢されて、本県の農事改良活動をリードするようになった。その二年後に、彼は「大和全国ニ於テ百十余処ノ試験田ヲ創設セリ、又各小区ニテ数年実験セル良種ヲ請求シテ予カ試験田ニ分挿セリ」（「試植稲類及収量実験表」[26]）と述べているが、こうした試験田のネットワークの形成は、彼が「官」に連なり行政を活用することによって可能になったものと思われる。

統一奈良県の成立から同九年四月の廃県（堺県への合併）に至るまでの直三の農事改良活動のあり方について、つぎに注目したいのは、メディアの活用である。奈良県では、開化情報の広報紙ともいうべき『日新記聞』（県内最初の新聞[27]）が、同五年五月から発行されるようになった。直三はその発行人であった奈良の金沢昇平のもと（日新社）へ折々足を運んでおり、そうした関係もあって本紙には直三の活動に関する記事が散見される。なかでも注目したいのは、同三六号（同六年十一月発行）に掲載された次の「広報」である。

僕先年ヨリ稲ノ良種ヲ国内始メ諸国ニ弘ムルコト皆人々ノ知所ナリ、由テ東ハ三尾濃、西ハ肥後ノ国迄之ニ報ズルニ、其国々ノ良種ヲ贈ラレ其種類二百種ニ及ブ、然ルニ先年来国内ニ送致セシ良種モ漸々作劣リノ兆アリテ諸国ヨリ得ル所ノ良種旧ニマサルモノ数種アリテ、近傍ノ人ハ知テ作ルト雖トモ遠隔ノ人ハ知ルモノ少ナシ、因テ新聞紙ノ余白ヲ借ツテ之ヲ広告ス、当年試作ノ良種ニ一々名札ヲ掲ゲ、去申年ノ如ク来戌年一月三十日迄丹波市駅ヨリ七町南、街道筋ヨリ三丁西、御霊社ノ南試作田ニ掛稲ニ致置候、正副戸長ノ御方ヨリ御勧メ被下、村々有志老農ノ人々御越御選取、藁ノ儘御持帰、試験ノ上弘ク御作増ヲ希フモノハ第四大区山辺郡八小区永原村中村直造敬白

『日新記聞』は、毎号二〇〇〇部を県が買い上げて県内の全町村に配布し、さらに全戸長・副戸長が自費で購入することになっており、そうした情報力のある本紙に「広告」を掲載してもらうことによって、直三は試作した優良種の大和「国内」への普及をはかろうとしたのである。また、この時期には、彼の品種交換のネットワークが、大和という国の枠を大きく越えて、「東ハ三尾濃、西ハ肥後ノ国」の「諸国」にまで拡がるようになっていたことも注目される。

このように、直三の農事改良活動の中心は、相変らず稲の品種改良と優良種の普及とにあったが、県の勧業政策と結びつくなかで、彼が（輸出入にかかわる重要な作物である）桑・茶の試植や米国産綿「アップランド」種の試作にも尽力するようになったことも指摘しておきたい。

当該期に直三は、農事改良活動に精魂を傾け、しばしば試作した稲種などを献納するとともに、献策活動も

活発に展開して「国益」の増進をはかろうとした。四條県令時代に行なった宇陀郡高井村（現宇陀市榛原高井）から山粕村（現宇陀郡曽爾村山粕）までの道路開削と宇陀川分水の献策は、その代表的な事例として注目されよう。

その後、直三は、奈良県の廃県に伴って「官」を辞すことになったが、農事改良活動は相変らず旺盛に展開し、同十年に開催された第一回内国勧業博覧会に際しては、三三一種もの稲種（うち大和産は二四六種）を出品するに至っている。この頃から老農としての彼の名声は全国に響きわたるようになり、同年以降、彼は各地へ農事改良指導に赴くようになった。彼を招聘した県は、秋田県をはじめ「東ハ宮城、北ハ石川・福井、南ハ大分ノ諸県」に及んでおり（秋田県では、後に老農として名を馳せる石川理紀之助にも指導を行なっている）、こうした活動もふまえて、直三は、同十四年に開催された第二回内国勧業博覧会では、実に七四二種もの稲種と二七種の綿種を出品するまでになっている。

このように、直三は、晩年には全国区の老農として活躍するようになり、同十五年三月には特別金牌賞を受賞するに至った。五月にはそれまで世話になった数多くの「農事に功ある先人」の慰霊祭を居村の御霊神社で執り行なったが、その後コレラにかかり、八月十三日に六十四歳でこの世を去った[28]。早くもその翌月には、彼の農功をたたえる「紀年碑」を奈良公園内に建てようと、一〇八名の「有志者」が発起人となって募金の呼びかけを行なっていることが知られるが、「公利公益ヲ興ス」ことを「主義」として（当時の大阪府知事建野郷三の言）農事改良に精魂を傾け続けた直三の生き方に深く共感し、自らもそれぞれの分野で「公利公益」の増進につとめながら彼の活動を支えてきた、数多くの人々の存在がうかがえ注目される[29]。

おわりに

　中村直三が農事改良活動を活発に展開するようになった幕末期には、開港に伴う経済変動などの影響で、「諸色高直、下々必死難渋」という状況が生じるようになった。そうした状況下、階層間や階級間の矛盾が激化して、打ちこわしや騒動が頻発するとともに、「御救」を求める訴願も頻繁に行なわれるようになったが、直三は、訴願という方法によらず、主穀の品種改良を通して、「富」の増殖をはかり、窮状を打開しようとした。そこで注目されるのは、彼が大和という地域全体を視野に入れ、地域全体の「富」の増殖→「国益」の実現をはかろうとした点である。そのために、彼は、老農のネットワークのみならず、自らが信奉した心学を介するネットワークや、大和国内に張りめぐらされた非人番のネットワークを活用し、明治初年にはさらに支配組織をも活用するようになったのである。「富」の増殖（主穀の増産）という点は、「百姓衆」のみならず、領主にとっても、「商人衆」「職人衆」また非人番などにとっても、利害の一致するものであり[30]、身分制の枠組を前提としてではあるが、直三を結節点に、彼をサポートし、また彼を活用する独特の共生関係が形成されるようになっていたことに注目しておきたい（これにかかわって「農工ともに相救助し、便益を開かんとする」という、彼の言にも着目しておきたい）。

　直三は、「明治聖世」という言葉をしばしば用いているように、新時代の到来（「御一新」とその後の開化政策の展開）を肯定的に受けとめ、そうした「聖世」において「国恩」に報じるために「分」を尽すことを自らの使命とするようになった。彼にとって、尽すべき「分」とは（台湾出兵に際してその先鋒に加えてほしいと出願するようなこともあったが）まずもって「殖産の道」であり、近世身分制の解体に伴って非人番（そしてその重役）ではなくなった彼は、農事改良活動を通して国益の増進に寄与することを自らの使命と考えるようになり、大和という地域に立脚してこれを実践するようになったのである。廃藩置県による「封建割拠」体制の解体と行政の一元化は、広域的に農事改良活動を展開しようとしていた彼にとっては大いに歓迎すべき出来事であり、統一奈良県の成立後、彼は行政組織に連なり行政を活用しながら、農事改良活動を広くかつ有効に進めていこうとした。さらに、情報手段の発達をふまえ、新聞に「広告」を掲載してもらうなど、農事改良活動を推進するにあたって、近代的なメディアを積極的に活用するようになった点も注目されよう。こうした活動を通し、また品種交換のネットワークの大和「国外」への拡大をはかりながら、彼は全国区の老農として飛翔するその土台を築き上げていったのである。なお、彼の「明治聖世」という捉え方は、その後も変わらなかったが、最晩年には、生産力を高めるだけでは解決できない社会の矛盾にも目を向け、「地貸渡世」の者を痛烈に批判し、「聖世ノ膏澤」に浴していない小作人の立場に共鳴して、減租の必要性をとなえるようになった点（明治十四年「列品主意」）[31]にも、留意しておきたい。

以上、本章では、もっぱら大和の老農中村直三に焦点をあてる形で、「『御一新』と地域リーダー」というテーマへのアプローチを行なってきた。「御一新」とその後の開化政策に対する人々のスタンスは一様ではなく、新政に反発しこれを拒否しようとした人々が存在する一方、新政の展開を見据えながら、これに呼応して積極的な活動を展開し、地域社会の発展と国益の増進のために尽そうとした人々も少なからず存在した。前者の人々に関しては、これまで新政反対一揆の研究という形で研究が深められてきたが[32]、日本の近代化のあり方をさぐるうえで、後者の人々に関してもさらに光をあてて研究を進める必要があろう。地域的に見れば、新政反対一揆が起きた地域には偏りがあり、開化政策が地域リーダーを介して比較的スムーズにランディングしていった地域のほうがむしろ多かったといえるが、これにかかわって、高久嶺之介氏は、維新政府によって実施された政策（たとえば「身分制の解体」）には「解放」という側面があり、「地域の人びと、とりわけ地域の有力者にとって、（中略）きわめて進歩と躍動感に満ちた時代の到来と意識された」ことなどに着目されている(33)。地域リーダーの視野や活動のあり方をめぐっては、封建的領有制の解体や身分制の解体、そして情報の発達が、彼らの視野の拡大と活動の活性化をもたらす大きな要因となった点に注目しておくべきであろう（奈良県の場合、そうした様相の一端を、『日新記聞』の記事などを通してうかがうことができる）(34)。行政の側でも、活発な献策活動の展開に表象されるような、彼らの能動性を活用しながら、開化政策を展開しようとしていったのである(35)。

〔註〕

（1）岡光夫「中村直三・奈良専二・船津伝次平」（『講座・日本技術の社会史』別巻2所収、日本評論社、一九八六年）など参照。

（2）荒川清澄『老農中村直三』（西行洞、一九〇七年）、奥村正一『老農中村直三翁』（天理時報社、一九四三年）など。

（3）安田健「中村直三の農事改良事績」（『日本農業発達史』第二巻所収、中央公論社、一九五四年）、安丸良夫『日本の近代化と民衆思想』（青木書店、一九七四年）、今西一「大和における一老農の生涯」（『部落問題研究藤谷俊雄所長古稀記念論集』所収、部落問題研究所、一九八二年）、岡前掲註（1）論文、徳永光俊『日本農法史研究』（農山漁村文化協会、一九九七年）など。

（4）高木正喬「山根家の写本『中村直三翁傳』とその翻刻と校注」（『研究収録』三八、大阪教育大学教育学部附属天王寺中学校・同附属高等学校天王寺校舎、一九九六年）において、その全文が翻刻されている。

（5）大和の非人番組織については、谷山正道「大和における「非人番」史料」（『部落問題研究』五二号、一九七七年）、溝口裕美子「近世大和における非人番制度の成立過程」（『奈良歴史通信』三九・四〇・四一号、一九九四年）、井岡康時「大和の「非人番」覚書」（奈良県同和問題関係史料センター『研究紀要』一号、一九九四年）などを参照。
（6）『中村直三傳』には「平群郡竜田村作兵衛の二男」とあり、文政二年（一八一九）の永原村の「宗門御改帳」には「平群郡竜田村百助弟定吉事」と記載されている。
（7）天理市永原町・嶋田家旧蔵文書（現在は帝塚山大学人文学部で所蔵）。
（8）明治四年「御高名寄帳」（天理市永原町・前田家文書）。
（9）谷山正道『近世民衆運動の展開』（高科書店、一九九四年）第二部第一章など参照。
（10）文化十四年「家数人別奥寄帳」（天理市永原町・嶋田家旧蔵文書）。
（11）谷山正道「近世大和における綿作・綿加工業の展開」（『広島大学文学部紀要』四三巻、一九八三年）など参照。
（12）註（9）と同。
（13）安政二年「（山辺郡磯之上村作治郎覚書）」（天理市石上町・植田家文書）。
（14）明治三年「建言書」（徳永光俊「中村直三の著作をめぐって（4）」（『奈良県近代史研究会々報』四九号、一九八五年）二～三頁に翻刻掲載。
（15）内田和義『老農の富国論』（農山漁村文化協会、一九九一年）。
（16）万延元年「乍恐御歎願奉申上候」（天理市永原町・嶋田家旧蔵文書）。
（17）谷山前掲註（9）書第三部第一章参照。
（18）中村直三の代表的な著作は、註（2）・（4）の文献のほか、徳永光俊他編『日本農書全集』第六一巻（農山漁村文化協会、一九九四年）に翻刻・収載されている。
（19）定七の思想と活動については、勢和村史編纂委員会編『勢和村史』通史編（勢和村、一九九九年）など参照。
（20）谷山正道「近世近代移行期の「国益」と民衆運動」（『ヒストリア』一五八号、一九九八年）《本書終章》参照。
（21）徳永前掲註（14）稿一頁。
（22）徳永光俊『日本農法史研究』（農山漁村文化協会、一九九七年）。

(23) これに関連して、非人番の「六役」としての彼の活動ぶりについて、言及しておきたい。永原村からはるかに離れた吉野郡高原村（現吉野郡川上村高原）や、十市郡大網村（現磯城郡田原本町大網）には、永原村の「六役」直三の名において出された、各村の「御役人衆中」宛の口上書（前者は文久元年十一月十日付〔高原区有文書〕、後者は元治元年十二月付〔『田原本町史』第二巻所収〕）が残っている。内容は、「諸式大高直」とそうした状況下での「役銭」などの増大（盗賊・悪党の増加に伴う治安維持のための「長吏賄」費用の増大に対応）により、当時苦境に陥っていた非人番への救恤を願い出たものであり、「六役」の地位にあって川路聖謨をはじめとする奈良奉行との面識も有していた彼が、非人番組織を代表する形でこれを行なっていたことが注目される。また、彼が農事改良活動を積極的に展開するようになった背景には、良種を試作・選別して「国内に分ち、嘗つて各村番人に受くる所の村民に報ひ」たいという想いが存在したことにも、留意しておきたい。

(24) 註(17)と同。

(25) 高橋延定「四条県政期における民衆教化政策について」（『仏教史学研究』二五巻一号、一九八二年）など参照。

(26) 徳永前掲註(22)書一六四頁。

(27) 奈良県同和問題関係史料第五集『日新記聞』（奈良県立同和問題関係史料センター、一九九九年）。

(28) このことを知った大阪府の知事建野郷三は、直三について、「本人ノ主義トスル所」は「公利公益ヲ興ス」にあり、「実ニ前後得易カラサル篤志者」であると評しており、十市郡荻田村（現桜井市生田）の高瀬道常は、「微賤ヨリ如此称揚セラレタル人、我国広シト雖モ比較スル人有ルヘカラズ、時ニ逢タル人トハ乍申珍敷人物也」と、「大日記」に記している。

(29) 中村直三は、晩年には全国区の老農として活躍するようになったが、彼が生国である大和（奈良）の「国益」の増進にはたした役割はまことに大きく、多くの老農たちとともに、「奈良段階」（奈良県の米の平均反収は、明治二十一年〔一八八八〕に香川県を抜いて全国第一位となり、以後昭和初期に佐賀県に抜かれるまでその地位を保持しつづけた）形成の土台をしっかりと築き上げた。彼の死後、ほどなくして、奈良公園内（現奈良県庁東交差点北東の地）に「中村直三農功之碑」が建てられ、明治四十年（一九一七）には、山辺郡農会・

教育会の発起により、現天理市三昧田町の国道一六九号に近接する地に、その偉大な功績をたたえる碑が建てられるに至っている。

(30) こうした見方については、藪田貫「国訴・国触・国益」(『民衆運動史 近世から近代へ3 社会と秩序』所収、青木書店、二〇〇〇年、のち『近世大坂地域の史的研究』〈清文堂出版、二〇〇五年〉に収録)を参照。

(31) 徳永光俊「中村直三の著作をめぐって(3)」(『奈良県近代史研究会々報』三七号、一九八四年)五~七頁に翻刻掲載。

(32) 谷山前掲註(9)書第三部第二章および同「『解放令反対一揆』と新政反対一揆」(『天理大学人権問題研究室紀要』一五号、二〇一二年)と、各引用文献参照。

(33) 高久嶺之介『近代日本の地域社会と名望家』(柏書房、一九九七年)。

(34) これをめぐっては、平川新『紛争と世論』(東京大学出版会、一九九六年)など参照。

(35) 谷山前掲註(20)論文。

第一一章　明治初期の奈良県政と区戸長層

はじめに

明治四年（一八七一）七月に廃藩置県を断行した明治政府は、中央集権化を推し進め、国民の統合に力を注ぐとともに、文明開化政策＝近代化政策を推進するようになった。この政府の意を体して、奈良の地で開化政策を推進していったのが、統一奈良県（全国的に実施された府県の統合により同年十一月に成立した）の初代県令となった、公家出身の四條隆平であった。その在任期間は、わずか二年ほどであったが、開明的な県令であった彼は、県の行政機構の整備をはかるとともに、政府の方針をふまえて、殖産興業政策・教育政策・民衆教化政策をはじめ、多方面にわたる開化政策を次々に実施していった。

統一奈良県の成立後、四條県令のもとで推進された開化政策に関しては、民衆教化政策を中心に、高橋延定氏が検討を加えられているが、(1)ここでは、藤井千尋権令の時期も含めて、堺県への合併編入に伴って九年四月に奈良県が廃止されるまでの時期を対象に、当県における地域運営体制のあり方について、区戸長層に焦点をあてる形で検討することにしたい。

一　会議所の設置と区戸長層

奈良県は、明治五年（一八七二）の五月に、政府の方針に従って大区・小区制を実施し、従来の郡域を一大区として、その下に石高一〇〇〇石を基準に小区を置くようになった。これに伴って、一五の大区と一九九の小区が成立することになり、同年十一月には、大区〔区長〕―小区〔副区長〕―各村（町）〔戸長・副戸長〕という体制が成立するはこびとなった。

戸長と副戸長は、これに先立って設置され[2]、同年五月に出された「奈良県布告」第一六号[3]では、布告を村（町）中に廻達し、その趣旨を小前末々まで周知させるようにと指示されている。また、第二〇号[4]で、「諸願伺届等、平民ハ勿論士族卒社寺共、自今所在戸長・副戸長之奥印無之分ハ一切不取上候事、但戸長・副戸長等其趣壅閉致シ、奥印相拒候様之儀有之候節ハ、無忌憚速ニ可申出事」と令されているように、「所在」地域（村や町）の住民を代表する存在でもあった。このように彼らは、官と民との媒介役として位置づけられていたが、これに止まらず、六年二月に出された「奈良県布告」第七三号[5]に、「戸長・副戸長之儀は、唯に人民之諸願伺奥印を押し、又御布告・御達書を配達する而已之職務に無之、総て　朝廷之御趣意に基き、弊習を改め、風俗を正しうするの先導とも可申、其任不軽ものに候」とあるように、文明開化の先導役を担うべき存在とされていた点が注目される[6]。

こうした点については、大区と小区にそれぞれ置かれるようになった区長と副区長についても同様であり、六年五月に奈良県参事津枝正信の名で通達された「事務取扱規則[7]」の第一条には、「区長以下在勤スル者ハ、其部内人民ノ総代ナレハ、上ミ県庁ノ令ヲ躰認シ、下モ衆民ノ情ヲ壅閉スヘカラス」、第三条には「開明日新ノ御趣意ヲ流通シ、人民ノ便利ヲ量ル事」という規定が見られる。「区長以下在勤スル者」には、官と民とを媒介するとともに、開化の先導役を果たすことが求められていたのである。

村（町）を代表する戸長や副戸長の選出方法については、五年五月の「戸籍編制手順書」[8]のなかに、「戸長ハ従前の庄屋、副長ハ年寄にて相勤むべし、尤新に申付る節ハ其区内戸毎に広く公撰入札致し、之を役人取あつめ封のまゝ当庁へ差出して開封を請ふべし」という条文が見られ、戸長や副戸長を新たに選出する際には、「戸毎に広く公撰入札」し、県庁へ具申するようにと指示されている。[9]奈良県行政文書のなかには、これにかかわる史料として、「村役進退ニ付人民願届之件」（明治五年正月〜八月）[10]や「郡市役人進退留」（明治五年正月〜翌年正月）[11]などが残っているが、後者に書き留められている第二大区（平群郡）二小区乙田村の戸長選出ケースを、以下に紹介しておきたい。

乍恐奉申上候
戸長人撰
入札差上候

第二大区
平群郡二小区
乙田村

当村戸長松川庄司老衰ニ而退役願之通御許容被成下、跡役公撰ヲ以可願出旨被仰渡奉畏、依之家別入札取之相添奉差出候、御採用被成下候ハヽ、難有奉存候、已上

明治五申年十月十七日

右乙田村
副長　奥田　弥一郎 ㊞

三十五枚　松川　伊作
十六枚　前田　良治

奈良県
御庁

この文書は、老衰により退役した戸長の跡役を決めるにあたって「家別入札」を実施し、その結果を県庁に報告して、「御採用」いただくようにと願い出たものである。[12] 他村のいずれのケースについても、戸長や副戸長の跡役が「入札」(「村中入札」「村方一統之入札」「村内小前末々迄入札」「家別入札」)によって選出されていることを確認できるが、庄屋や年寄などの村役人を選出するにあたって、近世の後期には次第に増加するようになっていた「入札」による方法が、一般化され義務付けられるようになったことが注目される。

この後、戸長や副戸長の選出方法は、「公撰」「入札」をベースとしながらも、六年九月に制定された「会議所条例[13]」において改められ、それぞれつぎのように規定されるようになった(第七条)。

戸長ハ各村副戸長ノ入札ヲ会議所ニ於テ正副区長立会ニテ開キ、三番迄ノ札ヲ以テ区長ヨリ県庁ニ具状スヘシ、副戸長ハ区内検証役ノ入札ヲ、其村ノ検証役・戸長トトモニ会議所ニ於テ正副区長立会ニテ開キ、三番迄ノ札ヲ以テ区長・戸長ノ連印ニテ県庁ニ上申スヘシ、検証役ハ一村町人民ノ入札ヲ其村町ノ正副戸長トトモニ会議所ニ於テ正副区長立会ニテ開キ、三番迄ノ札ヲ以テ正副戸長連印ニテ区長ヨリ県庁ニ上陳スヘシ

但本条ノ通リ撰挙方法ヲ立ルト雖トモ、其任ニ堪ル人才アレハ、臨時県庁ノ特命ヲ以テ登庸スルモアルヘシ

「戸長ハ各村副戸長ノ入札」、「副戸長ハ区内検証役ノ入札」、「検証役ハ一村町人民ノ入札」をそれぞれベースとして、各上位三名の得票者を県庁へ報告し、その裁断を仰ぐという形となっている。ここで注意しておか

表1　奈良県における大区・小区・村(町)の役職名の変遷

年	月	大　区	小　区	村（町）
明治5年(1872)	5月			戸長・副戸長
	11月	区長	副区長	戸長・副区長
6年(1873)	9月	区長・副区長 会計用掛	戸長	副戸長・検証役
7年(1874)	5月	大区長・副大区長 大区会計用掛	小区長・副小区長	戸長・副戸長
	8月	区長・副区長 大区会計用掛	戸長	副戸長

なければならないのは、「会議所条例」に記されている「戸長」は、従前のように村（町）を代表する役職ではなく、小区に置かれていた「副戸長」にあたる役職であり、「副戸長」と「検証役」はそれぞれ従前の「戸長」と「副戸長」にあたる役職であるということである（役職名の改変によるものである〔表1参照〕）。

また、大区の区長・副区長・会計用掛（表1参照）の選出方法についても、第七条に「区長・副区長・会計用掛ハ、其身平素ノ行状履歴及能不能ヲ審詳明弁シ、広ク公撰ノ上任用スヘシ」という一文が見られるが、このうち区長選出の一例として、第二大区のケース[14]を以下に紹介しておこう。

記
一　区長入札　　拾三封
右之通差出候ニ付、第二大区分夫々取纏進達仕候也
明治七年一月十二日
第弐会議所部内
物代　松本　重太郎 ㊞
福住　喜八郎 ㊞
奈良県
庶務課
御中

大区の区長についても、「公撰」「入札」にもとづいて選出されたことが知

られるのである。札を投じたのは、管内小区の「戸長」と考えられよう（なお、ここに出てくる「戸長」は、小区を代表する存在となっている〔表1参照〕）。

これに先立って、奈良県は、「日新開明の旨趣」を貫徹し、「全国一般隆盛ならしむの基を立ん」ため、五年十一月につぎのような内容の会議所設立の「告諭」[15]を発している。

夫衆庶ハ政府の法憲を守り各自主の権利を立て、政府ハ其権利を保護しつとめて民の便を得せしめんとす、然るニ管下の人民固陋の習風未た脱せす、日新開明の旨趣浹洽せさる処有かゆへに、今般従来の郡制ニ拘らす、全国の地勢山脈を量り、更に十二部に分班し、一部毎に便宜の地を択ひ会議所を置き、布令書を頒つの便を成し、将た部内人民の諸願事も其事柄により受付逓申達し、村吏往復の費用を始め脚資にいたるまてすへて冗費を省き、且つ上下の情状を徹底せしめんがため、一月幾会と日を刻み、上下の差等なく有志の者を集め、物産・水利等総て土地有益の事を共議し、以て全国一般隆盛ならしむの基を立ん事を要す

これにもとづいて、六年にかけて、大区をベースとして一二の会議所が設けられるようになり、同年九月には「会議所条例」が制定されるようになった。その冒頭には、「今般会議所ヲ管下ニ設立スルハ、畢竟上下ノ便利ヲ主トシ、官民ノ情状ヲ疏通シ、且人民ヲシテ開明ノ域ニ誘進セシメンタメ、地方民間ニ関渉スルノ諸事ヲ会議シ、公平ニ基ントスル所以ナリ」とあり、管内の区戸長らが集まって、政策を合議することになった。ここで協議すべき事柄は、以下の一二科とされ、「其他国中ノ利益トナルヘキコト」についても、「総テ会議所ニ於テ広ク詢問衆議ヲ尽スヘキ事」とされた。

一　学校ヲ創立スル事

一　病院ヲ施設スル事
一　物産ヲ興隆スル事
一　水利運漕ノ便ヲ開ク事
一　道路橋梁ヲ修繕スル事
一　諸工業ヲ勧奨スル事
一　諸商社ヲ結構スル事
一　義倉貯蓄ノ事
一　窮民救助ノ事
一　養蚕ノ事
一　茶園ノ事
一　牧畜ノ事

なお、「右方法決議ノ上実際施行ノ儀ハ、資本財主仮令民間私営ニ属スルト雖トモ、結社以上ノコトハ仮令少人数タリトモ其事実一応県庁ニ具状シ、裁下ヲ受クヘキ事」という但書が付されており、会議所での協議決定事項を実行に移すには、県の認可が必要であるとされていた。

本県に設けられるようになった会議所は、当時大阪周辺の大阪府・兵庫県・飾磨県などでその存在が確認されている「会議所」型民会の一翼を構成するものとして位置づけられるが[16]、協議決定事項を実行に移すには県の認可を必要とするなどの制約を有しつつも、こうした地域運営＝政策決議機関が形成されるようになったことを評価すべきであろう[17]。

表2 「区長所務綱目」に記された区長の役務

①「官省県ノ御布告書類ヲ稽留セス区内エ相達シ、総テ官民ノ間ニ於テ不都合無ラシムヘキ事」(第一章)
②「各区各村ノ地理経界ヲ知り、耕地反別・貢額等ヲ詳ニスル事」(第二章)
③「正副戸長ノ勤惰ヲ監視シ、若シ其事務ノ挙ラサルアレハ之ヲ督責スヘキ事」(第三章)
④「諸願伺届共会議所ヲ経テ上陳スヘキ書類ハ、総テ検訂考覈シテ式ノ如ク上陳スヘシ」(第四章)
⑤「区内ノ戸籍ヲ集纂シテ年々ノ増減加除ヲ明ニシ、牛馬ノ頭数ヲモ詳悉スヘキ事」(第五章)
⑥「堤防・橋梁ノ修繕及溝澮ヲ浚決スル等ノ事務ニ注意スヘキ事」(第六章)
⑦「孝貞善行ヲ表シ、老衰貧窶ヲ憐ムヘキ事」(第七章)
⑧「放縦無頼ヲ監視シ奸盗兇賊ヲ摘発シ、総テ良民ノ害トナルモノヲ大小屯所ニ打合セ吟味スヘキ事」(第八章)
⑨「凡区内ニ於テ非常ノコトアラハ正副戸長ヲ差図シ、其処置ヲ失フヘカラサル事」(第九章)
⑩「区内幼童ヲシテ学ニ就カシムヘキ事」(第十章)
⑪「物産ヲ殖シ荒蕪ヲ開キ、住民ノ職業ヲ盛大ニスル事ヲ工夫シテ具状スヘキ事」(第十一章)
⑫「租税及諸上納ノ米金ハ其日限ヲ延滞スヘカラサル事」(第十二章)
⑬「区内諸入費ノ会計ヲ監督シ、毎村ノ会計ヲモ検視スル事」(第十三章)
⑭「区内ニ在ル官林・官地及官普請等ノ場所ヲ熟知シ、毎区正副戸長ヲシテ其取締ニ任シ、其区界ヲ誤認セシムヘカラサル事」(第十四章)
⑮「区内ニ在ル社寺ノ事務ヲ詳ニシ、各社各寺ヲシテ其例式分限ヲ誤ラサル様注意スヘキ事」(第十五章)
⑯「諸帳簿其外諸書類ハ各職務転免ノ際遺漏ナク後役エ附与スヘシ、又新任ノ者ハ受取タル書類ノ内了解シ難キモノハ幾度ニテモ尋問スヘキ事」(第十六章)
⑰「副区長ノ心得ハ輒チ区長ノ介副タル所以ニテ、百般ノ事務区長ヲ補助シ、以上ノ綱目ニ悖ラサルヲ要ス」(第十七章)

註 明治6年9月「会議所条例并大小区諸規則」から作成。

表3　「戸長所務綱目」に記された戸長の役務

①「官省県ヨリノ御布告書類都テ遅延ナク区内エ相達スヘキ事」（第一章）
②「区内ノ耕地反別経界ヲ明知シテ、租税諸上納米金ヲ取立ツヘキ事」（第二章）
③「区内ノ戸籍ヲ詳ニシテ時々ノ増減ヲ正シ、且牛馬ノ数ヲモ明ニスル事」（第三章）
④「堤防・橋梁・溝澮・道路ヲ修繕スル事」（第四章）
⑤「区内ノ諸願伺届等エ加印スヘシ、若シ本人ヨリ上達方依頼アラハ、之ヲ会議所エ送達スヘシ、但訴訟ニ関スル事件ハ兼テ布告ノ通差添人・名代人等取定ノ上申出ツヘキ事」（第五章）
⑥「区内ノ会計ヲ司リ可申事」（第六章）
⑦「区内ニアル官林・官地及ヒ官普請所ヲ総テ相管スヘキ事」（第七章）
⑧「区内ノ社寺ヲシテ総テ公布ニ従ハシメ、新規ノ企ヲ致サヽラシムヘキ事」（第八章）
⑨「区内ニ於テ孝子・貞婦及ヒ其本業ヲ相励者ハ、正副区長・副区長・検証役ト合議シテ上陳スヘキ事」（第九章）
⑩「放縦無頼ノ徒及ヒ窃盗或ハ党ヲ集メ衆ヲ惑ス者ハ隠忌ナク、合議シテ会議所ニ申報スヘシ、尤時機ニヨリ合議スル遑ナキハ直ニ大小屯所エ申報スヘシ」（第十章）
⑪「区内ノ幼童ヲシテ手習・学問ヲ怠ラシメサル様世話可致事」（第十一章）
⑫「火災其外非常ノ事アル時ハ、其取締方ニ於テ不都合無之様取計ヒ、但其事件ニ依リ委曲速ニ可申出事」（第十二章）
⑬「検証役不正ノ行状有之時ハ区長・副区長ト合議シ、県庁エ上申スヘキ事」（第十三章）
⑭「諸帳簿其外諸書類ハ退役ノ節遺漏ナク後役エ相渡スヘシ、後役ハ受取候書類ヲ書取リ区長エ可届出事」（第十四章）

註　明治6年9月「会議所条例并大小区諸規則」から作成。

六年九月に制定された「会議所条例」のあとには、「大小区諸規則」として「区長所務綱目」「会計用掛心得書」「戸長所務綱目」「副戸長心得書」「検証役心得書」「旅費定則」が付されており、それぞれが果たすべき役割や心得などが明記されている。これらのうち、「区長所務綱目」と「戸長所務綱目」にそれぞれ記されている、区長と戸長の役務を表2と表3に示しておいたが、「部内人民ノ総代」であった彼らは地域運営の支柱をなす存在であり、そうした彼らに下支えされながら県政が行なわれていた様子がよくうかがえよう。(18)

二　「奈良県会議則」と「大区会議章程」

明治七年（一八七四）春にはじめて奈良県会が開催され、翌八年三月にはその制度化がはかられた、という従来全く明らかになっていなかった事実が判明した。(19)上牧町南上牧の牧浦家文書を調査した際に見出すことができた一史料＝「奈良県会議則」(21)によってである。(20)これは印刷して配布された冊子で、(22)表紙をめくってみると、冒頭部分に次のような記述が見られた。

広ク会議ヲ興シ万機公論ニ決スヘシトハ、辱クモ戊辰三月神明ニ誓ヒ玉ヒシ大典ノ要旨ナリ、故ニ客春𠘑テ我県会議ヲ開キシ以降、尋テ数回ヲ経ルニ従ヒ稍其効験ヲ見、粗其体裁ヲ得ルニ至レリ、因テ今左ノ規則ヲ確定シ、益斯議事ニ於テ上下ノ心力ヲ協同シ、専ラ旧来ノ陋習ヲ破リ、普ク百般ノ稗益ヲ興シ、以テ全国富強ノ基礎ヲ立ンコトヲ庶幾ス、議員夫レ之ヲ領セヨ

明治八年三月　　　　奈良県権令　藤井　千尋

藤井権令の名において記されたこの序文では、五か条の御誓文の主旨にもとづく県会の開設が謳われている。

また、「客春」＝七年春以降すでに数回県会を開催し、その「効験」をふまえて今回「規則」を定め、「全国富強ノ基礎ヲ立ンコト」を目的として県会の制度化をはかろうとしたことがうかがえる。

以下、この「奈良県会議則」の内容について、注目されるところを述べることにしたい。

「議則」の本文は、全五節からなり、「開場ノ事」と題された第一節（全九条）では、県会を構成する議員は人口の多寡にもとづく各大区の定数に従って合計二四名（第一条）、これに計一一名の「員外議員」（庶務課四名・聴訟課二名・租税課二名・出納課一名・学区取締二名）が加わって議事を行なう（第二条）、とまず定められている。「議員ハ即人民ノ代議人」であり、選挙によって選出すべきであるが、「議員選挙ノ法令」をすぐに施行することは難しいので、しばらくは「各大区区長・戸長」をもってこれにあてる（第二条）、としている点も注目される（なお、ここに出てくる「戸長」は、七年八月に行なわれた「大区長以下」の「改称」によって、小区を代表する存在となっている〔前掲表1参照〕）。この後、大阪府のケースのように[23]、明治十一年（一八七八）七月の「府県会規則」の制定以前に議員の公選化がはかられる可能性も存したが、同九年四月に堺県に合併編入されるまでに、これが実現することはなかった。このほか、第一節では、県会は毎月四日に開催し、決着をつけねばならない議案が多い時には翌日に及ぶ場合もあること（第三条）、開場は午前九時とし退場は原則として午後四時とすること（第四条）、出席議員が三分の二に満たない時には延会とすること（第六条）、などが定められている。

「議事ノ事」と題された第二節（全一六条）では、議員の権限と議事の内容をそれぞれ規定（限定）した第一条と第二条とが注目される。議員は「県治上ニ於テ施行スヘキ」事柄について協議し政策を立案する権限を有したが、決案はすべて県庁に具申しなければならず、これを施行するか否かの判断は県側に委ねられていた。会議所のケースと同様の形をとっていたのである。以下、第二節には、議場において議員が遵守すべき諸事項などが列挙されている。

「議長ノ事」と題された第三節（全一六条）では、議長は県（権）令もしくは参事がつとめることとされ（第一条）、議長の権限と任務、議事を進めるに際しての留意事項、副議長や書記掛の選任と役割、などが記されている。また、第七条に、「議事ノ決案ハ投名ノ多寡ニ依テ定ムヘシ」とあるように、議決に際しては多数決制を採用する（なお、可否同数の場合は議長の裁決による）ことが明記されている点も注目される。

「発言ノ事」と題された第四節では、議員の発言の方法などについて七か条にわたって規定されている。特記すべき事項はないが、議員は議長に対して発言し議員相互に応答してはならないとしていること（第一条）、発言の際には他の議員の姓名は呼ばず席次番号を呼ぶように指示していること（第七条）、を指摘しておきたい。

「議案ノ事」と題された第五節（全九条）では、まず第一条で、議事に付す議案は議員が作成したものばかりではなく、人民が県庁へ提出した建言書や願書・伺書であっても、内容によっては県（権）令・参事の判断で議事に付し可否を問うこともある、としている点が注目される。これに続いて、第二条では議案は開会二日前までに書記掛へ送付するようにとしており、第三条以下では議案の修正などについて規定している。

以上が、明治八年（一八七五）三月に制定された「奈良県会議則」の概要である。本県会は、県レベルでの政策の立案と協議を行なう場として、開明的な権令によって上から開設された。選挙によって選出された県会議員によるのではなく、「各大区区長・戸長」（各大区の定数に従い合計二四名）、「県庁各課ノ官員及学区取締」（「員外議員」、各定数に従い合計一一名）による議会であり、会議所のケースと同様に、協議決定事項の執行権も県側が握っていた。そうした形ではあったが、近代に入って新たな地域運営体制が構築されていくなかで、「各大区区長・戸長」（大部分は旧村役人層）ら地域代表者の県レベルまでの政治参加の制度化がはかられていった点に注目しておきたい。

なお、この「議則」の規定どおりであれば、この後奈良県が廃され堺県に合併編入されるまでの一年ほどの期間、毎月一回県会が開催されたことになるが、今のところ関係史料（「議事録」など）は見つかっておらず、その実態については不明である。

つぎに、「奈良県会議則」と同時期に制定された「大区会議章程」について紹介しておきたい。これも従来知られていなかったもので、「明治八亥年一月ヨリ　第三大区会議所諸達綴込」と題する史料[24]のなかに収められているものである。制定された年月についての記載は見られないが、綴り込まれた前後の史料から同八年四月に定められたものであることがわかる。また、章程の内容から県の側で制定されたものであることがうかがえる。前月の「奈良県会議則」の制定＝県会の制度化に対応して、「大区会議」についても「章程」を定め、改めてその機構と役割を明確にしておく必要が生じるようになったためと思われる。

この「大区会議章程」は、全二一か条からなっているが、まず第一一条までの概要を以下に記しておこう。「大区会議」は、「専ラ部内人民ノ安穏利益ヲ謀ル為」（第二条）に、毎月一回開催されるものであり（第一条）、毎会一日を原則とする。翌日に及ぶ場合もありうるが、会議の出席者＝「区・戸長」の本務に支障をきたす懼れがあるので、三日に跨ってはならない（第五条）。議長は正・副区長のうち一名がつとめ（県官臨会の時は県官が議長となる）、議長にならなかった区長と正・副戸長をもって議員とし、学区取締・会計用掛等を員外議員とする（第三条）。議員の定数は各小区二名とし、員外議員については定限を設けない（第四条）。開会は午前九時とし（第六条）、出席者が過半数に達しない場合には延会とするが、緊急の案件がある場合には議長の判断により開くことがある（第七条）。書記一名を抽選により決定し（第九条）、議会終了後に決議簿・議案録・議員名簿の三簿冊を県庁会議へ提出して検閲を受けるものとする（第一〇条・第一一条）。

これに続く第一二条では、「議事要務トスル件々」として、以下の一〇項目が列挙されている。

第一　官令ノ趣旨ヲ暢達セシムル事
第二　旧弊ヲ除キ開化ヲ進ムル事
第三　区内取締ヲ注意スル事
第四　荒蕪ヲ拓キ物産ヲ興ス事
第五　部民怠惰ヲ去リ工業ヲ盛ニスル事
第六　新ニ道路ヲ疏通シ、堤防ヲ堅牢ニシ、橋梁ヲ架スル等ノ事
第七　学校ヲ盛大ニシ、小民ノ子弟ヲシテ普ク学ニ就カシメ、及ヒ病院ヲ興《ヲコ》シ、義倉ヲ設クル等ノ事
第八　貧民救助ノ事
第九　村費ヲ節スル事
第十　其他都テ人民ノ便利ヲ謀ル事

これらは、主として近代化政策の推進にかかわる事柄であることが注目される。

議案に関しては、その作成主体は議員であるが（第一三条）、議長が作成して議事に付す場合もあるとしており、さらに第一五条で「部内何人ヲ論セス、議案ヲ出スモノ有ラハ亦議事ニ付スヘシ」としている点は、民意の地域政策への反映という問題と関わって注目されよう。これに続く第一六条から第二三条では、議長の権限や議事の進め方、発言の仕方などについて規定されている。

議決に関しては、議員に可否を問い、多数決でこれを決するとしており（第二四条）、決案については「県庁会議」へ提出し「更ニ公議ヲ尽スヘシ」としている（第二五条）。また、「可否相半スル」議案や、「其事重

大ニシテ」大区会議では可否を決し難い議案についても、「県庁会議」へ出し論議するようにとしている（第二六条・第二八条）。但し、「至急難擱事件」や「部内ニ止ル」事柄については、決案の実施を直ちに県庁に請うこともありうるとしている（第二七条）。なお、「県庁会議」とあるのは、前述した県会のことであろうと思われる。このあと、第二九条以下では、議事中に議員が遵守すべき事項などが記されている。

以上が、明治八年（一八七五）四月に制定された「大区会議章程」の概要である。奈良県では、同年三月の「奈良県会議則」の制定に続いて「大区会議章程」が定められ、県会―大区会という重層的な会議体制が形づくられていったのである。さらに、その下の小区においても区内集会＝小区会が開催されていたことが上牧町南上牧・牧浦家文書[25]などによって知られるが、県会―大区会―小区会のそれぞれのレベルにおいて、実際にどのような問題が議論され、その結論が県政などの地域政策にどのように反映されていったのか、といった問題については、今のところこれを論じる素材を見出しえていない。

おわりに

以上、制度史的な分析に止まったが、本章では、明治四年（一八七一）十一月に統一奈良県が成立して以降、堺県への合併編入に伴って九年四月に廃止されるまでの時期を対象に、当県における地域運営体制のあり方について、区戸長層に焦点をあてる形で検討し、「部内人民ノ総代」であった彼らが地域運営の支柱をなす存在であり、県政もそうした彼らに下支えされながら行なわれていた様子を明らかにした。また、この間に会議所に止まらず、県会も開かれるようになっていたことを発見し、そのあり方について検討を加えた。会議所も県会も、開明的な県（権）令によって上から開設されたものであったが、新たな地域運営体制が構築されていくなかで、旧村役人層らの「国」→県レベルまでの政治参加の制度化がはかられ、下からの「国益」策の提示に示されたような彼らの能動性(26)が組み込まれていった点に注目しておきたい。

〔註〕

(1) 高橋延定「四条県政期に於ける民衆教化政策について」（『仏教史学研究』二五巻一号、一九八二年）。

(2) 戸籍法にもとづいて、明治五年四月に設置された。当初の役務は、戸籍に関する事務に限定されていたが、従来の村役人の廃止に伴って、翌月からは庄屋や年寄が担っていた一般行政事務も担当するようになった。

(3) 幡鎌一弘編「〔史料〕宗教・開化政策に関する奈良県法令（明治五年～九年）」（『天理大学おやさと研究所年報』二号、一九九五年）一八頁に収載。

(4) 同前一九頁に収載。

(5) 同前三四頁に収載。

(6) これに関わって、奈良県が、明治五年六月に、『日新記聞』（奈良油留木町の金沢昇平らによって五月から刊行されるようになった開化情報新聞）を県内の各村（町）へ配布するとともに、「戸長副之義ハ一村町之標準なる者ニ付、人々先立チ開化ニ心掛ケ能々時態ニ注意可致」として、彼らにはさらに自費で購入するようにと通達していることが注目される（布告第二五号（幡鎌前掲註(3)史料紹介一九頁に収載）。また、その翌年三月に発行された『日新記聞』二二号には、戸長クラスの人々が積極的に開化情報を入手しようとしていたことがうかがえる、「先般奈良県管下山辺郡長柄村守田太六・永原村前田甚蔵等廿余名申合、当社へ諸方新聞紙取寄方頼越シ、又同時同郡合場村山中三郎・森島徳次郎、井堂《(井戸堂)》土《(上)》村植田武二郎等ヨリモ頼出、続テ式上郡辻村辻大造・渋谷村島岡宗一両名ヲ以頼出ラレ、何レモ競テ聞見ヲ広メ智識ヲ研カントノ美志ナレハ、早速各所へ掛合追々配達セシカ、長柄村ノ分ハ已ニ同村同志中飯田嘉平次隠宅ヲ新聞展読会所ト定メ、洽聞社ト号シ、昼夜湯茶等嘉平次ヨリ賄ヒ、舎中ハ勿論盟外無縁ノ者タリトモ随意ニ展読スルヤウ方法相立、県庁へモ届出タル由ニ、个所ハ未タ其施設ノ方法ヲ聞サレトモ、不日必ス設為スル所アラン」という、大変興味深い記事が見られ

る（奈良県同和問題関係史料第五集『日新記聞』（奈良県立同和問題関係史料センター、一九九九年）所収）。

（7）奈良市都祁針町・福田家文書。

（8）幡鎌前掲註（3）史料紹介一二頁に収載。

（9）なかには、「順番ヲ設ケ」村役人が「年々交代」していた村もあり、「其任ニ堪兼候迂遠之者」が選出されるケースもあったようで、奈良県は明治五年六月に「新任相成候上ハ順番等ノ儀無之様、兼テ説諭可致ノ事」と通知している（「区戸長ニ係ル決議及支庁往復人民伺願之件」（奈良県立図書情報館所蔵「奈良県行政文書」））。

（10）「奈良県行政文書」。戸長や副戸長が設置されるまでの、庄屋・年寄・百姓代の選出にかかわる「届」も多く書き留められている。

（11）同前。

（12）県からは、公撰入札の後、開票せず「封のまゝ当庁へ差出して開封を請ふべし」と命じられていたが、この史料には開票結果（得票数）も記されている。

（13）幡鎌前掲註（3）史料紹介四五～四七頁に収載。

（14）「区戸長ニ係ル決議及支庁往復区戸長人民伺願之件（明治五年～九年）」（「奈良県行政文書」）。

（15）幡鎌前掲註（3）史料紹介三〇頁に収載。

（16）奥村弘「播磨にみる地方民会の特質」（『神戸大学史学年報』五号、一九九〇年）など参照。

（17）谷山正道『近世民衆運動の展開』（髙科書店、一九九四年）第二部第五章など参照。

（18）上牧町上牧の牧浦家文書のなかに、明治七年の二月二日から十二月三十日にかけての、第三大区第一一小区上牧村の戸長役所「日記」が存在している。これは、当時村の戸長をつとめ「小区長」も兼ねていた牧浦小重郎の手になるもので、簡潔な内容ながら、彼の活動ぶりがよくうかがえる貴重な記録である（「副小区長」であった中筋村の黒松喜三郎の活動についても書き留められている）。記載内容は、徴兵・学校設立・開路・鑑札・種痘・戸籍・徴租・民費・寺社調・神官説教などにわたっており、「天子御身影拝礼之廻達」（二月八日）、「神武皇天《（天皇）》ニ付休官之事」（四月三日）といった記事も見られる。また、区内への廻達、書類の作成・送達、費用の割掛・集金・送付、給料の配布、出勤（戸長役所・会議所・本県・検見先へ）、区内集会（五月十八日の記事には「毎月集議定日之事」とある)、会議所集会(日は判明するが議事内容は不明、十月八日には「会議所衆評書写取」、九日には「会議所衆評書廻達」という記載がある)に関する記事も見られる。

(19) まさに「燈台下暗し」であるが、その後、「奈良県行政文書」のなかにも存在することが判明した(明治八年の簿冊「管内布達書」のなかに綴り込まれていた)。なお、「奈良県会議則」の全文を、「明治八年の『奈良県会議則』と『大区会議章程』」と題する小稿(『奈良歴史研究』四八号、一九九八年)で翻刻・掲載しているので、参照されたい。

(20) 『奈良県議会史』第一巻(奈良県議会、一九九一年)などにおいても、全く触れられていなかった。

(21) 現在、奈良県立図書情報館に寄託されている。

(22) この「奈良県会議則」は一六八部印刷され、うち「大小区毎」に各一部(計一二五部)と、「庁中各課・学区取締等」へ計一一部、都合一三六部が配布された(明治八年「布達及達之件　但諸決議ノ件共」〔「奈良県行政文書」〕)。

(23) 北崎豊二『近代地方民衆史研究』(法律文化社、一九八五年)第二章参照。

(24) 上牧町南上牧・牧浦家文書(奈良県立図書情報館へ寄託)。谷山前掲註(19)稿で、その全文を翻刻・掲載している。

(25) 前掲註(18)参照。

(26) 谷山正道「近世近代移行期の『国益』と民衆運動」(『ヒストリア』一五八号、一九九八年)《本書終章》など参照。

第一二章　奈良県再設置運動研究序説

はじめに

「近代に入って国訴はどこへ行ったのか?」――この問いかけから本章ははじまる。

かつて私は、大坂周辺地域で近世後期以降に展開された国訴などの広域訴願の特質について論じた際、近代の民衆運動との関連をめぐって、以下のような見通しを示したことがある(1)。

村役人層を主体とする国訴などの訴願運動は、近世幕藩制社会固有の価値規範としての〝百姓相続(成立)〟を要求正当化の論拠にしており、それ故近世的な価値体系・身分体系の解体に伴って終焉を余儀なくされる運命を辿ったものと思われる。また、村落組織を基盤(媒体)とする運動であり、村請制の解体(→地租改正)に伴って終焉を余儀なくされる運命を辿ったであろうと考えられる。これらの運動は、近世幕藩制国家の社会編成のあり方、すなわち身分制や村請制という地域社会にくいこんでいる枠組に規定される形で展開されたのであり、ここから近代の民衆運動をストレートに展望することはできない。

このように私は、一九九一年に、近世後期以降の国訴などの訴願運動と近代の民衆運動との断絶面について指摘したが、[2]その後、前者から後者への継承面に関しても目を向ける必要があるのではないかと考えるようなった。まとめて言えば、「近世の民衆闘争と近代民衆運動の連続と不連続およびその歴史的段階の相違にも留意し、両者の関連について」[3]考察する必要があるということであり、そうした問題意識のもと、本章では、「近世の民衆闘争」の一類型である国訴と対比すべき「近代民衆運動」として奈良県再設置運動を取り上げることにしたのである。[4]

さて、本章で分析対象とする奈良県再設置運動に関しては、すでにかなりの研究蓄積がある。代表的な成果と言えるのは、①『奈良県政七十年史』第二編各説の一（奈良県、一九六二年）、②山上豊「明治政府の府県管地政策と人民の対応」（『近代史研究』一八、一九七七年）、③『青山四方にめぐれる国』（奈良県、一九八七年）の三つで、①は恒岡家文書などを活用して「奈良県再設置の顚末」について詳述した先駆的研究、②は本テーマに関する唯一の研究論文である。①に比べて②では、運動展開の背景について明治政府の府県管地政策との関わりでより詳しい分析が行なわれ、またこの運動への立憲改進党の影響がより明確に指摘されていることなどが注目されるが、運動構造の分析という面では、自ら「よりつっこんだ研究は今後の課題といわざるをえない」と述べられているように、不十分さを残していた。これに対して、奈良県再設置百周年を記念して刊行された③では、編纂過程で今村家文書や中村家文書など関係史料の発掘が新たに進められ、それによって得られた新知見を加えつつ、本運動の展開背景・経過および置県以後の動向についてより詳しい叙述がなされた。本運動の構造分析を行なう素材となりうる史料も発掘されたが、しかし、「奈良県誕生物語」という副題からもうかがえるように、一般県民向けの書という本書の性格にも制約されて、つっこんだ分析が行なわれなかったのは残念である。

そうした研究状況をふまえて、本章では、国訴のそれとも対比しながら、奈良県再設置運動の運動構造面について主として分析を行なうことにしたい。

一　運動の背景・理由・経過

本章のメインテーマである奈良県再設置運動の運動構造面の分析を行なう前に、本運動展開の背景と理由および運動の経過について、その概要をまず記しておきたい。

周知のように、明治四年（一八七一）十一月、廃藩置県後最初の府県の整理統合によって、大和一国を所管とする奈良県が成立したが、わずか四年半ほどにして、同九年四月に堺県に合併編入され、さらに同十四年二月にはその堺県が大阪府に統合されるに至った。堺県への合併編入は、各府県の財政難解消をねらいとした第二次府県統合計画にもとづくものであり、堺県の大阪府への統合は、伊東巳代治が元老院で議案の主旨説明を行なった際に、「阪府ノ経済ニ苦ム所以ノ者ハ、該管下ノ狭隘ニシテ他ニ相支ヘ相援クルノ方ナキニ由ル者ナレハ、之ヲ救フハ宜シク其管下ヲ広濶ニシ以テ租額ノ増加ヲ致スニ外ナカルヘシ[5]」と述べているように、大阪府の財政難解消を目的とするものであった（なお、後者には、同十三年十一月に発令された「太政官布告」第四八号による地方税規則の改定→府県財政における国政委任事務費の増大＝地方税支弁の増大という事情も介在していた[6]）。

こうして、旧摂津国七郡と大阪四区に河内国・和泉国・大和国を加えた大阪府が成立したが、その末年には早くも大和選出の大阪府会議員を中心に、大和一国を範囲とする奈良県の再設置を求める請願の準備がはじめられた。それから約一年後の同十五年十一月には、内務省へ請願書が提出されるはこびとなったが、なぜこうした運動が大阪府への統合後ほどなくして推進されるようになったのだろうか（奈良県の存続を求める声は堺県への合併の際にもあがったが[7]、なぜこの時点では運動が本格化するには至らなかったのだろうか）。この点に関して、

『大和美事善行録』（大和新聞社、一九一六年）には、次のような記載がある。

明治九年堺縣に併合の際、当時の奈良町人士の一部には早くも其不利を唱ふるものありしが、此は未だ事一個の奈良町盛衰に関すると云ふに過ぎず、治廳の遠ざかりたる憾は之れあるも、時の堺縣令は齊しく仝一縣下に在りて而も大和は大和、河内は河内、和泉は和泉と個々に就て個々の政策を施すの方針を執りたる傾きあり。従って縣経済の如きも大和は大和それ一国の事を処理すれば足る状態にありしを以て甚だしき苦痛を感ずるに至らず。故に強いて一国協同して縣を別にせんとなす迄の域に達せざりし也。然るに一朝其大阪府に合せらるゝや、当局の政策亦一変し、地方議会に於てはより多く利害を異にする大和議員の言議は、比較的利害を同ふする他の多数の為めに壓迫せられ、負擔の偏重を始め其他百般の事、總べて是れ大和の不利ならざるはなきに至り、茲に始めて挙国一致、猛然其が分置縣の運動を起すに至れる也。

前半部では堺県下における県令の県内各国（大和・河内・和泉）の地域性を考慮した政策のあり方、後半部では大阪府下における地域利害の対立状況（特に大和と他地域との利害対立→「大和の不利」）が対照的に記されていて興味深いが、前者から後者への変化を考えるうえで注目すべきは、三新法体制への移行である。すなわち、地域から選出された代表＝議員によって府県会で地方税（財源）の使途が議定されるようになったことであり、そうした体制のもとで、地域利害の対立が表面化するようになったと考えることができよう。なお、堺県でも明治十三年に県会が開かれたが、まもなく大阪府に統合されたため、これが最初で最後の県会となったことに留意しておく必要がある。これに対して、大阪府の場合には、大阪という大都市を内包する故に問題はより複雑であり、地域利害の深刻な対立が生じやすい地域構成となっていた（府会議員の国郡区別定数を示した表1も参照されたい）。こうした事情のもとで、大阪府への統合後早々に開かれた同十四年の府会で早くも地域

表1　大阪府会の国郡区別議員定数

国	郡区	定数	小計	計
摂津国	大阪西区、同南区、同東区、同北区	各5	20	30
	西成郡	3	3	
	東成郡	2	2	
	住吉郡、島上郡、島下郡、豊島郡、能勢郡	各1	5	
河内国	石川郡、八上郡、古市郡、安宿部郡、錦部郡、志紀郡、丹南郡、丹北郡、河内郡、高安郡、若江郡、大県郡、渋川郡、茨田郡、交野郡、讃良郡	各1	16	16
和泉国	堺区	2	2	9
	大鳥郡、南郡、日根郡	各2	6	
	泉郡	1	1	
大和国	添上郡、吉野郡	各2	4	17
	添下郡、平群郡、式上郡、式下郡、十市郡、宇陀郡、葛上郡、葛下郡、忍海郡、高市郡、山辺郡、広瀬郡、宇智郡	各1	13	

註　『奈良県議会史』第1巻35頁の記載をもとに作表した。

利害の対立が表面化し、前年の徳島県に続いて、二月七日には福井県、九月十二日には鳥取県の分離独立がそれぞれ認められたことにも刺激されて、同年末には奈良県再設置にむけての運動がスタートするようになったのである(8)。

奈良県再設置を求める請願の具体的理由については、同十五年十一月に内務省へ提出された請願書に別冊として付された「大和国置県請願理由書(9)」に記され、「阪府ニ隷スルノ弊害」が六点にわたって指摘されているが、すでに先行各研究において詳しく紹介されているので、ここでは省略し、従来一般に知られることがなかった同十九年の建白の際の要求理由を以下に紹介しておこう(10)。

一　地方税ノ不平均

二　土地風俗異ナル所謂氷炭器ヲ一ニスルノ情勢ヲ免カレサルコト

三　工事商業ノ退歩

四　道路開鑿電信ノ不便

五　神武創業以来一千四百四十余間歴朝ノ帝京ニシテ、工芸美術ノ模範国タルコト
六　大和ハ土地広ニシテ大阪全府下ノ十分ノ六已上占ムル大国ニシテ、毎年地租国税地方税ヲ合算スレハ壱百万円ニ降ラサルコト
七　西洋人ノ間断ナク来往アルモ御勾《(交)》際上十分ノ甘心ヲ与フル能ハサルコト
八　大和国ニ鉄道ヲ敷設シ国利ヲ増進シ民力ヲ養勢スルコト

要求理由の中心は「一」の「地方税ノ不平均」（負担と享受の地域的アンバランス）にあったと考えられるが、殖産興業政策の推進や、大和が「神武創業」の地であるといった点にも言及しながら運動を展開していることが注目される。

奈良県再設置運動の具体的経過についてはここでは省略するが（表2参照）、この明治十九年の元老院への建白までに、同十五年十一月を皮切りに、二度の請願と二度の建白が重ねられていた。しかし、いずれも実を結ばず、十九年の建白も運動が盛り上がりを欠いたこともあって空砲に終った。こうして奈良県再設置という「大和国人」の夢はついえたかに見えたが、翌二十年秋に、大阪府下の大和を除く摂河泉地域を対象として地価修正（二〇分の一引下げ）が実施され、これが引き金となって大和の地価修正（地租軽減）運動が展開された際に、「減租ノ儀者大和計採用不相成、下ル時ハ全国一般也」[11]としてその要求を却下する代替策として、置県のことが認められるに至った。奈良県設置認可の勅令が発せられたのは、二十年十一月四日のことで、運動のスタート時から実に六年の歳月を要して、ようやく宿願が達成されるに至ったのである。

二　運動の推進主体と組織構造

つぎに、奈良県再設置運動が盛り上がりを見せた明治十五年（一八八二）十一月と翌年の八月の、二度の請願時を中心に、本運動の運動構造面の分析を行なうことにしたい。

すでに指摘されているように、本運動の中核に位置し運動を指導したのは、大和選出の大阪府会議員らであった。このことは、明治十四年十二月二十五日に田原本の土橋亭で開かれた各郡有志会において選出された一〇名の請願手続調査委員のうち九名が大阪府会議員によって占められていることや、同十五年十月十五日に同じく田原本土橋亭で各郡有志会が開催されるに先立ってその開催方針が九月十六日（大阪府臨時郡部会開催の翌日）に大阪府北堀江の富士一亭で協議決定されていること、[12] さらには請願や建白のための上京委員・会計委員・各郡の幹事（通信等担当者）のほとんどが同議員によって占められていること（表3参照）、などから容易に理解されよう。彼等は府会にのぞんで地域利害の対立に直面し、奈良県の分離独立の必要性を痛感するに至ったのである。

そうした各郡選出の府会議員を支え、本運動の推進主体となったのが、各郡の「主唱者」たちであった。この「主唱者」に関して、十四年十二月二十五日に開かれた各郡有志会では、「本日来会ノ人々ハ主唱者タルハ勿論、次回迄ニ同盟スル人モ主唱者タルヲ得ベシ」（第一条）、「主唱者タル者ハ必ス盟約スヘキ事」（第二条）、「諸費ハ暫ク主唱者ノ負擔トス」（第三条）、と三か条にわたって決議され、[13] さらに翌十五年の十月には、初めての請願に際して、各郡の「主唱者」たちによってつぎのような「盟約」がなされていることが知られる。山辺郡の例[14]を示そう。

表2　奈良県再設置運動の展開

年	月　日	運動の展開	
14	12・25	各郡有志会　請願手続調査委員決定等	田原本・土橋亭
15	9・16	10・15の会議開催方法について	大阪北堀江・冨士一亭
	10・15	各郡有志会　請願書起稿委員選出等	田原本・土橋亭
	11・3	各郡代表者会（41名）方針決定	田原本・土橋亭
	11・6	平坦山辺郡主唱者会　委託書・盟約書の件等	
	11・10	惣代会　請願委員・会計担当選出	田原本・土橋亭
	11・17	惣代会　請願書に押印	
	11・20	請願委員（今村勤三・服部蓊・中村雅真）出発	
	11・23	請願委員　東京着	
	11・29	①内務省へ請願書提出　恒岡賢済東京着	
	12・4	内務省へ伺書提出	
	12・7	内務省へ出頭	
	12・8	山田顕義内務卿へ上申書提出	
	12・11	内務大輔土方久元邸訪問　この日付で内務卿から	
		大阪府知事へ請願書却下の通知	
	12・12	（請願条令発令）	
	12・18	桜井勉内務省地理局長に面会	
	12・19	税所篤元老院議官に面会	
	12・23	山田邸訪問	
16	1・5	恒岡直史ら各郡代表者会合	田原本・土橋亭
	1・20	請願委員　東京から戻る	
	5・9	（富山・佐賀・宮崎の各県設置認可）	
	5・31	分置県運動に関する槇村正直元老院議官の報告	
	6・15	恒岡・今村ら19名会合　上京委員等決定	奈良・松利亭
	7・5	上京委員ら会合	唐院・魚太亭
	7下旬	今村・片山太次郎上京	
	8・15	②太政官へ請願書提出　参議山県有朋邸訪問（不在）	
	8・16	早朝と夕刻　山県邸訪問（不在）	
	8・17	片山帰国	
	8・18	内務卿山田邸訪問　太政官へ出頭	
	8・20	山県邸・山田邸訪問（面会できず）　太政官へ出頭	
	8・21	元老院議官税所邸訪問	
	8・23	山県邸訪問（面談）	
	9・1	税所邸訪問	
	9・5	土方内務大輔に面会	

	9・6	山田邸訪問（不在）	
	9・7	外務卿井上馨邸訪問	
	9・8	山田邸・参議伊藤博文邸訪問（不在）内務少輔芳川邸訪問	
	9・10	太政官へ出頭　請願書却下（「建白ニ属スベキモノ」）	
	9・22	元老院への建白書についての代表者会合	田原本・土橋亭
	9・28	中村雅真　槇村元老院議官へ陳述書を提出	
	9・29	建白書の編集	田原本・土橋亭
	10・15	東京に滞在中の今村　建白書を受取る	
	10・16	③元老院へ建白書を提出	
	10・17	恒岡ら33名　盟約証書を作成	
	10・末	今村　東京から戻る	
17	1・7	有志会合　再建白を行なうことを決め幹事等を選出	郡山 常福寺 笹屋
	2・25	有志会合　上京委員の決定	御町・玉平亭
	4・3	有志会合	大阪・小守亭
	4・25	有志会合	田原本・浄照寺
	5・13	④元老院へ再建白書を提出	
	5・25	有志会合　分担金の決定	福寿洞
18	7・1	（台風による大風水害）	
19	4・1	有志会合	御所・芦高楼
	4・11	有志会合　委員の上京決定	田原本・土橋亭
	5・6	有志会合	奈良・南円堂
	5・11	有志会合	田原本・土橋亭
	5・28	有志会合（13名）	田原本・土橋亭
	（？）	⑤恒岡上京し請願書を提出	
	12・22	（「奈良県再設置運動許可に難色あり」『朝野新聞』）	
20	8・1	有志会合　地租軽減請願の件	田原本・土橋亭
	8・7	有志会合　同上	田原本・土橋亭
	9・25	大和全国会　同上	今井・慈明寺
	9・27	山辺邸（平担部）会合　同上	丹波市・迎乗寺
	9・29	恒岡・片山・中山平八郎・堀内忠司・磯田清平　上京	
	10・5	大蔵大臣松方正義邸訪問	
	10・6	伊藤総理・山県内務大臣から置県の内諾を得る	
	10・24	「奈良県設置ノ件」閣議了承	
	10・29	元老院会議で可決（73名中　42名出席　37名賛成）	
	11・4	奈良県設置認可	

註『青山四方にめぐれる国』の「再設置運動の経過」表をもとに、中山家文書・福田家文書などより増補して、作成した。

表３　請願委員・各郡幹事一覧表

郡　名	明治14年12月 請願手続調査委員	郡　名	明治16年６月 通信及会計担当	明治17年１月 幹事
添　上		添　上	○中村雅真	○中村雅真
添　下	○岡本友三郎	添　下	清水小太郎	山下千太郎
山　辺	○中山平八郎	山　辺	○中山平八郎	○中山平八郎
		平　群	植村彦三郎	○今村勤三
式　上	○恒岡直史	式　上	恒岡賢済	○恒岡直史
十　市	梅島　鼎	十　市	○松田弥五郎	○松田弥五郎
宇　陀		宇　陀	○粉川平治	○粉川平治
平　群	○今村勤三			
広　瀬		広　瀬	三村城太郎	○中尾重太郎
武　下	○服部　蓊	式　下	福西　周	○服部　蓊
葛　上		葛　上	○奥野四郎平	○奥野四郎平
葛　下	○山田新吾	葛　下	○小橋善太郎	○小橋善太郎
忍　海	○芳村芳太郎	忍　海	○芳村芳太郎	○芳村芳太郎
吉　野	○大北作治郎	吉　野	○永田藤平	○岡村徳永
高　市		高　市	○森村庄市郎	山田善七
宇　智	○磯田清平	宇　智	○磯田清平	○磯田清平
	15年11月			幹事惣代
請願委員	○今村勤三		○今村勤三	○今村勤三
(上京)	○服部　蓊		○服部　蓊	
	○恒岡直史(中村雅真に交代)		○恒岡直史	
会計委員	○堀内清三郎			○中村雅真
	○奥野四郎平			○奥野四郎平
				○服部　蓊

註　中山家文書などにより作成。○印は大阪府会議員。

盟約

一　当大和国毎郡惣代ト謀リ今度分置県請願スルニ付、其費金ノ本郡ニ負擔スヘキ金額ハ我輩主唱者等ノ負擔スルモノトス、依而異変セサル為メ盟約スル者也

明治十五年十月

山辺郡田村
中山　平八郎 ㊞
（他一六名連印）

ここに名を連ねた人々は表4に示した一七名であるが、当時大阪府会議員をつとめていた針村の福田良知、元府会議員であった田村の中山平八郎のほか、その大部分は戸長をつとめており、旧村役人の系譜をひく有力地主層であった。運動の費用は、同十九年の建白までは一貫してこうした大和各郡の「主唱者」たち（「大和国人」の一部の階層）によって担われたのであり、それ故に、運動が長期化しかつ松方デフレの荒波にさらされるなかで、基盤の弱さを露呈せざるをえなかったのである(15)。さて、最初の請願にむけて、十五年十月十五日の集会ではつぎのような議定がなされた(16)。

明治十五年十月十五日開会議定

第一

一　毎郡毎村人民団結ノ義ハ、其郡主唱者ヘ対シ毎村物代或ハ有志物代ヨリ委託書ヲ製シ、記名捺印ノ上可為差出事

但本文ノ義ハ本日ヨリ向フ十五日間ニ整頓スヘシ

表4　明治15年10月　山辺郡盟約者

村名	名前	役職
田	中山平八郎	14年3月～14年7月 16年5月～20年11月　大阪府会議員
丹波市	毛原勝三郎	
勾田	中西小七郎	戸長
内馬場	山原兵四郎	
杣之内	藤岡兵太郎	戸長
岩室	吉岡孫三郎	戸長
南柳生	森　要	戸長
稲葉	澤田長平	戸長
針	福田良知	15年2月～16月4月　大阪府会議員
西井戸堂	上田武治郎	戸長
田部	依田佳三郎	
備前	上田義雄	戸長
萱原	辻村佳治良	戸長
竹之内	澤田利行	
布留	岡田六郎	戸長
小路	今田太郎平	戸長
兵庫	中島蔵治	戸長

註　中山家文書により作成した。「戸長」の記載は『大和国町村誌集』によった。

第二

一　毎郡惣代一名乃至ニ名ヲ其郡限リ撰挙シ、必ズ次回ニ提出スヘキ事

第三

一　請願書起稿委員ヲ撰定スル、左ノ如シ

恒岡直史　今邨勤三　服部　蓊

第四

一　本件ニ係ル費金ハ暫ク主唱者ノ負擔トス

第五

一　次会ハ来ル十一月三日トシ、午前第十一時集レ参之事

但会場ハ田原本駅土橋亭トス

右之通決議候也

第一か条目では、各郡内の「毎村惣代或ハ有志惣代」が委託書を作成し記名捺印のうえ「其郡主唱者」へ提出するようにすることが、第二か条目では、「毎郡惣代」一～二名を各郡で選出することが、決定されており、注目される。

これをふまえて、十一月三日の集会では、「請願委員」は三名とし十日に開く「物代会」（「毎郡惣代」による）で選挙により決定すること、同じくその場で会計担当者二名を公選することが決議され、あわせて「請願委員」の「府庁へ出頭并上京ノ旅費日当」や請願費の負担方法等も協議決定された(17)。そして、十日に開催された「惣代会」で、「請願委員」として恒岡直史・今村勤三・服部蓊の三名が、会計担当者として堀内清三郎・奥野四郎平の両名が選出されるはこびとなったのである(18)。

この後、請願にむけての準備作業が急ピッチで進められたが、請願に際してつぎのような委任状が作成されていることが注目される。

〔Ⓐ(19)〕

委任状
今般分県請願ニ付共ニ上京ス可キノ処、費用節減ノ為メ該件ニ係ル百端ノ事務委任候也
明治十五年十一月
大和国添上郡奈良般若寺町
奈良人民惣代　植村　久道　㊞
（他八名省略）
奈良西御門町
中村雅真殿

〔Ⓑ20〕
委任状之写
今般大和国置県請願ニ付出頭可致之処、多人数ニシテ徒ラニ多額ノ費ヲ要スヘキニ付、貴殿ニ対シ請願ニ係ル百般ノ事件御委嘱申候也
明治十五年十一月
大和国広瀬郡三十一ヶ村
人民惣代
仝郡古寺村
堀内清三郎　印
仝上仝郡川合村
三村城太郎
（以下各郡人民惣代連名省略）
大和国平群郡東安堵村
今村勤三殿

仝　式下郡小柳村
服部　蓊殿

今までに見出すことができた委任状はこの二点であるが、Ⓐの宛先となっている奈良西御門町の中村雅真(21)は、Ⓑでは委任する側＝差出人のうちの一人となっており、委任状は郡内の各町村惣代（もしくは有志惣代）から各郡の「人民惣代」へ、そして各郡の「人民惣代」から「請願委員」へと、Ⓐの梯子を束ねて足場を築き、さらにその上にⒷの梯子を立てかけるような形で、重層的に作成されたものと思われる。委任の理由については、双方の委任状に請願費用の節減のことが記されているが、藪田貫氏が着目された国訴の「頼み証文」の場合と全く同様であり(22)、注目される。

Ⓑの委任状の差出人三三名と宛先（「請願委員」）の二名、計三五名のうち、二名を除く三三名は十一月二十九日付の「大和国置県請願書」に名を連ねた各郡の「人民惣代」（表5参照）と同一人であり、賛同した町村（「〇〇村他〇〇ヶ村人民惣代」とあるケースと「〇〇村他〇〇ヶ村有志〇〇名惣代」とあるケースの双方を含む）は、具体的な数字が判明しない葛上・高市の両郡を除いても九八一か町村、大和の全町村の六二パーセント余に及んでいた。なお、表4に示した各郡の「人民惣代」のうち、※印を付した者は立憲改進党への入党者である。

「はじめに」で述べたように、先行研究において、本運動への立憲改進党の影響が指摘されており、運動の指導層は大和選出の「大阪府会議員＝立憲改進党員」であったと表現したものもある(23)。確かに本運動への同党の影響は認められるが、それを強調しすぎるのも正しくない、というのが私の見解である。

さて、最初の請願は、前述したように大和の多数の町村の人民・有志の賛同を得て行なわれたが、功を奏さず、同年十二月十一日付で内務卿から大阪府知事宛に却下の通知が行なわれた。こうして運動は最初の壁に直面することになったが、折しも却下の翌日＝十二月十二日に「請願規則」（「太政官布告」第五八号）が制定さ

表5　明治15年11月29日付「大和国置県請願書」記載の惣代達（差出人）

	惣代の居町村・名前
添上郡204町・126か村人民惣代	北村・中井栄治郎、北永井村・坂本理平、奈良西御門町・中村雅真
広瀬郡31か村人民惣代	古寺村・堀内清三郎、川合村・三村城太郎
平群郡73か村人民惣代	東安堵村・今村勤三、法隆寺村・植村彦三郎
葛上郡人民惣代	御所町・奥野四郎平、朝町村・※谷原弥三郎
忍海郡16か村人民惣代	柳原村・芳村芳太郎
式下郡唐院村他26か村 蔵堂村他17か村有志1020名　惣代	小柳村・服部蓊、唐院村・福西周、結崎村・片山太治郎
葛下郡東室村他60か村人民惣代	東室村・※小橋善太郎、曽大根村・森本良三
宇智郡野原村他10か村人民 霊安寺他16か村有志31名　惣代	野原村・磯田清平
添下郡佐紀村他56か村・39か町人民惣代	堺町・磐城弥三郎、佐紀村・※岡本友三郎、本町・吉田庄司
式上郡黒崎村他29か村有志542名惣代	黒崎村・恒岡賢済、三輪村・上野光乗、芝村・※恒岡直史
山辺郡丹波市村他111か村人民惣代	西井戸堂村・上田武次郎、丹波市村・毛原勝三郎、藺生村・松本重太郎、針村・福田良知
吉野郡下市村他66か村人民惣代	下市村・永田藤平
宇陀郡松山町他10か町村有志30名惣代	松山町・※松尾徳三郎
高市郡人民惣代	醍醐村・※森村庄市郎、観覚寺村・三好譲
十市郡大福村他45か村人民 新堂村他11か村有志57名　惣代	大福村・※松田弥五郎
十市郡薬王寺村他８か村人民惣代	保津村・岩田久太郎
十市郡多武峯村他13か村人民惣代	多武峯村・梅島鼎

註　恒岡家文書により作成した。※印は明治15年時点での立憲改進党党員であり、中村雅真は立憲政党党員である（奈良県近代史研究会編『奈良県近代民衆運動・関係名簿〔１〕』による）。

れて太政官まで請願することが法認されるようになり[24]、翌十六年五月九日に富山・佐賀・宮崎各県の分離独立が認められたことが伝わると、再度の請願すなわち太政官への請願に向けての動きに拍車がかかるようになった。六月十五日には、「上京委員」三名と各郡の「通信及会計擔当」者が選定され、七月下旬には「上京委員」の第一当選者となった今村勤三が自費上京の片山太次郎とともに東京に向けて出立するに至った[25]。

今回の請願のあり方について、前回のそれと比して注目されることは、賛同者の署名が集められたことである。この署名に関して、つぎのような史料[26]がすでに見つかっている。

差入証

一　今般当国ニ分置県請願ニ付、私共夫々此用白封紙へ国郡平民姓名記載、正副弐通御調印之義願出候得共、右ハ請願書ニ綴込他ニ相用ヒ候義ハ一切無之、尤諸費賦課（分）トハ相懸リ申間鋪候、万一願書却（下）可ニ相成候ハヽ、御印返却此証ト交換可申候也

明治十六年七月十日　　大和国十市郡保津村
　　　　　　　　　　　　請願周旋方　㊞

仝郡薬王寺村
森田清治郎殿
（他九名省略）

　　　　　　　　大和国十市郡薬王寺村
　　　　　　　　　平民　森田清治郎　㊞
　　　　　　　　　（他九名省略）

前書申出候ニ付奥印候也

　　　　　　　　戸長　森田　作治　㊞

文中に「諸費賦課(分)トハ相懸リ申間鋪候」とあるように、請願費用は署名者には賦課されず、「主唱者」たちによって担われたが、「上京委員」の今村勤三が針村の福田良知宛に、「一村一人ニテモ多キ方勢力ヲ得ル必然タリ」[27]「此上非常ノ御奮勉一村タリトモ多数ニ相成候様御尽力希望スル所ニ御座候」と七月六日付で書き送っているように、請願を成功に導くためには、「大和国人」の多数の賛同＝署名が必要条件であると認識されたのである。

呼びかけに応じて署名したのは、八六六町村の二万一七一八名で、全町村の五四パーセント余、戸数比で二二パーセント弱の人たちが署名したことになる。その郡別内訳については従来知られていなかったが、八月十二日付の「請願人町村数及人員略表」[28]を見つけることができた。これをもとに署名者の郡別内訳を示したのが表6で、郡ごとに大きなバラつきがあったことが判明する。署名者数で突出しているのが山辺（五〇四七名）・添上（三五九三名）・平群（三一四六名）の北和の三郡で、逆に宇陀・忍海の両郡は一〇〇名にも満たない。町村数を加味して署名率を見ると、添上・平群・式下・広瀬・山辺の五郡が突出して高く、その対極をなしたのが宇陀・吉野の両郡であったことがわかる。添下郡の場合を除くと、大和の北部に位置する奈良に近い郡ほど署名率が高いという傾向がうかがえ、興味深い[29]。

こうした多数の署名を集め、「上京委員」の今村勤三らは八月十五日に太政官へ請願書を提出した。この後、今村は何度も足を運んだ末に山県参議に面談して請願の事情説明を行なうなど必死の努力を重ねたが[30]、九月十日に、請願の内容が「建白ニ属スベキモノ」であるとの理由で、却下されるに至った。このように、二度目の請願も結実することなく終ったのである。

この後、明治十九年にかけて、運動が尻窄になりながらも三度の建白が行なわれていったが、紙数の制約もあるので具体的分析はここでは省略する（前掲表2参照）。以下、それらのケースも含めて、奈良県再設置運動

表6　明治16年8月12日段階での署名者数郡別内訳

郡名	(A)署名町人員	(a)所属町数	(B)署名村人員	(b)所属村数	(A)+(B)=署名人員合計	(a)+(b)	(c)町村数	(a)+(b)/(c) ×100
添上	1822(人)	170	1771(人)	102	3593(人)	272	258	105(%)
添下	60	12	534	27	594	39	95	41
平群	0	0	3146	69	3146	69	71	97
広瀬	0	0	1753	29	1753	29	31	94
山辺	0	0	5047	103	5047	103	113	91
式上	0	0	604	24	604	24	51	47
式下	0	0	1124	39	1124	39	41	95
十市	67	3	1316	47	1383	50	80	63
高市	22	1	625	49	647	50	116	43
葛上	63	1	618	29	681	30	53	57
葛下	0	0	883	43	883	43	75	57
忍海	0	0	97	7	97	7	15	47
宇智	0	0	385	23	385	23	60	38
吉野	0	0	1739	73	1739	73	306	24
宇陀	0	0	24	3	24	3	123	2

註　坂本家文書により作成した。なお、(c)の町村数は明治22年の町村制施行直前の数値である。添上郡の場合、(a)+(b)が(c)を上回ってしまうが、数値はそのまま示した。

の組織・運動構造面について、国訴のそれと対比して注目される点を述べておきたい。

かつて私は、天保期大和の剣先船国訴について分析を行なった際に、その組織・運動構造面に関してつぎの点に着目した。(31)

出訴に至るまでに都合一二回の準備集会が開かれたが、この集会が本件についての運動方針を定める最終決議の場になっていた。この集会に出席したのは、大和国内の主だった所領を中心とする各所領の大庄屋層（所領によって呼称が異なるが村落行政組織の頂点に位置する存在）もしくはその代人であり、彼等は自らの属する所領の物代として、領分の意向をふまえて本会に出席していた。そうした彼等が、「廻状」を伝達手段とする各所領物代間のネットワークの存在を前提に、何度も会同して協議を重ね、国訴を準備していった。国訴の物代も、彼等が出席した対策会議の場で――まず「拾五人物代」（五〇〇〇石以上の加談所領の物代によって構成される）を定め、出訴に伴う経費の軽減をはかる目的で、さらにこれを絞りこんで五名の「国物代」を決めるという手順で――最終決定され、同様に会計担当者も決められた。

このほか、運動過程における幕領の惣代らの主導性や、運動組織の拡大をはかろうとするに際しての〝地縁〟の活用という点、さらには、運動への参加を呼びかけ結集をはかろうとする際に「国難」という用語がキーワードとして提示されていることや、結束を固め統一戦線を維持するために「連印帳」が作成され、国訴の展開に際しては「申定書」が作成されて重要事項が明文化されていること、にも着目した。

こうした国訴のケースをふまえて、奈良県再設置運動を見つめなおすと、多くの共通点が存在することが判明する。「惣代会」など国集会の場が運動方針を定める最終決議の場となっていたことや、「惣代会」における「請願委員」（国訴の際の「国物代」に相当）・会計担当者等の決定、運動経費節減を目的とした「請願委員」の限定、協議事項の明文化＝「決議書」の作成、キーワードとしての「国利」（「国難」の裏返し）、伝達手段としての廻状や書簡、といった点がまさにそうであり、運動の当初に作成された「盟約書」は国訴の際の「連印帳」に対応する。また、主な集会場所となった田原本の土橋（亭）は、天保国訴の際にも一度利用されたことがあったという事実も興味深い（このほか、請願に際して作成された「委任状」と国訴の「頼み証文」との関係については先述した）。

このように、奈良県再設置運動は、国訴の体験をふまえて、国訴の推進主体であった村役人層の系譜をひく有力地主層を主体に展開されたものであり、国訴からの継承面を確かに見出すことができる。しかし、その一方で、国訴のそれとは大きく異なる側面が存在したことにも着目しておかなければならない。

その第一は、封建的領有制の解体に伴って、国集会に出席する惣代の出てくる母体が所領から郡へと変化し、惣代が所領惣代から郡惣代へと変化したことである。郡が惣代選出の枠組とされるようになったのは、大阪府会議員の選出が郡（区）を単位に行なわれたことに対応するものであった、とみてよい。

第二は、「請願委員」をはじめ郡惣代など、運動の先頭に立ちまた屋台骨となるポストにつく人々が、いずれも選挙によって選ばれるようになったことである（天保国訴の際の国惣代が、所領惣代らの「談合」によって所領規模等を勘案して決定されたこととは対照的である）。これまた、堺県や大阪府会の議員選挙の経験をふまえてのことと言うことができよう。

第三は、運動の起点が村から個人（家を代表する）へと変化したことである。特に第二回目の請願時において、賛同者の署名という形でこれがより純化した形であらわれてくることに注目したい。また、運動費用に関しても、「主唱者」による負担という形をとっており、各村へ高割されることが多かった大和の国訴の先例とは異なっている。

第四は、明治十九年四月になって、三回目の建白を行なうために有志会を催すにあたって、その連絡手段としてはじめて新聞広告が活用されるようになったことである。広告文が掲載されたのは『大阪朝日新聞』と『内外新報』で、当時大和では地方新聞が発刊されていなかった。そうしたなかで地元の新聞の必要性が痛感され、置県後ほどなくして、改進党系の新聞ではあるが、『養徳新聞』（社長は今村勤三）が発刊されるに至ったと言えよう。

第五は、キーワードとしての「国利」の中味に関してである。かつて指摘したように、国訴においても「国益」が標榜されたが、その内実はまずもって「国中」の百姓の「益」であり、農本主義を基調とするものであった。[32]一方、本運動で掲げられた「国利」は、殖産興業の進展とタイアップした用語であり、これと関わって、本運動の推進主体となった人々を中心に、置県後に、鉄道の敷設や銀行の設立、近代産業の育成が図られていくことになる、という点に着目しておきたい。

国訴のそれとは異なる点として右に指摘した五点は、奈良県再設置運動が近代の民衆運動として展開されたことを示す徴証と言えよう。

国訴から奈良県再設置運動へ、そこには、以上述べたように、運動構造上の連続面と断絶面の双方を見出すことができるのである。

おわりに

明治二十年（一八八七）十一月四日の勅令により、宿願であった奈良県の再設置が認められた。しかし、これに対して、「我々が平素望みを抱ける條件に付ては何等の執計をもなさず、単に奈良県新置の事にのみ及びしは全く委員が越権の沙汰とや云はん」と、不満の声をあげる人々が存在した（十一月十一日付『大阪朝日新聞』）。なぜなら、この時の請願は、地価修正（地租軽減）を旗印に展開されたものであったからであり、地価一〇〇円につき二五銭の運動費の負担を了承し朗報を待っていた一般の農民たちにとっては、〃話が違う〃結果となったからである。

この点に関して、竹末勤氏は、「（政府側は）地租軽減を要求する農民層に対して、再設置運動の指導層を取りこむことで押えようとしたのであろう。奈良県の再設置はその手段だったのではあるまいか。つまり、運動主導者は運動費用まで負担した農民の要求を利用し、これを掠め取ったのである」(33)との評価を下され、「運動指導層に減租実現にかける不退転の姿勢はなく置県を手土産に帰国」(34)したと述べられている。確かにこの局面だけをとって見ればそう言えなくもないが、もう少しその後の動きも見すえた上で評価を下す必要があるのではなかろうか。というのは、奈良県再設置認可後間もない時点でのつぎのような史料(35)が見出されるからである。

奈良県設置ニ付テハ減租出願ハ立消様ニ有シガ、過日於俵本重立タル恒岡氏・南花内村堀内忠司・宇智郡野原磯田清平・山辺郡田村中山平三《（八）》郎等合議有リテ、奈良県開庁議員選挙ノ上、機会ヲ計リ出願ノ決定ノ由

ここに名前が出てくる恒岡（直史）らは、「請願委員」として上京し「置県を手土産に帰国」した人々である。

この後、奈良県では、県会議員らを指導層として、他府県の運動とも連携しながら、日清戦争前にかけて（明治二十二年の特別地価修正後も）地価修正運動がねばり強く展開されていることが判明する。ここではその事実を指摘するに止めるが、今後さらに調査を重ね、置県前後の地価修正（地租軽減）運動についても分析を

試みることにしたい。

〔註〕

（1）谷山「近世後期の地域社会の変容と民衆運動」（『歴史学研究』六二六号、一九九一年、のち『近世民衆運動の展開』（高科書店、一九九四年）に収録）一二二頁。

（2）その一方で、国訴などを推進した村役人層の政策主体・地域運営主体としての成長という側面に着目し、そこから近代の地方民会成立に至る筋道を示した。

（3）竹末勤「書評(1)　奈良県刊行『青山四方にめぐれる国―奈良県誕生物語―』（『奈良県近代史研究会々報』六九号、一九八八年）二頁。

（4）国訴から地価修正運動へ、というテーマについての考察の必要性も感じている。

（5）明治十四年「福井県ヲ置キ堺県ヲ廃スル件」（『青山四方にめぐれる国』二七八～二八五頁所収、引用は二八一～二八二頁）。

（6）山上論文二四～二五頁参照。

（7）『奈良市史』通史四（奈良市、一九九五年）八〇～八二頁参照。

（8）明治十六年には、「河泉両国人民」も分置県運動を展開している。

（9）『青山四方にめぐれる国』二九五～三〇一頁所収。

（10）「大和分置県鉄道」と題された史料（奈良市高畑町・中村家文書）より引用した。

（11）廣吉壽彦・谷山正道編『大和国高瀬道常年代記』（清文堂出版、一九九九年）。

（12）「（大和置県請願件に付議定等控）」（奈良市都祁針町・福田家文書）。

（13）同右。

（14）天理市田町・中山家文書。同家文書は安堵町歴史民俗資料館に寄託されており、閲覧に際しては橋本紀美氏のお世話になった。

(15) そうしたなか、運動から手を引く者も増え、同十九年四月には、「大和置縣請願有志幹事」が「数回集合ヲ促セトモ僅ニ少数ノ参集ノミ、実ニ痛歎ノ到リナラスヤ」と記す有様となっている（「有志諸君へ告ク」、中村家文書）。
(16) 註(12)と同史料。
(17) 「明治十五年十一月三日田原本土橋亭ニ於テ分置県請願件ニ付集会決議」（奈良市西千代ヶ丘・恒岡家文書）。なお、同家文書については、山上豊氏に写真版を見せていただいた。
(18) 『青山四方にめぐれる国』一六〇頁参照。
(19) 中村家文書。
(20) 恒岡家文書。
(21) 彼は、「請願委員」に選出された恒岡直史に代って上京するが、Ⓐの委任状は添上郡の「人民惣代」の一人としての彼に宛てたものと見なされる。
(22) 藪田貫『国訴と百姓一揆の研究』（校倉書房、一九九二年　新版・清文堂出版、二〇一六年）九二頁など参照。
(23) 竹末勤「奈良県自由民権運動研究の現状と課題」（『奈良歴史通信』一七号、一九八二年）四頁。
(24) 山上論文三二頁参照。
(25) 『青山四方にめぐれる国』一七二〜一七五頁参照。
(26) 『田原本町史』史料編第二巻八一六〜八一七頁参照。
(27) 「（福田良知宛今村勤三書簡写）」（福田家文書）。
(28) 奈良市北永井町・坂本家文書。
(29) 置県実現後の県庁所在地については奈良が予定されていたが、これに反対する声もあがっていた。
(30) 今村は、中村雅真に宛てた八月二十七日付の書簡のなかで、「過日来山県参議公ノ邸ニ至コト七度、漸クニシテ一面会ヲナスノミ、（中略）亦山田参議ノ邸ヲ尋ルコト本日ニテ六度、然ルモ尚謁ヲ許サス、勤三輩身ハ賎陋ナリト雖、苟モ一国人民ノ惣代トシテカヽル軽蔑ヲ受クルノ理アラン、実ニ憤懣ノ至ニ堪ヘズト雖、亦顧ミテ思ラク、国家ノ政権ヲ掌握スル顕官ナレバ、事務ノ多端ノ因テナス所ナラント聊カ自慰罷在候」と述べている（中村家文書）。

(31) 谷山「天保期国訴の組織過程」（『人文学報』七三号、一九九四年、のち『近世民衆運動の展開』に収録）二二～二三頁。

(32) 谷山前掲註(1)論文一一八～一二〇頁参照。

(33) 竹末前掲註(3)書評七頁。

(34) 竹末前掲註(23)稿四頁。

(35) 註(11)と同史料。

終章　近世近代移行期の「国益」と民衆運動

はじめに

近世後期に大坂周辺先進地域で展開された農民闘争の一類型である国訴は、一九五〇年代前半に津田秀夫氏によって発見され、それ以降六〇年代にかけて、商品流通史的また階級・階層論的視角から、国訴をめぐって活発な議論が展開された（研究の第一期）。その後、国訴研究はしばらく沈滞したが、八〇年代に入って再び活況を呈するようになり、村落自治論・民衆運動の構造論・社会集団論などに刺激されながら、新たな展開をみせるようになった（研究の第二期）[1]。そうした八〇年代以降の国訴研究の特徴として、運動構造論また地域社会論としての研究の深化という点をあげることができるが、近代への移行という問題に関わる成果としては、以下の点が注目されよう。

第一は、運動構造に関してで、国訴惣代制の屋台骨となっていた「委任」関係への着眼である。この点については、「頼み証文」の存在に着目した藪田貫氏の研究[2]があり、国訴惣代とその選出母胎である村々の村役人との間に結ばれた「委任」関係は、運動過程において成立した「代議制の前期的形態」というべきものであるが、「ここからも日本近代における代議制が展望される」と積極的な評価を下されたことは、周知の事実に属する。

第二は、公儀の行政との関わりの面で、国訴などの広域訴願における公儀への触流し要求の展開や、政策内容そのものの具体的提示と公儀の法への反映、といった事実の存在が明らかにされ、訴願主体となった当該地域の村役人層の政策主体としての成長が評価されるに至ったことである(3)。

第三は、国訴の裾野への着眼、すなわち国訴の組織的基盤をなした「郡中寄合をはじめとする地域的な村落結合」や、その場で制定された議定への着眼である。これまた藪田氏の成果によるところが大きいが、「郡中議定」やその一環としての国訴を、近世後期の地域社会の変貌に対応した、当該地域の村役人層を中心的担い手とする新たな地域秩序形成〈運動〉の一環として捉えようとするものであり、百姓以外の身分集団に対する排他性や階層性を帯びつつも、自主的な「地域管理制」の形成を志向する動きとしてこれを評価されている（また、これと対応して「地域的入用制」の形成にも着目されている）(4)。手放しで評価することはできないが、当該村役人層の地域運営主体としての成長を示す事象ということもできよう。

このほか、肥料国訴に関する本格的な分析を行なうとともに、「地域主義」や「消費者問題」といった新たな視点を導入して国訴の再評価を試みられた平川新氏の一連の研究(5)も注目される。

このような成果を残した八〇年代以降の第二期の研究もほぼ一段落したような印象をうけるが、ここでは、いま紹介した各成果をふまえながら、国訴に関わってなお検討すべき二つの問題についてアプローチすることにしたい。

その第一は、近世後期～幕末期の「国益」に関する考察である。この「国益」という用語は、国訴の訴状などに散見されるばかりではなく、老農中村直三なども使用していたことが判明するが、そうした「国益」の意味するところについて、近代への展開を視野に入れながら、少しく考察してみたい。

第二は、国訴と近代の民衆運動、具体的には「国利」（「国益」）の実現をめざし「国」を運動の枠組として展開された置県運動・地価修正（地租軽減）運動との比較検討である。維新政権による新たな地域社会編成という問題を考慮しつつ、近世から近代への民衆運動の推転のあり方について論じてみたい。

そうした作業を通して、近世史・近代史双方から議論の素材を提供できればと考えている。なお、研究フィールドについては、大坂周辺地域（摂河泉）の動向も視野に入れつつも、大和を分析対象地域としたい。当地は、近世においては非領国地域に属し、幕府の地方行政機関であった奈良奉行所による大和一国の支配（なお、地論・水論等は京都町奉行所の裁判管轄）と個別領主の支配という二重の支配のもとに置かれていた。また、大坂の周辺に位置するという市場的優位性に支えられて、早くから商品生産が進展した。そうした地域的特性をふまえつつ、以下具体的分析に移りたい。

一　近世後期〜幕末期の「国益」と民衆

(1)　従来の「国益」研究

それぞれの時代には、その時代の雰囲気や傾向をよく示す言葉がある。わが国の近世から近代への移行期を考える上でも、いくつかのキーワードが存する。たとえば、奥村弘氏が一九九二年の歴史学研究会大会報告(6)で考察された「公論」などがそうだが、ここで取り上げる「国益」や国益もその一つである。なお、前者の「国益」についてだが、藩領国や大和国といったレベルでの「国」の益をさし、日本の国の益というナショナルなスケールを有する後者の国益と区別するために括弧をつけて表現している。この「国益」についても、大蔵永常の『広益国産考』や中村直三の『勧農微志』では「こくえき」というルビがふられており、当時そう読んでいたようであるが、ここでは、その意味内容からまたナショナルな国益と区別するために、「国益」と表現することにしたい。近世から近代への移行期を対象にする際、当然国益の方を問題にしなければならないが、それについてはあとで若干関説することにし、ここでは「国益」の方に注目して話を進めていきたい。

ところで、「国益」という用語については、周知のように藤田貞一郎氏らによる先行研究がある。「国益」研究の草分けと言うべき藤田氏は、一九六六年に刊行された『近世経済思想の研究』のなかで、各藩の事例研究をふまえて、「国益」に関して次のような形で集約されている。(7)

「国益」は、徳川中期に、大名領主経済の自立化の理念的表現として、大名領主権力の側から持出されて来た。幕藩体制が打破られ、崩壊するには、幕府支配の中央市場の崩壊が必要条件の一つであるのだから、諸藩経済の自立化は、その過程においては一度は通過しなければならぬ道であった。「国益」は、そうした幕藩体制に本来的な市場の構造を打破る思想的基盤をなした。

藤田氏は、その後も「国益」に関する研究を重ねられ、一九九五年に刊行された『日本経営史』1所収の論稿では、さらにコンパクトに、「国益という用語は、(中略)江戸中期の宝暦~天明期に、諸大名領国の商品生産・手工業生産における国産物自給自足の思想、藩経済自立化の思想をあらわす経済概念として登場してくる」というようにまとめられている。(8)ここで集約されているのは、藩益の追求を第一義とする藩領国型「国益」と言うべきものについてであり、そうしたタイプの「国益」思想の担い手に関しては、植田知子氏の「江戸中期の『国益』思想は、主として下級武士の中から自生したものと見られる。この理由の一つは、彼らが役人として農村の実情に精通し、経済や社会の実態を実感として理解しうる立場にあったことがあげられよう」

という指摘[9]や、藤田氏の「国益思想は、（中略）藩財政の実務に携わる武士の、いわば藩国家官庁エコノミストの経済思想として実践的に磨き上げられて行くことになる」という指摘[10]がある。

一方、藤田氏自身も、「藩内の商人や豪農にも、その思想が浸透する」と述べられているように[11]、近世後期に、「国益」は、経済社会化の進展に伴って大きく変貌しつつあった農村（地域社会）の真只中にあって、自村や領内村々の成り立ちに腐心していた村役人層や、豪商の側からも持ち出されてくるようになった。こうした下からの「国益」策の提示に関しては、近年平川氏が注目されて、研究成果を発表されており、一八世紀半ば以降経済政策の展開に際して藩の側から領民の側に政策の提言を求めるようになったこと、一方村役人層ら領民の側も積極的に献策行為を行なうようになり、さらにそうした政策を実行するポストに登用されるケースも存在したこと、を指摘されている[12]。大和でも、同様の例として、（幕領の例だが）天保期の葛上郡東佐味村落合平助の事例（「御国益之願書」―銀札発行の利銀による大和幕領全体の荒地起返と窮民救済計画案の提示[13]）が確認されるが、こうした下からの「国益」策の献策動向は、明治初期の時点での「国益」を論じる層の拡がりという藤田氏の指摘[14]の前提としても、注目されるところである。

以上、従来の研究史をふまえて藩領国型「国益」について述べたが、ここで問題にしたいのは、それとはタイプを異にするもう一つの「国益」、すなわち個別支配領域の枠を越えた「国」レベルのそれである。以下、大和の事例に即して、そうした「国益」について、近代への展開を視野に入れながら検討することにしたい。

(2)　国訴（広域訴願）と「国益」

まず最初に注目したいのは、国訴や広域訴願の際の訴状や廻状などに、「国益」や「国中之為方」あるいは「国難」といった用語が散見されることである（この点については、一九九一年の歴史学研究会大会報告でも注目したことがある(15)。その例を、少し長くなるが、以下に示そう。

〔史料1〕

Ⓐ（寛政元年〔一七八九〕）

（上略）願方惣代共申立候儀者、大和川剣先舟賃下ケ之儀去ル卯年より追々願立候、右願之通大坂町奉行ニ而裁許有之国益ニ相成候所、（下略）

Ⓑ（文化三年〔一八〇六〕「南都御番所様江願書写」のうち「対談差入書」の記事―省略）

Ⓒ（文化十二年以降）

和州表町在百姓年々肥し其外諸色大坂より仕送り候ニ付、都而諸直段近年舟賃追増相懸り候故、自然国難ニ相成候ニ付御願

（中略）川筋ニおゐて大坂剣先船持問屋而已ニ而、右於川筋ニ取締り聢と無御座候ニ付、舟賃銀其外船継場又者牛馬遣之者ニ而も勝手儘ニ相成、都而遠近之荷物送り先ニおゐて延着仕、百姓方自然肥し旬後レ稲毛両作共取実無少、国中之損毛莫太之不益ニ相成候段歎ケ敷義と奉存候間、（中略）右通船取締り被為仰付候ハヽ、（中略）国中之百姓ノ一同之為方ニ相成、猶又川筋ニおゐて故障之儀無御座候様相成候ハヽ、往々国益ニも可相成奉存候間、（下略）

Ⓓ（天保五年〔一八三四〕）

（上略）何分一同之難義を救ひ国益ニ相成り候様重而致度ものと、正路之一心神仏も感応あれかし、（下略）

Ⓔ（天保八年）

（上略）何卒御願之通新株御免被為成下候ハヽ、稼人多相互ニ励ミ合稼出情仕、油并ニ粕共沢山ニ相成、絞り草売捌方宜敷候故、百姓共猶更出情作付仕候様可相成、左候ハヽ、油稼人百姓共相互ニ至極之為方、且右々誰諸稼共相励自然と金銀之融通も出来安く、国中一統繁栄之基ひ、当時者勿論後代迄之国益ニ相成り、千万難有義と奉存候間、格別之御憐愍ヲ以新株御免被成下、猶又菜種之義も株人ニ不限一国手広ニ売買相成候様被為仰付被下度、（中略）右之趣御聞届被為成下候ハヽ、和州国中人民御救ひ広太之御仁恵と生々世々難有仕合ニ奉存候、（下略）

Ⓕ（天保十三年〜十四年「役中諸事覚日記」の記事—省略）

Ⓖ（天保十三年）

（上略）此度御歎訴之趣意者、当国御料所村々者勿論御私領方村々迄も百姓為方ニ相成候様御取締奉願上候義ニ候得共、一村切之取締者別段存寄迚も無御座候、一国之為方ニ相成候義ニ御座候得者縦令少々自村ニ差支之すし御座候とも多分ニ随ひ候心得ニ御座候故、一村立而御願奉申上存心者聊無御座候、奉恐入候義に御座候得共、一村丈之取締ハ銘々村役相勤メ罷在候得者、乍不及手切ニ取締仕、其上ニも難行届筋者夫々御地頭所へ申立、不当不為之筋者御支配限り御取締可奉願上候得共、此度之御願者一村切り又者一支配限りニも難取締訳柄ニ御座候間、乍恐当御奉行様之御威光ならてハ取締難行届奉存、無據不奉顧恐多御歎願奉申上候義故、惣代共一身一村之為方ニ御願奉申上候義者曾以無御座候、此段御憐察被成下、何卒当国中是迄悪敷風義も相直り百姓共農業而已ニ心を寄せ耕作出精仕候得者、自ラ国中繁栄仕、手余荒地等出来不申、御国益も相増、百姓共も弥以御国恩之余沢ニ随ひ長久相続仕度心得ニ御座候故、一村一己之御願筋者呉々も無御座候、（下略）

Ⓗ（嘉永三年〔一八五〇〕）

（上略）肥不正之品ニ而百姓難渋之義ハ、大坂・南都両御奉行様ニも格別被為思召、厳重御取締ニ相成（中略）、肥し怔合極品に立直り、国中百姓之為方如何計歟難有奉存候、（下略）

Ⓐは、大坂と大和とを結ぶ物資輸送の大動脈とも言うべき大和川筋剣先船の運賃をめぐる国訴の終結後の史料[16]で、「国益」の用例としては、現在のところ確認できる最も古いものである。Ⓑは、大和幕領四分村々が、私領方の同意をとりつけた上で、大和の諸株仲間・諸組合の全廃など九項目を要求して奈良奉行所に訴願に及んだ際の史料[17]で、「国難」という用語を見出せる。Ⓒは大和川筋剣先船をめぐる国訴の訴状[18]、Ⓓは菜種売捌・油小売問題をめぐって宇陀郡村々が展開した訴願に際しての史料[19]、Ⓔは同じく絞油屋株仲間に関わる国訴の訴状[20]である。Ⓕは、芝村藩領の大庄屋山辺郡勾田村中西小市郎が書き留めた史料[21]で、大和川筋剣先船問題や木綿織問題などに関わる廻状に「国難」「国中之為方」という用語を見出せる。Ⓖは、大和幕領四分村々が、私領方の意向もふまえて、木綿織統制など五項目を要求し奈良奉行所へ訴願に及んだ際の史料[22]、最後のⒽは、大和幕領三分村々（五三九か村）が、肥料への交ぜ物を問題とし不正肥料の取締りを要求して展開した訴願終結後の史料[23]である。

これらの事例をふまえて、「国益」概念形成の背景（要因）として、以下の三点を指摘できよう。

第一は、他「国」との、「国」外の仲間との経済的交渉のなかで、大和一国の経済（→「国益」）が問題とされるようになったことである。この点については、史料1のなかの大和川筋剣先船関係の事例のほか、他の史料の記載[24]からも読みとることができる。第二は、田沼期に入って以降の支配国レベルでの幕府の商品流通統制政策の展開に伴って、個別領主の支配領域の枠をこえた共通の利害が形成されるようになったことである。第三は、商品経済の進展を背景とした地域社会の構造変化に伴って、個別領主の支配領域の枠内では解決できな

表1　国触請求の訴願例(判明分)

年　度	訴願村々	内　　容	国触
天明8(1788)	摂河836か村	肥料	○
天明8(1788)	和泉四郡村々	肥料	○
寛政4(1792)	大和幕領四分村々他	農業外奉公人規制	?
文化3(1806)	大和幕領四分村々	倹約令	?
天保4(1833)	大和幕領五分村々	米他国売差留	?
天保6(1835)	摂河952か村	肥料	○
天保6(1835)	和泉四郡村々	肥料	○
天保13(1842)	大和幕領四分村々	木綿織統制、堕胎禁止等	○
嘉永2(1849)	摂河	肥料	○
嘉永2(1849)	大和幕領三分村々(539か村)	肥料	○
安政2(1855)	摂河1086か村	菜種・油粕正路手広売買	×カ

註　谷山『近世民衆運動の展開』349頁所掲の表に事例を追加して作成。寛政4年の大和の事例は、安永8年の国触発令をふまえて訴願に及んだものである。

い問題が噴出するようになったことである。そうした状況のもと、広域訴願や国訴がくり返し展開されるなかで、個別支配領域をこえた形の「国益」概念が形成されるに至ったと言うことができよう。国訴は、史料の表現を借りて言えば、「村々百姓一体之国益」(後掲史料4)を関係奉行所への訴願を通して実現しようとしたものであり、戦線を拡大して多数派を形成し、要求の貫徹をはかる必要上からも「国益」「国難」が強調された、という点も併せて指摘しておきたい。

「村々百姓一体之国益」の実現をめざして展開された国訴が、幕府が編成した特権的流通機構(株仲間組織を介した商品流通統制)を突き崩していく上で大きな役割を果たした点については、従来数多くの研究(特に第一期の)が明らかにしてきたところだが、私は、国訴や広域訴願において、「国」レベルでの政策(「国益」策)実施の要求・提言がなされている点に注目したい。表1は、国触請求の訴願例を摂河泉の事例も含めて示したものであり、表中の天保改革期の大和の事例に即して言えば、十三年三月に幕領四分村々の側から提示された「国益」策の内容(木綿織統制・堕胎禁止触流し要求など）が、九月二十五日付の奈良奉行所からの国触に反映されるとともに、同年十一月三日に幕領四分村々の惣代らが作成した四か条（専業的木綿織稼の禁止、出機の禁止、堕胎の禁止、農業奉公人給銀等雇傭に関する取締）にわたる取締書の内容が、翌年三月に幕府代官所からの触書としてそのままの形で発令され、各村の「小前末々迄」請印が取られるに至っていることが知られるのである。(25)

また、訴願運動を展開した惣代らの言葉を通して、「国」レベルへの視野の拡がりに対応して、地域の公共性という点についての認識が育ってきている様相も看取できる。これに関わって注目したいのは、前掲史料1―Ⓖ（天保十三年）の「一国之為方ニ相成候義ニ御座候得者、縦令少々自村ニ差支之すし御座候とも多分ニ随ひ候心得ニ御座候」という表現であり、また訴願例ではないが、後掲史料3（天保三年）の「当村之為方ニ而者決而無之候得共、国益ニも相成候事ゆへ」という一節である。前者は、明治五年（一八七二）十一月の会議所設立に際しての奈良県布告文中の、(26)「全国《大和》之便利を起す事なれは僅一村二村之利不利を主張致し候儀不相成」という一節に通じるものであり、これらの事例を通して、地域の公共政策を担いうる主体の形成を看取することができるのではなかろうか。ただし、国訴（広域訴願）において実現がめざされた「国益」は、「村々百姓、一体之国益」であり、身分制的な制約を有していた。それ故に手放しでは評価できないが、国訴（広域訴願）における「国」レベルでの政策実施の要求・提言など、前述した動向は、近代初頭の廃藩置県後の「国」→県レベルでの政策決議機関（具体的には後述する会議所や奈良県会）形成の前史として注目すべきである、と考えている。

(3)「国益」と勧業

近世後期から幕末期にかけて、国訴のような訴願という手段によってではなく、自主的な活動を通して「国益」を実現しようとする動きも一方で見られた。そうした例として、まず、後に明治三老農の一人に数えられるまでになった、山辺郡永原村中村直三の事例を取り上げたい。(27)注目したいのは、彼の代表的著作とされる『勧農微志』（文久二年〔一八六二〕）であり、以下の記載箇所である。(28)

〔史料2〕

○大和国中大村中村凡千ヶ村と見て、一村に十町の麦地一反に一斗の作り増しにても、一ヶ村に十石、千ヶ村に一万石の作り増しとなる。作り主ハ一万石の徳益ありて、其麦ハ国中の潤ひとなる。

○此すりぬか藁なぞを焚柴にして山行をやめ、麦の中を今一へんも余計に切かへし、春夏秋の間なるたけ青草をかり肥しの足にすれバ、先軒別一駄の種粕のびとしても、和州国中十万軒の家数に一軒に壱駄と見て十万駄、一駄金一両と見て都合国中ニて十万両ののび金となる。

○雌穂の籾をすれバ、一反に二、三斗の作り増ができる。是も国中一体にスレハ、年々数万石の作りましとなるなり。

○川堤に竹木茂れバ其近辺陰地になり、立毛の害となる。此竹木を切はらひ、是まで陰地になりし田地を少しづゝ、堤へ付足し川堤をひろめ、土を築上ケくへそふな所ハ蜀黍を植て地をかため、其次に大豆ぶん豆の類を植て、年々とふきび豆から等をとり焚柴のたしにし、実ハ国益となり一体の潤となれバ、是又年々の事ゆへ夥しき徳益となる。

ここでは、本書の細かな内容にまでは踏みこまないが、本書において直三は、「近頃尾州三州遠州の三ヶ国の海辺の新田に綿を作る事夥しきよしにて、和州の綿の直までも下り、其上尾三遠の綿地へ天満粕をおき込候ゆへ、種糟かすり直上りいたし、和州のうり物ハ段々下り」と、「和州の患」を指摘した上で、「大和国中」の

「徳益」「一体の潤」を実現するための具体的方策を提示している。彼は、訴願という手段によってではなく、農業技術の改良を通して「国益」の実現をはかろうとしたのであり、技術的・生産力的に「民益」の増進をはかろうとしたのである。[29]そうした彼の姿勢は、年代は下がるが、「不容の嘆願をなさんより寧ろ農業を改良するに如かす」（明治十五年〔一八八二〕）[30]という晩年の彼の言葉に端的に示されており、また、これと関わって、「村長ハ（中略）巧言令色ニ移り、凶作嘆願書争論訴言之案文等ニ心を尽し候者も不少」（明治三年）[31]と、訴願にはしる「村長」らの活動のあり方を、彼が痛烈に批判している点も注目される。

幕末のこうした直三の活動――農事改良を行ない「大和国中」の「徳益」の実現をはかろうとした――の背景には、後年に彼自身が記しているように、天保凶作時の体験が大きく影響していた（当時十代後半であった彼が目にしたのは、米穀を他国に仰がねばならない状況のもと、連年の凶作により生じた「貧民餓死夥敷」有様であり、彼は「全く農事ニ不行届より右様ニ立至り候」と、農事改良の必要性を痛感した。[32]なお、大和における天保飢饉の発生には、綿作の展開に加え、農村加工業の進展に伴う買喰層の増加という事情も介在していた）。また、幕末に直三が「国益」の追求をめざすようになった背景には、大蔵永常の著作、就中『広益国産考』（天保十五年〔一八四四〕刊）の影響も想定される。[33]

さて、もう一度『勧農微志』の記述に戻って注目したいのは、直三が本書の末尾に「口上」を記し、「近年諸式高直ニ付諸人の難義を御推量、五穀をはしめ諸品御作り増し、養水潤沢の御工夫、肥しの類手作り、薪類焚のばし、其外御国益ニ相成候義を深く御心配被下候御方多く御座候由承り由候、右御聞及ひ被遊候義を、乍御面倒私方迄御しらせ被下度」と記している点である。[34]農業史の側からも従来指摘されているように、直三の活動は大和の数多くの老農達によって支えられており、彼等の取りまとめ役として直三は存在した。[35]また、『大和穂』（文久三年）や『伊勢錦』（慶応元年〔一八六五〕）などからうかがえるように、彼の活動を支える「増作願主」（篤志家や心学仲間）の存在も注目される。[36] さらに、直三は、周知のように、当時非人番の重役（「六段」）をつとめており、彼の伝記には、大和国内各地の稲品種の入手に際して番人の組織も活用した、という記事も見出せる。[37]

この後、直三は、宇陀川分水の計画を立てるとともに、明治に入り、大和の各藩に招聘され農事改良指導を行なった後、廃藩置県後には、奈良県勧業下用掛などとして積極的な活動を展開するに至っている[38]（「老農中村直三ノ名漸ク著レ」、同十年以降には、秋田をはじめ「東ハ宮城、北ハ石川、福井、南ハ大分ノ諸県」からも招かれて巡回指導に赴いている）。[39] 言い方を変えれば、明治政府―府県は、老農のネットワークの頂点に位置した直三のような存在を掌握し、勧業政策の推進に活用していったのであり、直三の著作に見出される「国益」は、近代の勧業政策を地域で支える理念として展開していったのではないかと思われる。

つぎに、所領の枠をこえた地域の公益を実現しようとした、「国益」という用語が見出される事例として、以下の二例に注目したい。

〔史料3〕

天保三年 大橋造立帳 壬辰三月

一　当村領葛下川筋川上之儀者、尼ヶ獄・葛城山ニて、聊の小雨降候而も出水多く、仮初にも牛馬通行難出来、当村迄参り川表ニて難儀仕、荷もつハ村方ニ預置申候儀及度々候間、依之諸方之牛馬遣より当村

之小橋大橋ニ致し呉候様累年相頼申候得共、当村方之儀者在来之通ニ而、少しも差支之筋者無之候故断申居候処、此度諸方之牛馬遣五人惣代として頻りニ相頼申儀ゆへ承知仕候ハ、牛馬通行自由ニ相成候得者肥し類日限不延、其時節〳〵立毛ニ仕付申候得者立毛生育も宜、彼の幼児ニ乳房相含候道理歟、如之立毛育も宜候得者国益ニも相成申候事ゆへ、右惣代之任願意ニ今般大橋造立いたし候、前文之通当村之為方ニ而者決而無之候得共、国益ニも相成候事ゆへ、右大橋造立いたし候間、宜御助力之程偏ニ奉願候、

以上

薬井村 庄屋 清兵衛
年寄 彦兵衛
発起人 九兵衛
儀兵衛
忠蔵
新助
佐次兵衛
世話人 小村 吉助 ㊞
同 綿屋 吉兵衛 ㊞
同 問屋 庄兵衛 ㊞

〔史料4〕

口上之覚

一　兼而国益之儀相考居処、今般思立、竹田村領分より田原本迄魚梁剣先荷物船引登荷捌所出来候得者駄賃等格別下直ニ相成、且者弁利能村々百姓一体之国益ニ相成候様奉存、右ニ付御地頭様奉御伺候処御尤ニ被思召御申渡ニ者、村々勝手ニ相成候哉問合せ可申様被為仰付候間、御勝手ニ相成候様思召候ハヽ、村々名前御認御印形可被下候、右之段御頼申上候、以上

（嘉永五年〔一八五二〕）

田原本問屋　市兵衛
坂手村南方庄屋　次兵衛
大安寺村庄屋　善兵衛
大木村庄屋　忠兵衛
伊与戸村庄屋　藤兵衛
蔵堂村庄屋　甚兵衛
為川村庄屋　弥兵衛
遠田村庄屋　市右衛門
檜垣村南方庄屋　彦兵衛
柳本庄屋　清右衛門
八条村庄屋　弥右衛門
阿部田村庄屋　利右衛門

史料3（天保三年）[40]は、「当村之為方ニ而者決而無之候得共、国益ニも相成候事ゆへ」として、葛下川筋の大橋の造立を企画し、助力を呼びかけたもので、地元葛下郡薬井村の村役人と発起人五名（「牛馬遣五人惣代」）

そして世話人三名（大和川筋の葛下郡藤井村の問屋庄兵衛ら）が名を連ねている。史料4（嘉永五年）[41]は、「魚梁剣先荷物船引登荷捌所」の開設に関わる史料で、この荷捌所ができれば「駄賃等格別下直ニ相成、且者弁利能村々百姓一体之国益」になるとして、村々の了解をとりつけようとしたものである。式下郡坂手村南方など一一か村の庄屋と田原本の問屋市兵衛とが名を連ねており、冒頭に「兼而国益之儀相考居処」と記されている点も注目される。双方ともに商品の輸送の便に関わる史料であり、関係村役人と牛馬遣や問屋商人との連繫のもと、「国益」の実現がめざされている点に着目したい。

ここに見出される「国益」は、明治五年（一八七二）七月の「奈良県布告」第五五号（大和国内の開路工事への出金協力諭示）[42]の前史として、また六年九月の「会議所条例」[43]で「国中ノ利益」に関わって「広ク詢問衆議ヲ尽スヘキ事」とされた一二科のうち、「水利運漕ノ便ヲ開ク事」「道路橋梁ヲ修繕スル事」に連なる内実を備えたものとして評価できよう。

以上、本章では、限られた事例ではあるが、近世後期から幕末期にかけての大和の国訴の訴状をはじめ村方史料などに見出される「国益」、従来主に分析対象とされてきた藩領国型「国益」とは異なる「国益」の用例に注目し、国訴（広域訴願）と「国益」、「国益」と勧業という順に、近代への展開を視野に入れながら、それぞれについて不十分ながら検討を行なった。

二　近代の民衆運動の展開と「国益」

本節では、最初に提示した第二の課題である、国訴と近代の民衆運動――具体的には「国」を運動の枠組として展開された置県運動・地価修正（地租軽減）運動――との比較検討を行ないたい（従来研究成果の乏しい

「運動から運動へ」という側面についてのアプローチ）。また、置県運動など近代の民衆運動のなかで主張され実現がめざされた「国利」（「国益」）の中味についても、併せて検討したい。

(1)　奈良県の成立と奈良県会の開設

ここでは、奈良県再設置運動などの分析を行なう前提として、また前節での議論との関わりで、奈良県下での地域運営体制のあり方[44]についてまず述べておきたい。

明治四年（一八七一）七月に断行された廃藩置県の後、同年十一月に府県の統合が行なわれ、大和一国を範囲とする奈良県が成立した。この時、初代県令となったのは四條隆平であり、そのもとで開化政策が展開されていくことになった。そうしたなかで、五年十一月の会議所設立の「告諭[45]」にもとづいて、県内一二の大区毎に会議所が設けられるようになったことが、まず注目される[46]。これは、「物産・水利等総て土地有益の事を共議し、以て全国《（大和）》一般隆盛ならしむの基を立ん事」を目的として設置された機関であり、六年九月の「会議所条例」からうかがえるように、管内の「公撰」の区・戸長ら（近世身分制の解体に伴って地域代表化した存在）が集まって政策を合議する機関でもあった。会議所で「詢問衆議ヲ尽スヘキ」とされた事柄は、学校創立・物産興隆をはじめとする一二科および「国中ノ利益トナルヘキコト」であり、協議決定事項を遂行するには県庁の裁可を要すとされていた。なお、ここでいう「国中ノ利益」は、近代化政策の推進とタイアップした用語であることに留意しておきたい。

さらに、奈良県下では、会議所の開設から一年余にして、藤井千尋権令時代に県会が開催されるに至っていることが判明する。従来全く明らかではなかった事実であるが、見つけることができた八年三月付の「奈良県会議則[47]」によれば、「客春」以来すでに数回県会が開催されたことが記され、その実績をふまえて議則が定められ、奈良県会の制度化がはかられようとしたことがうかがえる。この議則には、冒頭部分で五か条の御誓文の主旨に基づく県会の開設が謳われており、県会を構成する議員は人口の多寡に基づく各大区毎の定数に従い区・戸長から合計二四名、これに「員外議員」として官員・学区取締から各定数に従って合計一一名が加わること、議長は県令もしくは参事がつとめること、毎月四日に県会を開催すること、多数決制を採用すること、が明記されている。県会は、県レベルでの政策の立案と協議を行なう場であり、会議所のケースと同様に、協議決定事項の執行権（「施行スルト施行セサル」との判断）は県側が握っていた点に留意しておく必要がある。このように、八年三月に「奈良県会議則」が定められたが、その翌月には「大区会議章程」[48]が定められ、県会、大区会、さらにその下の小区会という形で、重層的な会議体制が形づくられていった。

以上、奈良県下での地域運営体制の整備過程の概略について述べた。会議所や県会などは開明的な県令によって上から開設されたものであったが、新たな地域運営体制が構築されていくなかで、旧村役人層らの「国」→県レベルまでの政治参加の制度化がはかられ、下からの「国益」策の提示に示されたような彼等の能動性が組みこまれていった点に、注目しておきたい。

(2) 奈良県再設置運動の展開と再設置後の動向

ところで、そうした折、奈良県民にとって重大な事態が発生した。それは、奈良県の廃止→堺県への合併編入という事態である。明治九年（一八七六）四月のことであり、各府県の財政難解消をねらいとした第二次府県統合計画の一環をなす措置であった。この事態に際して、県庁のあった奈良町の住民は惣代を立てて反対運動を展開したが[49]、この時には「国」規模の運動には発展しなかった。

さらに、その後、十四年二月には、大和を含む堺県が大阪府に統合されるに至った。これは、大阪府の財政難解消を目的とした措置であり、地方税規則の改定（十三年十一月「太政官布告」第四八号）に伴う府県財政における国政委任事務の増大＝地方税支弁の増大という事情も介在していた。こうして、もとの大阪府（大阪四区と旧摂津国七郡）に旧堺県域（旧河内・和泉・大和国）を加えた大《だい》大阪府が成立するはこびとなったが、統合後ほどなくして、奈良県（大和）再設置運動が展開され、やや遅れて堺県（河内・和泉）の再設置運動も展開されるに至った。三新法にもとづいて、地域（各「国」の郡・区）選出の議員により府会で財源である地方税の使途をめぐる議論が行なわれたが、そうしたなかで地域利害の対立が表面化するようになり、各「国」の利益が問題とされるようになったからである[50]。特に大阪府の場合、大都市大阪を内包しており、地域利害の深刻な対立が生じやすい地域構成になっていた点[51]にも留意しておく必要がある。

堺県再設置運動については北崎豊二氏の研究[52]に委ねるとして、奈良県再設置運動[53]について以下略述しておくと、まず運動の理由・目的については、「阪府ニ隷スルノ弊害」を除去し「国利」を増進することにあったと言える。具体的には、十五年十一月に内務省へ提出された「大和国置県請願理由書」[54]に詳しく記されているが、ここでは十九日の請願の際の要求理由を以下に示しておこう[55]。

〔史料5〕

一　地方税ノ不平均
二　土地風俗異ナル所謂氷炭器ヲ一ニスルノ情勢ヲ免カレサルコト
三　工事商業ノ退歩
四　道路開鑿電信ノ不便
五　神武創業以来一千四百四十余間歴朝ノ帝京ニシテ、工芸美術ノ模範国タルコト

六　大和ハ土地広ニシテ大阪全府下ノ十分ノ六已上占ムル大国ニシテ、毎年地租国税地方税ヲ合算スレハ壱百万円ニ降ラサルコト
七　西洋人ノ間断ナク来往アルモ御勾際（交）上十分ノ甘心ヲ与フル能ハサルコト
八　大和国ニ鉄道ヲ敷設シ国利ヲ増進シ民力ヲ養勢スルコト

運動の詳しい経過については、ここでは省略するが、大阪府への統合後一年もたたない十四年の年末から準備をはじめ、十五年十一月の内務省への請願を皮切りに、くり返し請願・建白を行なっていること、途中松方のデフレの影響もあって運動が尻すぼみとなったが、二十年秋の地租軽減の請願に際し、これを却下する代替策として、同年十一月四日にようやくにして奈良県の再設置が認可されるに至ったこと、が判明する。運動の準備をはじめてから実に六年を経て悲願が実現したわけだが、以下奈良県再設置後の動向についても略述しておきたい。

まず、第一に注目されるのは、殖産興業が推進され「国利民福」の増進がはかられていった点である。具体的には、鉄道の敷設・銀行の設立・近代産業の育成・新聞の発刊などがそうだが、このうち鉄道関係について少し見ておこう。

〔史料6〕

（上略）私共計画罷在候鉄道路線ハ、大阪南区御蔵跡町ヨリ河州ヲ経テ和州神武陵下今井町ニ至ル工事ヲ第一着トシ、其以東ハ伊賀ヲ経テ勢州四日市ニ通ジ、其以南ハ和州五条ヲ経テ紀州和歌山ニ達シ、其以北ハ和州奈良ニ通ズルノ目的ニシテ、私共ニ於テ之レガ敷設今日ノ必要ト確信仕候、理由ハ蓋シ国利民福ヲ増進スル手段タル殖産興業ノ隆盛ヲ図ルニ若クハナク、殖産興業ノ隆盛ヲ図ラント欲セバ必ズヤ舟車ヲ利

用シ、以テ交通運輸ノ便ヲ開カザルベカラザルハ勿論ニシテ、国家富強ノ基礎ヲ確立スルノ企図モ亦恐クハ此ニ外ナラザル可シ、（中略）大和国ノ実際ニ徴センニ、其広サ東西凡ソ十三里、南北二十七里ノ長キニ亘リ、四万五千余町ノ耕地アリ、十五万三千余町ノ山林アリ、人口殆ド五十余万ヲ下ラザルモノ、一旦之ガ交通運輸ノ便ヲ開カバ、山野今日ノ遺利容易ニ之ヲ一大要津ノ市場ニ上スヲ得テ、其幸福ハ啻ニ一地方ノ享有ニ属スルノミナラズ、国家経済上ニ於ケルモ未ダ必シモ利スル所ナシト謂フベカラザルベシ、

（下略）

これは、二十一年に免許があった大阪鉄道の敷設願[56]の文面だが、〝山林王〟と称された土倉庄三郎とともに、置県運動の中心人物であった恒岡直史（元大阪府会議長）と同じく広瀬郡の幹事として置県運動に関わった中尾重太郎が発起人に名を連ねており、両都鉄道（のち奈良鉄道）の場合も、社長となった今村勤三をはじめ奈良県側の発起人・役員・有力株主の多くが、置県運動の中心となった人物によって占められていることが注目される[57]。このように、奈良県の再設置以降、置県運動を担った人々を中心に、殖産興業の推進―「国利民福」の増進が図られていったが、これに関わって注目しておきたいのは、「国利民福」の増進は「国家富強ノ基礎ヲ確立スル」ことに連なるのだという認識が認められることである（史料6参照）。そこにはナショナルな国益の増進を地域で支える理念としての「国利」＝「国益」という構図を見出すことができよう。

奈良県再設置後の動向に関して、第二に注目されるのは、地価修正運動の展開である（地価修正を求める運動は、地租改正事業のあり方を反映して、当時においては「国」を運動の枠組として各地で展開されるようになっていた。その全国的な運動については、安良城盛昭氏[58]や黒田展之氏[59]らの先行研究があり、近隣府県に関しては、大阪府下―摂津・河内・和泉―の事例を対象とした北崎豊二氏らの研究[60]や、京都府下の丹後の事例についての今西一氏らの

表2　奈良県における地租軽減・地価修正運動の展開

年　月　日	運動の展開
20　11	大和の人民、地租軽減の要求実現せず、東上委員に対して不満をとなえる（朝日11／11ほか）
11カ	減訴出願の件につき、恒岡・中山・堀内・磯田ら会合、「奈良県開庁議員選挙ノ上機会ヲ計リ出願ノ決定ノ由」（『大日記』）
12・23	地価減額請願につき、県下の地主総代一同今井へ集合する（朝日12／24）
22　8・26	田畑地価特別修正公布、奈良県の減地価率は田方14.92パーセント、畑方12.43パーセント
24　2	帝国議会へ提出する地租軽減請願書の調印をとりまとめ作業郡部各村で終了、奈良町を残すのみ、「昨今大字毎に二名宛の連署を求め居ることなるが、愈々全管内の調印済たる上は委員三名を選み東上せしむる筈なりと」（日出2／15）
2	県下の大地主・各郡の有志者集会、請願委員2名を選挙、県会議長恒岡直史と県会常置委員真田真緒が選出され18日に東上（朝日2／18）
2・27	大蔵大臣にも請願を行なうことに決し、請願書進達のため県庁へ提出、「紙数積んで柳行李に充満せる大嵩のものなりと」（朝日3／3）
2	⊗「地租軽減ニ対スル請願書」（→貴衆両議院議長）恒岡・真田 他 奈良県下拾五郡内人民惣代2681人、「農民富メハ則チ国富ミ」「地租ヲ軽減シ以テ富国ノ基ヲ開カンコトヲ希望スル」（恒岡家文書）
7・30	県内地価修正同盟員、奈良手貝町対山楼で集会、第2議会への請願手続きなどを決定（日出8／1）
8・4	県会議員、奈良菊水楼で集会、地価修正実現にむけ2府18県の同盟に加わり運動を進めること、23日に田原本で県会議員及び各郡代表（1郡より2～3名）の会議を開くこと、当日決定の次第を出席人より各町村長に通知すること等を申合せる（日出8／7）
8	県内の非地価修正派、中以下の者は地価修正が実現してもその利を受る能わず只費用を負担するのは迷惑として反対派を糾合（日出8／11）
8・9	添上一郡の地価修正有志会を開催する予定であったが14日に延期、「当日は添上郡各町村役場より五名づゝの総代を出すべき様各町村役場を経て発起人より通知したりと云ふ」（中外8／13）
8・14	奈良県中院極楽院で添上一郡の地価修正有志会を開催、80余名出席、23日の地価修正大会（於田原本）に出席する委員を選挙し、脇野喜郎・大森吉兵衛・喜多芳五郎を選出、運動費は地価100円に1銭をこえないよう申合せる（中外8／18）
8・23	県内地価修正派、田原本浄照寺で大会を開催、65名（県会議員34名・郡委員31名）出席、2府18県に同盟して一致の運動をなすこと、奈良町に事務所を設けること、地価100円に5厘宛の運動費用を徴収することを決め、県会議長中山平八郎と磯田清平を上京委員に選任
	⊗「特別地価修正請願書」（→両院議長） 奈良県人民総代中山平八郎 他

8	運動費用の負担方法（地価割）をめぐって山辺郡などで反対の声あがる（日出８／27、９／３）
8	非地価修正派、平群・十市郡、吉野郡天の川・川上郷に多く、連合して運動せんとする（中外８／20）
9・4	地価修正派県会議事堂で大会を開催、38名出席、地価修正材料収集の調査を行ない、調査書を印刷して毎村大字及び大地主其他の関係者への配布することなどを決定する。同日堀内忠司・中尾重太郎摂河泉地方の実況取調のため出発する（中外９／８）
11・6	『奈良県下地価修正材料調査書』発刊、発刊者兼著作者は堀内忠司・服部蓊・三村城太郎（奈良県立図書情報館所蔵）
25　8・2	地価修正派30余名、各郡１名の陳情員を上京させることなど４点を決議する（日出８／12？）
11	⊗「地価修正請願書」（→衆議院議長） 奈良県大和国十五郡米田新八他10550人（今村家文書）
12・7	地価修正請願委員として上京した今村勤三帰県、県会議員30余名迎える、高田町照月楼で県下各郡１～３名の町村長及び総代人と会合、15日に県会議事堂で有志会を開き２名の上京委員を選定することなどを決議する（朝日12／10）
26　9・7	八木町辻嘉方で地価修正請願郡委員会開催、30余名出席、上京中の堀内忠司は同盟府県委員を委嘱すること、請願用紙は町村役場に依頼し、地主の捺印を求め、９月30日までに事務所へ送付することを決める（近畿自由９／９）
11	奈良県地価修正請願書まとまり、11日頃東京の事務所へ送付の予定（近畿自由11／９）
11	⊗「田畑地価特別修正請願書」（→貴族院議長） 奈良県大和国十五郡田畑地主地価修正請願者龍見隆次郎　他16080名 ⊗「畑地価特別修正請願書」（→貴族院議長） 葛下郡上牧村他７か村・広瀬郡馬見村他２か村地主総代（愛知学院大学付属図書館所蔵、黒田展之氏コピー）
11・8	県会議長堀内忠司「地価修正請願費金収支盟約意見書」を作成する（堀内家文書）
12・8	地価修正請願郡委員会開催、26年10月以降の請願費は地価100円に２厘宛賦課し、12月20日までに徴収することなどを決める（堀内家文書）
27　5	八木町で地価修正大会を開催、第６議会に対する運動を本県４代議士および上京中の桜井徳太郎に委託することなどを決める（朝日５／９）

⊗ 25年２月　奈良県請願委員磯田清平、２府24県の請願委員と連名で「地価修正ニ関スル陳情書」を貴族院各議員へ呈出（黒田展之氏『天皇制国家形成の史的構造』613～616頁所収）

研究[61]があるが、奈良県＝大和のケースについての研究は、従来皆無であった）。表2に関係年表を示したが、奈良県の場合、地租軽減は二十年秋の置県前の運動で実現できなかった課題であり、その後、二十四年二月の地租軽減の請願のあと目標を地価修正に転じ、他府県とも連携（「地価修正同盟」に加盟）しながら、日清戦争前にかけてねばり強く運動を展開していることが知られるのである。

こうした運動展開の背景として、①二十二年に全国的規模で田畑特別地価修正が実施されたが、二十四年に作成された『奈良県下地価修正材料調査書[62]』に、「明治廿二年特別地価修正ヲ見ルニ、彼レニ厚キ我ニ薄キ偏頗ノ処置アリ、則チ（中略）京都・大坂・三重・和歌山ノ府県ハ田畑共ニ二割以上五割六歩以内ノ軽減ヲ得、三重県ノ畑地ニ於テ独リ二割以内ナルモ、尚ホ本県ハ其以下ニシテ近府県ノ最下額ノ処分ヲ与ヘリ」云々と記されているように、修正率に「偏頗」があり、奈良県＝大和の場合、他「国」と比較してなお高地価であったこと、②大和のうち奈良盆地の主要な商品作物であり、地租改正当時には高地価評価の要因となっていた、綿と菜種の不利性が顕在化するようになったこと[63]、③前述の『奈良県下地価修正材料調査書』に「今ヤ立憲政体ノ基礎ヲ立ラレ、不幸ヲ訴フルノ途開ケ、不平均ヲ匡スノ所ロ備ハリタリ」と記されているように、帝国議会の開設（二十三年十一月）によって、地租・地価問題についての全国的規模での審議の道が開けるようになったこと、を指摘できよう。

(3) 奈良県再設置運動・地価修正（地租軽減）運動の構造

ここまでの経過の叙述が少し長くなってしまったが、以下、ここでの第二の中心課題である置県運動・地価修正（地価軽減）運動の構造分析を行なうとともに、国訴のそれとの比較検討を行なうことにしたい。

奈良県再設置運動の推進主体や組織構造については、本書第一二章で具体的分析を行なった（以下、本書第

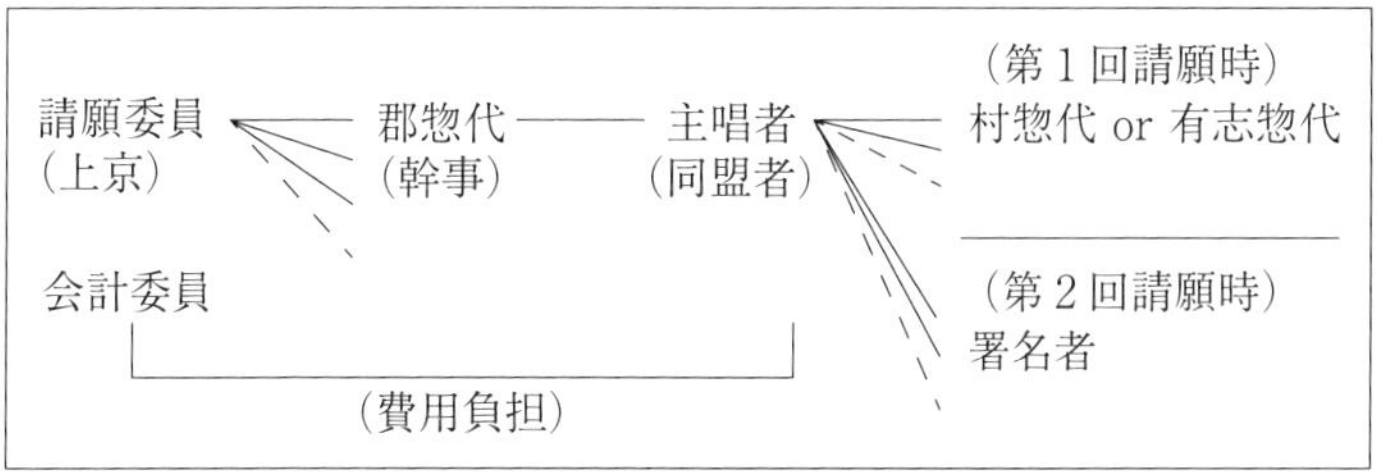

図１　奈良県再設置運動の組織図

一二章をもとに述べていく。分析にあたって依拠・活用した史料や表も含め、詳しくは第一二章を参照されたい）。まず運動の担い手についてであるが、指導層は大和選出の大阪府会議員グループであり、彼等は、請願委員や会計委員として、また郡物代（幹事）として、運動を推進する上で中心的な役割を担った。運動の主体は、各郡の「主唱者」ら戸長層であり、運動費用の負担も彼等が担った。なお、この運動への立憲改進党の影響は認められるが、これを強調しすぎるのも正しくない（今村勤三は「何党何派ノ煽動ニアラザル真正ノ請願」と述べている[64]）。

つぎに、運動の構造についてであるが、郡の枠組が運動を組み立てる上で活用されており、「主唱者」らによる郡集会の場で郡物代が選挙によって決定されていること、そうして選出された郡物代らによる「惣代会」など国集会の場で運動方針が決定されるとともに、請願委員と会計委員が選挙により選出されていること、がまず注目される。また、運動の「費用節減ノ為メ[65]」に請願委員が限定され、委任関係を媒介として運動が展開されていること（「委任状」の存在）、第二回目の太政官への請願時には、賛同者の署名を募るという形で運動の裾野の下降が見られること、も注目される（図1参照）。このほか、伝達手段として電信や新聞（広告）といった近代的な情報メディアが活用されるようになった点にも着目しておきたい。

つぎに、地租軽減運動・地価修正運動の場合について、史料が十分ではないが検討しておこう。まず、二十年（一八八七）秋の置県前に行なわれた地租軽減運動のケースについて。これは、以下に示す同年八月付の「条約書」の前書にも記されているように、大阪府下のうち摂河泉地域を対象として地価修正→減租（二〇分の一引下げ）が実施され[66]、大和のみ据置きとなったために展開されたものであり、「条約書[67]」の条文を通して運動の組織構造をうかがうことができる。

〔史料7〕

条約書

今般大阪府下之中摂河泉田地租二十分ノ一減租ノ趣キ伝聞、就テハ河泉両国トハ元堺県ニ付和河泉三ヶ国一時ニ租額相定候次第ニ付、当国ノミ据置ニナル時ハ不幸ノ上ニ、地方税及備荒儲畜金等増加スル故、其筋ヘ平等ノ恩典ヲ蒙リ度義歎願致シ度、因テ同志者協議ノ上条約左ノ通リ

第壱条

一 摂河泉ト同様之恩命受ルヲ目的トス

第弐条

一 壱部内ニ惣代弐名宛、壱郡ニ惣代壱名、合拾三名選挙スル事

第三条

一 惣代拾弐名之中弐名ハ郡副惣代トシテ（壱部内惣代兼）一国集会却テ従事スル事

第四条

一 郡惣代ヨリ壱部内惣代ヘ却テ之振合報告スル事

但シ時宜ニ寄ハ郡惣代ヨリ副惣代エ副惣代ヨリ壱部内惣代エ報告スル事アルベシ

第五条

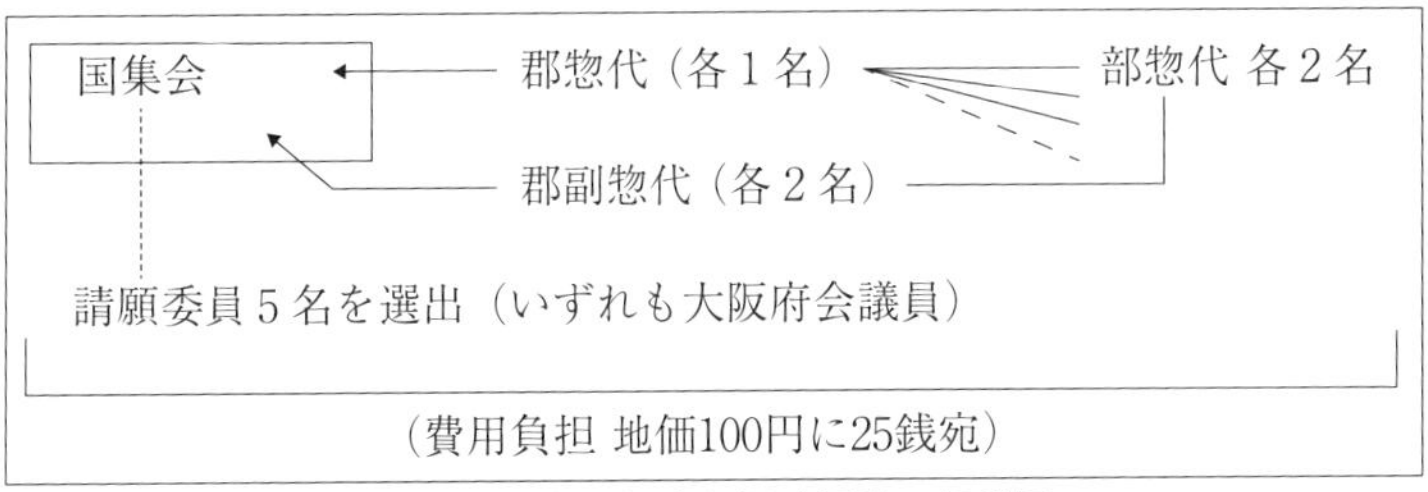

図２　明治20年地租軽減運動の組織図

一　該事件ニ付惣代申合ノ場所ヘ出頭其他明瞭ノ費用ハ、目的ヲ達シ候上相
　当割合出金ノ上夫々ヘ相渡ス事
　　但目的ノ通同様ノ恩命ヲ受ケオルモ、其筋ヨリ説諭等ニテ承伏スル時ハ
　　　本文履行スル事
　右之通相決候也
　　明治廿年八月

この条文によれば、部[68]—郡—国という系列で運動が組み立てられようとしたことがうかがえ、部については各二名の物代、郡については一名の物代をそれぞれ選挙によって選出し、各郡の郡物代と副郡物代（部物代のうち二名）とが一国集会に出席する、と定められている。また、別の史料[69]により、国集会では、五名の請願委員（恒岡直史・片山太次郎・中山平八郎・堀内忠司・磯田清平、いずれも大阪府会議員）が選出され、費用負担については地価一〇〇円に二五銭宛と決定されたことが判明する（図2参照）。

つぎに、二十四年の地価修正運動の場合について。新聞の関係記事にもとづいて、運動が組み立てられていく過程をあとづけよう（前掲表2参照）。まず七月三十日に県内地価修正同盟員の集会、ついで八月四日に県会議員の集会が開かれて、運動を組み立てていく上での手続きが定められている。これをうけて各郡で郡集会が開催され、添上郡の場合には、各町村から五名宛選ばれた物代らが八月十四

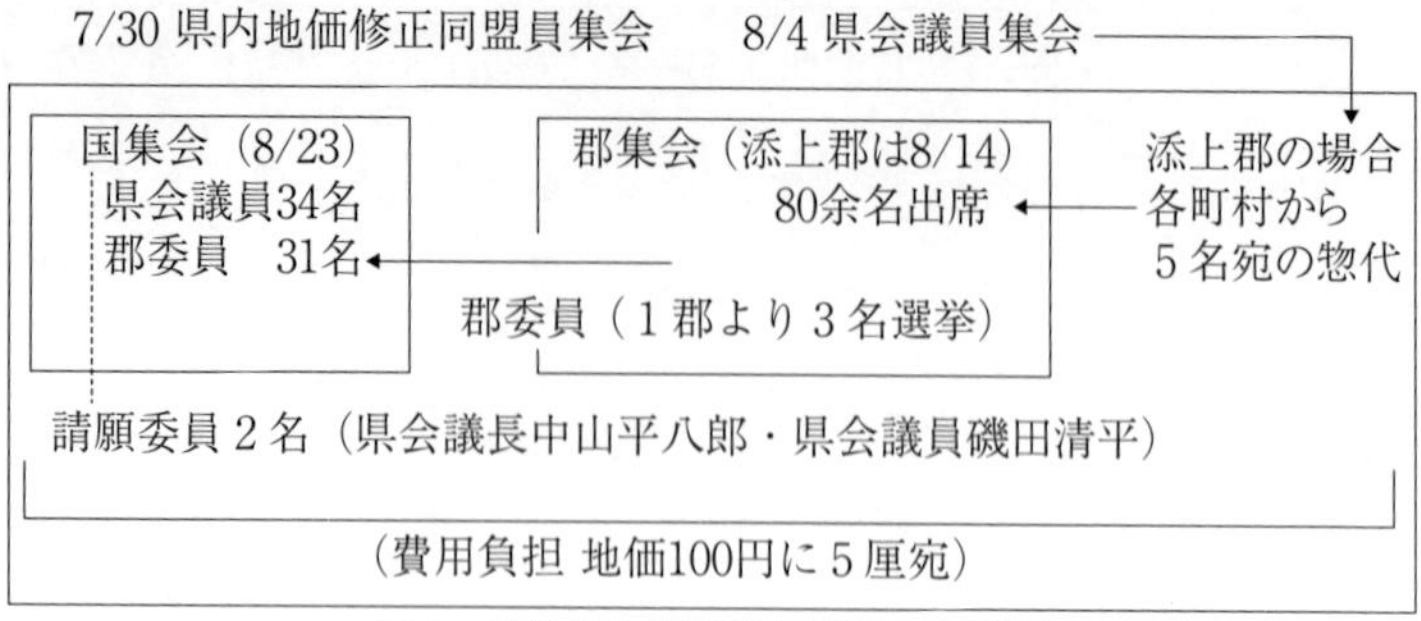

図3　明治24年地価修正運動の組織図

日に会合して三名の郡委員を選挙していることが知られる。こうして選出された一郡三名の郡委員と県会議員とが八月二十三日に集まって国集会＝地価修正大会を開催し、二名の請願委員（県会議長中山平八郎・県会議員磯田清平）を選出するとともに、費用負担については地価一〇〇円に五厘宛と決定していることが判明する（図3参照）。

以上、限られた史料によってではあるが、地価修正運動の組織構造について述べた。この運動の指導層は県会議員らであり、主体は「中以上」の地主層であった。また、署名を募り請願に及ぶという方法をとっていた（前掲表2参照）。運動費用の負担方法については、問題の性質上地価割という形をとっていたが[70]（県会議員らの義捐金や銀行からの融資も一部存在[71]）、この点については「中以下のもの」から反対の声があがった。反対理由は「仮令地価修正の目的を達するとも、（中略）我々如き中以下のものには其利を受る能はずして、只費用を負擔するの迷惑を見るのみなるべく」（八月十一日付『日出新聞』）というものであり、県内では地価修正派に対抗しつつ非地価修正派の活動も展開されるに至った。このような運動の階層性という点に注目しておきたい。なお、同時期の大阪府下の場合についても、十月七日付『大阪毎日新聞』に、地価修正運動に対する小作人等の「冷淡」「不快」の感情（↑二十二年の田畑特別地価修正という果実が小作人には還元されなかったことに起因）が端的に記されていて、大変興味深い。

以上、奈良県再設置運動と地租軽減・地価修正運動の運動構造面の分析を行なったが、最後に国訴のそれ（図4参照）との比較検討を試みることにしたい。まず、国訴のそれから変化した側面を列挙していく。

第一に指摘できるのは、国集会に出席する惣代の出てくる母体が所領から郡へと変化し、惣代が所領惣代から郡惣代へと変化した、という点である。そこには言うまでもなく封建的領有制の解体という事情が介在しており、郡が惣代選出の枠組とされたのは、府県会議員の選出が郡（区）を単位に行なわれたことに対応するものであったとみてよい。また、そうした惣代が地域代表化した（→近世身分制の解体）という点も指摘しておきたい。

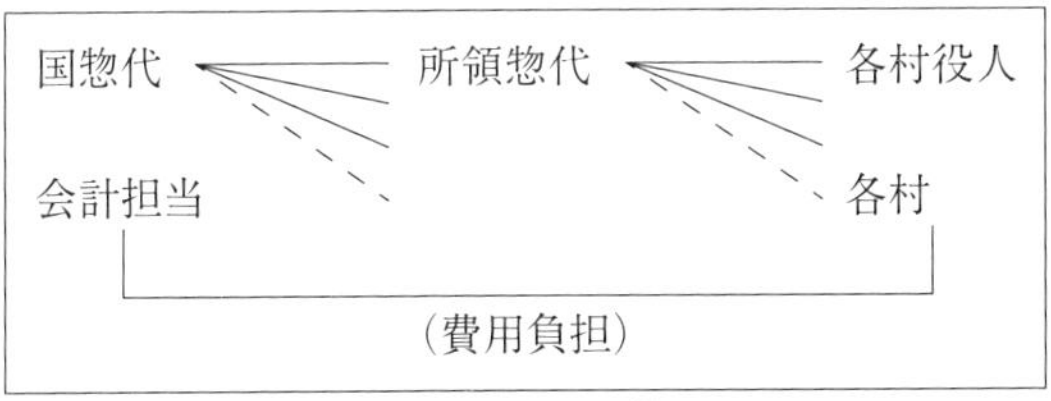

図4　国訴の組織図

第二は、請願委員や郡惣代など運動の先頭に立ちまた屋台骨となるポストにつく人々が、選挙によって選出されるようになったことである（国訴の場合には、国惣代は所領惣代らの「談合」によって所領規模等を勘案して決定されていた）。府県会議員選挙の体験をふまえてのことであろうと思われる。

第三は、運動の起点が村から（家を代表する）個人へと変化したことである。そこには村請制の解体という事情が介在している。

第四は、費用の負担方法についてで、国訴の場合は各村へ高割されたのに対して、村請制の解体をふまえて、奈良県再設置運動では「主唱者」による負担、地価修正（地租軽減）運動の場合にはこれとは異なるが地価割という形を取っていることである。[72]

第五は、運動のなかで標榜された「国益」「国利」が、農本主義を基調とするものから殖産興業の進展とタイアップした用語へと変化したことである。また、ナショナルな国益への連接、その下部概念化という点も注目される（なお、ナショナルな国益への連接という点に関しては、明治初年より具体例が見出される[73]）。地租・地価問題をめぐっては、国益と「国益」との対立も見られたが、地価修正運動の場合には、国益を考慮しそのもとで地域＝「国」間の地価の不均衡の是正をはかるという点に力点が置かれていた[74]、ということにも留意しておきたい。

以上、国訴と置県運動・地価修正（地租軽減）運動とを比較し、変化した側面について指摘した。置県運動や地価修正（地租軽減）運動は、封建的領有制の解体・近世身分制の解体・村請制の解体をふまえて、近代の刻印をうけた形で、近代的な原理にのっとって展開された運動[75]であり、そこには「国訴の構造そのもの」（住友陽文氏[76]）とは表現できない側面が存在していた。

しかし、置県運動や地租軽減・地価修正運動は、国訴の推進主体であった村役人層の系譜をひくような有力地主層がこれを主導したものであり、行政的な枠組や系列を運動を組み立てる上で活用して「国」スケールでの結集をはかり、請願委員を決定＝限定（←経費節減目的）して、委任関係を媒介として運動を展開する[77]、という方法をとっていた。そこには、国訴からの継承性（国訴の伝統）を確かに見出すことができよう。

おわりに

以上、本終章では、「近世近代移行期の「国益」と民衆運動」と題し、大和をフィールドとして、近代への展開を視野に入れながら近世後期から幕末期にかけての「国益」に関する考察を行なうとともに[78]、近代に入って以降「国益」の実現をめざして「国」を運動の枠組として展開された置県運動や地価修正（地租軽減）運動を取り上げて、その運動構造分析を行なった。その際、「国訴はどこへ行ったのか」という問いかけのもと、

「運動から運動へ」という視角のもとで、国訴との比較検討を行なったが、単線的な分析に止まってしまった感は否めない。

ここで分析対象としたのは、近代の民衆運動のうち旧村役人層の系譜をひくような有力地主層を中心に展開された民衆上層の運動であり、当該時期（松方デフレ期をはさむ地主制の進展期）の社会経済状況や諸階層の存在形態についての分析を行なった上で、地価修正運動に関わって少し論及したように、「中以下」のとりわけ（地方自治制への参与からも排除された）「底辺民衆」の動向とも関連づけながら、さらに分析を深める必要性を感じている。これに加え、自由民権運動に関する分析も併せて必要である。

また、「国」レベルの地域の視座から近代への「移行」のあり方を問題にしたが、外圧という国際的環境のもとでの国家レベルでの「変革」（維新変革）の問題についての論及の弱さも自覚しており、ナショナルな国益の問題についても若干関説するに止まった。

このように多くの課題を残しているが、今後さらに検討を重ねていきたい。

〔註〕

（1）国訴研究史の詳細については、谷山『近世民衆運動の展開』（髙科書店、一九九四年）第二部補論などを参照されたい。
（2）藪田『国訴と百姓一揆の研究』（校倉書房、一九九二年　新版・清文堂出版、二〇一六年）前篇第二章など。
（3）谷山前掲註（1）書第二部第五章。
（4）藪田前掲註（2）書前篇第四章および終章。
（5）平川『紛争と世論』（東京大学出版会、一九九六年）第二章〜第五章。
（6）奥村「近代地方権力と『国民』の形成」（『歴史学研究』一九九二年度別冊特集）。

(7) 藤田『近世経済思想の研究』(吉川弘文館、一九六六年)四三〜四五頁参照。
(8) 藤田「明治期経営者国益思想の源流」(安岡重明他編『日本経営史』1所収、岩波書店、一九九五年)二六五頁。
(9) 植田知子「『国益』の諸相」(安藤精一他編『市場と経営の歴史』所収、清文堂出版、一九九六年)四一頁。
(10) 藤田前掲註(8)論文二六七頁。
(11) 同右二六八頁。
(12) 平川前掲註(5)書第二部第七章。
(13) 黒羽兵治郎「大和国御料所の銀札発行計画」(『野の人町の人』所収、柳原書店、一九四四年)、谷山「大和国の元役人・落合平助と『御国益』」(佐々木克編『それぞれの明治維新』所収、吉川弘文館、二〇〇〇年)《本書第二章》参照。
(14) 藤田「明治前期の『国益』思想」(『松山大学論集』四巻三号、一九九二年)六七頁。
(15) 谷山前掲註(1)書第二部第五章参照。
(16) 寛政元年「申渡」(国学院高校所蔵富本家文書、安堵町歴史民俗資料館のマイクロフィルムによる)。
(17) 谷山「文化三年の大和の『国訴』について」(『ビブリア』八八号、一九八七年)八一〜八五頁所掲の史料を参照されたい。
(18) 年不詳「乍恐御訴訟奉申上候」(註(16)と同)。
(19) 天保五年「菜種売捌方請油小売之儀ニ付南都御奉行様江御歎訴申上候節諸事控」(宇陀市大宇陀岩室・原野家文書)。
(20) 天保八年「乍恐以書付歎御伺奉申上候」(橿原市新賀町・森村家文書)。
(21) 谷山前掲註(1)書二八九〜二九一頁、二九四〜二九五頁、三〇二頁の註(40)所掲の史料を参照されたい。
(22) 天保十三年「五條御代官所小田又七郎様国中御愁訴之写」(川西町吐田・新野家文書)。
(23) 嘉永三年「乍恐以書付奉申上候」(橿原市新賀町・森村家文書)。
(24) 天保十一年の奈良奉行所宛綿問屋重四郎願書(国立史料館所蔵村嶋家旧蔵文書)に、「国中組合綿商人共相

互ニ申合、正路之取引仕候得者、他国気請も宜敷、国益弥増可申道理と乍恐奉存候」とあるほか、引用は省略するが、安永二年（一七七三）の綿国訴史料の記載（『斑鳩町史』史料編四三七頁）や天保二年（一八三一）の落合平助「御国益之願書」の記載（『桜井市史』史料編上巻一一八頁）など。

(25) 詳しくは、谷山前掲註(1)書三四五〜三四六頁、三六一〜三六三頁を参照されたい。

(26) 幡鎌一弘編「〔史料〕宗教・開化政策に関する奈良県法令（明治五年〜九年）」（『天理大学おやさと研究所年報』二号、一九九五年）三〇頁に収載。

(27) 詳しくは、本書第一〇章を参照されたい。

(28) 『日本農書全集』六一巻（農山漁村文化協会、一九九四年）所収本より引用した。

(29) この点は、大蔵永常の場合とも共通する（逆井孝仁「経済の発展と経済思想」〔大石慎三郎編『日本史』近世2所収、有斐閣、一九七八年〕二一一〜二一三頁参照）。なお、直三は、明治三年に『民益書』と題する著作を著している。

(30) 明治十五年「巡回教師中村直三演説の始末」（内田和義『老農の富国論』〔農山漁村文化協会、一九九一年〕三八頁所掲）。

(31) 明治三年「建言書」（徳永光俊「中村直三の著作をめぐって（4）」〔『奈良県近代史研究会々報』四九号、一九八五年〕二〜三頁所掲）。

(32) 同右。当時大和では、飯米不足や米穀高騰のため「必死難渋」に陥る者が多出し、買喰層を主体とする「一国騒動」すら発生しかねない状況が生まれていた。

(33) 晩年に直三は、「大蔵永常翁は壮にして、（中略）天下に周遊し、各地老農に有る実効を見聞して之を実地に質し、各地に在る産物を熟視して其益有を験し、其綱領を著述して有志にしらしむ、（中略）本村此書に依て鴻益を興す」と記している（荒川清澄『老農中村直三』〔西行洞、一九〇九年〕四〇頁）。

(34) 『日本農書全集』六一巻（前掲註(28)と同）一七五〜一七六頁。

(35) 徳永光俊『日本農法史研究』（農山漁村文化協会、一九九七年）一六三〜一六六頁など参照。

(36) 『大和穂』や『伊勢錦』に記された「増作願主」については、高木正喬「山根家の写本『中村直三翁伝』とその翻刻と校注」（大阪教育大学教育学部付属高等学校天王寺校舎『研究集録』三八集、一九九六年）を参照。また、『日本農書全集』六一巻に収録された慶応二年『熊野新宮在アシタカ村筆松といふもの和州に来り紀州の作り方をためしたるはなし』（絵入りのビラ）についても、その末尾に「和州東井上　勝右衛門　印施」とあるもののほか、「和州高田　今井屋善兵衛　印施」「和州林　油屋藤内　印施」と記されたものがそれぞれみつかっている（奈良市北永井町・坂本家文書など）。

(37)　荒川前掲註(33)書一三頁など。

(38)　その活動の概要については、同右書一六七〜一七二頁所掲の「年表」などを参照されたい。

(39)　明治十五年「老農者追賞ノ儀上申」（高木前掲註(36)稿八四頁所掲）。農商務卿宛のこの「上申」書のなかで、奈良県知事が、「本人ノ主義トスル所、公利公益ヲ興スニアル」と故中村直三を評している点も注目される。

(40)　『河合町史』史料集四二〜四三頁所収。

(41)　『田原本町史』史料編第一巻一五二〜一五三頁所収。

(42)　幡鎌前掲註(26)史料紹介二二頁に収載。

(43)　同右四六〜四七頁に収載。

(44)　詳しくは、本書第一一章を参照されたい。

(45)　幡鎌前掲註(26)史料紹介三〇頁に収載。

(46)　これは、当時大阪周辺の大阪府・兵庫県・飾磨県などでその存在が確認されている「会議所」型民会の一翼を構成するものであった。北崎豊二『近代地方民衆史研究』（法律文化社、一九八五年）第二章、奥村弘「播磨にみる地方民会の特質」（『神戸大学史学年報』五号、一九九〇年）など参照。

(47)　上牧町南上牧・牧浦家文書。奈良県立図書情報館所蔵明治八年「管内布達書」のなかにも綴り込まれている。後述の「大区会議章程」とともに、全文翻刻しているので参照されたい（谷山「明治八年の『奈良県会議則』と『大区会議章程』」（『奈良歴史研究』四八号、一九九八年））。

(48)　明治八年「第三大区会議所諸達綴込」（上牧町南上牧・牧浦家文書）のなかに収められている。

(49)　引用は省略するが、廣吉壽彦・谷山正道編『大和国高瀬道常年代記』（清文堂出版、一九九九年）の記事と、明治九年「（第一大区一小区ヨリ五小区マデ惣代之者共歎願書他控）」（奈良市鶴福院町有文書）による。なお、後者には、運動展開に際しての惣代への「委任証」の写も見出せる。

(50) 奈良県再設置運動関係史料のみならず、堺県再設置運動に際しての明治十六年「置県願草案」（北崎豊二『近代大阪の社会史的研究』〈法律文化社、一九九四年〉三六一～三六四頁所収）にも、「河泉両国人民ハ自己ノ国ノ利益ニ関係ナキ巨額ノ費用ヲ他国ニ向テ支消シ」云々という記載がみられる。

(51) この点については、右の「置県願草案」に端的に記されている。

(52) 北崎前掲註(50)書第六章。

(53) 詳しくは、本書第一二章や『青山四方にめぐれる国』（奈良県、一九八七年）などを参照されたい。

(54) 同右書二九五～三〇一頁所掲。

(55) 「大和分置県鉄道」と題された史料（奈良市高畑町・中村家文書）より引用。

(56) 『新しい大和の歴史』（大和タイムス社、一九五八年）三六四～三六五頁所掲。

(57) 明治二十二年「（両都鉄道会社設立関係書類）」、同二十六年「取締役会議決書類」「奈良鉄道株式会社第一回報告」（安堵町歴史民俗資料館所蔵今村家文書）。

(58) 安良城『天皇制と地主制』下（塙書房、一九九〇年）第Ⅳ部（5）「初期帝国議会下の地租軽減・地価修正運動とその基盤」。

(59) 黒田『天皇制国家形成の史的構造』（法律文化社、一九九三年）。

(60) 北崎氏の関係論文は、「明治中期の地価修正運動」（『ヒストリア』二四号、一九五九年）をはじめ数多いが、「河内国高安郡の地租改正と地価修正運動」（黒羽兵治郎先生喜寿記念会編『大阪地方の史的研究』所収、一九八〇年）の「はじめに」註(5)〔二一九頁〕を参照されたい。他に、服部敬「明治前期大阪周辺農村における地価軽減運動」（『近代史研究』一号、一九五六年）などがある。

(61) 今西『近代日本成立期の民衆運動』（柏書房、一九九一年）第一篇および同書六七～六八頁の註(10)を参照。

(62) 奈良県立図書情報館所蔵。発行者兼著作者は、堀内忠司・服部蓊・三村城太郎。

(63) 安良城前掲註(58)書四一〇～四一二頁参照。

(64) 山県有朋参議に面談した時の今村の発言（明治十六年八月二十五日付恒岡直史宛今村書簡〔恒岡家文書〕）。
(65) 明治十五年十一月「委任状」（奈良市高畑町・中村家文書）。
(66) その前掲には、大阪府下での「国」ごとの地価修正運動の展開があった。なお、大和の中山平八郎（このあと行なわれた大和の地租軽減運動の主導者の一人）の家には、「覚マセ覚マセ眠ヲ覚セ、起コセ起コセ気力ヲ起セ、嗚呼我河内地主諸君ヨ」ではじまる有名な「告河内国地主諸君」（二十年七月）の写が伝存しており（天理市田町・中山家文書）、注目される。
(67) 『田原本町史』史料編第二巻一八三～一八四頁所収。なお、第三条の部分に読み誤りがあり、原史料（田原本町図書館保管マイクロフィルム）によって訂正した。その際、岩井重幸氏にお世話になった。
(68) 部という枠組については、いまのところよくわからない。連合戸長役場のまとまりを一部と想定すると、式下郡の場合六部で郡内の部惣代数は一二名となり、第二条の条文と合致するが、他郡の場合にはそうはいかない。さらに検討したい。
(69) 明治二十一年一月二十一日付『日出新聞』の記事など。
(70) 明治二十六年十二月八日の地価修正請願郡委員会の「決議」にも、「二十六年十月以降地価修正請願費ハ、地価金百円ニ付弐厘ツ、賦課スルコト」という条文が見られる（葛城市北花内・堀内家文書）。
(71) 明治二十六年「地価修正請願費金収支盟約意見書」など（葛城市北花内・堀内家文書）。
(72) 国訴についてはは経費が村内部ではどのように賦課されたのか、地価修正運動についてはどのような手順をへて各家へ地価割されたのか、という点についての検討がなお必要である。
(73) 明治三年「乍恐謹而奉願上候（亀瀬開鑿に付添上郡北柳生村吉三郎・庄屋嘉十郎他奈良県宛）」（『三郷町史』上巻七六九～七七二頁所収）など。
(74) 「修正には論理的にいって、軽減の場合と増徴の場合があり」えたのであり、日清戦後には、運動は地租の増徴とひきかえに地価修正の実行を求める方向にむかい、明治三十一年（一八九八）の田畑地価特別修正によって結着するに至る（黒田前掲註(59)書二九八頁など参照）。
(75) この点、「民衆的な伝統原理」にもとづく「近代的な原理」への対抗として評価されている同時期の関東での負債農民騒擾とは対照的である。稲田雅洋『日本近代成立期の民衆運動』（筑摩書房、一九九〇年）、鶴巻孝雄『近代化と伝統的民衆世界』（東京大学出版会、一九九二年）参照。

(76) 住友「明治地方自治制における町村自治の位置」（『歴史研究』四一号、一九九五年）二二頁。本論文の「三」の「2　地価修正運動の構造」（一九〜二三頁）の部分では、大阪府の場合について、国訴の運動構造との比較検討がはじめて試みられており、注目される。両者の共通点についての指摘に学ばせていただいたが、相違点にも留意する必要があろう。

(77) 大和の天保期の剣先船国訴の際の「任一札」Ⓐと、奈良県再設置運動の際の「委任状」Ⓑを、以下に示しておく。

Ⓐ　剣先一件御訴訟御任一札之事

一　大和川剣先舟大坂舟人共新規川岸場替申立、途中ニ而六太（駄）刎荷拾太積自己我儘之働キ仕候ニ付、諸荷物差支実ニ国難相成、自然百姓不相続之基と存、惣代共示談之上大坂舟会所右之始末ニ、三度引合仕候得共同様申募居候段、夫々御地頭様奉御届申上候処、先年より（数）御裁許奉請有之候場所ニ候得ハ、惣代ともより可奉御訴訟様被仰付候、依之今般国惣代不残罷出候ハ、多人中ニ付諸雑費等相嵩国難弥増ニ相成歎ケ敷存候間、其許五人国惣代として先例も有之候間御訴訟被下度依頼申入候、若出入中ニ御地頭様御用差支候歟、又者病気ニ御取合被成候ハ、外惣代之もの共出勤可仕候、右一条ニ付御上様より御召出有之候節ハ、銘々共何時成共罷出可申候、差入申御任セ一札仍而如件

天保拾二年
丑七月

植村御預り所
常門村　清左衛門　印

同　新賀村　佐右衛門　印

（他一六領二一名省略）

石原清左衛門殿御代官所御支配
平群郡額田部村　嘉兵衛殿

（他国物代四名省略）

（橿原市新賀町・森村家文書）

Ⓑ　委任状之写

今般大和国置県請願ニ付出頭可致之処、多人数ニシテ徒ラニ多額ノ費ヲ要スヘキニ付、貴殿ニ対シ請願ニ係ル百般ノ事件御委嘱申候也

明治十五年十一月

大和国広瀬郡三十一ヶ村
人民惣代
仝郡古寺村　堀内清三郎　印
仝上　仝郡川合村　三村城太郎
（以下各郡人民惣代連名省略）

大和国平群郡東安堵村　今村勤三殿
仝　式下郡小柳村　服部　蓊殿

（奈良市西千代ヶ丘・恒岡家文書）

(78)「国益」に関する研究は、私が本章のもとになった論文を発表した後にさらに進展するようになり、藤田貞一郎『国益思想の系譜と展開』（清文堂出版、一九九八年）、藪田貫「国訴・国触・国益」（『民衆運動史　近世から近代へ3　社会と秩序』所収、青木書店、二〇〇〇年、のち『近世大坂地域の史的研究』〔清文堂出版、二〇〇五年〕に収録）、落合功『国益思想の源流』（同成社、二〇一六年）などが刊行されるに至っている。

あとがき

私は、一九九一年に学生時代以来二十余年を過ごした広島の地を離れ、郷里である奈良に戻って、天理大学の教員として歩むようになった。それからさらに二十六年の歳月が流れ、まもなく退職の日を迎えようとしている。

本書は、一九九四年に刊行した『近世民衆運動の展開』（髙科書店）に続く、私の二冊目の論文集である。この間、論文はそれなりに発表していたが、様々な仕事に追われ、それらをまとめることができない状況が長らく続いていた（自らの著書の生産力の低さに、恥じ入るばかりである）。このたび、天理大学を退職するにあたり、一念発起して二十余年にわたる研究成果をまとめる作業に取り組み、ようやくにして、本書を刊行するところにまで辿りつくことができた。

私は、学生時代以来、大和を主なフィールドとして、四十年余にわたって史料調査を重ねてきた。「大和の村々を全部調査して回る」という、学生時代以来の宿願は、いまだに果たせていないが、調査を進めるなかで、数多くの方々に出会い、様々な史料と廻り会うことができた。研究室に閉じ籠ることなく、外に出て、多くの方々と交流しながら、今日まで歩み続けることができたことを、大変嬉しく思っている。

本書は、過半を足で書いたようなものであるが、そのベースとなった論文をまとめる過程で、考察対象や史料への向き合い方について、改めて認識させられるところがあった。その実例を、この場を借りて少し紹介しておくことにしたい。

もう二十年も前のことになるが、一九九七年に生駒市の「古文書調査」で、高山町の中谷家文書の調査を実施した際に、幕末維新期の当家と薩摩藩との物産交易に関する史料群が見つかった（これらは、本書第八章のもとになった論文「幕末維新期の領主と領民」をまとめる際に活用することになった）。薩摩藩側の交渉の窓口となった石河確太郎（正竜）は、本文中でも述べたように、大和国高市郡石川村出身の蘭学者で、島津斉彬によって藩士として登用され、グローバルな視野のもと、当藩の殖産興業を牽引していった人物である（廃藩置県後には、新政府に出仕して綿糸紡績業の育成のために奔走し、わが国「近代紡績の父」と称されるまでになった）。旗本堀田氏の支配下にあった添下郡高山村の豪農中谷吉兵衛は、そうした彼と深い関わりを有しており、薩摩藩の堺紡績所の開設に際しては、機械紡績用の綿を集荷して堺へ納入する役務を担うようになっていた。

史料を通して浮かび上がってきたこれらの事実は、私にとっては実に意外なものであった。綿の集荷役ということに関して言えば、当時、茶筌づくりで有名であった高山村では、綿作は全くと言ってよいほど行なわれておらず、そうした村の住人であった中谷吉兵衛になぜこの役が回ってきたのかを、直ちに理解することができなかったからである。今にして思えば、恥かしい話であるが、私が意外と感じた背景には、大和国の西北端に位置する高山村＝辺境の村という先入観が存在したように思う。その際に、私の脳裡に浮かんだのは、大和国だけの地図であった。

しかし、より広域的な地図をひろげて、当地を見つめれば、高山村は北河内および南山城と境を接する国境の村であることが、直ちにわかる。当村は、綿作地であった北河内や南山城に程近く、綿の集荷を行なうには便利な場所に位置していたのであり、そうした村で蓄財し、大きな金融力を示すようになっていた中谷吉兵衛に白羽の矢が立てられるようになったと考えられるのである（事実、慶応三年〔一八六七〕九月に彼が集荷し、

「紡器御試用」として鹿児島に送った綿は、北河内と南山城産の綿であった)。これによって私は、「国境の村は必ずしも辺境の村ではない」という(あたりまえと言えばあたりまえの)ことを、実感できるようになるとともに、先入観にとらわれず広い視野から対象を見つめることの大切さを、改めて思い知らされるに至ったのである。

もう一つ、第五章のもとになった論文「幕末大和の豪商と雄藩」の作成過程において、苦闘した末にようやく光明を見出すに至ったエピソードを記しておこう。この論文では、大和高田の村島氏一族と長州藩との物産交易に焦点をあて、関係史料をもとに、井上勝生氏の見解＝「従属商人」論の当否を検証することを大きな課題としていた。氏の評価は、「雄藩との産物交易に参画した、上方の代表的商人」であった村島氏一族は、長州藩に従属する商人になったとし、雄藩である当藩が「領主的な意図をもって、中央市場の豪農商を組織した」ことを強調するものであり、①村島氏一族は当時「経営的に破綻しつつあった」、②村島氏一族の中核的存在であった本家の長兵衛は、商行為の重要拠点であった大坂出店を長州藩によって買い上げられた、という二点を主な論拠として構築されていた。

この説と対峙することになった私は、そもそも長州藩は、「経営的に破綻しつつ」あるような商人を、大切な物産の交易相手として選ぶだろうか、という素朴な疑問を抱き、氏の説が果して妥当であるのか否かを、関係史料をもとに検証する作業を進めることになった。その結果、①の点については、間接的ながらこれを覆すデータを示すことができるようになったが、②の点に関しては、史料を一瞥したかぎりでは、これを否定することは不可能なことであるように思われた。

②は、本書の二一二〜二一三頁にも引用した史料の記載にもとづく解釈であるが、史料の文面を注意深く繰り返して見つめ直しているうちに、村島本家からの出願に応じて、「未年」(安政六年)に大坂の江ノ子島に長州藩の会所が設けられることになり、これに充てる家の買い上げ代銀が藩から下げ渡されるとともに、村島善

之助が会所の支配役に任じられるようになったという記述は確かに見られるものの、この時に買い上げられた家が村島本家の出店であったというようなことは、一言も書かれていないということに、ようやく気がつくようになった。これを突破口として、関係史料をもとに、江ノ子島に当藩の会所が設立されるに至ったねらいとその背景について考察し、「従属商人」論についても論評することができるようになったわけだが、当該史料と格闘するなかで、史料の一字一句たりとも疎かにしてはならないということを、改めて思い知らされるに至った次第である。

このように私は、史料調査を重ね、考察対象や史料と向き合ううえで大切にしなければならないことを学ぶ機会も得ながら、研究に取り組み、好きなことを職業として、今日まで歩み続けることができた。途中、大きな分岐点もあったが、歩を止めることなくここまで辿り着くことができたのは、母校広島大学の恩師をはじめ、諸先学による御教導のお蔭であり、また、快く調査に応じて下さった史料所蔵者（機関）の各位をはじめとする、多くの方々の御協力・御支援の賜である。一人一人の御芳名をあげることはできないが、この場を借りて、心より御礼申し上げたい。

私の新たな職場となった天理大学では、開設されたばかりの歴史学専攻を、所属の先生方や入学してきた学生たちとともに、試行錯誤しながらつくり上げていくという貴重な体験をすることができた。それから今日まで、専攻のスタッフをはじめ、多くの教員や職員の方々の御世話になりながら、少人数制のもと、人懐っこい学生たちとともに、心地よい日々を送ることができた。

奈良に戻ってからは、各自治体の文化財担当の方々や、民間で熱意をもって文化財保存に取り組んでおられる方々と接する機会が増えるようになり、「史料は、歴史研究の不可欠な材料であるとともに、かけがえのない文化遺産である」という認識のもと、「文化遺産としての史料」の調査と保存にも微力を注ぐようになった。

また、生駒市や宇陀市などで、古文書学習グループの講師をつとめるようになり、情熱溢れるメンバーの方々とともに、研鑽する機会を得ることができるようになったのも、幸せなことであった。

本書を刊行していただくことになった清文堂出版には、有元正雄先生の退官記念論文集（『近世近代の社会と民衆』、一九九三年）の刊行を引き受けて下さって以来、長年にわたって御世話になってきた。一九九九年に、（故）廣吉壽彦先生とともに編集した『大和国高瀬道常年代記』（上巻・下巻）を刊行していただいたのも当出版であり、次に論文集を刊行する際には、清文堂に是非御願いしようと心に定めていた。それがようやく叶うようになったことを、大変嬉しく思っている。これまで御世話になってきた（故）前田成雄・保雄の両氏、現社長の前田博雄氏、そして本書の編集の労をとって下さった前田正道氏に対し、心より御礼申し上げる次第である。なお、本書のデータ（一部）の入力に際しては福島孝夫氏（生駒古文書を読む会）、校正あたっては澤井廣次氏（天理大学附属天理図書館）の御協力を得た。記して深謝したい。

私も齢を重ね、いつの間にか、若いとは誰も言ってくれない年令に達するようになってしまったが、気持ちはまだまだ若いつもりであるので、さらに史料調査を進めるとともに、次作を公刊するために、力を尽くしたいと思っている。

最後に、この場を借りて、今日まで私を支え、活力を与え続けてきてくれた、かけがえのない家族の皆に、感謝の意を表したい。

三月二十一日　在りし日に想いを馳せながら

谷山正道

第５章　幕末大和の豪商と雄藩

第６章　幕末の社会情勢と地域知識人

第７章　「矢野」騒動研究序説

第８章　幕末維新期の領主と領民

第９章　幕末維新期における旗本松平氏領の動向

図表一覧

谷山 正道（たにやま　まさみち）

〔略 歴〕
1952年に奈良県生駒郡生駒町（現生駒市）に生まれる。1974年に広島大学文学部史学科を卒業した後、同大学院文学研究科博士課程を経て、1979年に広島大学附属中・高等学校教諭となる。その後、1981年に広島大学文学部助手となり、同講師・助教授を経て、1991年に天理大学に移る。1996年に文学部教授となり、2017年３月末をもって退職する。博士（文学）。

〔主要著作〕
『近世民衆運動の展開』（高科書店、1994年）
『大和国高瀬道常年代記』（共編著、清文堂出版、1999年）
『近世地域史フォーラム３　地域社会とリーダーたち』（共編著、吉川弘文館、2006年）
「百姓一揆と朝廷・幕府―延享期幕領一揆の歴史的意義―」（藪田貫編『民衆運動史　近世から近代へ３　社会と秩序』所収、青木書店、2000年）
「転換期の幕政と民衆―享保改革期の新田開発政策をめぐって―」（『日本文化史研究』42号、2011年）
「勘定奉行神尾春央とその時代」（『但馬史研究』36号、2013年）
「『景行天皇陵』と渋谷村」（『渋谷町有文書調査報告書』所収、天理大学文学部歴史文化学科歴史学専攻、2016年）

など

民衆運動からみる幕末維新

2017年５月20日　初版発行

著　者　谷山 正道

発行者　前田 博雄

発行所　清文堂出版株式会社

〒542-0082 大阪市中央区島之内２－８－５
電話06-6211-6265　　FAX06-6211-6492
http://www.seibundo-pb.co.jp

印刷：亜細亜印刷株式会社　製本：株式会社渋谷文泉閣

ISBN978-4-7924-1071-1　C3021
©2017　TANIYAMA Masamichi　　Printed in Japan